本書出版得到國家古籍整理出版專項經費資助

新編諸子集成續編

莊子補正

上

劉文典 撰
趙鋒 諸偉奇 點校

中華書局

圖書在版編目(CIP)數據

莊子補正/劉文典撰;趙鋒,諸偉奇點校.—北京:中華書局,2015.1(2023.11 重印)
(新編諸子集成續編)
ISBN 978-7-101-10358-8

Ⅰ.莊… Ⅱ.①劉…②趙…③諸… Ⅲ.《莊子》-注釋 Ⅳ.B223.52

中國版本圖書館 CIP 數據核字(2014)第 182328 號

責任編輯:石 玉
責任印製:陳麗娜

新編諸子集成續編
莊 子 補 正
(全二册)
劉文典 撰
趙 鋒 諸偉奇 點校
*
中 華 書 局 出 版 發 行
(北京市豐臺區太平橋西里 38 號 100073)
http://www.zhbc.com.cn
E-mail:zhbc@zhbc.com.cn
三河市宏盛印務有限公司印刷
*
850×1168 毫米 1/32 · 30⅛印張 · 4 插頁 · 660 千字
2015 年 1 月第 1 版 2023 年 11 月第 11 次印刷
印數:20501-22500 册 定價:120.00 元

ISBN 978-7-101-10358-8

新編諸子集成續編出版緣起

新編諸子集成叢書，自一九八二年正式啟動以來，在學術界特别是新老作者的大力支持下，已形成規模，成爲學術研究必備的基礎圖書。叢書原擬分兩輯出版，第一輯擬目三十多種，後經過調整，確定爲四十種，今年將全部出齊。第二輯原來只有一個比較籠統的規劃，受各種因素限制，在實施過程中不斷發生變化，有的項目已經列入第一輯出版，因此我們後來不再使用第一輯的提法，而是統名之爲新編諸子集成。

隨着新編諸子集成這個持續了二十多年的叢書劃上圓滿的句號，作爲其延續的新編諸子集成續編，現在正式啟動。它的立意、定位與宗旨同新編諸子集成一脈相承，力圖吸收和反映近幾十年來國學研究與古籍整理領域的新成果，爲學術界和普通讀者提供更多的子書品種和哲學史、思想史資料。

續編堅持穩步推進的原則，積少成多，不設擬目。希望本套書繼續得到海内外學者的支持。

中華書局編輯部

二〇〇九年五月

目次

雜　篇

點校説明

莊子補正十卷，劉文典撰。

劉文典（一八九〇——一九五八），字叔雅，室名松雅齋、學稼軒等，安徽合肥人，近代著名學者。早年追隨孫中山先生投身民主革命，「五四」時期積極參加新青年工作，一九二七年參與創辦安徽大學，行校長職權。歷任北京大學、清華大學、西南聯大、雲南大學等校教授。他學貫中西，尤精校勘、考據之學。在學術上，他既承繼了皖派樸學傳統，又融會了晚清以來的新學風氣，在新的時代條件下形成自己的學術特色。他撰有淮南鴻烈集解、莊子補正、説苑斠補、論衡校注、大唐西域記簡端記、大慈恩寺三藏法師傳校注、三餘札記、羣書校補、杜甫年譜、宣南雜識、學稼軒隨筆等，翻譯有進化與人生（日丘淺次郎）、進化論講話（日丘淺次郎）、生命之不可思議（德海克爾）、告全日本國民書（日荒木貞夫），有劉文典全集存世。

莊子補正，收列莊子内、外、雜篇全部原文和郭象注、成玄英疏及陸德明經典釋文之莊子音義，校以歷代莊子之重要版本，並廣泛徵引著名學者王念孫、王引之、盧文弨、奚侗、俞樾、郭慶藩、章太炎、劉師培、馬叙倫等人的校勘成果，而將其補正之文分繫於各篇相關内容之下。

叔雅先生爲此書所做的準備工作是很充分的，早在淮南鴻烈集解完成之際，即着手校讀莊子，欲「做照讀書雜志的樣兒，一條條的」校證，以補莊子集釋、莊子集解之所闕〔一〕。其於莊子原文，冥思研索，「以求歒誼」，「復取先民注疏，諸家校録」，比較異同，考訂得失，從而補苴諟正。自一九二三年動意，時斷時續，至一九三八年完成〔二〕，前後達十五年之久。書成後，散原老人（陳三立）曾親爲之題寫書名。叔雅先生一生治學於莊子最爲用力，亦最爲自矜，補正一書堪稱其心血之所繫。本書不僅爲莊子之精善定本，爲治莊學者之必讀，亦爲校勘訓詁學之要籍，足資治國學者之借鏡。陳寅恪莊子補正序曰：「先

〔一〕劉文典致胡適函（一九二三年二月二十六日）。

〔二〕在此之前，其莊子瑣記已收入一九二八年商務印書館出版的三餘札記。

生之作，可謂天下之至慎矣。其著書之例，雖能確證其有所脱，然無書本可依者，則不之補；雖能確證其有所誤，然不詳其所以致誤之由者，亦不之正。……先生此書之刊布，蓋將一匡當世之學風，而示人以準則，豈僅供治莊子者之所必讀而已哉！」誠爲的論。對本書的成就和價值，除陳序所云外，已故張德光教授於莊子補正跋中已做闡發，見書末附録，兹不贅述。

是書殺青後，因抗戰軍興，稽至一九四七年方由商務印書館排印出版。其間，雲南大學曾石印以爲教材。一九五八年叔雅先生逝世後，在邵力子等摯友的關心下，莊子補正、説苑斠補二書得以列入雲南人民出版社出版計劃。莊子補正於一九六二年發排，但遲遲未能付印，「文革」一起，遂告中斷，直到一九八〇年始有斷句排印本出版。商務排印本，嚴靈峰先生曾收入莊子集成初編，在臺灣影印出版；臺北新文豐出版公司於一九七五年亦影印出版。

本次點校，以商務本爲底本，校以雲大圖書館所藏鈔本和雲南人民出版社排印本〔一〕；

〔一〕鈔本約八萬字，僅於補正條出相關原文，後附補遺一百一十四條，係未定本。該本鈔寫甚工，封面由叔雅先生高足陶光題簽。

莊子及郭注成疏陸音義，參校古逸叢書覆宋本（簡稱覆宋本）、續古逸叢書影宋本（簡稱影宋本）、明世德堂本、郭慶藩莊子集釋（簡稱集釋；中華書局王孝魚點校本，簡稱中華本）、王先謙莊子集解（簡稱集解）及北宋陳景元（碧虛子）南華真經章句音義（簡稱章句音義）、南宋林希逸莊子鬳齋口義（簡稱口義）諸本。校點中：一、凡屬底本排印錯誤，致生譌、奪、倒、衍者，皆予正定，並出校説明；疑誤而無堅實理據者，則出校存疑。二、非底本排印錯誤，而係莊文及注、疏、音義本身之譌誤，且爲前人改定者，皆據改，不出校記；可改可不改者，則一仍其舊。三、個別處出異文校記，以存勝義。四、標點儘量融合原撰者之句斷。

該書自一九六二年排版，至一九八〇年見書，歷時十八年；後合於劉文典全集校點出版，又十八年；今重校一過，又十有六年矣。世事滄桑，哲人長逝，唯此書不朽耳。筆者思之，不勝慨歎！

點校者

一九九八年春初稿

二〇一四年夏修訂

陳寅恪序

合肥劉叔雅先生以所著莊子補正示寅恪，曰：「姑强爲我讀之。」寅恪承命讀之竟，歎曰：「先生之作，可謂天下之至慎矣。其著書之例，雖能確證其有所脱，然無書本可依者，則不之補；雖能確證其有所誤，然不詳其所以致誤之由者，亦不之正。故先生於莊子一書，所持勝義，猶多藴而未出，此書殊不足以盡之也。」或問曰：「先生此書，謹嚴若是，將無矯枉過正乎？」寅恪應之曰：「先生之爲是，非得已也。」今日治先秦子史之學，著書名世者甚衆，偶聞人言，其間頗有改訂舊文，多任己意，而與先生之所爲大異者。寅恪平生不能讀先秦之書，二者之是非，初亦未敢遽判。繼而思之，嘗亦能讀金聖歎之書矣，其注水滸傳，凡所删易，輒曰：「古本作某。今依古本改正。」夫彼之所謂古本者，非神州歷世共傳之古本，而蘇州金人瑞胸中獨具之古本也。由是言之，今日治先秦子史之學而與先生所爲大異者，乃以明、清放浪之才人，而談商、周邃古之樸學，其所著書，幾何其不爲金聖歎胸中獨具之古本也，而欲以之留贈後人，焉得不爲古人痛哭耶！然則先生此書之刊布，蓋將一匡當世之學風，而示人以準則，豈僅供治莊子者之所必讀而已哉！民國二十八年十一月十四日修水陳寅恪。

自序

亡兒成章，幼不好弄，性行淑均，八歲而能繪事，十齡而知倚聲。肄業上庠，遂以劬學病瘵。余憂其疾之深也，乃以點勘羣籍自遣。莊子之書，齊彭殤，等生死，寂寞恬惔，休乎天均，固道民以坐忘、示人以懸解者也。以道觀之，邦國之爭，等蝸角之相觸；世事之治亂，猶蚊虻之過前。一人之生死榮瘁，何有哉！故乃玩索其文，以求詁誼，積力既久，粗通大指。復取先民注疏，諸家校録，補苴諟正，成書十卷。嗚乎！此書殺青，而亡兒宰木已把矣。蓋邊事棘而其疾愈深，盧龍上都喪，遂痛心嘔血以死也。五稔以還，九服崩離，天地幾閉，余復遠竄荒要，公私涂炭。堯都舜壤，興復何期，以此思哀，哀可知矣。雖然，莊子者，吾先民教忠教孝之書也，高濮上之節，却國相之聘，孰肯污僞命者乎！至仁無親，兼忘天下，孰肯事齊事楚，以忝所生者乎！士能視生死如晝夜、以利禄爲塵垢者，必能以名節顯。是固將振叔世之民，救天下之敝，非徒以違世、陸沈名高者也。苟世之君子善讀其書，修内聖外王之業，明六通四辟之道，使人紀民彝復存于天壤，是則余董理此書之微意也。是爲序。

莊子補正卷一上

内篇　逍遥遊第一

【釋文】内者，對外立名。説文：篇，書也。字從竹。從艸者草名耳，非也。

【注】夫小大雖殊，而放於自得之場，則物任其性，事稱其能，各當其分，逍遥一也，豈容勝負於其間哉！【釋文】逍音銷。亦作「消」。遥如字。亦作「摇」。遊如字。亦作「游」。逍遥遊者，篇名。義取閒放不拘，怡適自得。○郭慶藩曰：文選潘安仁秋興賦注引司馬彪云：言逍遥無爲者能遊大道也。釋文闕。夫小大音符。之場直良反。事稱尺證反。各當丁浪反。其分符問反。

北冥有魚，其名爲鯤。鯤之大，不知其幾千里也。【疏】溟，猶海也，取其溟漠無涯，故謂之溟。東方朔十洲記云：溟海無風，而洪波百丈。巨海之内，有此大魚，欲明物性自然，故標爲章首。玄中記云：東方有大魚焉，行者一日過魚頭，七日過魚尾；産三日，碧海爲之變紅。故知大物生於大處，豈獨北溟而已。【釋文】北冥本亦作「溟」，覓經反，北海也。嵇康云：取其溟漠無涯也。梁簡文帝云：窅冥無極，故謂之冥。東方朔十洲記云：水黑色，謂之冥海，無風洪波百丈。○郭慶藩曰：慧琳一切經音義三十一大乘入楞伽經卷二引司馬云：溟，謂南北極也，去日月遠，故以溟爲名也。釋文闕。○典案：文選鷦鷯賦注、江文通雜體詩注、謝靈運遊赤石進帆海詩注、陸士衡演連珠注、御覽九、八百八十七、九百二十七、九百四十引「冥」竝作「溟」，與釋文一本合。疏「溟猶海也」，是成本亦作「溟」。初學記一、文選謝靈運遊赤石進帆海詩注、陸士衡演連珠注、御覽九、六十引「爲鯤」作「曰鯤」。鯤徐音昆。李侯温反。大魚名也。崔譔云：「鯤」，當爲「鯨」。簡文同。其幾居豈反。下同。化而爲鳥，其名爲鵬。【注】鵬鯤之實，吾所未詳也。夫莊子之大意，在乎逍遥遊放，無爲而自得，故極小大之致，以明性分之適。達觀之士，宜要其會歸而遺其所寄，不足事事曲與生說。自不害其弘旨，皆可略之耳。【疏】夫四序風馳，三光電卷，是以負山岳而捨故，揚舟壑以趨新。故化魚爲鳥，欲明變化之大理也。○典案：初學記一、文選江文通雜體詩注、御覽九引「爲鵬」作「曰鵬」。【釋文】鵬步登反。徐音朋。郭甫登反。崔音鳳，云：鵬，即古「鳳」字，非來儀之鳳也。説文云：朋及鵬皆古文「鳳」字也。朋鳥象形。鳳飛，羣鳥從以萬數，故以朋爲朋黨字。字林云：鵬，朋黨也。古以爲「鳳」字。○郭慶藩曰：廣川書跋賓龢鍾銘、通雅四十五竝引司馬云：鵬者，鳳也。釋文闕。夫莊音符。發句之端。皆同。性分符問反。下皆同。達觀古亂反。宜要一遥反。鵬之背，不知其幾千里也。怒而飛，其翼若垂天之雲。【疏】魚論其大，以表頭尾難知；鳥言其背，亦示修短叵測。故下文云「未有知其修者」也。鼓怒翅翼，奮迅毛衣，既欲摶風，方將擊水，遂乃斷絶雲氣，背負青天，騫翥翱翔，凌摩霄漢，垂陰布影，若天涯之降行雲也。【釋文】垂天之雲司馬彪云：若雲垂天旁。崔云：垂，猶邊也，其大如天一面雲也。是鳥也，海運則將徙於南冥。南冥者，天池也。【注】非冥海不足以運其身，非九萬里不足以負其翼。此豈好奇哉？直以大物必自生於大處，大處亦必自生此大物，理固自然，不患其失，又何厝心於其間哉？【疏】運，轉也。是，指斥也。即此鵬鳥，其形重大，若不海中運轉，無以自致高昇，皆不得不然，非樂然也。且形既遷革，情亦隨變。昔日爲魚，涵泳北海，今時作鳥，騰翥南溟，雖復昇沉性殊，逍遥一也。亦猶死生聚散，所遇斯適，千變萬化，未始非吾。所以化魚爲鳥，自北徂南者，鳥是凌虚之物，南即啓明之方；魚乃滯溺之蟲，北蓋幽冥之地。欲表向明背暗，捨滯求進，故舉南北鳥魚，以示爲道之逕耳。而大海洪川，原夫造化，非人所作，故曰天池也。○典案：文選謝靈運遊赤石進帆海詩注引「徙」作「圖」，與下「而後乃今將圖南」合。又引李弘範曰：廣大窕冥，故以溟爲名。【釋文】海運司馬云：運，轉也。向秀云：非海不行，故曰海運。簡文云：運，徙也。豈好呼報反。下皆同。大處昌慮反。下同。何厝七故反。本又作「措」。

齊諧者，志怪者也。諧之言曰：「鵬之徙於南冥也，水擊三千里，摶扶摇而上者九萬里，【注】夫翼大則難舉，故摶扶摇而後能上，九萬里乃足自勝耳。既有斯翼，豈得決然而起，數仞而下哉！此皆不得不然，非樂然也。【疏】姓齊，名諧，人姓名也。亦言書名也，齊國有此俳諧之書也。誌，記也。擊，打也。摶，鬬也。扶摇，旋風也。齊諧所著之書，多記怪異之事，莊子引以爲證，明己所説不虚。大鵬既將適南溟，不可決然而起，所以舉擊兩翅，動蕩三千，踉蹌而行，方能離水。然後繚戾宛轉，鼓怒徘徊，風氣相扶，摇動而上。塗經九萬，時隔半年，從容志滿，方言憩止。適足而已，豈措情乎哉！【釋文】齊諧户皆反。

司馬及崔並云人姓名。簡文云書。○俞樾曰：按下文「諧之言曰」，則當作人名爲允。若是書名，不得但稱諧。志怪志，記也。怪，異也。水擊崔云：將飛舉翼，擊水踉蹌也。踉，音亮。蹌，音七亮反。搏徒端反。司馬云：搏飛而上也。一音博。崔云：拊翼徘徊而上也。○郭慶藩曰：慧琳一切經音義七十二引司馬云：擊，猶動也。釋文闕。○典案：藝文類聚九十七、白帖二、御覽九引「搏」作「搏」，與釋文一本合。扶搖徐音遥，風名也。司馬云：上行風謂之扶搖。爾雅云：扶搖謂之飈。郭璞云：暴風從下上也。而上時掌反。注同。自勝音升。下同。決然喜缺反。下同。數仞色主反。下同。非樂音嶽，又五孝反。去以六月息者也。」【注】夫大鳥一去半歲，至天池而息；小鳥一飛半朝，搶榆枋而止。此比所能，則有間矣，其於適性一也。○典案：「息」上當有「一」字。注「夫大鳥一去半歲，至天池而息；小鳥一飛半朝，搶榆枋而止」，似其所見本有「一」字。御覽九百四十四引正作「去以六月一息者也」。【釋文】搶七羊反。枋音方。野馬也，塵埃也，生物之以息相吹也。【注】此皆鵬之所馮以飛者耳。野馬者，游氣也。【疏】爾雅云：邑外曰郊，郊外曰牧，牧外曰野。此言青春之時，陽氣發動，遥望藪澤之中，猶如奔馬，故謂之野馬也。揚土曰塵，塵之細者曰埃。天地之間生物氣息更相吹動以舉於鵬者也。夫四生雜沓，萬物參差，形性不同，資待宜異。故鵬鼓垂天之翼，託風氣以逍遥；蜩張決起之翅，搶榆枋而自得。斯皆率性而動，禀之造化；非有情於遐邇，豈措意於驕矜！體斯趣者，於何而語誇企乎！【釋文】野馬司馬云：春月澤中游氣也。崔云：天地間氣如野馬馳也。塵埃音哀。崔云：天地間氣蓊鬱，似塵埃揚也。相吹如字。崔本作「炊」。所馮皮冰反。本亦作「憑」。○典案：道藏注疏本作「憑」。**天之蒼蒼，其正色邪？其遠而無所至極邪？**○典案：御覽二引作「以其遠而無所至極也」。白帖一引「極耶」亦作「極也」。**其視下也，亦若是則已矣。**【注】今觀天之蒼蒼，竟未知便是天之正色邪，天之爲遠而無極邪。鵬之自上以視地，亦若人之自此視天〔一〕，則止而圖南矣〔二〕。言鵬不知道里之遠近，趣足以自勝而逝。【疏】仰視圓穹，甚爲迢遞，碧空高遠，算數無窮，蒼蒼茫昧，豈天正色。然鵬處中天，人居下地，而鵬之俯視，不異人之仰觀。人既不辨天之正色，鵬亦詎知地之遠近。自勝取足，適至南溟，鵬之圖度，止在於是矣。○典案：碧虛子南華真經章句音義校引文如海本「則」作「而」。【釋文】色邪餘嗟反。助句不定之辭。後倣此。

且夫水之積也不厚，則其負大舟也無力。覆杯水於坳堂之上，則芥爲之舟；置杯焉則膠，水淺而舟大也。【注】此皆明鵬之所以高飛者，翼大故耳。夫質小者所資不待大，則質大者所用不得小矣。故理有至分，物有定極，各足稱事，其濟一也。若乃失乎忘生之主，而營生於至當之外，事不任力，動不稱情，則雖垂天之翼，不能無窮，決

〔一〕此　影宋本作「地」。
〔二〕止　原作「上」，形近而譌。

起之飛，不能無困矣。【疏】且者假借，是聊略之辭。夫者之發，在語之端緒。積，聚也。厚，深也。杯，小器也。坳，污陷也，謂堂庭坳陷之地也。芥，草也。膠，黏也。此起譬也。夫翻覆一杯之水於坳污堂地之間，將草葉爲舟，則浮汎靡滯；若還用杯爲舟，理必不可。何者？水淺舟大，則黏地不行故也。是以大舟必須深水，小芥不待洪流，苟其大小得宜，則物皆逍遥。【釋文】且夫音符。覆芳服反。杯崔本作「盃」。坳堂於交反。又烏了反。李又伊九反。崔云：堂道謂之坳。司馬云：塗地令平。支遁云：謂有坳垤形也。芥吉邁反。徐古邁反。一音古黠反。李云：小草也。則膠徐、李古孝反。一音如字。崔云：膠著地也。李云：黏也。稱事尺證反。後同。其濟子細反。本又作「齊」，如字。之生本亦作「主」字。至當丁浪反。後皆同。風之積也不厚，則其負大翼也無力。故九萬里則風斯在下矣，【疏】此合喻也。夫水不深厚，則大舟不可載浮；風不崇高，大翼無由凌漢。是以小鳥半朝，決起搶榆之上；大鵬九萬，飄風鼓扇其下也。而後乃今培風；背負青天而莫之夭閼者，而後乃今將圖南。【注】夫所以乃今將圖南者，非其好高而慕遠也，風不積則夭閼不通故耳。此大鵬之逍遥也。【疏】培，重也。夭，折也。閼，塞也。初賴扶摇，故能昇翥；重積風吹，然後飛行。既而上負青天，下乘風脊〔一〕，一凌霄漢，六月方止。網羅不逮，畢弋無侵，折塞之禍，於何而至！良由資待合宜，自致得

〔一〕脊　據釋文「背負青天」條，似當爲「背」之譌。

所，逍遥南海，不亦宜乎！【釋文】而後乃今培音裴，重也。徐扶杯反，又父宰反，三音扶北反。本或作「陪」。〇王念孫曰：培之言馮也。馮，乘也。（見周官馮相氏注）〇典案：王説是也。培馮一聲之轉，訓培爲乘，亦正合大鵬御風而飛之狀。風絶句。背負青天一讀以「背」字屬上句。夭於表反。司馬云：折也。閼徐於葛反，一音謁。司馬云：止也。李云：塞也。

蜩與學鳩笑之曰：「我決起而飛，搶榆枋而止，〇典案：「而止」二字舊敓。今據碧虛子校引文如海本、江南古藏本補。文選江文通雜體詩注、御覽九百四十四引亦並作「搶榆枋而止」，與文本、江南古藏本合。上文「去以六月息者也」，郭注「小鳥一飛半朝，搶榆枋而止」，是郭所見本亦有「而止」二字。時則不至，而控於地而已矣，奚以之九萬里而南爲？」【注】苟足於其性，則雖大鵬無以自貴於小鳥，小鳥無羨於天池，而榮願有餘矣。故小大雖殊，逍遥一也。【疏】蜩，蟬也。生七八月，紫青色，一名蛁蟟。鷽鳩，鶻鳩也，即今之班鳩是也。決，卒疾之貌。搶，集也，亦突也。枋，檀木也。控，投也，引也，窮也。奚，何也。之，適也。蜩鳩聞鵬鳥之宏大，資風水以高飛，故嗤彼形大而劬勞，欣我質小而逸豫。且騰躍不過數仞，突榆檀而栖集，時困不到前林，投地息而更起，逍遥適性，樂在其中。何須時經六月，途遥九萬，跋涉辛苦，南適胡爲？以小笑大，誇企自息，而不逍遥者，未之有也。【釋文】蜩音條。司馬云：蟬。學鳩如字。一音於角反。本又作「鷽」，音同。本或作「鸒」，音預。崔云：學，讀爲滑，滑鳩，一名滑雕。司馬云：學鳩，小鳩也。李云：鶻鵰也。毛詩草木疏云：鶻鳩，班鳩也。簡文云：月令云「鳴鳩拂其羽」是也。〇典案：文選江文通雜體詩注引「學」作「鷽」，與釋文一本合。我決向、徐喜缺反。李呼穴反。李頤云：疾貌。搶七良反。司馬、李云：猶集也。崔云：著也。支遁云：搶，突也。○俞樾曰：王氏引之經傳釋詞曰：則，猶或也。引史記陳丞相世家「則恐後悔」爲證。此文「則」字，亦當訓爲或。榆徐音踰，木名也。枋徐音方。李云：檀木也。崔云：本也。或曰：木名。控苦貢反。司馬云：投也。又云：引也。崔云：叩也。○俞樾曰：「而」字下當有「圖」字。上文「而後乃今將圖南」，此即承上文而言也。文選注引此，正作「奚以之九萬里而圖南爲」。○典案：俞説是也。御覽九百四十四引「而」下亦有「圖」字。

適莽蒼者，三飡而反，腹猶果然；適百里者，宿舂糧；適千里者，三月聚糧。【注】所適彌遠，則聚糧彌多。故其翼彌大，則積氣彌厚也。【疏】適，往也。莽蒼，郊野之色，遥望之不甚分明也。果然，飽貌也。往於郊野，來去三食，路既非遥，腹猶充飽。百里之行，路程稍遠，舂擣糧食，爲一宿之備。適於千里之途，路既迢遥，聚積三月之糧，方充往來之食。故郭注云「所適彌遠，則聚糧彌多。故其翼彌大，則積氣彌厚」者也。○典案：碧虚子校引文如海本「果」作「顆」。馬叙倫曰：「果」爲「夥」省。方言曰：大物盛多，齊、宋之郊，楚、衛之際曰夥。莊子宋人，此宋語。典案：馬説是也。【釋文】莽莫浪反。或莫郎反。蒼七蕩反。或如字。司馬云：莽蒼，近郊之色也。李云：近野也。支遁云：冢間也。崔云：草野之色。三飡七丹反。果然徐如字，又苦火反。衆家皆云：飽貌。舂束容反。糧音良。

之二蟲又何知？【注】二蟲，謂鵬、蜩也。對大於小，所以均異趣也。夫趣之所以異，豈知異而異哉？皆不知所以然而自然耳。自然耳，不爲也，此逍遥之大意。【疏】郭注云：「二蟲，鵬、蜩也。對大於小，所以均異趣也。」且大鵬摶風九萬，小鳥決起榆枋，雖復遠近不同，適性均也。咸不知道里之遠近，各取足而自勝，天機自張，不知所以。既無意於高卑，豈有情於優劣？逍遥之致，其在茲乎！ 而呼鵬爲蟲者，大戴禮云：東方鱗蟲三百六十，應龍爲其長；南方羽蟲三百六十，鳳皇爲其長；西方毛蟲三百六十，麒麟爲其長；北方甲蟲三百六十，靈龜爲其長；中央倮蟲三百六十，聖人爲其長。通而爲語，故名鵬爲蟲也。○俞樾曰：「二蟲」即承上文蜩、鳩之笑而言，謂蜩、鳩至小，不足以知鵬之大也。郭注云「二蟲，謂鵬、蜩也」，失之。○典案：碧虚子校引文如海本作「彼之二蟲又何知也」。

小知不及大知，小年不及大年。【注】物各有性，性各有極，皆如年知，豈跂尚之所及哉！ 自此已下，至于列子，歷舉年知之大小，各信其一方，未有足以相傾者也。然後統以無待之人，遺彼忘我，冥此羣異，異方同得，而我無功名。是故統小大者，無小無大者也；苟有乎小大，則雖大鵬之與斥鴳，宰官之與御風，同爲累物耳。齊死生者，無死無生者也；苟有乎死生，則雖大椿之與蟪蛄，彭祖之與朝菌，均於短折耳。故遊於無小無大者，無窮者也；冥乎不死不生者，無極者也。若夫逍遥而繫於有方，則雖放之使遊而有所窮矣，未能無待也。【疏】夫物受氣不同，稟分各異，智則有明有暗，年則或短或長，故舉朝菌、冥靈、宰官、榮子，皆如年智，豈企尚之所及哉！ 故知物性不同，不可強相希效也。○典案：淮南子道應篇作「小年不及大年，小知不及大知」。【釋文】小知音智。本亦作「智」。下「大知」並注同。下「年知」放此。○典案：疏「皆如年智，豈企尚之所及哉」，是成本字亦作「智」。 跂尚丘豉反。後同。 累物劣僞反。下皆同。 奚以知其然也？【疏】奚，何也。然，如此也。此何以知年智不相及若此之縣解耶？假設其問，以生後答。**朝菌不知晦朔，蟪蛄不知春秋，此小年也。**【疏】此答前問也。朝菌者，謂天時滯雨，於糞壤之上熱蒸而生，陰濕則生，見日便死，亦謂之大芝。生於朝而死於暮，故曰朝菌。月終謂之晦，月旦謂之朔；假令逢陰，數日便萎，終不涉三旬，故不知晦朔也。蟪蛄，夏蟬也。生於麥梗，亦謂之麥節。夏生秋死，故不知春秋也。菌則朝生暮死，蟬則夏長秋殂，斯言齡命短促，故謂之小年也。【釋文】朝菌徐其隕反。司馬云：大芝也。天陰生糞上，見日則死，一名日及，故不知月之終始也。崔云：糞上芝，朝生暮死，晦者不及朔，朔者不及晦。支遁云：一名舜英，朝生暮落。潘尼云：木槿也。簡文云：歘生之芝也。歘，音況物反。晦朔晦，冥也。朔，旦也。惠本亦作「蟪」，同。蛄音姑。司馬云：惠蛄，寒蟬也，一名蝭蟧，春生夏死，夏生秋死。崔云：蛁蟧也。或曰：山蟬。秋鳴者不及春，春鳴者不及秋。廣雅云：蟪蛄，蛁（蟧）〔蟧〕也。案即楚辭所云「寒螿」者也。蝭，音提。蟧，音勞，又音遼。蛁，音彫。螿，音將。○典案：淮南子道應篇高注：蟪蛄，貂蟟也。蛁蟧、貂蟟，一聲之轉。

楚之南有冥靈者，○典案：御覽二十四引「楚」作「荆」。**以五百歲爲春，五百歲爲秋；上古有大椿者，以八千歲爲春，八千歲爲秋。此大年也。**【疏】冥靈、大椿，並木名也，以葉生爲春，以葉落爲秋。冥靈生於楚之南，以二千歲爲一年也。而言上古者，伏羲時也。大椿之木，長於上古，以三萬二千歲爲一年也。冥靈五百歲而花生，大椿八千歲而葉落，並以春秋賒永，故謂之大年也。○典案：「此大年也」四字舊敓。碧虛子校云：「此大年也。」見成玄英本，舊闕。案此四字所以結「楚之南有冥靈者」之義，正與上文「此小年也」相對。疏「故謂之大年也」，是成所見本塙有「此大年也」四字。今據補。【釋文】冥本或作「榠」，同。靈李頤云：冥靈，木名也，江南生，以葉生爲春，葉落爲秋。此木以二千歲爲一年。○郭慶藩曰：齊民要術「靈」作「泠」，引司馬云：木生江南，千歲爲一年。釋文漏引。**大椿**丑倫反。司馬云：木，一名橓。橓，木槿也。崔音橓華，同。李云：生江南。一云生北户南，此木三萬二千歲爲一年。**而彭祖乃今以久特聞，衆人匹之，不亦悲乎！**【注】夫年知不相及，若此之懸也，比於衆人之所悲，亦可悲矣。而衆人未嘗悲此者，以其性各有極也。苟知其極，則毫分不可相跂，天下又何所悲乎哉！夫物未嘗以大欲小，而必以小羨大，故舉小大之殊，各有定分，非羨欲所及，則羨欲之累可以絶矣。夫悲生於累，累絶則悲去，悲去而性命不安者，未之有也。【疏】彭祖者，姓籛，名鏗，帝顓頊之玄孫也。善養性，能調鼎，進雉羹於堯，堯封於彭城。其道可祖，故謂之彭祖。歷夏經殷，至周，年八百歲矣。特，獨也。以其年長壽，所以聲獨聞於世。而世人比匹彭祖，深可悲傷；而不悲者，爲彭祖禀性遐壽，非我氣類，置之言外，不敢嗟傷。故知生也有涯，豈唯彭祖，去己一毫，不可企及，於是均椿菌，混彭殤，各止其分，而性命安矣。【釋文】**彭祖**李云：名鏗。堯臣，封于彭城。歷虞夏至商，年七百歲，故以久壽見聞。世本云：姓籛，名鏗。在商爲守藏史，在周爲柱下史。年八百歲。籛，音翦。一云即老子也。崔云：堯臣，仕殷世，其人甫壽七百年。王逸注楚辭天問云：彭鏗，即彭祖。事帝堯。彭祖至七百歲，猶曰悔不壽，恨杖晚而唾遠云〔一〕。帝嚳之玄孫。**特聞**如字。崔本作「待問」。**之懸**音玄。**豪分**符問反，又方云反。

〔一〕杖晚　楚辭王逸注作「枕高」。

湯之問棘也是已。【注】湯之問棘，亦云物各有極，任之則條暢，故莊子以所問爲是也。【疏】湯是帝嚳之後，契之苗裔，姓子，名履，字天乙。母氏扶都，見白氣貫月，感而生湯。豐下兑上，身長九尺。仕夏爲諸侯，有聖德，諸侯歸之。遭桀無道，囚於夏臺。後得免，乃與諸侯同盟於景亳之地，會桀於昆吾之墟，大戰於鳴條之野，桀奔於南巢。湯既克桀，讓天下於務光，務光不受。湯即位，乃都於亳，後改爲商，殷開基之主也。棘者，湯時賢人，亦云湯之博士。列子謂之夏革，革、棘聲類，蓋字之誤也。而棘既是賢人，湯師事之，故湯問於棘，詢其至道，云物性不同，各有素分，循而直往，因而任之。殷湯請益，深有玄趣，莊子許其所問，故云是已。○典案：御覽九引無「是已」二字。【釋文】棘李云：湯時賢人。又云：是棘子。崔云：齊諧之徒，識冥靈、大椿者名也。簡文云：一曰：湯，廣大也；棘，狹小也。○俞樾曰：李云湯時賢人，是。簡文云：湯，大也；棘，狹小也。以湯棘爲寓名，殆未讀列子者。

窮髮之北，有冥海者，天池也。有魚焉，其廣數千里，未有知其修者，其名爲鯤。【疏】修，長也。地以草爲毛髮，北方寒沍之地，草木不生，故名窮髮，所謂不毛之地。鯤魚廣闊數千，未有知其長者，明其大也。然溟海鯤鵬，前文已出，如今重顯者，正言前引齊諧，足爲典實，今牽列子，再證非虚，鄭重殷勤，以成其義者也。【釋文】窮髮李云：髮，猶毛也。司馬云：北極之下無毛之地也。崔云：北方無毛地也。案毛，草也。地理書云：山以草木爲髮。其廣古曠反。數千色主反。下同。

有鳥焉，其名爲鵬，背若太山，翼若垂天之雲。摶扶摇羊角而上者九萬里，絶雲氣，負青天，然後圖南，【疏】鵬背宏巨，狀若嵩、華；旋風曲戾，猶如羊角。既而凌摩蒼昊，遏絶雲霄，鼓怒放暢，圖度南海。故禦寇湯問篇云：世豈知有此物哉？大禹行而見之，伯益知而名之，夷堅聞而誌之，是也。○典案：御覽九引「摶」作「搏」。又引注云：扶摇，羊角風也。今旋風上如羖羊角也。【釋文】羊角司馬云：風曲上行若羊角。而上時掌反。下同。且適南冥也。斥鴳笑之曰：「彼且奚適也？我騰躍而上，不過數仞而下，翱翔蓬蒿之間，此亦飛之至也。而彼且奚適也？」此小大之辯也。【注】各以得性爲至，自盡爲極也。向言二蟲殊翼，故所至不同，或翱翔天池，或畢志榆枋，直各稱體而足，不知所以然也。今言小大之辯，各有自然之素，既非跂慕之所及，亦各安其天性，不悲所以異，故再出之。【疏】且，將也，亦語助也。斥，小澤也。鴳，雀也。八尺曰仞。翱翔，猶嬉戲也。而鴳雀小鳥，縱任斥澤之中，騰舉踴躍，自得蓬蒿之内，故能嗤九萬里之遠適，欣數仞之近飛。斯蓋辯小大之性殊，論各足之不二也。○典案：文選江文通雜體詩注引「斥鴳」作「尺鷃」。文選曹子建七啓「山鵽斥鷃，珠翠之珍」，李注引「鴳」作「鷃」，又引許慎淮南子注曰：鷃雀飛不過一尺，言劣弱也。「斥」與「尺」古字通。淮南子精神篇「鳳皇不能與之儷，而況斥鷃乎」，高注：斥澤之鷃雀。【釋文】且過如字。舊子餘反。下同。斥如字。司馬云：小澤也。本亦作「尺」。崔本同。簡文云：作「尺」非。鴳於諫反，字亦作「鷃」。司馬云：鴳，鴳雀也。騰躍曲若反。翱翔五刀反。蓬蒿好刀反。

故夫知效一官，行比一鄉，德合一君，而徵一國者，其自視也亦若此矣。

【注】亦猶鳥之自得於一方也。【疏】故是仍前之語，夫是生後之詞。國是五等之邦，鄉是萬二千五百家也。自有智數，功效堪蒞一官；自有名譽，著聞比周鄉黨；自有道德，弘博可使南面，徵成邦國，安育黎元。此三者稟分不同，優劣斯異，其於各足，未始不齊，視己所能，亦猶鳥之自得於一方。【釋文】知效音智。下户教反。行下孟反。比毗至反。徐扶至反。李云：合也。而徵如字。司馬云：信也。崔、支云：成也。**而宋榮子猶然笑之。**【注】未能齊，故有笑。【疏】子者，有德之稱。姓榮氏，宋人也。猶然，如是。榮子雖能忘有，未能遣無，故笑。宰官之徒，滯於爵禄，虚淡之人，猶懷嗤笑，見如是所以不齊。前既以小笑大，示大者不誇，今則以大笑小，小者不企，而性命不安者，理未之聞也。【釋文】宋榮子司馬、李云：宋國人也。崔云：賢者也。猶然笑之崔、李云：猶，笑貌。案：謂猶以爲笑。**且舉世而譽之而不加勸，舉世而非之而不加沮，**【注】審自得也。【疏】舉，皆也。勸，勵勉也。沮，怨喪也。榮子率性懷道，謷然超俗，假令世皆譽讚，亦不增其勸奬，率土非毁，亦不加其沮喪，審自得也。【釋文】譽之音餘。加沮慈吕反。敗也。**定乎内外之分，**【注】内我而外物。【疏】榮子知内既非我，外亦非物，内外雙遣，物我兩忘，故於内外之分定而不忒也。**辯乎榮辱之境。**【注】榮己而辱人。【疏】忘勸沮於非譽，混窮通於榮辱，故能返照明乎心智，玄鑒辯於物境，不復内我而外物，榮己而辱人也。【釋文】之境居領反。**斯已矣。**【注】亦不能復過此。【疏】斯，此也。已，止也。宋榮子智德止盡於斯也。【釋文】能復扶又反。**彼其於世，未數數然也。**【注】足於身，故閒於世也。【疏】數數，猶汲汲也。宋榮子率性虚淡，任理

直前，未嘗運智推求，役心爲道，栖身物外，故不汲汲然者也。【釋文】數數音朔。下同。徐所禄反。一音桑縷反。司馬云：猶汲汲也。崔云：迫促意也。簡文所喻反，謂計數。故閒音閑。本亦作「閑」。雖然，猶有未樹也。【注】唯能自是耳，未能無所不可也。【疏】樹，立也。榮子捨有證無，溺在偏滯，故於無待之心未立逍遥之趣，智尚虧也。【釋文】未樹司馬云：樹，立也。未立至德也。夫列子御風而行，泠然善也，【注】泠然，輕妙之貌。【疏】姓列，名禦寇，鄭人也。與鄭繻公同時。師於壺丘子林，著書八卷。得風仙之道，乘風遊行，泠然輕舉，所以稱善也。【釋文】列子李云：鄭人，名禦寇。得風仙，乘風而行。與鄭穆公同時。泠音零。○郭慶藩曰：初學記一、太平御覽九引司馬云：列子，鄭人列禦寇也。泠然，涼貌也。文選江文通雜體詩注引同。釋文闕。○典案：御覽九引司馬注：御，迎也。釋文闕。又案：唐寫本注「泠」作「零」。旬有五日而後反。【注】苟有待焉，則雖御風而行，不能以一時而周也。【疏】旬，十日也。既得風仙，遊行天下，每經一十五日回反歸家。未能無所不乘，故不可一時周也。○典案：御覽九引作「經旬五日而後返」。彼於致福者，未數數然也。【注】自然御風行耳，非數數然求之也。【疏】致，得也。彼列禦寇得於風仙之福者，蓋由炎涼無心，虛懷任運，非關役情取捨，汲汲求之。欲明爲道之要，要在忘心。若運役智慮，去之遠矣。此雖免乎行，猶有所待者也。【注】非風則不得行，斯必有待也。唯無所不乘者無待耳。【疏】乘風輕舉，雖免步行，非風不進，猶有須待。自宰官已下，及宋榮、禦寇，歷舉智德優劣不同，既未洞忘，咸歸有待。唯當順萬物之性，遊變化之塗，而能無所不成者，方盡逍遥之妙致者也。○典案：唐寫本「免」作「勉」。注「有待」、「無待」下竝有「者」字。若夫乘天地之正，而御六氣之辯，以遊無窮者，彼且惡乎待哉！【注】天地者，萬物之總名也。天地以萬物爲體，而萬物必以自然爲正。自然者，不爲而自然者也。故大鵬之能高，斥鴳之能下，椿木之能長，朝菌之能短，凡此皆自然之所能，非爲之所能也。不爲而自能，所以爲正也。故乘天地之正者，即是順萬物之性也；御六氣之辯者，即是遊變化之塗也。如斯以往，則何往而有窮哉！所遇斯乘，又將惡乎待哉！此乃至德之人，玄同彼我者之逍遥也。苟有待焉，則雖列子之輕妙，猶不能以無風而行，故必得其所待，然後逍遥耳，而況大鵬乎！夫唯與物冥而循大變者，爲能無待而常通，豈自通而已哉，又順有待者，使不失其所待；所待不失，則同於大通矣。故有待無待，吾所不能齊也；至於各安其性，天機自張，受而不知，則吾所不能殊也。夫無待猶不足以殊有待，況有待者之巨細乎！【疏】天地者，萬物之總名。萬物者，自然之别稱。六氣者，李頤云：平旦朝霞，日午正陽，日入飛泉，夜半沆瀣，並天地二氣爲六氣也。又杜預云：六氣者，陰、陽、風、雨、晦、明也。又支道林云：六氣，天地四時也。辯者，變也。惡乎，猶於何也。言無待聖人，虚懷體道，故能乘兩儀之正理，順萬物之自然，御六氣以逍遥，混羣靈以變化。苟萬物而不順，亦何往而不通哉！明徹於無窮，將於何而有待者也！○典案：御覽十五引「辯」作「辨」。唐寫本「御」上無「而」字。注「故大鵬之能高」，唐寫本「高」下有「行」字；「如斯以往」，「如」下有「此」字；「所遇斯乘」作「而所遇斯乘矣」；「然後」下有「乃」字；「自通」上有

「獨」字。【釋文】六氣司馬云：陰、陽、風、雨、晦、明也。李云：平旦爲朝霞，日中爲正陽，日入爲飛泉，夜半爲沆瀣，天玄，地黄，爲六氣。王逸注楚辭云：陵陽子明經言「春食朝霞」，朝霞者，日欲出時黄氣也；「秋食淪陰」，淪陰者，日没已後赤黄氣也；「冬食沆瀣」，沆瀣者，北方夜半氣也；「夏食正陽」，正陽者，南方日中氣也。並天玄、地黄之氣，是爲六氣。沆，音户黨反。瀣，音下界反。支云：天地四時之氣。之辯如字。變也。崔本作「和」。惡乎音烏。注同。故曰：

至人無己，【注】無己，故順物，順物而至矣。【釋文】無己音紀。注同。而王于況反。本亦作「至」。神人無功，【注】夫物未嘗有謝生於自然者，而必欣賴於針石，故理至則迹滅矣。今順而不助，與至理爲一，故無功。【釋文】於針之鴆反，或之林反。聖人無名。【注】聖人者，物得性之名耳，未足以名其所以得也。【疏】至言其體，神言其用，聖言其名。故就體語至，就用語神，就名語聖，其實一也。詣於靈極，故謂之至；陰陽不測，故謂之神；正名百物，故謂之聖也。一人之上，其有此三。欲顯功用名殊，故有三人之別。此三人者，則是前文乘天地之正、御六氣之辯人也。欲結此人無待之德，彰其體用，乃言「故曰」耳。○郭慶藩曰：文選任彦昇到大司馬記室牋注引司馬云：神人無功，言修自然，不立功也；聖人無名，不立名也。釋文闕。

堯讓天下於許由，【疏】堯者，帝嚳之子，姓伊祁，字放勛，母慶都，嚳感赤龍而生，身長一丈，兑上而豐下，眉有八彩，足履翼星，有聖德。年十五封唐侯，二十一代兄登帝位，都平陽，號曰陶唐。在位七十二年，乃授舜。年百二十八歲崩，葬於陽城，謚曰堯。依謚法，翼善傳聖曰堯，言其有傳舜之功也。許由，隱者也，姓許，名由，字仲武，潁川陽城人也。隱於箕山，師於齧缺，依山而食，就河而飲。堯知其賢，讓以帝位；許由聞之，乃臨河洗耳；巢父飲犢，牽而避之，曰：「惡吾水也。」死後堯封其墓，謚曰箕公，即堯之師也。【釋文】堯唐帝也。許由隱人也，隱於箕山。司馬云：潁川陽城人。簡文云：陽城槐里人。李云：字仲武。曰：「日月出矣，而爝火不息，其於光也，不亦難乎！時雨降矣，而猶浸灌，其於澤也，不亦勞乎！【疏】爝火，猶炬火也，亦小火也。神農時十五日一雨，謂之時雨也。且以日月照燭，詎假炬火之光；時雨滂沲，無勞浸灌之澤。堯既撝謙克讓，退己進人，所以致此之辭，盛推仲武也。○典案：御覽十引「許由」二字重；四百二十四引重「由」字。呂氏春秋求人篇：「昔者堯朝許由於沛澤之中，曰：『十日出而焦火不息，不亦勞乎！』」亦以爲堯謂許由之辭。【釋文】爝本亦作「燋」，音爵。郭祖繳反。司馬云：然也。向云：人所然火也。一云：燋火，謂小火也。字林云：爝，炬火也，子召反。燋，所以然持火者，子約反。○典案：呂氏春秋求人篇「爝」作「焦」，與釋文一本合。浸子鴆反。灌古亂反。夫子立而天下治，而我猶尸之，吾自視缺然，請致天下。」【疏】治，正也。尸，主也。致，與也。堯既師於許由，故謂之爲夫子。若仲武立爲天子，寓內必致太平，而我猶爲物主，自視缺然不足，請將帝位讓與賢人。【釋文】天下治直吏反。下「已治」、注「天下治」、「而治者也」、「既治」、「而治實」、「而治者」、「得以治者」皆同。

許由曰：「子治天下，天下既已治也。【注】夫能令天下治，不治天下者也。故堯以不治治之，非治之而治者也。今許由方明既治，則無所代之。而治實由堯，故有子治之言，宜忘言以尋其所況。而或者遂云：治之而治者堯也，不治而堯得以治者許由也。斯失之遠矣。夫治之由乎不治，爲之出乎無爲也，取於堯而足，豈借之許由哉！若謂拱默乎山林之中，而後得稱無爲者，此莊、老之談所以見棄於當塗者。自必於有爲之域而不反者，斯之由也。【疏】治，謂理也。既，盡也。言堯治天下，久以昇平，四海八荒，盡皆清謐，何勞讓我，過爲辭費。然覩莊文則貶堯而推許，尋郭注乃劣許而優堯者，何耶？欲明放勛大聖，仲武大賢，賢聖二塗，相去遠矣。故堯負扆汾陽而喪天下，許由不夷其俗而獨立高山，圓照偏溺，斷可知矣。是以莊子援禪讓之迹，故有爝火之談；郭生察無待之心，更致不治之說。可謂探微索隱，了文合義，宜尋其旨況，無所稍嫌也。【釋文】能令力呈反。下同。**而我猶代子，吾將爲名乎？名者，實之賓也。吾將爲賓乎？**【注】夫自任者對物，而順物者與物無對，故堯無對於天下，而許由與稷、契爲匹矣。何以言其然邪？夫與物冥者，故羣物之所不能離也。是以無心玄應，唯感之從，汎乎若不繫之舟，東西之非己也，故無行而不與百姓共者，亦無往而不爲天下之君矣。以此爲君，若天之自高，實君之德也。若獨亢然立乎高山之頂，非夫人有情於自守，守一家之偏尚，何得專此！此故俗中之一物，而爲堯之外臣耳。若以外臣代乎內主，斯有爲君之名，而無任君之實也。【疏】許由偃蹇箕山，逍遙潁水，膻臊榮利，厭穢聲名。而堯殷勤致請，猶希代己，許由若高九五，將爲萬乘之名。然實以生名，名從實起，實則是內是主，名便是外是賓。捨主取賓，喪內求外，既非隱者所尚，故云吾將爲賓也。【釋文】稷契息列反，皆唐、虞臣也。稷，周之始祖，名棄。契，殷之始祖名。能離力智反。玄應應對之應。汎乎芳劍反。非夫音扶。下「明夫」同。鷦鷯巢於深林，不過一枝；偃鼠飲河，不過滿腹。【注】性各有極，苟足其極，則餘天下之財也。【疏】鷦鷯，巧婦鳥也，一名工雀，一名女匠，亦名桃蟲，好深處而巧爲巢也。偃鼠，形大小如牛，赤黑色，獐脚，脚有三甲，耳似象耳，尾端白，好入河飲水。而鳥巢一枝之外，不假茂林；獸飲滿腹之餘，無勞浩汗。況許由安茲蓬蓽，不顧金闈，樂彼蔬食，詎勞玉食也！【釋文】鷦子遥反。鷯音遼。李云：鷦鷯，小鳥也。郭璞云：鷦鷯，桃雀。○典案：鷦鷯，呂氏春秋求人篇作「啁噍」，高注：啁噍，小鳥也。李注即本呂氏春秋高注。偃鼠如字。李云：鼷鼠也。說文：鼢鼠，一曰偃鼠。鼢音扶問反。歸休乎君，予無所用天下爲！【注】均之無用，而堯獨有之。明夫懷豁者無方，故天下樂推而不厭。【疏】予，我也。許由寡欲清廉，不受堯讓，故謂堯云：君宜速還黃屋，歸反紫微，禪讓之辭，宜其休息。四海之尊，於我無用，九五之貴，予何用爲？【釋文】歸休乎君絕句。一讀至「乎」字絕句，「君」別讀。○典案：「歸休乎君」，呂氏春秋求人篇作「歸已君乎」，與釋文一讀同。懷豁呼活反。樂推音洛。不厭於豔反。庖人雖不治庖，尸祝不越樽俎而代之矣。」【注】庖人尸祝，各安其所司；鳥獸萬物，各足於所受；帝堯、許由，各靜其所遇，此乃天下之至實也。各得其實，又何所爲乎哉？自得而已矣。故堯、許之行雖異，其於逍遥一也。【疏】庖人，謂掌庖廚之人，則今之太官供膳是也。尸者，太廟中神主也。祝者，則今太常太祝是也。執祭版對尸而祝之，故謂之尸祝也。樽，酒器也。俎，肉器也。而庖人、尸祝者，各有司存。假令膳夫懈怠，不肯治庖，尸祝之人終不越局濫職，棄於樽俎而代之宰烹，亦猶帝堯禪讓，不治天下，許由亦不去彼山林，就兹帝位，故注云「帝堯、許由，各静於所遇」也已。【釋文】庖人鮑交反。徐扶交反，掌厨人也。周禮有庖人職。一本「庖」下無「人」字。尸祝之六反。傳鬼神辭曰祝。樽子存反。本亦作「尊」。俎徐側吕反。

肩吾問於連叔曰：「吾聞言於接輿，【疏】肩吾、連叔，並古之懷道人也。接輿者，姓陸，名通，字接輿，楚之賢人隱者也。與孔子同時，而佯狂不仕，常以躬耕爲務。楚王知其賢，聘以黄金百鎰，車駟二乘，並不受。於是夫負妻戴，以遊山海，莫知所終。肩吾聞接輿之言過無準的，故問連叔，詢其義旨，而言「吾聞言於接輿」者，聞接輿之言也。莊生寄三賢以明堯之一聖。所聞之狀，具列於下文也。【釋文】肩吾李云：賢人也。司馬云：神名。連叔李云：懷道人也。接輿本又作「與」，同，音餘。接輿，楚人也，姓陸，名通。皇甫謐曰：接輿躬耕，楚王遣使以黄金百鎰、車二駟聘之，不應。**大而無當，往而不返。吾驚怖其言，猶河漢而無極也，**【疏】所聞接輿之言，怖弘而無的當，一往而陳梗概，曾無反覆可尋。吾竊聞之，驚疑怖恐，猶如上天河漢，迢遞清高，尋其源流，略無窮極也。【釋文】無當丁浪反。司馬云：言語宏大，無隱當也。驚怖普布反。廣雅云：懼也。**大有逕庭，不近人情焉。」**【疏】逕庭，猶過差，亦是直往不顧之貌也。謂接輿之言不偶於俗，多有過差，不附世情，故大言不合於里耳也。【釋文】大有音泰。徐勑佐反。逕徐古定反。司馬本作「莖」。庭勑定反。李云：逕庭，謂激過也。○郭慶藩曰：文選劉孝標辨命論注引司馬云：極，崖也。言廣若河漢，無有崖也。逕庭，激過之辭也。釋文闕。不近附近之近。

連叔曰：「其言謂何哉？」【疏】陸通之説其若何？此則反質肩吾所聞意謂。曰：「藐姑射之山，有神人居焉。肌膚若冰雪，綽約若處子〔一〕。【注】此皆寄言耳。夫神人，即今所謂聖人也。夫聖人雖在廟堂之上，然其心無異於山林之中，世豈識之哉！徒見其戴黄屋，佩玉璽，便謂足以纓紼其心矣；見其歷山川，同民事，便謂足以憔悴其神矣，豈知至至者之不虧哉！今言王德之人，而寄之此山，將明世所無由識，故乃託之於絶垠之外，而推之於視聽之表耳。處子者，不以外傷内。【疏】藐，遠也。山海經云：姑射山在寰海之外，有神聖之人，戢機應物。時須揖讓，即爲堯、舜；時須干戈，即爲湯、武。綽約，柔弱也。處子，未嫁女也。言聖人動寂相應，則空有並照，雖居廊廟，無異山林，和光同塵，在染不染。冰雪取其潔淨，綽約譬以柔和，處子不爲物傷，姑射語其絶遠。此明堯之盛德，窈冥玄妙，故託之絶垠之外，推之視聽之表。斯蓋寓言耳，亦何必有姑射之實乎！宜忘言以尋其所況，此即肩吾述己昔聞，以答連叔之辭者也。○典案：初學記二、御覽十二引「肌」作「容」。【釋文】藐音邈，又妙紹反。簡文云：遠

〔一〕綽約　釋文及世德堂本等作「淖約」。

也。姑射徐音夜，又食亦反，李實夜反。山名，在北海中。肌居其反。淖郭昌略反，又徒學反。字林丈卓反。蘇林漢書音：火也。約如字。李云：淖約，柔弱貌。司馬云：好貌。處子在室女也。黄屋車蓋以黄爲裏。一云：冕裏黄也。玉璽音徙。纓字或作「嬰」。紱方物反。字或作「紼」。憔悴在遥反。下在醉反。至至者本亦作「至足者」。王德于況反。本亦作「至」。絶垠音銀，又五根反。本又作「限」。不食五穀，吸風飲露。【注】俱食五穀而獨爲神人，明神人者非五穀所爲，而特稟自然之妙氣。【疏】五穀者，黍、稷、麻、菽、麥也。言神聖之人，降生應物，挺淳粹之精靈，稟陰陽之秀氣。雖順物以資待，非五穀之所爲，託風露以清虚，豈四時之能變也。【釋文】吸許及反。乘雲氣，御飛龍，而遊乎四海之外。【疏】智照靈通，無心順物，故曰乘雲氣。不疾而速，變現無常，故曰御飛龍。寄生萬物之上，而神超六合之表，故曰遊乎四海之外也。其神凝，使物不疵癘而年穀熟。吾以是狂而不信也。」【注】夫體神居靈而窮理極妙者，雖静默閒堂之裏，而玄同四海之表，故乘兩儀而御六氣，同人羣而驅萬物。苟無物而不順，則浮雲斯乘矣；無形而不載，則飛龍斯御矣。遺身而自得，雖淡然而不待，坐忘行忘，忘而爲之，故行若曳枯木，止若聚死灰，是以云「其神凝」也。其神凝，則不凝者自得矣。世皆齊其所見而斷之，豈嘗信此哉！【疏】凝，静也。疵癘，疾病也。五穀熟，謂有年也。聖人形同枯木，心若死灰，本迹一時，動寂俱妙，凝照潛通，虚懷利物，遂使四時順序，五穀豐登，人無災害，物無夭枉。聖人之處世有此功能，肩吾未悟至言，謂爲狂而不信。○典案：注「故行若曳枯木，止若聚死灰」，「行」當爲「形」，「止」當爲「心」。齊物論篇「形固可使如槁木，而心固可使如死灰乎」、徐无鬼篇「形固可使若槁骸，心固可使若死灰乎」、知北遊篇「形若槁骸，心若死灰」、庚桑楚篇「身若槁木之枝，而心若死灰矣」，竝以「形」與「心」對言。疏「聖人形同枯木，心若死灰」，是成所見注亦作「形」、作「心」。文選顔延年五君詠注引此注「止」猶作「心」，此疑「心」、「止」草書形近致譌，後人乃改「形」爲「行」，增「曳」字、「聚」字耳。【釋文】神凝魚升反。疵在斯反，病也。司馬云：毀也。一音子爾反。癘音厲。李音賴，惡病也。本或作「厲」。狂求匡反。李云：癡也。李又九況反。閒音閑。澹然徒暫反，恬静也。皆齊才細反，又如字。而斷丁亂反。

連叔曰：「然。瞽者無以與乎文章之觀，聾者無以與乎鐘鼓之聲。豈唯形骸有聾盲哉〔一〕？夫知亦有之。【注】不知至言之極妙，而以爲狂而不信，此知之聾盲也。【疏】瞽者，謂眼無眹縫，冥冥如鼓皮也。聾者，耳病也。盲者，眼根敗也。夫目視耳聽，蓋有物之常情也，既瞽既聾，不可示之以聲色也。亦猶至言妙道，唯懸解者能知。遇惑之徒，終身未悟，良由智障盲闇，不能照察，豈唯形質獨有之耶！是以聞接輿之言，謂爲狂而不信。自此以下，是連叔答肩吾之辭也。○典案：碧虚子校引天台山方瀛觀古藏本「盲」作「瞽」。此承上文「瞽者無以與乎文章之觀」而言，則作「瞽」者是也。【釋文】瞽音古。盲者無目，如鼓皮也。與乎徐音豫。下同。之觀古亂反。聾鹿工反，不聞也。之聲崔、向、司馬本此下更有「眇者無以與乎眉目之好。

〔一〕盲　口義等作「瞽」，與上文相承。

夫刖者不自爲假文屨」。夫知音智。注「知之」同。是其言也，猶時女也。【注】謂此接輿之所言者，自然爲物所求，但知之聾盲者謂無此理。【疏】是者，指斥之言也。時女，少年處室之女也。指此接輿之言，猶如窈窕之女，綽約凝潔，爲君子所求，但知之聾盲者謂無此理也。【釋文】時女司馬云：猶處女也。向云：時女虛静柔順，和而不喧，未嘗求人，而爲人所求也。之人也，之德也，將旁礴萬物以爲一，世蘄乎亂，孰弊弊焉以天下爲事！【注】夫聖人之心，極兩儀之至會，窮萬物之妙數，故能體化合變，無往不可，旁礴萬物，無物不然。世以亂故求我，我無心也。我苟無心，亦何爲不應世哉！然則體玄而極妙者，其所以會通萬物之性，而陶鑄天下之化，以成堯、舜之名者，常以不爲爲之耳，孰弊弊焉勞神苦思，以事爲事，然後能乎！【疏】之是語助，亦歎美也。旁礴，猶混同也。蘄，求也。孰，誰也。之人者，歎堯是聖人；之德者，歎堯之盛德也。言聖人德合二儀，道齊羣品，混同萬物，制馭百靈。世道荒淫，蒼生離亂，故求大聖君臨安撫；而虛舟懸鏡，應感無心，誰肯勞形弊智，經營區宇，以事爲事，然後能事。故老子云「爲無爲，事無事」，又云「取天下常以無事，及其有事，不足以取天下也」。【釋文】旁薄剛反。李鋪剛反。字又作「磅」，同。礴蒲博反。李普各反。司馬云：旁礴，猶混同也。世蘄徐音祈。李云：求也。弊弊李扶世反。徐扶計反。簡文云：弊弊，經營貌。司馬本作「蔽蔽」。不應應對之應。苦思息嗣反。之人也，物莫之傷，【注】夫安於所傷，則傷不能傷；傷不能傷，而物亦不傷之也。大浸稽天而不溺，大旱金石流、土山焦而不熱。【注】無往而不安，則所在皆適，死生無變於己，況溺熱之間哉！故至人之不嬰乎禍難，非避之也，推理直前，而自然與吉會。【疏】稽，至也。夫達於生死，則無死無生；宜於水火，則不溺不熱。假令陽九流金之災，百六滔天之禍紛紜自彼，於我何爲？故郭注云：「死生無變於己，何況溺熱之間也哉！」【釋文】大浸子鴆反。稽天音鷄。徐、李音啓。司馬云：至也。不溺奴歷反。或奴學反。禍難乃旦反。非避音辟。是其塵垢粃穅，將猶陶鑄堯、舜者也，孰肯以物爲事！」【注】堯、舜者，世事之名耳。爲名者非名也，故夫堯、舜者，豈直堯、舜而已哉？必有神人之實焉。今所稱堯、舜者，徒名其塵垢粃穅耳。【疏】散爲塵，膩爲垢，穀不熟爲粃，穀皮曰穅，皆猥物也。鎔金曰鑄，範土曰陶，謚法：翼善傳聖曰堯，仁聖盛明曰舜。夫堯至本，妙絶形名，混迹同塵，物甘其德，故立名謚，以彰聖體。然名者粗法，不異粃穅；謚者世事，何殊塵垢。既而矯諂佞妄，將彼塵垢鍛鑄爲堯，用此粃穅埏埴作舜，豈知妙體胡可言邪！是以誰肯以物爲事者也。【釋文】塵垢古口反。塵垢，猶染污。粃本又作「秕」。徐甫姊反，又悲矣反。穅字亦作「糠」，音康。粃糠，猶煩碎。陶徒刀反。李移昭反。本亦作「錭」，音同。鑄之樹反。

宋人資章甫而適諸越，越人斷髮文身，無所用之。【疏】此起譬也。資，貨也。越國逼近江湖，斷髮文身，以避蛟龍之難也。章甫，冠名也。故孔子生於魯，衣縫掖；長於宋，冠章甫。而宋實微子之裔，越乃太伯之苗，二國貿遷往來，乃以章甫爲貨。且章甫本充首飾，必須雲鬟承冠，越人斷髮文身，資貨便成無用。亦如榮華本猶滯著，富貴起自驕矜。堯既體道洞忘，故能無用天下，故郭注云「夫堯之無所用天下爲，亦猶越人無所用章甫耳」。

【釋文】宋人宋，今梁國睢陽縣，殷後，微子所封。資章甫李云：資，貨也。章甫，殷冠也。以冠爲貨。越今會稽山陰縣。○郭慶藩曰：文選張景陽雜詩注引司馬云：資，取也。章甫，冠名也。諸，於也。釋文闕。○李楨曰：諸越，猶云於越。春秋定五年經「於越入吴」，杜注：於，發聲也。公羊傳「於越者，未能以其名通也」，何休注：越人自名於越。此作「諸」者，廣雅釋言：諸，於也。禮記射義注：諸，猶於也。是疊韻假借。○典案：李説是也。御覽六百八十五引正作「於越」，是其證。斷丁管反。李徒短反。司馬本作「敦」，云：敦，斷也。

堯治天下之民，平海内之政，往見四子藐姑射之山，汾水之陽。窅然喪其天下焉。【注】夫堯之無用天下爲，亦猶越人之無所用章甫耳。然遺天下者，固天下之所宗。天下雖宗堯，而堯未嘗有天下也，故窅然喪之，而嘗遊心於絶冥之境，雖寄坐萬物之上，而未始不逍遥也。四子者蓋寄言，以明堯之不一於堯耳。夫堯實冥矣，其迹則堯也。自迹觀冥，内外異域，未足怪也。世徒見堯之爲堯，豈識其冥哉！故將求四子於海外，而據堯於所見，因謂與物同波者，失其所以逍遥也。然未知至遠之迹順者更近〔一〕，而至高之所會者反下也。若乃厲然以獨高爲至，而不夷乎俗累，斯山谷之士，非無待者也，奚足

〔一〕迹　影宋本作「所」。

以語至極而遊無窮哉！【疏】治，言緝理；政，言風教。此合喻也。汾水出自太原，西入於河。水北曰陽，則今之晉州平陽縣，在汾水北，昔堯都也。窅然者寂寥，是深遠之名；喪之言忘，是遺蕩之義。而四子者，四德也，一本、二迹、三非本非迹、四非非本迹也。言堯反照心源，洞見道境，超兹四句，故言往見四子也。夫聖人無心，有感斯應，故能緝理萬邦，和平九土。雖復凝神四子，端拱而坐汾陽；統御萬機，窅然而喪天下。斯蓋即本即迹，即體即用，空有雙照，動寂一時。是以姑射不異汾陽，山林豈殊黄屋。世人齊其所見，曷嘗信此邪！而馬彪將四子爲齧缺，便未達於遠理；劉璋推汾水於射山，更迷惑於近事。今所解釋，稍異於斯。故郭注云：「四子者蓋寄言，明堯之不一於堯耳。世徒見堯之迹，豈識其冥哉〔一〕！」○典案：御覽六十四、八十引竝無「藐」字。八十引注云：四子，許由、齧缺、披衣、王倪也。窅然，猶幽然，自失之貌，言堯以有事之心，至於無爲之人，故亦無所用也。御覽四十五又引莊子「堯見姑射神人，杳然喪其天下」，即是此山也。觀其文義，疑是注語。【釋文】四子司馬、李云：王倪、齧缺、被衣、許由。汾水徐扶云反。郭方聞反。案：汾水出太原，今莊生寓言也。司馬、崔本作「盆水」。窅然徐烏了反。郭武駢反。李云：窅然，猶悵然。喪其息浪反。注同。絶冥亡丁反。之竟音境。本亦作「境」。

惠子謂莊子曰：「魏王貽我大瓠之種，【疏】姓惠，名施，宋人也，爲梁國相。謂，語也。貽，遺也。瓠，匏之類也。魏王，即梁惠王也。昔居安邑，國號爲魏，後爲强秦所逼，徙於大梁，復改爲梁，僭號稱王也。惠子所

〔一〕冥　原作「真」，據注文改。

以起此大匏之譬，以譏莊子之書雖復詞旨恢弘，而不切機務，故致此詞而更相激發者也。【釋文】惠子司馬云：姓惠，名施，爲梁相。魏王司馬云：梁惠王也。案：魏自河東遷大梁，故謂之魏，或謂之梁也。貽徐音怡。郭與志反，遺也。大瓠徐音護。之種章勇反。**我樹之成，而實五石。以盛水漿，其堅不能自舉也；**【疏】樹者，藝植之謂也。實者，子也。惠施既得瓠種，藝之成就，生子甚大，容受五石，仍持此瓠以盛水漿，虚脆不堅，故不能自勝舉也。○典案：御覽九百七十九引作「我樹之而成實五石」，文義較順。【釋文】而實五石司馬云：實中容五石。以盛音成。**剖之以爲瓢，則瓠落無所容。非不呺然大也，吾爲其無用而掊之。」**

【疏】剖，分割之也。瓢，勺也。瓠落，平淺也。呺然，虚大也。掊，打破也。用而盛水，虚脆不能自勝；分剖爲瓢，平淺不容多物。衆謂無用，打破棄之。刺莊子之言不救時要，有同此言，應須屏削也。○馬叙倫曰：瓠落，疊韻連語。「瓠」借爲「霩」，聲同魚類。説文曰：霩，雨止雲罷貌。方言曰：張小使大謂之廓。爾雅釋詁曰：廓，大也。廓今字。○典案：馬説是也。御覽九百七十九引「瓠」正作「廓」，是其證。又「掊」，御覽引作「剖」。【釋文】剖之普日反。爲瓢毗遥反。徐扶堯反。則瓠户郭反。司馬音護。下同。落簡文云：瓠落，猶廓落也。司馬云：瓠，布護也；落，零落也。言其形平而淺，受水則零落而不容也。呺然本亦作「号」。徐許憍反。李云：号然，虚大貌。崔作「謞」。簡文同。吾爲于僞反。掊之徐方垢反。司馬云：擊破也。○俞樾曰：説文：号，痛聲也。呺、謞，説文所無，蓋皆「号」之俗體，施之於此，義不可通。文選謝靈運初發都詩李善注引此文作「枵」，當從之。爾雅釋天：玄、枵，虚也。虚則有大義，故曰「枵然大也」。釋文引李云：号然，虚大貌。是固以「枵」字之義説之。

莊子曰：「夫子固拙於用大矣。宋人有善爲不龜手之藥者，世世以洴澼絖爲事。【注】其藥能令手不拘坼，故常漂絮於水中也。【疏】洴，浮。澼，漂也。絖，絮也。世世，年也。宋人隆冬涉水，漂絮以作牽離，手指生瘃，拘坼有同龜背。故世世相承，家傳此藥，令其手不拘坼，常得漂絮水中，保斯事業，永無虧替。又云：澼，擗也；絖，纊也，謂擗纊於水中之故也。【釋文】龜手愧悲反。徐舉倫反。李居危反。向云：拘坼也。司馬云：文坼如龜文也。又云：如龜攣縮也。○俞樾曰：釋文引司馬云文坼如龜文也。又云如龜攣縮也，義皆未安。向云：如拘坼也。郭注亦云：能令手不拘坼。然則「龜」字宜即讀如「拘」。蓋「龜」有丘音，後漢西域傳「龜玆」讀曰丘慈是也。古丘音與區同，故亦得讀如「拘」矣。拘，拘攣也；不者，不拘攣也。龜文之說雖非，攣縮之說則是，但不必以如龜爲說耳。洴徐扶經反。澼普歷反。徐敷歷反。郭、李恪歷反。澼，聲。絖音曠。小爾雅云：絮細者謂之絖。李云：洴澼絖者，漂絮於水上。絖，絮也。○典案：御覽二十七引舊注云：案「絖」，古「纊」字，絮也。洴澼，浣漂斫絮於水中也。能令力呈反。不拘紀于反。依字宜作「跔」，紀于、求于二反。周書云「天寒足跔」是也。坼勑白反。漂匹妙反。韋昭云：以水擊絮爲漂。說文作「潎」，豐市反，又匹例反。絮胥慮反。客聞之，請買其方百金。【疏】金方一寸，重一斤，爲一金也。他國遊客偶爾聞之，請買手瘡一術，遂費百金之價者也。○典案：碧虛子校引江南古藏本「百」上有「以」字，舊闕，有「以」字文較順。【釋文】百金李云：金方寸重一斤爲一金。百金，百斤也。聚族而謀曰：『我世世爲洴澼絖，不過數金；今一朝而鬻技百金，請與之。』【疏】鬻，賣也。估價既高，聚族謀議。世世洴澼，爲利蓋寡；一朝賣術，資貨極多。異口同音，僉曰請與。【釋文】數金色主反。鬻音育。司馬云：賣也。技本或作「伎」，竭彼反。客得之，以說吳王。越有難，吳王使之將，冬，與越人水戰，大敗越人，裂地而封之。【疏】吳、越比鄰，地帶江海，兵戈相接，必用艫船，戰士隆冬，手多拘坼。而客素禀雄才，天生睿智，既得方術，遂說吳王。越國兵難侵吳，吳王使爲將帥，賴此名藥，而兵手不拘坼。旌旗才舉，越人亂轍，獲此大捷，獻凱而旋，勳庸克著，胙之茆土。【釋文】以說始銳反，又如字。有難乃旦反。之將子匠反。大敗必邁反。能不龜手一也，或以封，或不免於洴澼絖，則所用之異也。【疏】或，不定也。方藥無工，而用者有殊。故行客得之以封侯，宋人用之以洴澼，此則所用工拙之異。今子有五石之瓠，何不慮以爲大樽，而浮乎江湖，而憂其瓠落無所容？則夫子猶有蓬之心也夫！」【注】蓬非直達者也。此章言物各有宜，苟得其宜，安往而不逍遥也！【疏】攄者，繩絡之也。樽者，漆之如酒罇，以繩結縛，用渡江湖，南人所謂腰舟者也。蓬，草名，拳曲不直也。夫，歎也。言大瓠浮汎江湖，可以舟船淪溺；至教興行世境，可以濟渡羣迷。而惠生既有蓬心，未能直達玄理，故妄起掊擊之譬，譏刺莊子之書，爲用失宜，深可歎之。○典案：文選謝靈運永初三年七月十六日之郡初發都詩注引「慮」作「攄」，「樽」作「罇」，與疏之作「攄」作「罇」者相合，疑李善所據本、成本如此。【釋文】不慮以爲大樽本亦作「尊」。司馬云：樽如酒器，縛之於身，浮於江湖，可以自渡。慮，猶結綴也。案：所謂腰舟。蓬之心郭云：蓬，生非直達者。向云：蓬者短不暢，曲士之謂。

惠子謂莊子曰：「吾有大樹，人謂之樗。【疏】樗，栲漆之類，嗅之甚臭，惡木者也。世間名字，例皆虛假，相與嗅之，未知的當，故言人謂之樗也。【釋文】樗勑魚反，木名。其大本擁腫而不中繩墨，其小枝卷曲而不中規矩，立之塗，匠者不顧。【疏】擁腫，槃瘿也。卷曲，不端直也。規圓而矩方。塗，道也。樗栲之樹，不材之木，根本擁腫，枝榦攣卷，繩墨不加，方圓無取，立之行路之旁，匠人曾不顧盼也。【釋文】擁腫章勇反。李云：擁腫，猶盤瘿。不中丁仲反。下同。卷曲本又作「拳」，同，音權。徐紀阮反。李丘圓反。○典案：御覽九百五十九引「卷」作「拳」。人間世篇「夫仰而視其細枝，則拳曲而不可以爲棟梁」，與此一例，疑作「拳」是也。今子之言，大而無用，衆所同去也。」【疏】樹既擁腫不材，匠人不顧；言迹迂誕無用，衆所不歸。此合喻者也。【釋文】同去如字。李羌呂反。

莊子曰：「子獨不見狸狌乎？卑身而伏，以候敖者，東西跳梁，不辟高下，中於機辟，死於罔罟。【疏】狌，野猫也。跳梁，猶走躑也。辟，法也，謂機關之類也。罔罟，罝罘也。子獨不見狸狌捕鼠之狀乎？卑伏其身，伺候傲慢之鼠；東西跳躑，不避高下之地；而中於機關之法，身死罔罟之中，皆以利惑其小，不謀大故也。亦猶擎跪曲拳，執持聖迹，僞情矯性，以要時利，前雖遂意，後必危亡，而商鞅、蘇、張，即是其事。此何異乎捕鼠狸狌死於罔罟也！【釋文】狸力之反。狌徐音姓。郭音生，又音星。司馬云：狖也。狖，音由救反。敖者徐、李五到反。支云：伺彼怠敖，謂承夫閒殆也。本又作「慠」，同。司馬音遨，謂伺遨翔之物而食之，雞鼠之屬也。跳音條。不辟音避。今本多作「避」。下放此。機辟毗赤反。司馬云：罔也。○許駿齋云：辟，疑爲「臂」之省文。罟徐音古。今夫斄牛，其大若垂天之雲。此能爲大矣，而不能執鼠。【疏】斄牛，猶旄牛也。出西南夷，其形甚大，山中遠望，如天際之雲。藪澤之中，逍遥養性，跳梁投鼠，不及野狸。亦猶莊子之言，不狎流俗，可以理國治身，且長且久者也。○典案：御覽八百九十八引「若」作「如」。【釋文】斄牛郭吕之反。徐、李音來，又音離。司馬云：旄牛。今子有大樹，患其無用，何不樹之於無何有之鄉，廣莫之野，【疏】無何有，猶無有也。莫，無也。謂寬曠無人之處，不問何物，悉皆無有，故曰無何有之鄉也。【釋文】無何有之鄉廣莫之野謂寂絶無爲之地也。簡文云：莫，大也。彷徨乎無爲其側，逍遥乎寢卧其下。【疏】彷徨，縱任之名；逍遥，自得之稱。亦是異言一致，互其文耳。不材之木，枝葉茂盛，婆娑蔭映，蔽日來風，故行李經過，徘徊憩息，徙倚顧步，寢卧其下。亦猶莊子之言，無爲虚淡，可以逍遥適性，蔭庇蒼生也。【釋文】彷薄剛反，又音房。徨音皇。彷徨，猶翱翔也。崔本作「方羊」。簡文同。廣雅云：彷徉，徙倚也。不夭斤斧，物無害者，無所可用，安所困苦哉！」【注】夫小大之物，苟失其極，則利害之理均；用得其所，則物皆逍遥也。【疏】擁腫不材，拳曲無取，匠人不顧，斤斧無加，夭折之災，何從而至？故得終其天年，盡其生理。無用之用，何所困苦哉！亦猶莊子之言乖俗會道，可以攝衛，可以全真，既不夭枉於世途，詎肯困苦於生分也。○典案：碧虚子校引文如海本「困苦」作「窮困」。

莊子補正卷一下

内篇　齊物論第二

【注】夫自是而非彼，美己而惡人，物莫不皆然。然，故是非雖異，而彼我均也。【釋文】齊物論力頓反。李如字。而惡烏路反。

南郭子綦隱机而坐，仰天而噓，荅焉似喪其耦。【注】同天人，均彼我，故外無與爲歡，而嗒焉解體，若失其配匹。【疏】楚昭王之庶弟，楚莊王之司馬，字子綦。古人淳質，多以居處爲號，居於南郭，故號南郭，亦猶市南宜僚、東郭順子之類。其人懷道抱德，虚心忘淡，故莊子羨其清高，而託爲論首。隱，憑也。噓，歎也。嗒焉，解釋貌。耦，匹也。爲身與神爲匹，物與我耦也。子綦憑几坐忘，凝神遐想，仰天而歎，妙悟自然，離形去智，嗒焉隳體，身心俱遣，物我兼忘，故若喪其匹耦也。【釋文】南郭子綦音其。司馬云：居南郭，因爲號。隱於靳反，馮也。机音紀。李本作「几」。而噓音虚，吐氣爲噓。向云：息也。荅焉本又作「嗒」，同。吐荅反，又都納反，注同。解體貌。○郭慶藩曰：慧琳一切經音義八十八終南山龍田寺釋法琳本傳卷四引司馬云：荅焉，云失其所，故有似喪耦也。釋文闕。其耦本亦作「偶」，五口反，匹也，對也。司馬云：耦，身也，身與神爲耦。○俞樾曰：「喪其偶」，即下文所謂「吾喪我」也。郭注曰：若失其配匹，未合喪我之義。司馬云：耦，身也。此説得之。然云身與神爲耦，則非也。「耦」當讀爲「寓」，寄也。神寄於身，故謂身爲寓。○典案：御覽七百十、八百七十一引「荅」作「嗒」，七百十引「耦」作「偶」，與釋文一本合。顔成子游立侍乎前，曰：「何居乎？形固可使如槁木，而心固可使如死灰乎？【注】死灰槁木，取其家莫無情耳。夫任自然而忘是非者，其體中獨任天真而已，又何所有哉！故止若立枯木，動若運槁枝，坐若死灰，行若遊塵。動止之容，吾所不能一也；其於無心而自得，吾所不能二也。【疏】姓顔，名偃，字子游。居，安處也。方欲請益，故起而立侍。如何安處，神識凝寂，頓異從來，遂使形將槁木而不殊，心與死灰而無別。必有妙術，請示所由。【釋文】顔成子游李云：子綦弟子也，姓顔，名偃，謚成，字子游。何居如字。又音姬。司馬云：猶故也。槁木古老反。注同。家音寂。本亦作「寂」。今注作「寂寞」。莫本亦作「漠」。今之隱机者，非昔之隱机者也。」【注】子游嘗見隱机者，而未有若子綦也。【疏】子游昔見坐忘，未盡玄妙；今逢隱机，實異曩時。怪其寂泊無情，故發驚疑之旨。

子綦曰：「偃，不亦善乎，而問之也！今者吾喪我，汝知之乎？【注】吾喪我，我自忘矣；我自忘矣，天下有何物足識哉！故都忘外内，然後超然俱得。【疏】而，猶汝也。喪，猶忘也。許其所問，故言不亦善乎。而子綦境智兩忘，物我雙絶，子游不悟，而以驚疑，故示隱几之能，汝頗知不。女聞人籟，而未聞地籟，女聞地籟而未聞天籟夫！」【注】籟，簫也。夫簫管參差，宮商異律，故有短長高下萬殊之聲。聲雖萬殊，而所稟之度一也，然則優劣無所錯其間矣。況之風物，異音同是，而咸自取焉，則天地之籟見矣。【疏】人籟，簫也。長一尺二寸，十六管，象鳳翅，舜作也。夫簫管參差，所受各足，況之風物，咸稟自然，故寄此二賢，以明三籟之義。釋在下文。○典案：御覽五百八十一引注作「天籟，簫也」。【釋文】女聞音汝。下皆同。本亦作「汝」。人籟力帶反，簫也。籟夫音扶。參初林反。差初宜反。所錯七故反。見矣賢遍反。

子游曰：「敢問其方。」【疏】方，道術也。雖聞其名，未解其義，故請三籟，其術如何。子綦曰：「夫大塊噫氣，其名爲風。【注】大塊者，無物也。夫噫氣者，豈有物哉？氣塊然而自噫耳。物之生也，莫不塊然而自生，則塊然之體大矣，故遂以大塊爲名。【疏】大塊者，造物之名，亦自然之稱也。言自然之理通生萬物，不知所以然而然。大塊之中，噫而出氣，仍名此氣而爲風也。○典案：御覽九引「其名爲風」作「名曰風」，文選月賦注引同。【釋文】大塊苦怪反。李苦對反。說文同，云：俗「凷」字也。徐口回反，徐、李又胡罪反。郭又苦猥反。司馬云：大朴之貌。衆家或作「大槐」。班固同。淮南子作「大昧」。解者或以爲無，或以爲元氣，或以爲混成，或以爲天，謬也。○俞樾曰：大塊者，地也。「塊」乃「凷」之或體。說文土部：凷，墣也。蓋即中庸所謂一撮土之多者，積而至於廣大，則成地矣，故以地爲大塊也。司馬云：大朴之貌。郭注曰：大塊者無物也。並失其義。此本說地籟，然則大塊者非地而何？噫乙戒反。注同。一音蔭。是唯無作，作則萬竅怒呺。

【注】言風唯無作，作則萬竅皆怒動而爲聲也。【疏】是者，指此風也。作，起也。言此大風唯當不起，若其動作，則萬殊之穴皆鼓怒呺叫也。○奚侗曰：呺，借爲「號」。說文曰：號，嘑也。文選月賦注引正作「號」。○典案：奚說是也。御覽九引亦正作「號」，是其證也。【釋文】萬竅苦弔反。怒呺胡刀反。徐又許口反〔一〕，又胡到反。而獨不聞之翏翏乎？【注】長風之聲。【釋文】翏翏良救反，又六收反。長風聲也。李本作「飂」，音同，又力竹反。山林之畏佳，【注】大風之所扇動也。【疏】翏翏，長風之聲。畏佳，扇動之貌。而翏翏清吹，擊蕩山林，遂使樹木枝條，畏佳扇動。世皆共覩，汝獨不聞之邪？下文云。【釋文】畏於鬼反。郭烏罪反。崔本作「嵔」。佳醉癸反。徐子唯反。郭祖罪反。李諸鬼反。李頤云：畏佳，山阜貌。大木百圍之竅穴，似鼻，似口，似耳，似枅，似圈，似臼，似洼者，似污者；【注】此略舉衆竅之所似。【疏】竅穴，樹孔也。枅，柱頭木也，今之斗楷是也。圈，畜獸闌也。木既百圍，穴亦奇衆，故或似人之口鼻，或似獸之闌圈，或似人之耳孔，或似舍之枅楷，或洼曲而擁腫，或污下而不平。形勢無窮，略陳此八事，亦由世間萬物種類不同，或醜或妍，蓋稟之造化。【釋文】之竅崔本作「窾」。似鼻似口司馬云：言風吹竅穴動作，或似人鼻，或似人口。似枅音雞，又音肩。字林云：柱上方木也。簡文云：欂櫨也。似圈起權反。郭音權，杯圈也。徐其阮反，言如羊豕之闌圈也。似臼其九反。似

〔一〕詐口反　釋文作「許口反」。

洼者烏攜反。李於花反，又烏乖反。郭烏蛙反。司馬云：若洼曲。污者音烏。司馬云：若污下。激者，謞者，叱者，吸者，叫者，譹者，宎者，咬者，【注】此略舉異竅之聲殊。【疏】激者，如水湍激聲也。謞者，如箭鏃頭孔聲也〔一〕。叱者，咄聲也。吸者，如呼吸聲也。叫者，如叫呼聲也。譹者，哭聲也。宎者，深也，若深谷然。咬者，哀切聲也。略舉樹穴，即有八種；風吹木竅，還作八聲。亦由人稟分不同，種種差異，率性而動，莫不均齊。假令小大夭壽，未足以相傾。【釋文】激者經歷反，如水激也。李古弔反。司馬云：聲若激喚也。李又驅弔反。謞者音孝。李虛交反。簡文云：若箭去之聲。司馬云：若讙謞聲。叱者昌實反。徐音七。司馬云：若叱咄聲。吸者許及反。司馬云：若嘘吸聲也。叫者古弔反。郭古幼反。李居曜反。司馬云：若叫呼聲也。譹者音豪，郭又户報反。司馬云：若譹哭聲。宎者徐於堯反。一音杳，又於弔反。司馬云：深者也，若深宎宎然。咬者於交反。或音狡。司馬云：聲哀切咬咬然。又許拜反。前者唱于，而隨者唱喁。泠風則小和，飄風則大和，【注】夫聲之宫商雖千變萬化，唱和大小，莫不稱其所受而各當其分。【疏】泠，小風也。飄，大風也。于、喁皆是風吹樹動，前後相隨之聲也。故泠清風，和聲即小；暴疾飄風，和聲即大。各稱所受，曾無勝劣，以況萬物稟氣自然。【釋文】唱于如字。唱喁五恭反，徐又音愚，又五斗反。李云：于、喁，聲之相和也。泠風音零。李

〔一〕也　據上下文句例補。

云：泠泠，小風也。小和胡卧反。下及注皆同。飄風鼻遥反，又符遥反。李敷遥反。司馬云：疾風也。爾雅云：回風爲飄。不稱尺證反。其分符問反。下不出者同。厲風濟，則衆竅爲虚。【注】濟，止也。烈風作，則衆竅實；及其止，則衆竅虚。虚實雖異，其於各得則同。【疏】厲，大也，烈也。濟，止也。言大風止，則衆竅虚；及其動，則衆竅實。虚實雖異，各得則同耳。況四序盈虚，二儀生殺，既無心於亭毒，豈有意於虔劉。【釋文】厲風司馬云：大風。向、郭云：烈風。濟子細反。向云：止也。而獨不見之調調、之刁刁乎〔一〕？」【注】調調、刁刁，動摇貌也。言物聲既異，而形之動摇亦又不同也。動雖不同，其得齊一耳，豈調調獨是，而刁刁獨非乎？【疏】而，汝也。調調、刁刁，動摇之貌也。言物形既異，動亦不同，雖有調刁之殊，而終無是非之異。況盈虚聚散，生死窮通，物理自然，不得不爾，豈有是非臧否於其間哉！【釋文】調調音條。刁刁徐都堯反。向云：調調、刁刁，皆動摇貌。動摇如字。又羊照反。

子游曰：「地籟則衆竅是已，人籟則比竹是已。敢問天籟。」【疏】地籟則竅穴之徒，人籟則簫管之類，並皆眼見，此則可知。惟天籟深玄，卒難頓悟，敢陳庸昧，請決所疑。【釋文】比竹毗志反，又必履反。李扶必反。注同。子綦曰：「夫吹萬不同，而使其自已也，【注】此天籟也。夫天籟者，豈復

〔一〕刁刁　世德堂本作「刀刀」。下注、釋文同。

別有一物哉！即衆竅比竹之屬，接乎有生之類，會而共成一天耳。無既無矣，則不能生有；有之未生，又不能爲生。然則生生者誰哉？塊然而自生耳。自生耳，非我生也。我既不能生物，物亦不能生我，則我自然矣。自己而然，則謂之天然。天然耳，非爲也，故以天言之。以天言之，所以明其自然也，豈蒼蒼之謂哉！而或者謂天籟役物，使從己也。夫天且不能自有，況能有物哉！故天也者，萬物之總名也，莫適爲天，誰主役物乎？故物各自生，而無所出焉，此天道也。【疏】夫天者，萬物之總名，自然之別稱，豈蒼蒼之謂哉！故夫天籟者，豈別有一物邪？即比竹衆竅接乎有生之類是爾。尋夫生生者誰乎，蓋無物也。故外不待乎物，內不資乎我，塊然而生，獨化者也。是以郭注云：自己而然，則謂之天然。故以天然言之者，所以明其自然也，而言吹萬不同。且風唯一體，竅則萬殊，雖復大小不同，而各稱所受，咸率自知，豈藉他哉！此天籟也。故知春生夏長，目視耳聽，近取諸身，遠託諸物，皆不知其所以，悉莫辨其所然。使其自己，當分各足，率性而動，不由心智，所謂亭之毒之，此天籟之大意者也。〇郭慶藩曰：文選謝宣城九日從宋公戲馬臺集送孔令詩注引司馬云：吹萬，言天氣吹煦，生養萬物，形氣不同。已，止也，使各得其性而止。謝靈運道路憶山中詩注、江文通雜體詩注引同。釋文闕。【釋文】豈復扶又反。莫適丁歷反。咸其自取，怒者其誰邪？」【注】物皆自得之耳，誰主怒之使然哉！此重明天籟也。【疏】自取，由自得也。言風竅不同，形聲乃異，至於各自取足，未始不齊，而怒動爲聲，誰使之然也？欲明羣生糺紛，萬象參差，分內自取，未嘗不足，或飛或走，誰使其然？故知鼓之怒之，莫知其宰。此則重明天籟之義者也。〇典案：疏「自取，由自得也」，「由」借爲「猶」，又與「猷」同。爾雅釋言：猷，若也。「猷」、「猶」、「由」古字通用。下「由猛火」、「由如祝詛」竝同。【釋文】此重直用反。

大知閑閑，小知閒閒；【注】此蓋知之不同。【疏】閑閑，寬裕也。閒閒，分別也。夫智惠寬大之人，率性虛淡，無是無非。小知狹劣之人，性靈褊促，有取有捨，故閒隔而分別。無是無非，故閑暇而寬裕也。【釋文】大知音智。下及注同。閑閑李云：無所容貌。簡文云：廣博之貌。閒閒古閑反。有所閒別也。○俞樾曰：廣雅釋詁：閒，覗也。「小知閒閒」，當從此義，謂好覗察人也。釋文曰「有所閒別」，非是。**大言炎炎，小言詹詹。**【注】此蓋言語之異。【疏】炎炎，猛烈也。詹詹，詞費也。夫詮理大言，由如猛火，炎燎原野，清蕩無遺。儒墨小言，滯於競辯，徒有詞費，無益教方。【釋文】炎炎于廉、于凡二反，又音談。李作「淡」，徒濫反。李頤云：同是非也。簡文云：美盛貌。詹詹音占。李頤云：小辯之貌。崔本作「閻」。**其寐也魂交，其覺也形開，**【注】此蓋寤寐之異。【疏】凡鄙之人，心靈馳躁，耽滯前境，無得暫停。故其夢寐也，魂神妄緣而交接；其覺悟也，則形質開朗而取染也。【釋文】魂交司馬云：精神交錯也。其覺古孝反。形開司馬云：目開意悟也。**與接爲構，日以心鬭。縵者，窖者，密者。**【注】此蓋交接之異。【疏】構，合也。窖，深也，今穴地藏穀是也。密，隱也。交接世事，構合根塵，妄心既重，渴日不足〔一〕，故惜彼寸陰，心與日鬭也。其運心逐境，情性萬殊，略而言之，有此三別也。

〔一〕渴　或作「愒」。

【釋文】與接爲構司馬云：人道交接。構，結驩愛也。縵者末旦反。簡文云：寬心也。窖者古孝反。司馬云：深也。李云：穴也。案：穴地藏穀曰窖。簡文云：深心也。

小恐惴惴，大恐縵縵。【注】此蓋恐悸之異。【疏】惴惴，怵惕也。縵縵，沮喪也。夫境有違從，而心恒憂度，慮其不遂，恐懼交懷，是以小恐惴慄而怵惕，大恐寬暇而沮喪也。【釋文】小恐曲勇反。下及注同。惴惴之瑞反。李云：小心貌。爾雅云：懼也。縵縵李云：齊死生貌。悸其季反。

其發若機栝，其司是非之謂也；【疏】機，弩牙也。栝，箭栝也。司，主也。言發心逐境，速如箭栝；役情拒害，猛若弩牙。唯主意是非，更無他謂也。【釋文】機栝古活反。機，弩牙。栝，箭栝。○郭慶藩曰：文選鮑明遠苦熱行注引司馬云：言生死是非，臧否交校，則禍敗之來，若機栝之發。釋文闕。

其留如詛盟，其守勝之謂也；【注】此蓋動止之異。【疏】詛，祝也。盟，誓也。言役意是非，由如祝詛，留心取境，不異誓盟。堅守確乎，情在勝物。【釋文】詛側據反。盟音明。徐武耕反。郭武病反。

其殺若秋冬，以言其日消也；【注】其衰殺日消，有如此者。【疏】夫素秋摇落，玄冬肅殺，物景貿遷，驟如交臂，愚惑之類，豈能覺邪！唯争虚妄是非，詎知日新消毁。人之衰老，其狀例然。【釋文】其殺色界反。徐色例反。注同。

其溺之所爲之，不可使復之也；【注】其溺而遂往，有如此者。【疏】滯溺於境，其來已久。所爲之事，背道乖真。欲使復命還原，無由可致。【釋文】其溺奴狄反。郭奴徼反。

其厭也如緘，以言其老洫也。【注】其厭没於欲，老而愈洫，有如此者。【疏】厭，没溺也。顛倒之流，厭没於欲，惑情堅固，有類緘繩。豈唯壯年縱恣，抑乃老而愈洫。【釋文】其厭於葉反。徐於冉反，又於感反。如緘徐古咸反。老洫本亦作「溢」，同，音逸。郭許鵙反，又已質反。○典案：碧虚子校引江南古藏本「洫」作「溢」，與釋文一本合。近死之心，莫使復陽也。【注】其利患輕禍，陰結遂志，有如此者。【疏】莫，無也。陽，生也。耽滯之心，鄰乎死地，欲使反於生道，無由得之。【釋文】近死附近之近。復陽陽，謂生也。喜怒哀樂，慮歎變慹，姚佚啓態；【注】此蓋性情之異者。【疏】凡品愚迷，則執違順，順則喜樂，違則哀怒。然哀樂則重，喜怒則輕。故喜則心生懽悦，樂則形於舞忭，怒則當時瞋恨，哀則舉體悲號，慮則抑度未來，歎則咨嗟已往，變則改易舊事，慹則屈服不伸，姚則輕浮躁動，佚則奢華縱放，啓則開張情慾，態則嬌淫妖冶。衆生心識，變轉無窮，略而言之，有此十二。審而察之，物情斯見矣。【釋文】哀樂音洛。慹之涉反。司馬云：不動貌。姚郭音遥。徐、李勑弔反。佚音逸。態勑代反，李又奴載反。樂出虚，蒸成菌。【注】此蓋事變之異也。自此以上，略舉天籟之無方；自此以下，明無方之自然也。物各自然，不知所以然而然，則形雖彌異，其然彌同也。【疏】夫簫管内虚，故能出於雅樂；濕暑氣蒸，故能生成朝菌。亦猶二儀萬物，虚假不真，從無生有，例如菌樂。浮幻若是，喜怒何施！【釋文】蒸之膺反。成菌其隕反。向云：結也。以上時掌反。日夜相代乎前，而莫知其所萌。【注】日夜相代，代故以新也。夫天地萬物，變化日新，與時俱往，何物萌之哉？自然而然耳。【疏】日晝月夜，輪轉循環，更相遞代，互爲前後。推求根緒，莫知其狀者也。○典案：德充符篇「日夜相代乎前，而知不能規乎其始者也」，文義與此同。【釋文】萌武耕反。已乎，已乎，旦暮得此，其所由以生乎！【注】言其自生。【疏】已，止也。推求日夜，前後難知，起心虞度，不如止息。又重推旦暮，覆察昏明，亦莫測其所由，固不知其端緒。欲明世間萬法，虚妄不真，推求生死，即體皆寂。故老經云「迎之不見其首，隨之而不見其後」，理由若此。【釋文】旦暮本又作「莫」，音同。

非彼無我，非我無所取。是亦近矣，【注】彼，自然也。自然生我，我自然生。故自然者，即我之自然，豈遠之哉？【疏】彼，自然也。取，稟受也。若非自然，誰能生我？若無有我，誰稟自然乎？然我則自然，自然則我，其理非遠，故曰是亦近矣。而不知其所爲使。【注】凡物云云，皆自爾耳，非相爲使也，故任之而理自至矣。【疏】言我稟受自然，其理已具。足行手捉，耳聽目視，功能御用，各有司存。亭之毒之，非相爲使，無勞措意，直置任之。【釋文】相爲于僞反。下「未爲」同。若有真宰，而特不得其眹。【注】萬物萬情，趣舍不同，若有真宰使之然也。起索真宰之眹迹，而亦終不得，則明物皆自然，無使物然也。【疏】夫肢體不同，而御用各異，似有真性，竟無宰主。眹迹攸肇，從何而有？【釋文】而特崔云：特，辭也。其眹李除忍反，兆也。趣舍七喻反，字或作「取」。下音捨，或音赦。下皆倣此。起索所百反。可行已信，【注】今夫行者，信已可得行也。【疏】信已而用，可意而行，天機自張，率性而動，自濟自足，豈假物哉？**而不見其形，**【注】不見所以得行之形。【疏】物皆信己而行，不見信可行之貌者也。**有情而無形。**【注】情當其物，故形不別見也。【疏】有可行之情智，無信己之形質。【釋文】情當丁浪反。下皆同。別見賢遍反。**百骸，九竅，六藏，賅而存焉，**【注】付之自然，而莫不皆存也。【疏】百骸，百骨節也。九竅，謂眼、耳、鼻、舌、口及下二漏也。六藏，六腑也，謂大腸、小腸、膀胱、三焦也。藏，謂五藏，肝、心、脾、肺、腎也。賅，備也。言體骨在外，藏腑在内，竅通内外，備此三事，以成一身，故言存。【釋文】百骸户皆反。六藏才浪反。案：心、肺、肝、脾、腎謂之五藏。大小腸、膀胱、三焦謂之六府。身別有九藏氣，天、地、人。天以候頭角之氣，人候耳目之氣，地候口齒之氣。三部各有天、地、人，三三而九，神藏五，形藏四，故九。今此云六藏，未見所出。賅徐古來反。司馬云：備也。小爾雅同。簡文云：兼也。**吾誰與爲親？**【注】直自存耳。**汝皆說之乎？其有私焉？**【注】皆說之，則是有所私也。有私則不能賅而存矣，故不說而自存，不爲而自生也。【疏】言夫六根九竅，俱是一身，豈有親疏，私存愛悅？若有心愛悅，便是有私。身而私之，理在不可。莫不任置，自有司存。於身既然，在物亦爾。【釋文】皆說音悅，注同。今本多即作「悅」字。後皆倣此。**如是皆有爲臣妾乎？**【注】若皆私之，則志過其分，上下相冒，而莫爲臣妾矣。臣妾之才，而不安臣妾之任，則失矣。故知君臣上下，手足外内，乃天理自然，豈真人之所爲哉！【疏】臣妾者，士女之賤職也。且人之一身，亦有君臣之別，至如見色，則目爲君而耳爲臣，行步則足爲君、手爲臣也。斯乃出自天理，豈人之所爲乎？非關係意親疏，故爲君臣也。郭注云「時之所賢者爲君，才不應世者爲臣」，治國治身，内外無異。其臣妾不足以相治乎？【注】夫臣妾但各當其分耳，未爲不足以相治也。相治者，若手足耳目，四肢百體，各有所司，而更相御用也。【疏】夫臣妾御用，各有職司。如手執脚行〔一〕，當分自足。豈爲手之不足而脚爲行乎？蓋天機自張，無心相爲而治理之也。舉此手足，諸事可知也。【釋文】而更音庚。其遞相爲君臣乎？【注】夫時之所賢者爲君，才不應世者爲臣。若天之自高，地之自卑，首自在上，足自居下，豈有遞哉！雖無錯於當而必自當也。【疏】夫首自在上，足自居下，目能視色，耳能聽聲，而用捨有時，故有貴賤。豈措情於上下，而遞代爲君臣乎？但任置無心，而必自當也。【釋文】其遞音弟，徐又音第。不應應對之應。無錯七素反。下同。其有真君存焉？【注】任之而自爾，則非僞也。【疏】直置忘懷，無勞措意，此即真君妙道，存乎其中矣。又解：真君即前之真宰也。言取捨之心，青黄等色，本無自性，緣合而成，不自不他，非無非有，故假設疑問，以明無有真君也。如求得其情與不得，無益損乎其真。【注】凡得真性，用其自爲者，雖復皁隸，猶不顧毁譽而自安其業，故知與不知，皆自若也。若乃開希幸之路，以下冒上，物喪其真，人忘其本，則毁譽之間，俯仰失錯

〔一〕如　原作「知」，形近而譌。

也。【疏】夫心境相感，欲染斯興。是以求得稱情，即謂之爲益；如其不得，即謂之爲損。斯言凡情迷執，有得喪以攖心，道智觀之，無損益於其真性者也。【釋文】雖復扶又反。下同。毀譽音餘。物喪息浪反。

一受其成形，不亡以待盡，【注】言性各有分，故知者守知以待終，而愚者抱愚以至死。豈有能中易其性者也！【疏】夫禀受形性，各有涯量，不可改愚以爲智，安得易醜以爲妍！是故形性一成，終不中途亡失，適可守其分內，待盡天年矣。

與物相刃相靡，其行盡如馳，而莫之能止，不亦悲乎！【注】羣品云云，逆順相交，各信其偏見，而恣其所行，莫能自反。此皆衆人之所悲者，亦可悲矣。而衆人未嘗以此爲悲者，性然故也。物各性然，又何物足悲哉！【疏】刃，逆也。靡，順也。羣品云云，鋭情逐境，境既有逆有順，心便執是執非。行有終年，速如馳驟；唯知貪境，曾無止息。格量物理，深可悲傷。

終身役役，而不見其成功，【注】夫物情無極，知足者鮮。故得止不止〔一〕，復逐於彼。皆疲役終身，未厭其志，死而後已。故其成功者，無時可見也。【疏】夫物浮競，知足者稀。故得此不休，復逐於彼。所以終身疲役，沒命貪殘，持影繫風，功成何日？【釋文】者鮮息淺反。

苶然疲役，而不知其所歸，可不哀邪！【注】凡物各以所好役其形骸，至於疲困苶然，不知所以好此之歸趣云何也。【疏】苶然，疲頓

〔一〕止不止　影宋本、世德堂本作「此不止」。

貌也。而所好情篤，勞役心靈；形魂既弊，苶然困苦。直以信心，好此貪競，責其意謂，亦不知所歸。愚痴之甚，深可哀歎。【釋文】苶然乃結反。徐、李乃協反。崔音捻，云：忘貌。簡文云：疲，病困之狀。○郭慶藩曰：苶，司馬作「薾」，文選謝靈運過始寧墅詩注引司馬云：薾，極貌也。釋文闕。所好呼報反。下同。人謂之不死，奚益！【注】言其實與死同。【疏】奚，何也。耽滯如斯，困而不已，有損行業，無益神氣，可謂雖生之日，猶死之年也。其形化，其心與之然，可不謂大哀乎？【注】言其心形並馳，困而不反，比於凡人所哀，則此真哀之大也。然凡人未嘗以此爲哀，則凡所哀者，不足哀也。【疏】然，猶如此也。念念遷移，新新流謝，其化而爲老，心識隨而昏昧，形神俱變，故謂與之然。世之悲哀，莫此甚也。人之生也，固若是芒乎？其我獨芒，而人亦有不芒者乎？【注】凡此上事，皆不知其所以然而然，故曰芒也。今夫知者，皆不知所以知而自知矣，生者不知所以生而自生矣。萬物雖異，至於生不由知，則未有不同者也，故天下莫不芒也。【疏】芒，闇昧也。言凡人在生，芒昧如是，舉世皆惑，豈有一人不昧者？而莊子體道真人，智用明達，俯同塵俗，故云而我獨芒。郭注稍乖，今不依用。【釋文】芒乎莫剛反，又音亡。芒，芒昧也。簡文云：芒，同也。夫隨其成心而師之，誰獨且無師乎？【注】夫心之足以制一身之用者，謂之成心。人自師其成心，則人各自有師矣。人各自有師，故付之而自當。【疏】夫域情滯著，執一家之偏見者，謂之成心。夫隨順封執之心，師之以爲準的，世皆如此，故誰獨無師乎？**奚必知代，而心自取者有之，愚者與有焉。**【注】夫以成代不成，非知也，心自得耳。故愚者亦師其成心，未肯用其所謂短而舍其所謂長者也。【疏】愚惑之類，堅執是非，何必知他理長，代己之短；唯欲斥他爲短，自取爲長。如此之人，處處皆有，愚痴之輩，先豫其中。【釋文】與有音豫。而舍音捨。字亦作「捨」。下同。**未成乎心而有是非，是今日適越而昔至也。**【注】今日適越，昨日何由至哉？未成乎心，是非何由生哉？明夫是非者，羣品之所不能無，故至人兩順之。【疏】吴、越路遥，必須積旬方達。今朝發途，昨日何由至哉？欲明是非彼我生自妄心。言心必也未生，是非從何而有？故先分别而後是非，先造途而後至越。【釋文】昔至崔云：昔，夕也。向云：昔者，昨日之謂也。**是以無有爲有。無有爲有，雖有神禹，且不能知，吾獨且奈何哉！**【注】理無是非，而惑者以爲有，此以無有爲有也。惑心已成，雖聖人不能解，故付之自若而不强知也。【疏】夏禹，字文命，鯀子啓父也。謚法：泉源流通曰禹。又云：受禪成功曰禹。理無是非，而惑者爲有，此用無有爲有也。迷執日久，惑心已成，雖有大禹神人，亦不令其解悟。莊生深懷慈救，獨柰之何，故付之自若，不强知之者也。【釋文】不强其丈反。

夫言非吹也，言者有言，【注】各有所説，故異於吹。【疏】夫名言之與風吹，皆是聲法，而言者必有詮辯，故曰有言。【釋文】吹也如字，又叱瑞反。崔云：吹，猶籟也。**其所言者特未定也。**【注】我以爲是，而彼以爲非，彼之所是，我又非之，故未定也。未定也者，由彼我之情偏。【疏】雖有此言，異於風吹，而咸言我是，僉曰彼非。既彼我情偏，故獨未定者也。果有言邪？【注】以爲有言邪？然未足以有所定。其未嘗有言邪？【注】以爲無言邪？則據已已有言。【疏】果，決定也。此以爲是，彼以爲非，此以爲非，而彼以爲是。既而是非不定，言何所詮？故不足稱定有言也。然彼此偏見，各執是非，據己所言，故不可以爲無言也。其以爲異於鷇音，亦有辯乎，其無辯乎？【注】夫言與鷇音，其致一也，有辯無辯，誠未可定也。天下之情不必同，而所言不能異，故是非紛紜，莫知所定。【疏】辯，別也。鳥子欲出卵中而鳴，謂之鷇音也，言亦帶殼曰鷇。夫彼此偏執，不定是非，亦何異鷇鳥之音有聲無辯。故將言説異於鷇音者，恐未足以爲別者也。【釋文】鷇苦豆反。李音彀。司馬云：鳥子欲出者也。道惡乎隱而有真僞？【疏】惡乎，謂於何也。虚通至道，非真非僞，於何逃匿，而真僞生焉？【釋文】惡乎音烏。下皆同。真僞一本作「真詭」。崔本作「真然」。言惡乎隱而有是非？【注】道焉不在！言何隱蔽，而有真僞，是非之名，紛然而起？【疏】至教至言，非非非是，於何隱蔽，有是有非者哉？【釋文】道焉於虔反。道惡乎往而不存？【注】皆存。【疏】存，在也。陶鑄生靈，周行不殆，道無不偏，于何不在乎！所以在僞在真，而非真非僞也。言惡乎存而不可？【注】皆可。【疏】玄道真言，隨物生殺，何往不可而言隱邪？故可是可非，而非非非是者也。**道隱於小成，**【疏】小成者，謂仁義五德。小道而有所成得者，謂之小成也。世薄時澆，唯行仁義，不能行於大道，故言道隱於小成，而道不可隱也。故老君云：「大道廢，有仁義。」**言隱於榮華。**【注】夫小成榮華，自隱於道，而道不可隱。則真僞是非者，行於榮華，而止於實當；見於小成，而滅於大全也。【疏】榮華者，謂浮辯之辭、華美之言也。只爲滯於華辯，所以蔽隱至言。所以老君經云：「信言不美，美言不信。」【釋文】實當丁浪反。後可以意求，不復重出。見於賢遍反。**故有儒墨之是非，**【疏】昔有鄭人名緩，學於求氏之地，三年藝成，而化爲儒。儒者，祖述堯、舜，憲章文、武，行仁義之道，辯尊卑之位，故謂之儒也。緩弟名翟，緩化其弟，遂成於墨。墨者禹道也。尚賢崇禮，儉以兼愛，摩頂放踵，以救蒼生，此謂之墨也。而緩、翟二人，親則兄弟，各執一教，更相是非。緩恨其弟，感激而死。然彼我是非，其來久矣，爭競之甚，起自二賢。故指此二賢爲亂羣之帥。是知道喪言隱，方督是非。**以是其所非而非其所是。**【注】儒墨更相是非，而天下皆儒墨也，故百家並起，各私所見，而未始出其方也。【疏】天下莫不自以爲是，以彼爲非，彼亦與汝爲非，自以爲是。故各用己是是彼非，各用己非非彼是。【釋文】更相音庚。**欲是其所非而非其所是，則莫若以明。**【注】夫有是有非者，儒墨之所是也；無是無非者，儒墨之所非也。今欲是儒墨之所非，而非儒墨之所是者，乃欲明無是無非也。欲明無是無非，則莫若還以儒墨反覆相明。反覆相明，則所是者非是，而所非者非非矣。非非則無非，非是則無是。【疏】世皆以他爲非，用己爲是。今欲翻非作是，翻是作非者，無過還用彼我，反覆相明。反覆相明，則所非者非非則無非，所是者非是則無是。無是則無非，故知是非皆虛妄耳。【釋文】反覆芳服反。下同。

物無非彼，物無非是。【注】物皆自是，故無非是；物皆相彼，故無非彼。無非彼，則天下無是矣；無非是，則天下無彼矣。無彼無是，所以玄同也。【疏】注曰：「物皆自是，故無非是；物皆相彼，故無非彼。無非彼也，則天下無是矣；無非是也，則天下無彼矣。無彼無是，所以玄同。」此注理盡，無勞別釋。**自彼則不見，自知則知之。**【疏】自爲彼所彼，此則不自見，自知己爲是，便則知之；物之有偏也，例皆如是。若審能見他見自，故無是無非也。**故曰彼出於是，是亦因彼。**【注】夫物之偏也，皆不見彼之所見，而獨自知其所知。自知其所知，則自以爲是。自以爲是，則以彼爲非矣。故曰彼出於是，是亦因彼，彼是相因而生者也。【疏】夫彼對於此，是待於非，文家之大體也。今言彼出於是者，言約理微，舉彼角勢也。欲示舉彼明此，舉是明非也。而彼此是非，相因而有，推求分析，即體皆空也。**彼是方生之說也，雖然，方生方死，方死方生；方可方不可，方不可方可；因是因非，因非因是。**【注】夫死生之變，猶春秋冬夏四時行耳。故死生之狀雖異，其於各安所遇一也。今生者方自謂生爲生，而死者方自謂生爲死，則無生矣；生者方自謂死爲死，而死者方自謂死爲生，則無死矣。無生無死，無可無不可，故儒墨之辨，吾所不能同也；至於各冥其分，吾所不能異也。【疏】方，方將也。言彼此是非，無異生死之説也。夫生死交謝，由寒暑之遞遷。而生者以生爲生，死者將生爲死，亦如是者以是爲是，而非者以是爲非。故知因是而非，因非而是。因非而是，則無是矣；因是而非，則無非矣。是以無是無非，無生無死，無可無不可，何彼此之論乎！是以聖人不由，而照之於天，亦因是也。【注】夫懷豁者，因天下之是非，而自無是非也。故不由是非之塗，而是非無患不當者，直明其天然而無所奪故也。【疏】天，自然也。聖人達悟，不由是得非，直置虚凝，照以自然之智。只因此是非而得無非無是，終不奪有而别證無。是亦彼也，【注】我亦爲彼所彼。彼亦是也。【注】彼亦自以爲是。【疏】我自以爲是，亦爲彼之所非；我以彼爲非，而彼亦以自爲是也。彼亦一是非，此亦一是非。【注】此亦自是而非彼，彼亦自是而非此。此與彼各有一是一非於體中也。【疏】此既自是，彼亦自是；此既非彼，彼亦非此。故各有一是，各有一非也。果且有彼是乎哉？果且無彼是乎哉？【注】今欲謂彼爲彼，而彼復自是；欲謂是爲是，而是復爲彼所彼。故彼是有無，未果定也。【疏】夫彼此是非相待而立，反覆推討，舉體浮虚。自以爲是，此則不無；爲彼所彼，此則不有。有無彼此，未可決定。【釋文】彼復扶又反。下同。彼是莫得其偶，謂之道樞。【注】偶，對也。彼是相對，而聖人兩順之，故無心者與物冥，而未嘗有對於天下也。此居其樞要，而會其玄極，以應夫無方也。【疏】偶，對也。樞，要也。體夫彼此俱空，是非兩幻，凝神獨見，而無對於天下者，可謂會其玄極，得道樞要也。前則假問有無，待奪不定；此則重明彼此，當體自空。前淺後深，所以爲次也。【釋文】道樞尺朱反。樞，要也。以應應對之應。前注同。後可以意求，不復重音。

樞始得其環中，以應無窮。【注】夫是非反覆，相尋無窮，故謂之環。環中空矣，今以是非爲環而得其中者，無是無非也。無是無非，故能應夫是非。是非無窮，故應亦無窮。【疏】夫絕待獨化，道之本始，爲學之要，故謂之樞。環者，假有二竅；中者，真空一道。環中空矣，以明無是無非。是非無窮，故應亦無窮也。

是亦一無窮，非亦一無窮也，【注】天下莫不自是，而莫不相非。故一是一非，兩行無窮。唯涉空得中者，曠然無懷，乘之以遊也。【疏】夫物莫不自是，故是亦一無窮；莫不相非，故非亦一無窮。唯彼我兩忘，是非雙遣，而得環中之道者，故能大順蒼生，乘之遊也。

故曰莫若以明。

以指喻指之非指，不若以非指喻指之非指也；以馬喻馬之非馬，不若以非馬喻馬之非馬也。【疏】指，手指也。馬，戲籌也。喻，比也。言人是非各執，彼我異情，故用己指比他指，即用他指爲非指；復將他指比汝指，汝指於他指復爲非指矣。指義既爾，馬亦如之。所以諸法之中獨舉指者，欲明近取諸身，切要無過於指；遠託諸物，勝負莫先於馬，故舉二事以況是非。

天地一指也，萬物一馬也。【注】夫自是而非彼，彼我之常情也。故以我指喻彼指，則彼指於我指獨爲非指矣，此以指喻指之非指也。若復以彼指還喻我指，則我指於彼指復爲非指矣，此亦非指喻指之非指也。將明無是無非，莫若反覆相喻。反覆相喻，則彼之與我，既同於自是，又均於相非。均於相非，則天下無是；同於自是，則天下無非。何以明其然邪？是若果是，則天下不得（彼）〔復〕有非之者也；非若果非，亦不得復有是之者也。今是非無主，紛然淆亂，明此區區者，各信其偏見，而同於一致耳。仰觀俯察，莫不皆然。是以至人知天地一指也，萬物一馬也，故浩然大寧，而天地萬物各當其分，同於自得，而無是無非也。【疏】天地雖大，一指可以蔽之；萬物雖多，一馬可以理盡。何以知其然邪？今以彼我是非反覆相喻，則所是者非是，所非者非非。故知二儀萬物，無是無非者也。【釋文】天地一指也萬物一馬也崔云：指，百體之一體；馬，萬物之一物。浩然戶老反。

可乎可，【注】可於己者，即謂之可。不可乎不可。【注】不可於己者，即謂之不可。【疏】夫理無是非，而物有違順，故順其意者則謂之可，乖其情者則謂之不可。違順既空，故知可不可皆妄也。道行之而成，【注】無不成也。【疏】大道曠蕩，亭毒含靈，周行萬物，無不成就。故在可成於可，而不當於可；在不可成不可，亦不當於不可也。物謂之而然。【注】無不然也。【疏】物情顛倒，不達違從，虛計是非，妄爲然不。惡乎然？然於然。惡乎不然？不然於不然。【疏】心境兩空，物我雙幻，於何而有然法，遂執爲然？於何不然爲不然也？○王闓運曰：以寓言篇證之，「不然於不然」下似應更有「惡乎可？可於可。惡乎不可？不可於不可」四句，而今本奪之。○典案：王説是也。此文本以「然不然、可不可」對言，故下文云「物固有所然，物固有所可。無物不然，無物不可」。今本「不然於不然」句下敚此四句，又誤移「可乎可，不可乎不可」二句於上文，句既錯亂，義遂不可通矣。釋文引崔本「無物不然，無物不可」句下有「可於可，而不可於不可；不可於不可，而可於可也」十九字，文雖小異，而「不然於不然」句下之有敚文愈明矣。

物固有所然，物固有所可。【注】各然其所然，各可其所可。【疏】物情執滯，觸境皆迷，必固爲有然，必固謂有可。豈知可則不可，然則不然邪！

無物不然，無物不可。【疏】羣品云云，各私所見，皆然其所然，可其所可。【釋文】無物不然無物不可崔本此下更有「可於可，而不可於不可；不可於不可，而可於可也」。

故爲是舉莛與楹，厲與西施，恢恑憰怪，道通爲一。【注】夫莛横而楹縱，厲醜而西施好。所謂齊者，豈必齊形狀，同規矩哉！故舉縱横好醜，恢恑憰怪，各然其所然，各可其所可，則理雖萬殊，而性同得，故曰道通爲一也。【疏】爲是義故，略舉八事以破之。莛，屋梁也。楹，舍柱也。厲，病醜人也。西施，吴王美姬也。恢者，寬大之名。恑者，奇變之稱。憰者，矯詐之心。怪者，妖異之物。夫縱横美惡，物見所以萬殊；恢憰奇異，世情用之爲顛倒。故有是、非、可、不可，迷執其分。今以玄道觀之，本來無二，是以妍醜之狀萬殊，自得之情惟一，故曰道通爲一也。【釋文】故爲于僞反。下「爲是」皆同。莛徐音庭。李音挺。司馬云：屋梁也。楹音盈。司馬云：屋柱也。○俞樾曰：司馬以莛爲屋梁，楹爲屋柱，故郭云：莛横而楹縱。案：説文：莛，莖也。屋梁之説，初非本義。漢書東方朔傳「以莛撞鐘」，文選答客難篇「莛」作「筵」，李注引説苑曰：「建天下之鳴鐘，撞之以筵，豈能發其音聲哉！」「筵」與「莛」通，是古書言莛者，謂其小也。莛、楹以大小言，厲、西施以好醜言。舊説非是。**厲**如字，惡也。李音賴。司馬云：病癩。**西施**司馬云：夏姬也。案：句踐所獻吴王美女也。**恢**徐苦回反，大也。郭苦虺反。簡文本作「弔」。○典案：「恢」字無義，簡文本作「弔」是也。「弔恑」即「弔詭」，故下文云「是其言也，其名爲弔詭」。此「詭」字既涉「憰」、「怪」二字偏傍作「恑」，「弔」字又譌爲「恢」，義遂不可通矣。「弔」、「恢」形不相近，無緣致譌，疑此文舊作「惄恑」，德充符篇「彼且蘄以諔詭幻怪之名聞」，天下篇「其辭雖參差而諔詭可觀」，吕氏春秋侈樂篇「俶詭殊瑰」，「弔」、「叔」古同字，故「諔」或作「俶」，或作「弔」。「詭」以偏傍爲「恑」，「惄」又以偏傍爲「恢」矣。以簡文本之作「弔」，知此字之必從「叔」，則「恢」之爲誤字，明矣。**恑**九委反。徐九彼反。李云：戾也。**憰怪**音決。李云：憰，乖也；怪，異也。**楹**縱本亦作「從」，同。將容反。

其分也，成也；【注】夫物或此以爲散而彼以爲成。【疏】夫物或於此爲散，於彼爲成。欲明聚散無恒，不可定執。此則於不二之理更舉論端者也。【釋文】**其分**如字。

其成也，毀也。【注】我之所謂成，而彼或謂之毀。【疏】或於此爲成，於彼爲毀。物之涉用，有此不同，則散毛成氈，伐木爲舍等也。○典案：庚桑楚篇「道通其分也，其成也，毀也」，文義與此正同。

凡物無成與毁，復通爲一。【注】夫成毁者，生於自見而不見彼也。故無成與毁，猶無是與非也。【疏】夫成毁、是非，生於偏滯者也。既成毁不定，是非無主，故無成毁，通而一之。【釋文】**復通**扶又反。

唯達者知通爲一，爲是不用而寓諸庸。【疏】寓，寄也。庸，用也。唯

當達道之夫，凝神玄鑒，故能去彼二偏，通而爲一。爲是義故，成功不處，用而忘用，寄用羣材也。**庸也者，用也；用也者，通也；通也者，得也；**【注】夫達者無滯於一方，故忽然自忘，而寄當於自用。自用者，莫不條暢而自得也。【疏】夫有夫至功而推功於物，馳馭億兆而寄用羣材者，其惟聖人乎！是以應感無心，靈通不滯，可謂冥真體道，得玄珠於赤水者也。**適得而幾矣。**【注】幾，盡也。至理盡於自得也。【疏】幾，盡也。夫得者内不資於我，外不資於物，無思無爲，絶學絶待，適爾而得，蓋無所由，與理相應，故能盡妙也。【釋文】幾矣音機，盡也。下同。|徐具衣反。**因是已。**【注】達者因而不作。【疏】夫達道之士，無作無心，故能因是非而無是非，循彼我而無彼我。我因循而已，豈措情哉！**已而不知其然，謂之道。**【注】夫達者之因是，豈知因爲善而因之哉？不知所以因而自因耳。故謂之道也。【疏】已而者，仍前生後之辭也。夫至人無心，有感斯應，譬彼明鏡，方兹虚谷，因循萬物，影響蒼生，不知所以然，不知所以應。豈有情於臧否，而繫於利害者乎？以法因人，可謂自然之道也。【釋文】謂之道|向、|郭絶句。|崔讀謂之「道勞」，云：因自然，是道之功也。**勞神明爲一，而不知其同也，**【疏】夫玄道妙一，常湛凝然，非由心智謀度而後不二。而愚者勞役神明，邂逅言辯，而求一者，與彼不一，無以異矣，不足類也。不知至理理自混同，豈俟措心方稱不二耶？**謂之朝三。**【疏】此起譬也。**何謂朝三？狙公賦芧，曰「朝三而暮四」，衆狙皆怒。曰「然

則朝四而暮三」，衆狙皆悅。名實未虧，而喜怒爲用，亦因是也。【注】夫達者之於一，豈勞神哉！若勞神明於爲一，不足賴也，與彼不一者無以異矣。亦同衆狙之惑，因所好而自是也。【疏】此解譬也。狙，獼猴也。賦，付與也。芧，橡子也，似栗而小也。列子曰：「宋有養狙老翁，善解其意，戲狙曰：『吾與汝芧，朝三而暮四，足乎？』衆狙皆起而怒。又曰：『我與汝朝四而暮三，足乎？』衆狙皆伏而喜焉。」朝三暮四，朝四暮三，其於七數，並皆是一。名既不虧，實亦無損，而一喜一怒，爲用愚迷。此亦同其所好，自以爲是。亦猶勞役心慮，辯飾言詞，混同萬物以爲其一，因以爲一者，亦何異衆狙之惑耶！○典案：文亦見列子黄帝篇。御覽九百六十四引莊子云「宋有狙公者，恐衆狙之不馴於己也，先誑之曰：『與若芧，朝三而暮四，足乎？』衆狙皆超然而怒」，文與今本莊子多異，而與列子略同。「超」即「起」字之形誤，「然」字則「起」譌爲「超」後淺人妄加，以足其文也。此疑御覽本引列子，而誤題爲莊子，非異文也。【釋文】狙公七徐反。又緇慮反。司馬云：狙公，典狙官也。崔云：養猨狙者也。李云：老狙也。廣雅云：狙，獼猴。賦芧音序。徐食汝反。李音予。司馬云：橡子也。朝三暮四司馬云：朝三升，暮四升也。所好呼報反。下文皆同。是以聖人和之以是非，而休乎天鈞，【注】莫之偏任，故付之自均而止也。【疏】天均者，自然均平之理也。夫達道聖人，虛懷不執，故能和是於無是，同非於無非，所以息智乎均平之鄉，休心乎自然之境也。○典案：寓言篇「萬物皆種也，以不同形相禪，始卒若環，莫得其倫，是謂天鈞。天鈞者，天倪也」，即此「天鈞」之誼。淮南子俶真篇「休乎天鈞而不⿰石爲」，即本莊子此文。【釋文】天鈞本又作「均」。崔云：鈞，陶鈞也。是之謂兩行。【注】任天下之是非。【疏】不離是非，而得無是非，故謂之兩行。

古之人，其知有所至矣。【疏】至，造極之名也。淳古聖人，運智虛妙，雖復和光混俗，而智則無知，動不乖寂，常真妙本。所至之義，列在下文也。惡乎至？【疏】假設疑問，於何而造極耶？有以爲未始有物者，至矣，盡矣，不可以加矣。【注】此忘天地，遺萬物，外不察乎宇宙，内不覺其一身，故能曠然無累，與物俱往，而無所不應也。【疏】未始，猶未曾。世所有法，悉皆非有，唯物與我，内外咸空，四句皆非，蕩然虛静，理盡於此，不復可加。答於前問，意以明至極者也。其次以爲有物矣，而未始有封也。【注】雖未都忘，猶能忘其彼此。【疏】初學大賢，鄰乎聖境，雖復見空有之異，而未曾封執。其次以爲有封焉，而未始有是非也。【注】雖未能忘彼此，猶能忘彼此之是非也。【疏】通欲難除，滯物之情已有；別感易遣，是非之見猶忘也。○典案：庚桑楚篇「古之人，其知有所至矣。惡乎至？有以爲未始有物者，至矣，盡矣，弗可以加矣。其次以爲有物矣，將以生爲喪也」，文義與此正同。是非之彰也，道之所以虧也。【注】無是非，乃全也。【疏】夫有非有是，流俗之鄙情；無是無非，達人之通鑒。故知彼我彰而至道隱，是非息而妙理全矣。道之所以虧，愛之所以成。【注】道虧，則情有所偏而愛有所成，未能忘愛釋私，玄同彼我也。【疏】虛玄之道，既以虧損，愛染之情，於是乎成著矣。果且有成與虧乎哉？果且無成與虧乎哉？【注】有之與無，斯不能知乃至。【疏】果，決定也。夫道無增減，物有虧成。是以物愛既成，謂道爲損，而道實無虧也。故假設論端，以明其義。有無既不決定，虧成理非實録。**有成與虧，故昭氏之鼓琴也；無成與虧，故昭氏之不鼓琴也。**【注】夫聲不可勝舉也。故吹管操絃，雖有繁手，遺聲多矣。而執籥鳴弦者，欲以彰聲也，彰聲而聲遺，不彰聲而聲全。故欲成而虧之者，昭文之鼓琴也；不成而無虧者，昭文之不鼓琴也。【疏】姓昭，名文，古之善鼓琴者也。夫昭氏鼓琴，雖云巧妙，而鼓商則喪角，揮宫則失徵，未若置而不鼓，則五音自全。亦由有成有虧，存情所以乖道；無成無虧，忘智所以合真者也。【釋文】可勝音升。操弦七刀反。執籥羊灼反。昭文司馬云：古善琴者。**昭文之鼓琴也，師曠之枝策也，惠子之據梧也，三子之知幾乎，**【注】幾，盡也。夫三子者，皆欲辯非己所明以明之，故知盡慮窮，形勞神倦，或枝策假寐，或據梧而瞑。【疏】師曠，字子野，晉平公樂師，甚知音律。支，柱也。策，打鼓杖也〔一〕，亦言擊節杖也。梧，琴也。今謂不爾。昭文已能鼓琴，何容二人共同一伎？況檢典籍，無惠子善琴之文。而言據梧者，只是以梧几而據之談説，猶隱几者也。幾，盡也。昭文善能鼓琴，師曠妙知音律，惠施好談名理。而三子之性，稟自天然，各以己能明示於世。世既不悟，己又疲怠，遂使柱策假寐，或復凴几而瞑。三子之能，咸盡於此。【釋文】枝策司馬云：枝，柱也；策，杖也。崔云：舉杖以擊

〔一〕杖　原作「枝」，據釋文改。下同。

節。○典案：古書多言杖策，罕言枝策。讓王篇「因杖筴而去之」，亦以杖筴連文。釋文引崔云「舉杖以擊節」，是崔本字正作「杖」。據梧音吾。司馬云：梧，琴也。崔云：琴瑟也。之知音智。而瞑亡千反。皆其盛者也，故載之末年。【注】賴其盛，故能久，不爾早困也。【疏】惠施之徒，皆少年盛壯，故能運載形智，至于衰末之年。是非少盛，久當困苦也。【釋文】故載之末年崔云：書之於今也。唯其好之也，以異於彼，【注】言此三子，唯獨好其所明，自以殊於衆人。【疏】三子各以己之所好，耽而翫之，方欲矜其所能，獨異於物。其好之也，欲以明之。【注】明示衆人，欲使同乎我之所好。【疏】所以疲倦形神，好之不已者，欲將己之道術，明示衆人也。彼非所明而明之，故以堅白之昧終。【注】是猶對牛鼓簧耳，彼竟不明，故己之道術，終於昧然也。【疏】彼，衆人也。所明，道術也。白，即公孫龍守白馬論也。姓公孫，名龍，趙人。當六國時，弟子孔穿之徒堅執此論，橫行天下，服衆人之口，不服衆人之心。言物稟性不同，所好各異，故知三子道異，非衆人所明。非明而强示之，彼此終成暗昧。亦何異乎堅執守白之論眩惑世間，雖宏辯如流，終有言而無理也。【釋文】堅白司馬云：謂堅石、白馬之辯也。又云：公孫龍有淬劍之法，謂之堅白。崔同，又云：或曰設矛伐之說爲堅，辯白馬之名爲白。鼓簧音黃。而其子又以文之綸終，終身無成。【注】昭文之子又乃終文之緒，亦卒不成。【疏】綸，緒也。言昭文之子亦乃荷其父業，終其綸緒，卒其年命，竟無所成。況在它人，如何放哉？【釋文】之綸音倫。崔云：琴瑟弦也。○俞樾曰：釋文「綸音倫」，崔云：琴瑟絃也。然以文之絃終，其義未安。

郭注曰「昭文之子又乃終文之緒」，則是訓「綸」爲緒。今以文義求之，上文曰「彼非所明而明之，故以堅白之昧終」，「之昧」與「之綸」必相對爲文。周易繫辭傳「故能彌綸天地之道」，京房注曰：綸，知也。淮南子說山篇「以小明大，以近論遠」，高誘注曰：論，知也。古字「綸」與「論」通。淮南與「明」對言，則「綸」亦明也。「以文之綸終」，謂以文之所知者終，即是以文之明終。蓋「彼非所明而明之，故以堅白之昧終」，而昭文之子「又以文之明終」，則仍是「非所明而明矣」，故下曰「終身無成」也。郭注尚未達其指。

若是而可謂成乎？雖我亦成也。【注】此三子雖求明於彼，彼竟不明，所以終身無成。若三子而可謂成，則雖我之不成，亦可謂成也。【疏】我，衆人也。若三子異於衆人，遂自以爲成，而衆人異於三子，亦可謂之成也。○碧虛子校引江南古藏本「雖我亦成也」作「雖我無成亦可謂成矣」。○典案：江南古藏本作「雖我無成亦可謂成矣」，正與上句「若是而可謂成乎」之義相應，於文爲長。

若是而不可謂成乎？物與我無成也。【注】物皆自明而不明彼。若彼不明，即謂不成，則萬物皆相與無成矣。故聖人不顯此以耀彼，不捨己而逐物，從而任之，各宜其所能〔一〕，故曲成而不遺也。今三子欲以己之所好明示於彼，不亦妄乎！【疏】若三子之與衆物相與而不謂之成乎？故知衆人之與三子，彼此共無成矣。**是故滑疑之耀，聖人之所圖也。爲是不用而寓諸庸，此之謂以明。**【注】夫聖人無我者也。故滑疑之耀，則圖而域之；恢恑憰

〔一〕宜　宋本、世德堂本作「冥」。

怪，則通而一之。使羣異各安其所安，衆人不失其所是，則己不用於物，而萬物之用用矣。物皆自用，則孰是孰非哉！故雖放蕩之變，屈奇之異，曲而從之，寄之自用，則用雖萬殊，歷然自明。【疏】夫聖人者，與天地合其德，與日月齊其明。故能晦迹同凡，韜光接物，終不眩耀羣品，亂惑蒼生，亦不矜己以率人，而各域限於分内，忘懷大順於萬物，爲是寄於羣才。而此運心，斯可謂聖明真知也。【釋文】滑疑古没反。司馬云：亂也。屈奇求物反。

今且有言於此，不知其與是類乎？其與是不類乎？類與不類，相與爲類，則與彼無以異矣。【注】今以言無是非，則不知其與言有者類乎，不類乎？欲謂之類，則我以無爲是，而彼以無爲非，斯不類矣。然此雖是非不同，亦固未免於有是非也，則與彼類矣。故曰「類與不類又相與爲類，則與彼無以異」也。然則將大不類，莫若無心，既遣是非〔一〕，又遣其遣，遣之又遣之，以至於無遣，然後無遣無不遣，而是非自去矣。【疏】類者，輩徒相似之類也。但羣生愚迷，滯是滯非。今論乃欲反彼世情，破兹迷執，故假且説無是無非，則用爲真道。是故復言相與爲類，此則遣於無是無非也。既而遣之又遣，方至重玄也。雖然，請嘗言之。【注】至理無言，言則

〔一〕遣 趙諫議本作「遺」。下同。

與類，故試寄言之。【疏】嘗，試也。夫至理雖復無言，而非言無以詮理，故試寄言，彷象其義。有始也者，【注】有始則有終。【疏】此假設疑問，以明至道無始無終，此遣於始終也。有未始有始也者，【注】謂無終始而一死生。【疏】未始，猶未曾也。此又假問，有未曾有始終不。此遣於無始終也。有未始有夫未始有始也者。【注】夫一之者，未若不一而自齊，斯又忘其一也。【疏】此又假問，有未曾有始也者。斯則遣於無始無終也。有有也者，【注】有有，則美惡是非具也。【疏】夫萬象森羅，悉皆虛幻，故標此有，明即以有體空。此句遣有也。有無也者，【注】有無而未知無無也，則是非好惡猶未離懷。【疏】假問有此無不。今明非但有即不有，亦乃無即不無。此句遣於無也。【釋文】好惡並如字。未離力智反。有未始有無也者，【注】知無無矣，而猶未能無知。【疏】假問有未曾有無不。此句遣非。有未始有夫未始有無也者。【疏】假問有未曾未曾有無不。此句遣非非無也。而自淺之深，從麄入妙，始乎有有，終乎非無。是知離百非，超四句，明矣。前言始終，此則明時；今言有無，此則辯法。唯時與法，皆虛静者也。俄而有無矣，而未知有無之果孰有孰無也。【注】此都忘其知也，爾乃俄然始了無耳。了無，則天地萬物、彼我是非豁然確斯也。【疏】前從有無之迹入非非有無之本，今從非非有無之體出有無之用。而言「俄」者，明即體即用，俄爾之間，蓋非賒遠也。夫玄道窈冥，真宗微妙，故俄而用，則非有無而有無；用而體，則有無非有無也。是以有無不定，體用無恒，誰能決定無耶？誰能決定有耶？此又就有無之用，明非有非無之體者也。○典案：淮南子俶真篇「有始者，有未始有有始者，有未始有夫未始有有始者；有有者，有無者，有未始有有無者，有未始有夫未始有有無者」，即襲用此文。【釋文】俄而徐音峩。確斯苦角反。「斯」又作「澌」，音賜。李思利反。今我則已有謂矣，【注】謂無是非，即復有謂。【釋文】即復扶又反。而未知吾所謂之其果有謂乎，其果無謂乎？【注】又不知謂之有無，爾乃蕩然無纖芥於胸中也。【疏】謂，言也。莊生復無言也。理出有言之教，即前請嘗言之類是也。既寄此言以詮於理，未知斯言定有言耶，定無言耶？欲明理家非默非言，教亦非無非有，恐學者滯於文字，故致此辭。【釋文】纖介古邁反，又音界。天下莫大於秋豪之末，而大山爲小；莫壽於殤子，而彭祖爲夭。天地與我並生，而萬物與我爲一。【注】夫以形相對，則太山大於秋毫也。若各據其性分，物冥其極，則形大未爲有餘，形小不爲不足。苟各足於其性，則秋豪不獨小其小，而太山不獨大其大矣。若以性足爲大，則天下之足未有過於秋毫也；其性足者爲大，則雖太山亦可稱小矣。故曰「天下莫大於秋豪之末，而太山爲小」。太山爲小，則天下無大矣；秋豪爲大，則天下無小也。無小無大，無壽無夭，是以蟪蛄不羨大椿，而欣然自得；斥鴳不貴天池，而榮願以足。苟足於天然而安其性命，故雖天地未足爲壽，而與我並生；萬物未足爲異，而與我同得。則天地之生，又何不並，萬物之得，又何不一哉！【疏】秋時獸生豪毛，其末至微，故謂秋豪之末也。人生在於襁褓而亡，謂之殤子。太，大也。夫物之生也，形氣不同，有小有大，有夭有壽。若以性分言之，無不自足。是故以性足爲大，天下莫大於豪末；無餘爲小，天下莫小於太山。太山爲小，則天下無大；豪末爲大，則天下無小。小大既爾，夭壽亦然。是以兩儀雖大，各足之性乃均；萬物雖多，自得之義唯一。前明不終不始，非有非無，此明非小非大，無夭無壽耳。【釋文】秋豪如字。依字應作「毫」。司馬云：兔毫在秋而成。王逸注楚辭云：鋭毛也。案：毛至秋而耎細，故以喻小也。太山音泰。殤子短命者也。或云：年十九以下爲殤。既已爲一矣，且得有言乎？【注】萬物萬形，同於自得，其得一也。已自一矣，理無所言。既已謂之一矣，且得無言乎？【注】夫名謂生於不明者也。物或不能自明其一，而以此逐彼，故謂一以正之。既謂之一，即是有言矣。【疏】夫玄道冥寂，理絶形聲；誘引迷途，稱謂斯起。故一雖玄統，而猶是名教。既謂之一，豈曰無言乎！一與言爲二，二與一爲三。自此以往，巧曆不能得，而況其凡乎！【注】夫以言言一，而一非言也，則一言爲二矣〔一〕。一既一矣，言又二之；有一有二，得不謂之三乎？夫以一言言一，猶乃成三，況尋其支流，凡物殊稱，雖有善數，莫之能紀也。故一之者與彼未殊，而忘一者無

〔一〕一　其下世德堂本有「與」字。

言而自一。【疏】夫妙一之理，理非所言，是知以言言一，而一非言也。且一既一矣，言又言焉，有一有言，二名斯起。覆將後時之二名對前時之妙一，有一有二，得不謂之三乎？從三以往，假有善巧算曆之人，亦不能紀得其數，而況凡夫之類乎！【釋文】殊稱尺證反。善數色主反。故自無適有以至於三，而況自有適有乎！【注】夫一無言也，而有言則至三，況尋其末數，其可窮乎？【疏】自，從也。適，往也。夫至理無言，言則名起。故從無言以往有言，纔言則至乎三。況從有言往有言，枝流分派，其可窮乎？此明一切萬法，本無名字，從無生有，遂至於斯矣。無適焉，因是已。【注】各止於其所能，乃最是也。【疏】夫諸法空幻，何獨名言！是知無即非無，有即非有，有無名數，當體皆寂。既不從無以適有，豈復自有以適有耶！故無所措意於往來，因循物性而已矣。

夫道未始有封，【注】冥然無不在也。【疏】夫道無不在，所在皆無，蕩然無際，有何封域也。【釋文】夫道未始有封崔云：齊物七章，此連上章，而班固說在外篇。言未始有常，【注】彼此言之，故是非無定。【疏】道理虛通，既無限域，故言教隨物，亦無常定也。爲是而有畛也。【注】道無封，故萬物得恣其分域。【疏】畛，界畔也。理無崖域，教隨物變，是爲義故，畛分不同。【釋文】爲是于僞反。有畛徐之忍反。郭、李音真，謂封域畛陌也。請言其畛：【疏】畛，假設問旨，發起後文也。有左，有右，【注】各異便也。【疏】左，陽也。右，陰也。理雖凝寂，教必隨機。畛域不同，昇沈各異，故有東西左右，春秋生殺。【釋文】有左有右崔本作「宥」，在宥也。 異便婢面反。 有倫，有義，【注】物物有理，事事有宜。【疏】倫，理也。義，宜也。羣物糾紛，有理存焉；萬事參差，各隨宜便者也。【釋文】有倫有義崔本作「有論有議」。○俞樾曰：釋文云：崔本作「有論有議」，當從之。下文云「六合之外，聖人存而不論；六合之內，聖人論而不議」，又曰「故分也者，有不分也；辯也者，有不辯也」，彼所謂分辯，即此「有分有辯」，然則彼所謂論議，即此「有論有議」矣。 有分，有辯，【注】羣分而類別也。【疏】辯，別也。飛走雖衆，各有羣分，物性萬殊，自隨類別矣。【釋文】有分如字。注同。 類別彼列反。下皆同。 有競，有爭，【注】並逐曰競，對辯曰爭。【疏】夫物性昏愚，彼我對執，既而並逐勝負，對辯是非也。【釋文】有爭爭鬭之爭。注同。 此之謂八德。【注】略而判之，有此八德。【疏】德者，功用之名也。羣生功用，轉變無窮，略而陳之，有此八種。斯則釋前有畛之義也。 六合之外，聖人存而不論；【注】夫六合之外，謂萬物性分之表耳。夫物之性表，雖有理存焉，而非性分之內，則未嘗以感聖人也，故聖人未嘗論之〔一〕。則是引萬物使學其所不能也。故不論其外，而八畛同於自得也。【疏】六合者，謂天、地、四方也。六合之外，謂衆生性分之表，重玄至道之鄉也。夫玄宗(岡)〔罔〕象，出四句之端；妙理希夷，超六合之外。既非神口所辯，所以存而不論也。 六合之內，聖人論而不議；【注】陳其性

〔一〕之 其下趙諫議本、世德堂本有「若論之」三字。

而安之。【疏】六合之內，謂蒼生所稟之性分。夫云云取捨，皆起妄情，尋責根源，並同虛有。　聖人隨其機感，陳而應之,既曰馮虛,亦無可詳議,故下文云「我亦妄説之」。春秋經世先王之志,聖人議而不辯。【注】順其成迹而凝乎至當之極,不執其所是以非衆人也。【疏】春秋者,時代也。經者,典誥也。先王者,三皇、五帝也。誌,記也。夫祖述軒、頊,憲章堯、舜,記録時代,以爲典謨,軌轍蒼生,流傳人世。而聖人議論,利益當時,終不執是辯非,滯於陳迹。故分也者,有不分也;辯也者,有不辯也。【注】夫物物自分,事事自別。而欲由己以分別之者,不見彼之自別也。【疏】夫理無分別,而物有是非。故於無封無域之中,而起有分有辨之見者,此乃一曲之士,偏滯之人,亦何能剖析於精微、分辨於事物者也。【釋文】故分如字。下及注同。曰:何也?【疏】假問質疑,發生義旨。聖人懷之,【注】以不辯爲懷耳,聖人無懷。【疏】夫達理聖人,冥心會道,故能懷藏物我,包括是非,枯木死灰,曾無分別矣。衆人辯之,以相示也。故曰:辯也者有不見也。【注】不見彼之自辯,故辯己所知以示之。【疏】衆多之人,即衆生之別稱也。凡庸迷執,未解虚妄,故辯所知,示見於物,豈唯不見彼之自別,亦乃不鑒己之妙道,故云有不見也。夫大道不稱,【注】付之自稱,無所稱謂。【疏】大道虚廓,妙絶形名,既非色聲,故不可稱謂。體道之人,消聲亦爾也。【釋文】不稱尺證反。注同。大辯不言,【注】已自別也。【疏】妙悟真宗,無可稱説,故辯彫萬物,而言無所言。大仁不仁，【注】無愛而自存也。【疏】亭毒羣品，汎愛無心，譬彼青春，非爲仁也。大廉不嗛，【注】夫至足者，物之去來非我也，故無所容其嗛盈。【疏】夫玄悟之人，鑒達空有，知萬境虛幻，無一可貪，物我俱空，何所遜讓。【釋文】不嗛郭欺簟反。徐音謙。大勇不忮。【注】無往而不順，故能無險而不往。【疏】忮，逆也。内蘊慈悲，外弘接物，故能俯順塵俗，惠救蒼生，虛己逗機，終無迕逆。【釋文】不忮徐之豉反，又音跂。李之移反，害也。李云：健也。道昭而不道，【注】以此明彼，彼此俱失矣。【疏】明己功名，炫燿於物，此乃淫僞，不是真道。【釋文】道昭音照。言辯而不及，【注】不能及其自分。【疏】不能玄默，唯滯名言，華詞浮辯，不達深理。仁常而不成，【注】物無常愛，而常愛必不周。【疏】不能忘愛釋知，玄同彼我，而恒懷恩惠，每挾親情，欲効成功，無時可見。○碧虛子校引江南古藏本「成」作「周」。○典案：江南古藏本是也。注「常愛必不周」，是郭所見本字亦作「周」。今本作「成」，與下文「勇忮而不成」相複。廉清而不信，【注】皦然廉清，貪名者耳，非真廉也。【疏】皎然異俗，卓爾不羣，意在聲名，非實廉也。勇忮而不成。【注】忮逆之勇，天下共疾之，無敢舉足之地也。【疏】捨慈而勇，忮逆物情，衆共疾之，必無成遂也。五者园而幾向方矣，【注】此五者，皆以有爲傷當者也，不能止乎本性，而求外無已。夫外不可求而求之，譬猶以圓學方，以魚慕鳥耳。雖希翼鸞鳳，擬規日月，此愈近彼，愈遠實，學彌得而性彌失。

故齊物而偏尚之累去矣。【疏】园，圓也。幾，近也。五者，即已前道昭等也。夫學道之人，直須韜晦；而乃矜炫己之能，顯燿於物，其於道也，不亦遠乎！猶如慕方而學园圓，愛飛而好游泳，雖希翼鸞鳳，終無騫翥之能，擬規日月，詎有幾方之效故也。【釋文】园崔音刓。徐五丸反。司馬云：圓也。郭音團。而幾徐其衣反。向方本亦作「嚮」，音同。下皆放此。近彼附近之近。遠實于萬反。故知止其所不知，至矣。【注】所不知者，皆性分之外也。故止於所知之內而至也。【疏】夫境有大小，智有明闇，智不逮者，不須强知，故知止其分，學之造極也。○典案：庚桑楚篇作「知止乎其所不能知，至矣」。上「知」字當讀「智」。孰知不言之辯，不道之道？若有能知，此之謂天府。【注】浩然都任之也。【疏】孰，誰也。天，自然也。誰知言不言之言，道不道之道？以此積辯，用茲通物者，可謂合於自然之府藏也。注焉而不滿，酌焉而不竭，【注】至人之心若鏡，應而不藏，故曠然無盈虛之變也。【釋文】注焉徐之喻反。而不知其所由來，【注】至理之來自然無迹。【疏】夫巨海深宏，莫測涯際，百川注之而不滿，尾閭泄之而不竭。體道大聖，其義亦然，萬機頓起而不撓其神，千難殊對而不忤其慮，故能囊括羣有，府藏含靈。又譬懸鏡高堂，物來斯照。能照之智，不知其所由來，可謂即照而忘、忘而能照者也。此之謂葆光。【注】任其自明，故其光不弊也。【疏】葆，蔽也。至忘而照，即照而忘，故能韜蔽其光，其光彌朗。此結以前「天府」之義。【釋文】葆光音保。崔云：若有若無，謂之葆光。

故昔者堯問於舜曰：「我欲伐宗、膾、胥敖，南面而不釋然，其故何也？」【注】於安任之道未弘，故聽朝而不怡也。將寄明齊一之理於大聖，故發自怪之問以起對也。【疏】釋然，怡悦貌也。宗、膾、胥敖，是堯時小蕃，三國號也。南面，君位也。舜者，顓頊六世孫也，父曰瞽瞍，母曰握登，感大虹而生舜。舜生於姚墟，因即姓姚，住於嬀水，亦曰嬀氏，目有重瞳子，因字重華。以仁孝著於鄉黨。堯聞其賢，妻以二女，封邑於虞。年三十，總百揆，三十三，受堯禪。即位之後，都於蒲坂，在位四十年，讓禹。後崩，葬於蒼梧之野。而三國貢賦既愆，所以應須問罪，謀事未定，故聽朝不怡。欲明齊物之一理，故寄問答於二聖。【釋文】宗膾徐古外反。胥息徐反。華胥國。敖徐五高反。司馬云：宗、膾、胥敖，三國名也。崔云：宗，一也；膾，二也；胥敖，三也。聽朝直遥反。

舜曰：「夫三子者，猶存乎蓬艾之間。【注】夫物之所安無陋也，則蓬艾乃三子之妙處也。【釋文】妙處昌慮反。若不釋然，何哉？【疏】三子，即三國之君也。言蓬艾賤草，斥鴳足以逍遥，況蕃國雖卑，三子足以存養，乃不釋然，有何意謂也？

昔者十日並出，萬物皆照，【注】夫重明登天，六合俱照，無有蓬艾而不光被也。【釋文】重明直龍反。光被皮寄反。而況德之進乎日者乎！」【注】夫日月雖無私於照，猶有所不及，德則無不得也。而今欲奪蓬艾之願，而伐使從己，於至道豈弘哉！故不釋然神解耳。若乃物暢其性，各安其所安，無遠邇幽深，付之自若，皆得其極，則彼無不當，而我無不怡也。【疏】進，過也。淮南子云：昔堯時十日並出，焦禾稼，殺草木，封狶長虵，皆爲民害。於是堯使羿上射十日，遂落其九；下殺長虵，以除民害。夫十日登天，六合俱照，覆盆隱處，猶有不明。而聖德所臨，無幽不燭，運茲二智，過彼三光。乃欲興動干戈，伐令從己，於安任之道豈曰弘通者耶？

○郭慶藩曰：文選謝靈運出遊京口北固應詔詩注引司馬云：言陽光麗天，則無不鑒。釋文闕。【釋文】神解音蟹。

齧缺問乎王倪曰：「子知物之所同是乎？」【疏】齧缺，許由之師，王倪弟子，竝堯時賢人也。託此二人，明其齊一。言物情顛倒，執見不同，悉皆自是非他，頗知此情是否？【釋文】齧五結反。缺丘悅反。王倪徐五嵇反。李音詣。高士傳云：王倪，堯時賢人也。天地篇云：齧缺之師。**曰：「吾惡乎知之！」**【注】所同未必是，所異不獨非，故彼我莫能相正，故無所用其知。【疏】王倪答齧缺云：彼此各有是非，遂成無主。我若用知知彼，我知還是是非，故我於何知之。言無所用其知也。【釋文】惡乎音烏。下皆同。**「子知子之所不知邪？」**【疏】子既不知物之同是，頗自知己之不知乎？此從麤入妙，次第窮質，假託師資，以顯深趣。**曰：「吾惡乎知之！」**【注】若自知其所不知，即爲有知。有知則不能任羣才之自當。【疏】若以知知不知，不知還是知。故重言於何知之，還以不知答也。**「然則物無知邪？」**【疏】重責云：汝既自無知，物豈無知者邪？**曰：「吾惡乎知之！」**【注】都不知，乃曠然無不任矣。【疏】豈獨不知我，亦乃不知物。唯物與我内外都忘，故無所措其知也。**雖然，嘗試言之。**【注】以其不知，故未敢正言，試言之耳。【疏】然乎，猶雖然也。既其無知，理無所說，不可的當，故嘗試之也。**庸詎知吾所謂知之非**

不知邪？【注】魚游於水，水物所同，咸謂之知。然自鳥觀之，則向所謂知者，復爲不知矣。夫蛣蜣之知，在於轉丸，而笑蛣蜣者乃以蘇合爲貴。故所同之知，未可正據。【疏】夫物或此知而彼不知，彼知而此不知。魚鳥水陸，即其義也。故知即不知，不知即知。凡庸之人，詎知此理耶！【釋文】庸詎徐本作「巨」，其庶反。郭音鉅。李云：庸，用也；詎，何也；猶言何用也。服虔云：詎，猶未也。復爲扶又反。蛣丘一反。蜣丘良反。爾雅云：蛣蜣，蜣蜋也。庸詎知吾所謂不知之非知邪？【注】所謂不知者，直是不同耳，亦自一家之知。【疏】所謂不知者，彼此不相通耳，非謂不知也。○郭慶藩曰：文選潘安仁秋興賦注引司馬云：庸，猶何用也。釋文闕。且吾嘗試問乎女：【注】己不知其正，故試問女。【疏】理既無言，不敢正據，聊復反質，試問乎女。【釋文】乎女音汝。注及下同。己不知音紀。民溼寢則腰疾偏死，鰌然乎哉？木處則惴慄恂懼，猨猴然乎哉？三者孰知正處？【注】此略舉三者，以明萬物之異便。【疏】惴慄恂懼，是恐迫之別名。然乎哉，謂不如此也。言人溼地臥寢則病，腰胯偏枯而死，泥鰌豈如此乎？人於樹上居處則迫怖不安，猨猴跳躑，曾無所畏。物性不同，便宜各異，故舉此三者，以明萬物誰知正定處所乎。是知蓬户金閨，榮辱安在。【釋文】偏死司馬云：偏枯死也。鰌徐音秋。司馬云：魚名。惴之瑞反。慄音栗。恂郭音荀。徐音峻，恐貌。崔云：戰也。班固作「眴也」。猨音猿。猴音侯。異便婢面反。民食芻豢，麋鹿食薦，蝍蛆甘帶，鴟鴉耆鼠，四者孰知正味？【注】此略舉四者，以明美惡之無主。【疏】芻，草也，是牛羊之類。豢，養也，是犬豕之徒。皆以所食爲名也。麋與鹿而食長薦茂草，鴟鳶鴉鳥便嗜腐鼠，蝍蛆食蛇。略舉四者，定與誰爲滋味乎？故知盛饌疏食，其致一者也。【釋文】芻初俱反。小爾雅云：秆謂之芻。秆音古但反。豢徐音患，又胡滿反。司馬云：牛羊曰芻，犬豕曰豢。以所食得名也。麋音眉。薦牋練反。司馬云：美草也。崔云：甘草也。郭璞云：三蒼云「六畜所食曰薦」。蝍音即。且字或作「蛆」，子徐反。李云：蝍且，蟲名也。廣雅云：蜈公也。爾雅云「蒺蔾蝍蛆」，郭璞注云：似蝗，大腹，長角，能食蛇腦。蒺，音疾。蔾，音梨。帶如字。崔云：蛇也。司馬云：小蛇也，蝍蛆好食其眼。鴟尺夷反。鴉本亦作「鵶」，於加反。崔云：烏也。耆市志反。字或作「嗜」。崔本作「甘」。美惡烏路反。

猨猵狙以爲雌，麋與鹿交，鰌與魚遊。毛嬙、麗姬，人之所美也；魚見之深入，鳥見之高飛，麋鹿見之決驟，四者孰知天下之正色哉？【注】此略舉四者，以明天下所好之不同也。不同者而非之，則無以知所同之必是。【疏】猨猴狙以爲雌雄，麋鹿更相接，泥鰌與魚游戲。毛嬙，越王嬖妾；麗姬，晉國之寵嬪。此二人者，姝妍冠世，人謂之美也。然魚見怖而深入，鳥見驚而高飛，麋鹿走而不顧。舉此四者，誰知宇內定是美色耶？故知凡夫愚迷，妄生憎愛，以理觀察，孰是非哉？決，卒疾貌也。【釋文】猵篇面反。徐敷面反，又敷畏反。郭、李音偏。狙七餘反。司馬云：狙，一名獦牂，似猨而狗頭，憙與雌猨交也。崔云：猵狙，一名獦牂，其雄憙與猨雌爲牝牡。向云：猵狙以猨爲雌也。獦音葛。爲雌音妻。一音如字。毛嬙徐在良反。司馬云：毛嬙，古美人。一云：越王美姬也。麗姬力知反。下同。麗姬，晉獻公之嬖，以爲夫人。崔本作「西施」。○典案：御覽三百八十一引「毛嫱麗姬」作「西施毛嫱」，與崔本合。決喜缺反。李云：疾貌。崔云：疾足不顧爲決。徐古惠反。郭音古穴反。驟士救反，又在遘反。所好呼報反。

自我觀之，仁義之端，是非之塗，樊然殽亂，吾惡能知其辯！」【注】夫利於彼者或害於此，而天下之彼我無窮，則是非之竟無常。故唯莫之辯而任其自是，然後蕩然俱得。【疏】夫物乃衆而未嘗非我，故行仁履義，損益不同，或於我爲利，於彼爲害，或於彼爲是，則於我爲非。是以從彼我而互觀之，是非之路，仁義之緒，樊亂糾紛，若殽饌之雜亂。既無定法，吾何能知其分別耶！【釋文】樊然音煩。殽亂徐户交反。郭作「散」，悉旦反。之竟音境。今本多作「境」。下放此。

齧缺曰：「子不知利害，則至人固不知利害乎？」【注】未能妙其不知，故猶嫌至人當知之。斯懸之未解也。【疏】齧缺曰，未悟彼此之不知，更起利害之疑。請云：子是至人，應知利害。必其不辯，迷暗若夜遊；重爲此難，冀圖後答之矣。【釋文】未解音蟹。

王倪曰：「至人神矣！【注】無心而無不順。【疏】至者，妙極之體；神者，不測之用。夫聖人之虚己，應物無方，知而不知，辯而不辯，豈得以名言心慮億度至人耶？大澤焚而不能熱，河漢沍而不能寒，疾雷破山、飄風振海而不能驚。【注】夫神全形具而體與物冥者，雖涉至變而未始非我，故蕩然無蔕介於胸中也。【疏】沍，凍也。原澤焚燎，河漢冰凝，雷霆奮發而破山，飄風濤蕩而振海，而至人神凝未兆，體與物冥，水火既不爲災，風雷詎能驚駭。○「飄」字舊敓，碧虚子校引江南李氏本「風」上有「飄」字。典案：此文本以「疾雷破山」與「飄風振海」相對爲文，敓「飄」字則句法參差不相對。疏「飄風濤蕩而振海」，是成所見本亦有「飄」字。今據江南李氏本補。【釋文】沍户故反，徐又户各反。李户格反。向云：凍也。崔云：沍，猶涸也。蠆勑邁反，又音豸。介古邁反，又音界。若然者，乘雲氣，【注】寄物而行，非我動也。【疏】〔若然〕，猶如此也。虚淡無心，方之雲氣，蔭芘羣品，順物而行。騎日月，【注】有晝夜而無死生也。【疏】昏明代序，有晝夜之可分；處順安時，無死生之能異。而控馭羣物，運載含靈，故有乘騎之名也耳。而遊乎四海之外。【注】夫唯無其知而任天下之自爲，故馳萬物而不窮也。【疏】動寂相即，真應一時，端坐寰宇之中，而心遊四海之外矣。死生無變於己，【注】與變爲體，故死生若一。而況利害之端乎！」【注】況利害於死生，愈不足以介意。【疏】夫利害者，生涯之損益耳。既死生爲晝夜，乘變化以遨遊，況利害於死生，（會）〔曾〕何足以介意矣。

瞿鵲子問乎長梧子曰：「吾聞諸夫子，聖人不從事於務，【注】務自來而理自應耳，非從而事之也。【疏】務，猶事也。諸，於也。瞿鵲是長梧弟子，故謂師爲夫子。夫體道聖人，忘懷冥物，雖涉事有，而不以爲務，混迹塵俗，泊爾無心，豈措意存情，從於事物？瞿鵲既欲請益，是以述昔之所聞者也。【釋文】瞿鵲其俱反。長梧子李云：居長梧下，因以爲名。崔云：名丘。簡文云：長梧封人也。夫子向云：瞿鵲之師。○俞樾曰：瞿鵲子必七十子之後人，所稱聞之夫子，謂聞之孔子也。下文「長梧子曰：『是黃帝之所聽熒也，而丘也何足以知之』」，丘即是孔子名，因瞿鵲子述孔子之言，故曰「丘也何足以知之」也。而讀者不達其意，誤以丘也爲長梧子自稱其名，故釋文云「長梧子，崔云：名丘」。此大不然。下文云「丘也與女皆夢也；予謂女夢，亦夢也」，夫「予」者，長梧子自謂也。既云丘與女皆夢，又云予亦夢，則安得即以丘爲長梧子之名乎？**不就利，不違害，**【注】任而直前，無所避就。【疏】違，避也。體窮通之關命，達利害之有時，故推理直前，而無所避就也。**不喜求，**【注】求之不喜，直取不怒。【疏】妙悟從（遠）〔違〕也，故物求之而不忻喜矣。**不緣道；**【注】獨至者也。【疏】夫聖智凝湛，照物無情，不將不迎，無生無滅。固不以攀緣之心行乎虛通至道者也。**無謂有謂，有謂無謂，**【注】凡有稱謂者，皆非吾所謂也，彼各自謂耳。故無彼有謂，而有此無謂也。【疏】謂，言教也。夫體道至人，虛夷寂絕，從本降迹，感而遂通。故能理而教，無謂而有謂，教而理，有謂而無謂者也。【釋文】稱謂尺證反。下放此。**而遊乎塵垢之外。**【注】凡非真性，皆塵垢也。【疏】和光同塵，處染不染，故雖在囂俗之中，而心自遊於塵垢之外者矣。【釋文】而遊崔本作「而施」。**夫子以爲孟浪之言，而我以爲妙道之行也。吾子以爲奚若？」**【疏】孟浪，猶率略也。奚，何也。若，如也，如何。所謂不緣道等，乃窮理盡性。瞿鵲將爲妙道之行，長梧用作率略之談。未知其理如何，以何爲是。【釋文】孟如字。徐武黨反，又或武葬反。浪如字。徐力蕩反。向云：孟浪，音漫瀾，無所趨舍之謂。李云：猶較略也。崔云：不精要之貌。○郭慶藩曰：文選左太沖吳都賦注引司馬云：孟浪，鄙野之語。釋文闕。之行如字，又下孟反。

長梧子曰：「是皇帝之所聽熒也，而丘也何足以知之！【疏】聽熒，疑惑不明之貌也。夫至道深玄，非名言而可究。雖復三皇、五帝，乃是聖人，而詮辯至理，不盡其妙，聽熒至竟，疑惑不明。我是何人，猶能曉了？本亦有作「黄」字者，則是軒轅。【釋文】皇帝本又作「黄帝」。聽敕定反。熒音瑩磨之瑩。本亦作「瑩」，於迥反。向、司馬云：聽熒，疑惑也。李云：不光明貌。崔云：小明不大了也。向、崔本作「韡榮」。且女亦大早計，見卵而求時夜，見彈而求鴞炙。【注】夫物有自然，理有至極，循而直往，則冥然自合，非所言也。故言之者孟浪，而聞之者聽熒。雖復黄帝，猶不能使萬物無懷，而聽熒至竟。故聖人付當於塵垢之外，而玄合乎視聽之表，照之以天而不逆計，放之自爾而不推明也。今瞿鵲子方聞孟浪之言，而便以爲妙道之行，斯亦無異見卵而責司晨之功，見彈而求鴞炙之實也。夫不能安時處順，而探變求化，當生而慮死，執是以辯非，皆逆計之徒也。【疏】鴞，即鵬鳥，賈誼之所賦者也。大小如雌雞，而似斑鳩，青緑色，其肉甚美，堪作羹炙，出江南。然卵有生雞之用，而卵時未能司晨；彈有得鴞之功，而彈時未堪爲炙。亦猶教能詮於妙理，而教時非理。今瞿鵲纔聞言説，將爲妙道，此計用之太早。○典案：淮南子説山篇「見彈而求鴞炙，見卵而求晨夜」即襲用此文。御覽七百五十五引「炙」作「肉」，與此文及大宗師篇皆不合，非是。【釋文】且女音汝。下同。亦大音泰。徐、李勑佐反。注同。時夜崔云：時夜，司夜，謂雞也。見彈徒旦反。鴞于驕反。司馬云：小鳩可炙。毛詩草木疏云：大如斑鳩，緑色，其肉甚美。雖復扶又反。下皆同。下章注亦準此。

「予嘗爲女妄言之，【注】言之則孟浪也，故試妄言之。【釋文】嘗爲于僞反。女以妄聽之奚？【注】若正聽妄言，復爲太早計也，故亦妄聽之何？【疏】予，我也。奚，何也。夫至理無言，言則孟浪，我試爲汝妄説，汝亦妄聽何如？亦言：奚者，即何之聲也。旁日月，挾宇宙，【注】以死生爲晝夜，旁日月之喻也；以萬物爲一體，挾宇宙之譬也。【疏】旁，依附也。挾，懷藏也。天地四方曰宇，往來古今曰宙。契理聖人，忘物忘我，既而囊括萬有，冥一死生，故郭注云：「以死生爲晝夜，旁日月之喻也；以萬物爲一體，挾宇宙之喻也。」【釋文】旁日月薄葬反。徐扶葬反。司馬云：依也。崔本作「謗」。挾户牒反。崔本作「扶」。宇宙治救反。尸子云：天地四方曰宇，往古來今曰宙。説文云：舟輿所極覆曰宙。爲其脗合，置其滑涽，以隸相尊。【注】以有所賤，故尊卑生焉，而滑涽紛亂，莫之能正，各自是於一方矣。故爲脗然自合之道，莫若置之勿言，委之自爾也。脗然，無波際之謂也。【疏】脗，無分別之貌也。置，任也。滑，亂也。涽，闇也。隸，皁僕之類也，蓋賤稱也。夫物情顛倒，妄執尊卑，今聖人欲祛此惑，無脗然合同之道者〔一〕，莫若滑亂昏雜，隨而任之，以隸相尊，一於貴賤也。【釋文】脗本或作「𦛗」。郭音泯。徐武軫反。李武粉

〔一〕無　覆宋本作「爲」。

反。無波際之貌。司馬云：合也。向音脣，云：若兩脣之相合也。滑徐古没反，亂也。向本作「汩」，音同。崔户八反，云：栝口木也〔一〕。涽徐音昏。向云：汩昏，未定之謂。崔本作「緡」，武巾反，云：繩也。**衆人役役，**【注】馳騖於是非之境也。**聖人愚芚，**【注】芚然無知而直往之貌。【疏】役役，馳動之容也。愚芚，無知之貌。凡俗之人，馳逐前境，勞役而不息；體道之士，忘知廢照，芚然而若愚也。○碧虚子校引劉得一本「芚」作「芼」。○典案：作「芼」義不可通，劉本非。【釋文】芚徐徒奔反。郭治本反。司馬云：渾沌不分察也。崔：文厚貌也。或云：束也。李丑倫反。**參萬歲而一成純。**【注】純者，不雜者也。夫舉萬歲而參其變，而衆人謂之雜矣，故役役然勞形怵心而去彼就此。唯大聖無執，故芚然直往，而與變化爲一，一變化而常遊於獨者也。故雖參糅億載，千殊萬異，道行之而成，則古今一成也。物謂之而然，則萬物一然也。無物不然，無時不成，斯可謂純也。【疏】夫聖人者，與二儀合其德，萬物同其體，故能隨變任化，與世相宜。雖復代歷古今，時經夷險，參雜塵俗，千殊萬異，而淡然自若，不以介懷，抱一精純，而常居妙極也。【釋文】怵心勑律反。參糅如救反。**萬物盡然，**【注】無物不然。**而以是相藴。**【注】藴，積也。積是於萬歲，則萬歲一是也；積然於萬物，則萬物盡然也。故不知死生先後之所在，彼我勝負

〔一〕木　原作「本」，據世德堂本改。

之所如也。【疏】蘊，積也。夫物情封執，爲日已久。是以横論萬物，莫不我然彼不然；（竪）〔竪〕説古今，悉皆自是他不是。雖復萬物之多，古今之遠，是非蘊積，未有休時。聖人順世汙隆，動而常寂，參糅億載，而純一凝然也。【釋文】相蘊本亦作「緼」。徐於憤反。郭於本反。李於問反，積也。

「予惡乎知説生之非惑邪？【注】死生一也，而獨説生，欲與變化相背，故未知其非惑也。【疏】夫鑪錘萬物，未始不均；變化死生，其理唯一。而獨悦生惡死，非惑如何？【釋文】予惡音烏。下「惡乎」皆同。説音悦。注同。相背音佩。予惡乎知惡死之非弱喪而不知歸者邪？【注】少而失其故居，名爲弱喪。夫弱喪者，遂安於所在而不知歸於故鄉也。焉知生之非夫弱喪，焉知死之非夫還歸而惡之哉！【疏】弱者，弱齡，喪之言失。謂少年遭亂，喪失桑梓，遂安他土而不知歸，謂之弱失。從無出有，謂之爲生；自有還無，謂之爲死。遂其戀生惡死，豈非弱喪不知歸邪？【釋文】惡死烏路反。注同。弱喪息浪反。注同。少而詩照反。焉知於虔反。下同。麗之姬，艾封人之子也。晉國之始得之也，涕泣沾襟；及其至於王所，與王同筐牀，食芻豢，而後悔其泣也。【注】一生之内，情變若此。當此之日，則不知彼，況夫死生之變，惡能相知哉！【疏】昔秦穆公與晉獻公共伐麗戎之國，得美女一，玉環二。秦取環而晉取女，即麗戎國艾地守封疆人之女也。筐，正也。初去麗戎，離别親戚，懷土之戀，故涕泣沾襟。後至晉邦，寵愛隆重，與獻公同方牀而燕處，進牢饌以盈厨，情好既移，所以悔其先泣。一生之內，情變若此，況死生之異，何能知哉！莊子寓言，故稱獻公爲王耳。○典案：御覽七百六引「麗之姬」作「驪姬者」，「涕」上有「日」字，「筐」作「匡」，「悔其」下有「常」字，與上「日涕泣」之義相應。【釋文】至於王所崔云：六國時諸侯僭稱王，因此謂獻公爲王也。筐本亦作「匡」。徐起狂反。牀徐音床。司馬云：筐牀，安牀也。崔云：筐，方也。一云：正牀也。予惡乎知夫死者不悔其始之蘄生乎？【注】蘄，求也。【疏】蘄，求也。麗姬至晉，悔其先泣，焉知死者之不卻悔初始在生之日求生之意也！【釋文】蘄音祈，求也。

「夢飲酒者，旦而哭泣；夢哭泣者，旦而田獵。【注】此寤寐之事變也。事苟變，情亦異，則死生之願不得同矣。故生時樂生，則死時樂死矣。死生雖異，其於各得所願一也，則何係哉！【疏】夫死生之變，猶覺夢之異耳。夫覺夢之事既殊，故死生之情亦別。而世有覺凶而夢吉，亦何妨死樂而生憂邪！是知寤寐之間，未足可係也。【釋文】樂生音洛。下同。方其夢也，不知其夢也；【注】由此觀之，當死之時，亦不知其死而自適其志也。【疏】方將爲夢之時，不知夢之是夢，亦猶方將處死之日，不知死之爲死。各適其志，何所戀哉！夢之中又占其夢焉，【注】夫夢者乃復夢中占其夢，則無以異於寤者也。覺而後知其夢也。【注】當所遇，無不足也，何爲方生而憂死哉！【疏】夫人在睡夢之中，謂是真實，亦復占候夢想，思度吉凶。既覺以後，方知是夢。是故生時樂生，死時樂死，何爲當生而憂死哉！【釋文】覺而音教。下及注皆同。且有大覺而後知此其大夢也。【注】夫大覺者，聖人也。大覺者乃知夫患慮在懷者皆未寤也。【疏】夫擾擾生民，芸芸羣品，馳騖有爲之境，昏迷大夢之中。唯有體道聖人，朗然獨覺，知夫患慮在懷者皆未寤也。○典案：淮南子俶真篇「方其夢也，不知其夢也，覺而後知其夢也。今將有大覺，然後知今此之爲大夢也」，即襲用莊子此文。而愚者自以爲覺，竊竊然知之。君乎，牧乎，固哉！【注】夫愚者大夢而自以爲寤，故竊竊然以所好爲君上，而所惡爲牧圉，欣然信一家之偏見，可謂固陋矣。【疏】夫物情愚惑，暗若夜遊，昏在夢中，自以爲覺，竊竊然議專所知。情之好者爲君上，情之惡者同牧圉，以此爲情懷，可謂固陋。牛曰牧，馬曰圉也。【釋文】竊竊司馬云：猶察察也。牧乎崔本作「跂乎」，云：踶跂，强羊貌。所好呼報反，注同。所惡烏路反。丘也與女皆夢也；【注】未能忘言而神解，故非大覺也。【疏】丘是長梧名也。夫照達真原，猶稱爲夢，愚徒竊竊，豈有覺哉！【釋文】神解音蟹。徐户解反。予謂女夢，亦夢也。【注】即復夢中之占夢也。夫自以爲夢，猶未寤也，況竊竊然自以爲覺哉！【疏】夫迷情無覺，論夢還在夢中；聲説非真，妙辯猶居言内。是故夢中占夢，夢所以皆空；言内試言，言所以虛假。此託夢中之占夢，亦結孟浪之譚耳。是其言也，其名爲弔詭。【注】夫非常之談，故非常人之所知，故謂之弔當卓詭，而不識其懸解。【疏】夫舉世皆夢，此乃玄談。非常之言，不顧於俗，弔當卓詭，駭異物情。自非清通，豈識深遠哉！○典案：德充符篇「彼且蘄以諔詭幻怪之名聞」，天下篇「其辭雖參差，而諔詭可觀」，「諔詭」竝與此「弔詭」同義。上文「恢恑憰怪，道通爲一」，「恢」，簡文本亦正作「弔」。【釋文】弔如字，又音的，至也。詭九委反，異也。萬世之後，而一遇大聖知其解者，是旦暮遇之也。【注】言能蜕然無係而玄同死生者至希也。【疏】且世萬年而一逢大聖，知三界悉空，四生非有，彼我言説，皆在夢中。如此解人，甚爲希遇，論其賒促，是旦暮逢之。三十年爲一世也。【釋文】其解音蟹。徐户解反。蜕然音帨，又始鋭反。

「既使我與若辯矣，若勝我，我不若勝，若果是也，我果非也邪？【疏】若、而，皆汝也。若不勝汝也耶〔一〕，假問之詞也。夫是非彼我，舉體不真，倒置之徒，妄爲臧否。假使我與汝對爭，汝勝我不勝，汝勝定是，我不勝定非耶？固不可也。我勝若，若不吾勝，我果是也，若果非也邪？【注】若、而，皆汝也。【疏】假令我勝於汝，汝不及我，我決是也，汝定非也？各據偏執，未足可依也。其或是也，其或非也邪？【疏】或，不定也。我之與汝，或是或非，彼此言之，勝負不定。故或是則非是，或非則非非也。其俱是也，其俱非也邪？【疏】俱是則無非，俱非則無是。故是非彼我，出自妄情也。我與若不能相知也，則人固受其黮闇。吾誰使正之？【注】不知而後推，不見而後辯，辯之而不足以自信，以其與物對也。辯對終日，黮闇至竟，莫能正之，故當付之自正耳。【疏】彼我二

〔一〕若　據上下文意，當作「我」。

人，各執偏見，咸謂自是，故不能相知。必也相知，己之所非者，他家之是也。假令別有一人，遣定臧否，此人還有彼此，亦不離是非。各據妄情，總成闇惑，心必懷愛，此見所以黮闇不明。三人各執，使誰正之？黮闇，不明之謂也。【釋文】黮闇貪闇反。李云：黮闇，不明貌。**使同乎若者正之，既與若同矣，惡能正之？**【疏】既將汝同見，則與汝不殊。與汝不殊，何能正定？此覆釋第一句。【釋文】惡能音烏。下皆同。**使同乎我者正之，既同乎我矣，惡能正之？**【注】同故是之，未足信也。【疏】注云：「同故是之耳，未足信也。」此覆釋第二句也。**使異乎我與若者正之，既異乎我與若矣，惡能正之？**【注】異故相非耳，亦不足據。【疏】既異我、汝，故別起是非。別起是非，亦何足可據？此覆解第三句。**使同乎我與若者正之，既同乎我與若矣，惡能正之？**【注】是若果是，則天下不得復有非之者也；非若信非，則亦無緣復有是之者也。今是其所同，而非其所異，異同既具，而是非無主。故夫是非者，生於好辯而休乎天均，付之兩行而息乎自正也。【疏】彼此曲從，是非兩順，不異我、汝，亦何能正之？此解第四句。**然則我與若與人俱不能相知也，而待彼也邪？」**【注】各自正耳。待彼不足以正此，則天下莫能相正也，故付之自正而至矣。【疏】我與汝及人，固受黮闇之人。總有三人，各執一見，咸言我是，故俱不相知。三人既不能定，豈復更須一人！若別待一人，亦與前何異？〔待〕彼也耶，言其不待之也。

「何謂和之以天倪？」【注】天倪者，自然之分也。【疏】天，自然也。倪，分也。夫彼我妄執，是非無主，所以三人四句，不能正之。故假設論端，託爲問答，和以自然之分，令歸無是無非。天倪之義，次列於下文。【釋文】和之如字。崔胡卧反。天倪李音崖。徐音詣。郭音五底反。李云：分也。崔云：或作「霓」，音同，際也。班固曰：天研。

曰：「是不是，然不然。是若果是也，則是之異乎不是也亦無辯；然若果然也，則然之異乎不然也亦無辯。【注】是非然否，彼我更對，故無辯。無辯，故和之以天倪，安其自然之分而已，不待彼以正之。【疏】辯，別也。夫是非然否，出自妄情，以理推求，舉體虛幻，所是則不是，然則不然。何以知其然耶？是若定是，是則異非；然若定然，然則異否。而今此謂之是，彼謂之非；彼之所然，此以爲否。故知是非然否，理在不殊，彼我更對，妄爲分別，故無辯也矣。○典案：上下兩言「亦無辯」，詞複而義未晰。碧虛子校引江南古藏本作「則是之異乎不是也，其無辯矣；然若果然也，則然之異乎不然也，亦無辯矣」，詞義較長。化聲之相待，若其不相待。【注】是非之辯爲化聲。夫化聲之相待，俱不足以相正，故若不相待也。【疏】夫是非彼我，相待而成，以理推尋，待亦非實。故變化聲說，有此待名；名既不真，待便虛待。待即非待，故知不相待者也。和之以天倪，因之以曼衍，所以窮年也。【注】和之以自然之分，任其無極之化，尋斯以往，則是非之境自泯，而性命之致自窮也。【疏】曼衍，猶變化也。

因，任也。窮，盡也。和以自然之分，所以無是無非；任其無極之化，故能不滯不著。既而處順安時，盡天年之性命也。○典案：寓言篇「卮言日出，和以天倪，因以曼衍，所以窮年」，文義與此正同。又「卮言日出，和以天倪」，又「非卮言日出，和以天倪，孰得其久」，是「天倪」乃道家恒言。寓言篇又云「萬物皆種也，以不同形相禪，始卒若環，莫得其倫，是謂天均。天均者，天倪也」，是「天倪」即「天均」，亦即「天鈞」。【釋文】曼徐音萬。郭武半反。衍徐以戰反。司馬云：曼衍，無極也。

忘年忘義，振於無竟，故寓諸無竟。」【注】夫忘年，故玄同死生；忘義，故彌貫是非。是非死生，蕩而爲一，斯至理也。至理暢於無極，故寄之者不得有窮也。【疏】振，暢也。竟，窮也。寓，寄也。夫年者，生之所稟也；既同於生死，所以忘年也。義者，裁於是非也；既一於是非，所以忘義也。此則遣前知是非無窮之義也。既而生死是非蕩而爲一，故能通暢妙理，洞照無窮。寄言無窮，亦無無窮之可暢，斯又遣於無極者也。【釋文】振如字。崔云：止也。又之忍反。無竟如字，極也。崔作「境」。

罔兩問景曰：「曩子行，今子止；曩子坐，今子起。何其無特操與？」【注】罔兩，景外之微陰也。【疏】罔兩，景外之微陰也。曩，昔也。特，向也，獨也。莊子寓言以暢玄理，故寄景與罔兩，明於獨化之義。而罔兩問景云：汝向行今止，昔坐今起。然則子行止坐起，制在於形，唯欲隨逐於他，都無獨立志操者，何耶？○典案：寓言篇「衆罔兩問於景曰：『若向也俯而今也仰，向也括而今也被髮，向也坐而今也起，向也行而今也止，何也』」，文義與此正同。【釋文】罔兩郭云：景外之微陰也。向云：景之景也。崔本作「罔浪」，云：有無之狀。景暎永反，又如字。本或作「影」，俗也。曩徐乃蕩反。李云：曏者也。無特本或作「持」。崔云：特，辭也。向云：無特者，行止無常也。操與音餘。

景曰：「吾有待而然者邪？【注】言天機自爾，坐起無待。無待而獨得者，孰知其故，而責其所以哉？【疏】夫物之形質，咸稟自然，事似有因，理在無待。而形影非遠，尚有天機，故曰萬類參差，無非獨化者也。吾所待又有待而然者邪？【注】若責其所待而尋其所由，則尋責無極，而至於無待〔一〕，而獨化之理明矣。【疏】影之所待，即是形也。若使影待於形，形待造物，請問造物復何待乎？斯則待待無窮，卒乎無待也。吾待蛇蚹蜩翼邪？【注】若待蛇蚹蜩翼，則無特操之所由，未爲難識也。今所以不識，正由不待斯類而獨化故耳。【疏】昔諸講人及郭生注意，皆云蛇蚹是腹下齟齬，蜩翼者是蜩翅也。言蛇待蚹而行，蜩待翼而飛，影待形而有也，蓋不然乎。若使待翼而飛，待足而走，飛禽走獸，其類無窮，何勞獨舉蛇蚹，頗引爲譬？即今解蚹者，蛇蛻皮也；蜩翼者，蜩甲也。言蛇蛻舊皮，蜩新出甲，不知所以，莫辯其然，獨化而生，蓋無待也。而蛇蜩二蟲，猶蛻皮甲，稱異諸物，所以引之。故外篇云「吾待蛇蚹蜩甲耶」，是知形影之義，與蚹甲無異者也。【釋文】蛇蚹音附，徐又音敷。司馬云：謂蛇腹下齟齬，可以行者也。齟，音士女反；齬，音魚女反。蜩徐音條。惡識所以然？惡識所以不然？」【注】世或謂罔兩待景，景待形，形待造物者。

〔一〕而　影宋本、世德堂本作「卒」。

請問夫造物者有耶，無耶？無也，則胡能造物哉？有也，則不足以物衆形。故明衆形之自物，而後始可與言造物耳。是以涉有物之域，雖復罔兩，未有不獨化於玄冥者也。故造物者無主，而物各自造；物各自造，而無所待焉，此天地之正也。故彼我相因，形景俱生，雖復玄合，而非待也。明斯理也，將使萬物各反所宗於體中，而不待乎外。外無所謝，而内無所矜，是以誘然皆生而不知所以生，同焉皆得而不知所以得也。今罔兩之因景，猶云俱生而非待也，則萬物雖聚而共成乎天，而皆歷然莫不獨見矣。故罔兩非景之所制，而景非形之所使，形非無之所化也，則化與不化，然與不然，從人之與由己，莫不自爾，吾安識其所以哉！故任而不助，則本末内外，暢然俱得，泯然無迹。若乃責此近因，而忘其自爾，宗物於外，喪主於内，而愛尚生矣。雖欲推而齊之，然其所尚已存乎胸中，何夷之得有哉！【疏】夫待與不待，然與不然，天機自張，莫知其宰。豈措情於尋責而思慮於心識者乎！【釋文】喪息浪反。

昔者莊周夢爲胡蝶，栩栩然胡蝶也，自喻適志與，【注】自快得意，悦豫而行。

【疏】栩栩，忻暢貌也。喻，曉也。夫生滅交謝，寒暑遞遷，蓋天地之常，萬物之理也。而莊生暉明鏡以照燭，汎上善以遨遊，故能託夢覺於死生，寄自他於物化。是以夢爲胡蝶，栩栩而適其心；覺乃莊周，蘧蘧而暢其志者也。○典案：「自喻適志與」五字隔斷文義。「與」字同「歟」。詳其語意，似是後人注羼入正文。藝文類聚蟲豸部、太平御覽九百四十五引竝無此五字，三百九十七引有。蓋唐代猶有無此五字之本。【釋文】胡蝶徐徒協反。司馬、崔云：蛺蝶也。栩徐況羽反，喜貌。崔本作「翮」。自喻李云：喻，快也。志與音餘。下同。崔云：與，哉。不知周也。【注】方其夢爲胡蝶而不知周，則與殊死不異也。然所在無不適志，則當生而係生者，必當死而戀死矣。由此觀之，知夫在生而哀死者誤也。【疏】方爲胡蝶，曉了分明，快意適情，悦豫之甚，只言是蝶，不識莊周〔一〕。死不知生，其義亦爾。俄然覺，則蘧蘧然周也。【注】自周而言，故稱覺耳，未必非夢也。【疏】蘧蘧，驚動之貌也。俄頃之間，夢罷而覺，驚怪思省，方是莊周。故注云：「自周而言，故稱覺耳，未必非夢也。」○典案：御覽九百四十五引「蘧蘧」作「瞿瞿」。【釋文】然覺古孝反。蘧蘧徐音渠，又其慮反。李云：有形貌。崔作「據據」，引大宗師云「據然覺」。不知周之夢爲胡蝶與，胡蝶之夢爲周與？【注】今之不知胡蝶，無異於夢之不知周也；而各適一時之志，則無以明胡蝶之不夢爲周矣。世有假寐而夢經百年者，則無以明今之百年非假寐之夢者也。【疏】昔夢爲蝶，甚有暢情；今作莊周，亦言適志。是以覺夢既無的當，莊、蝶豈辯真虛者哉！周與胡蝶，則必有分矣。【注】夫覺夢之分，無異於死

〔一〕不　原作「宜」，據成疏改。

生之辯也。今所以自喻適志，由其分定，非由無分也。【疏】既覺既夢，有蝶有莊，乃曰浮虚，亦不無崖分也。此之謂物化。【注】夫時不暫停，而今不遂存，故昨日之夢，於今化矣。死生之變，豈異於此，而勞心於其間哉！方爲此則不知彼，夢爲胡蝶是也。取之於人，則一生之中，今不知後，麗姬是也。而愚者竊竊然自以爲知生之可樂，死之可苦，未聞物化之謂也。【疏】夫新新變化，物物遷流，譬彼窮指，方兹交臂。是以周、蝶覺夢，俄頃之間。後不知前，此不知彼，而何爲當生慮死，妄起憂悲？故知生死往來，物理之變化也。【釋文】可樂音洛。

莊子補正卷二上

内篇　養生主第三

【注】夫生以養存，則養生者，理之極也。若乃養過其極，以養傷生，非養生之主也。【釋文】養生以此爲主也。

吾生也有涯，【注】所禀之分，各有極也。【疏】涯，分也。夫生也受形之載，禀之自然，愚智修短，各有涯分。而知止守分，不蕩於外者，養生之妙也。然黔首之類，莫不稱吾，則凡稱吾者，皆有極者也。【釋文】有涯本亦作「崖」，魚佳反。而知也無涯。【注】夫舉重携輕而神氣自若，此力之所限也。而尚名好勝者，雖復絶膂，猶未足以慊其願，此知之無涯也。故知之爲名，生於失當，而滅於冥極。冥極者，任其至分，而無毫銖之加。是故雖負萬鈞，苟當其所能，則忽然不知重之在身；雖應萬機，泯然不覺事之在己。此養生之主也。【疏】所禀形性，各有限極，而分別之智，徇物無涯，遂使心困形勞，未慊其願，不能止分，非養生之主也。【釋文】而知音智。注、下同。好勝呼報反。下升證反。雖復扶又反。下皆同。絶膂音旅。以慊苦簟反，足也。**以有涯隨無涯，殆已；**【注】以有限之性，尋無極之知，安得而不困哉！【疏】夫生也有限，知也無涯，是以用有限之生逐無涯之知，故形勞神弊而危殆者也。【釋文】殆已向云：疲困之謂。**已而爲知者，殆而已矣。**【注】已困於知而不知止，又爲知以救之，斯養而傷之者，真大殆也。【疏】無涯之知已用於前，有爲之學救之於後，欲不危殆，其可得乎？**爲善無近名，爲惡無近刑，**【注】忘善惡而居中，任萬物之自爲，悶然與至當爲一，故刑名遠己，而全理在身也。【疏】夫有爲俗學，抑乃多徒，要切而言，莫先善惡。故爲善也無不近乎名譽，爲惡也無不鄰乎刑戮。是知俗智俗學，未足以救前知，適有疲役心靈，更增危殆。【釋文】無近附近之近。下同。○郭慶藩曰：文選嵇叔夜幽憤詩注引司馬云：勿修名也。被褐懷玉，穢惡其身，以無陋於形也。釋文闕。悶然亡本反。又音門。遠己于萬反。**緣督以爲經，**【注】順中以爲常也。【疏】緣，順也。督，中也。經，常也。夫善惡兩忘，刑名雙遣，故能順一中之道，處真常之德，虛夷任物，與世推遷。養生之妙，在乎兹矣。【釋文】緣督以爲經李云：緣，順也。督，中也。經，常也。郭、崔同。○郭慶藩曰：文選左太冲魏都賦注引司馬云：緣，順也。督，中也。順守道中，以爲常也。釋文闕。**可以保身，可以全生，可以養親，**【注】養親以適。【釋文】以養羊尚反。注同。**可以盡年。**【注】苟得中而宜度，則事事無不可也。夫養生非求過分，蓋全理盡年而已矣。【疏】夫惟妙捨二偏，而處於中一者，故能保守身形，全其生道，外可以孝養父母，大順人倫，內可以攝衛生靈，盡其天命。

庖丁爲文惠君解牛，手之所觸，肩之所倚，足之所履，膝之所踦，砉然嚮然，奏刀騞然，【疏】庖丁，謂掌厨丁役之人，今之供膳是也。亦言：丁，名也。文惠君，即梁惠王也。解，宰割之也。踦，下角刺也。言庖丁善能宰牛，見其間理，故以其手搏觸，以肩倚著，用脚蹋履，用膝刺築，遂使皮肉離析，砉然嚮應，進奏鸞刀，騞然大解。此蓋寄庖丁以明養生之術者也。【釋文】庖丁崔本作「胞」，同。白交反。庖人，丁，其名也。管子：「有屠牛坦，一朝解九牛，刀可剃毛。」○典案：今本管子制分篇作「屠牛坦朝解九牛，而刀可以莫鐵」。爲于僞反。文惠君崔、司馬云：梁惠王也。○典案：北堂書鈔百二十三、御覽三百四十六引「文惠」並作「惠文」，則文惠君者非梁惠王，而爲説劍篇之趙惠文王矣。「解」，文選孫興公遊天台山賦注引作「屠」。所倚徐於綺反。向偃彼反。徐又於佇反。李音妖。所踦徐居彼反。向魚彼反。李云：刺也。砉然向呼鵙反。徐許鵙反〔一〕。崔音畫，又古鵙反。李又呼歷反。司馬云：皮骨相離聲。嚮然許丈反。郭許亮反。本或無「然」字。奏如字。崔云：聞也。騞呼獲反。徐許擘反。向他亦反，又音麥。崔云：音近獲，聲大於砉也。莫不中音，合於桑林之舞，乃中經首之會。【注】言其因便施巧，無不閑解，盡理之甚，既適牛理，又合音節。【疏】桑林，殷湯樂名也。經首，咸池樂章名，則堯樂也。庖丁神彩從容，妙盡牛理，既而改割聲嚮，雅合宮商，所以音中桑林，韻符經首也。【釋文】中音

〔一〕兩「鵙」字　原並作「鶪」，據釋文改。

丁仲反。下皆同。**桑林**司馬云：湯樂名。崔云：宋舞樂名。案：即左傳舞師題以旌夏是也。**經首**向、司馬云：咸池樂章也。崔云：樂章名也，或云奏樂名。**因便**婢面反。**閑解**音蟹。

文惠君曰：「譆，善哉！技蓋至此乎？」【疏】譆，歎聲也。惠君既見庖丁因便施巧，奏〔刀〕音節遠合樂章，故美其技術一至於此者也。【釋文】**譆**徐音熙。李云：歎聲也。**技**具綺反。下同。

庖丁釋刀對曰：「臣之所好者，道也，進乎技矣。【注】直寄道理於技耳，所好者非技也。【疏】捨釋鸞刀，對答養生之道，故倚技術，進獻於君。又解：進，過也。所好者養生之道，過於解牛之技耳。【釋文】**所好**呼報反。注同。**始臣之解牛之時，所見無非牛者。**【注】未能見其理間。【疏】始學屠宰，未見間理，所覩惟牛。亦猶初學養生，未照真境，是以觸途皆礙。**三年之後，未嘗見全牛也。**【注】但見其理間也。【疏】操刀既久，頓見理間，所以纔覩有牛，已知空郤。亦猶服道日久，智照漸明，所見塵境，無非虛幻。〇典案：「無非」下敚「死」字，「全」爲「生」字之誤。呂氏春秋精通篇「宋之庖丁好解牛，所見無非死牛者，三年而不見生牛」，論衡訂鬼篇「宋之庖丁學解牛，三年不見生牛，所見皆死牛也」，竝以「生牛」、「死牛」對言，是其塙證。下文「如土委地」句上，劉得一本、文如海本竝有「牛不知其死也」六字，可證莊子此文亦本以「生牛」「死牛」對言。支遁詠懷詩「未始見全牛」，孫興公遊天台山賦「投刃皆虛，目牛無全」，是此文之敚誤，當在漢、晉之間。**方今之時，臣以神遇而不以目視，**【注】闇與理會。【疏】遇，會也。經乎一十九年，合陰陽之妙數，率精神以會理，豈假目以看之。亦猶學道之人，妙契至極，推心靈以虛照，豈用眼以取塵也。【釋文】神遇向云：暗與理會，謂之神遇。官知止而神欲行，【注】司察之官廢，縱心而順理。【疏】官者，主司之謂也，謂目主於色、耳司於聲之類是也。既而神遇，不用目視，故眼等主司，悉皆停廢，從心所欲，順理而行。善養生者，其義亦然。【釋文】官知止如字。崔云：官知，謂有所掌在也。向音智，專所司察而後動，謂之官智。而神欲行如字。向云：從手放意，無心而得，謂之神欲。依乎天理，【注】不橫截也。【疏】依天然之腠理，終不橫截以傷牛。亦猶養生之妙道，依自然之涯分，必不貪生以夭折也。批大郤，【注】有際之處，因而批之令離。【疏】閒郤交際之處，用刀而批戾之，令其筋骨各相離異。亦猶學道之人，生死窮通之際，用心觀照，令其解脱。【釋文】批備結反。一音鋪迷反。字林云：擊也，父迷、父節二反。大郤徐去逆反。郭音却。崔、李云：閒也。令離力呈反。下同。下力智反。導大窾，【注】節解窾空，就導令殊。【疏】窾，空也。骨節空處，就導令殊。亦猶學人以有資空，將空導有。【釋文】道音導。注同。大窾徐苦管反，又苦禾反。崔、郭、司馬云：空也。向音空。節解户賣反。因其固然。【注】刀不妄加。【疏】因其空郤之處，然後運刀，亦因其眼見耳聞，必不妄加刀然也〔一〕。技經肯綮之未嘗，【注】技之妙也，常遊刃於空，未嘗經槩於微礙也。【釋文】技經本或作「猗」，其綺反。徐音技。○俞樾曰：郭注以

〔一〕刀然　別本作「分別」，疑當從。

「技經」爲技之所經，殊不成義。「技經肯綮」四字必當平列。釋文曰：「肯，説文作『肎』，字林同，著骨肉也。一曰：骨無肉也。」綮，司馬云：猶結處也。是「肯綮」並就牛身言，「技經」亦當同之。「技」疑「枝」字之誤，素問三部九候論「治其經絡」，王注引靈樞經曰「經脈爲裏，支而横者爲絡」，古字「支」與「枝」通，「枝」謂枝脈，「經」謂經脈，「枝經」猶言經絡也。經絡相連之處，亦必有礙於游刃，庖丁惟因其固然，故未嘗礙也。○李楨曰：俞氏改「技」爲「枝」，訓爲經絡，説信塙矣。「未嘗」二字，須補訓義。依俞説，「嘗」當訓試，説文「試，用也」，言於經絡肎綮之微礙，未肯以刀刃嘗試之，所謂因其固然者。肯，徐苦等反，説文作「肎」，字林同，口乃反，云：著骨肉也。一曰：骨無肉也。崔云：許叔重曰：骨間肉。肯，肯著也。綮苦挺反。崔、向、徐並音啓。李烏係反，又一音罄。司馬云：猶結處也。經綮古代反。微礙五代反。而況大軱乎！【注】軱，戾大骨，屻刀刃也。【疏】肯綮，肉著骨處也。軱，大骨也。夫技術之妙，遊刃於空，微礙尚未曾經，大骨理當不犯。況養生運智，妙體真空，細惑尚不染心，麤塵豈能累德！【釋文】大軱音孤。向、郭云：軱，戾大骨也。崔云：槃結骨。屻刀女六反。良庖歲更刀，割也；【注】不中其理間也。【疏】良善之庖，猶未中理，經乎一歲，更易其刀。況小學之人，未體真道，證空捨有，易奪之心者矣。【釋文】良庖司馬云：良，善也。割也司馬云：以刀割肉，故歲歲更作。崔云：歲一易刀，猶堪割也。族庖月更刀，折也。【注】中骨而折刀也。【疏】況凡鄙之夫，心靈闇塞，觸境皆礙，必損智傷神。【釋文】族庖司馬云：族，雜也。崔云：族，衆也。○俞樾曰：郭注曰「中骨而折刀也」，此於文義未合。上文云「良庖歲更刀，割也」，割以用刀言，則折亦以用刀言。折謂折骨，非謂刀折也。哀元年左傳曰：「無折骨。」今臣之刀十九年矣，所解數千牛矣，而刀刃若新發於硎。【注】硎，砥石也。【疏】硎，砥礪石也。十，陰數也；九，陽數也，故十九年極陰陽之妙也。是以年經十九，牛解數千，遊空涉虛，不損鋒刃，故其刀銳利，猶若新磨者也。況善養生人，智窮空有，和光處世，妙盡陰陽。雖復千變萬化，而自新其德，參涉萬境，而常湛凝然矣。○典案：「刀」字疑涉「刃」而衍。呂氏春秋精通篇作「刃若新劘研」，御覽三百四十六引亦無「刀」字。【釋文】硎音刑，磨石也。崔本作「形」，云：新所受形也。砥石音脂。又之履反。尚書傳云：「砥細於礪，皆磨石也。」彼節者有間，而刀刃者無厚，以無厚入有間，恢恢乎其於遊刃必有餘地矣，【疏】彼牛骨節素有間郤，而刀刃鋒銳，薄而不厚。用無厚之刃，入有間之牛，故遊刃恢恢，必寬大有餘矣。況養生之士，體道之人，運至忘之妙智，遊虛空之物境，是以安排造適，閒暇有餘，境智相冥，不一不異。○典案：御覽三百四十六引無「於」字，「遊」作「游」；八百九十九引「於遊」二字作「投」。文選孫興公遊天台山賦「投刃皆虛」即用此文，亦作「投刃」。是以十九年而刀刃若新發於硎。【疏】重疊前文，結成其義。雖然，每至於族，吾見其難爲，【注】交錯聚結爲族。怵然爲戒，視爲止，【注】不復屬目於他物也。【釋文】爲戒于僞反。下皆同。屬目意欲反。行爲遲，【注】徐其手也。【疏】節骨交聚磐結之處，名爲族也。雖復遊刃於空，善見其郤，每至交錯之處，未嘗不留意艱難，爲其怵惕戒慎，專視徐手。況體道之人，雖復達彼虛幻，至於境智交涉，必須戒慎艱難，不得輕染根塵，動傷於寂者也。動刀甚微。謋然已解，【注】得其宜，則用力少。【釋文】謋然化百反，徐又許百反。已解音蟹。下皆同。如土委地，【注】理解而無刀迹，若聚土也。【疏】謋，化百反。謋然，骨肉離之聲也。運動鸞刀，甚自微妙，依於天理，所以不難，如土委地，有何踪迹！況運用神智，明照精微，涉於塵境，曾無罣礙，境智冥合，能所泯然。○典案：碧虛子校引劉得一本、文如海本，「如土委地」上有「牛不知其死也」六字，文義較備。

提刀而立，爲之四顧，爲之躊躇滿志，【注】逸足容豫自得之謂。【疏】解牛事訖，閒放從容，提挈鸞刀，彷徨徙倚。既而風韻清遠，所以高視四方，志氣盈滿，爲之躊躇自得。養生會理，其義亦然。【釋文】提刀徐徒嵇反。躊直留反。躇直於反。善刀而藏之。」【注】拭刀而弢之也。【疏】善能保愛，故拭而弢之。況養攝生人，光而不耀。【釋文】善刀善，猶拭也。拭音式。弢之他刀反。

文惠君曰：「善哉！吾聞庖丁之言，得養生焉。」【注】以刀可養，故知生亦可養。【疏】魏侯聞庖丁之言，遂悟養生之道也。美其神妙，故歎以善哉。

公文軒見右師而驚曰：「是何人也？惡乎介也？【注】介，偏刖之名。【疏】姓公文，名軒，宋人也。右師，官名也。介，刖也。公文見右師刖足，故驚問所由，於何犯忤，而致此殘刖於足者也？【釋文】公文軒司馬云：姓公文氏，名軒，宋人也。右師司馬云：宋人也。簡文云：官名。惡乎音烏。介音戒，一音兀。司馬云：刖也。向、郭云：偏刖也。崔本作「兀」，又作「跀」，云：斷足也。偏刖音月。又五刮反。天與，其人與？」【注】知之所無柰何，天也；犯其所知，人也。【疏】爲稟自天然，少茲一足？爲犯於人事，故被虧殘？此是公文致問之辭（故）也。【釋文】天與其人與並音餘，又皆如字。司馬云：爲天命，爲人事也？曰：「天也，非人也。天之生是使獨也，【注】偏刖曰獨。夫師一家之知而不能兩存其足，則是知之無所奈何。若以右師之知而必求兩全，則心神内困而形骸外弊矣，豈直偏刖而已哉！【疏】夫智之明闇，形之虧全，並稟自天然，非關人事。假使犯於王憲，致此形殘，亦是天生頑愚，謀身不足，直知由人以虧其形，不知由天以暗其智，是知有與、獨，無非命也。【釋文】使獨司馬云：一足曰獨。之知音智。下「之知」同。人之貌有與也。【注】兩足共行曰有與。有與之貌，未有疑其非命也。以是知其天也，非人也。」【注】以有與者命也，故知獨者亦非我也。是以達生之情者，不務生之所無以爲；達命之情者，不務命之所無奈何也。全其自然而已。【疏】與，共也。凡人之貌，皆有兩足共行，稟之造物。故知我之一脚，遭此形殘，亦無非命也。欲明窮通否泰，愚智虧全，定乎冥兆，非由巧拙。達斯理趣者，方可全生。

澤雉十步一啄，百步一飲，不蘄畜乎樊中。【注】蘄，求也。樊所以籠雉也。夫俯仰乎天地之間，逍遥乎自得之場，固養生之妙處也，又何求入籠而服養哉！【疏】蘄，求也。樊，中，雉籠也。夫澤中之雉，任於野性，飲啄自在，放曠逍遥，豈欲入樊籠而求服養。譬養生之人，蕭然嘉遁，唯適情於林籟，豈企羨於榮華。又解：澤似雉而非，澤尾長而雉尾短，澤雉之類是也。○典案：御覽九百十六引無「蘄」字。【釋文】一啄涉角反。不蘄音祈，求也。樊中音煩。李云：藩也。所以籠雉也。向、郭同。崔以爲園中也。妙處昌慮反。神雖王，不善也。【注】夫始乎適而未嘗不適者，忘適也。雉心神長王，志氣盈豫，而自放於清曠之地，忽然不覺善之爲善也。【疏】雉居山澤，飲啄自在，心神長王，志氣盈豫，當此時也，忽然不覺善之爲善。既遭樊籠，性情不適，方思昔日甚爲清暢。鳥既如此，人亦宜然。欲明至適忘適，至善忘善。【釋文】雖王于況反。注同。長王丁亮反，又直良反。

老聃死，秦失弔之，三號而出。【注】人弔亦弔，人號亦號。【疏】老君，即老子也。姓李，名耳，字伯陽，外字老聃。大聖人也。降生陳國苦縣。當周平王時，去周，西度流沙，適之罽賓。而內外經書，竟無其迹，而此獨云死者，欲明死生之理泯一，凡聖（人）之道均齊，此蓋莊生寓言耳。而老君爲大道之祖，爲天地萬物之宗，豈有生死哉？故託此言聖人亦有死生，以明死生之理也。故老君降生、行教、昇天，備載諸經，不具言也。秦失者，姓秦，名失，懷道之士，不知何許人也。既死且弔，爰洎三號，而俯迹同凡，事終而出也。【釋文】老聃吐藍反。司馬云：老子也。秦失本又作「佚」，各依字讀，亦皆音逸。〇典案：御覽五百六十一引「秦失」作「秦夫子」。三號户羔反。注同。弟子曰：「非夫子之友邪？」【注】怪其不倚户觀化，乃至三號也。【疏】秦失、老君，俱遊方外，既號且弔，豈曰清高？故門人驚疑，起非友之問。【釋文】倚户於綺反。曰：「然。」【疏】然，猶是也。秦失答弟子云：是我方外之友。「然則弔焉若此，可乎？」【疏】方外之人行方內之禮，號弔如此，於理可乎？未解和光，更致斯問者也。曰：「然。【注】至人無情，與衆號耳，故若斯可也。【疏】然，猶可也。動寂相即，內外冥符，故若斯可也。始也吾以爲其人也，而今非也。【疏】秦失初始入弔，謂哭者是方外門人；及見哀痛過，知非老君弟子也。○碧虛子校引文如海本「其」作「至」。奚侗曰：「其」當從文本作「至」，下文「遁天倍情」，即以爲非至人也。典案：奚說是也。「而今非也」，御覽五百六十一引作「而今非人也」。向吾入而弔焉，有老者哭之，如哭其子；少者哭之，如哭其母。彼其所以會之，必有不蘄言而言、不蘄哭而哭者。【注】嫌其先物施惠，不在理上往，故致此甚愛也。【疏】蘄，求也。彼，衆人也。夫聖人虛懷，物感斯應，哀憐兆庶，愍念蒼生，不待勤求，爲其演說。故其死也，衆來聚會，號哭悲痛，如於母子。斯乃凡情執滯，妄見死生，感於聖恩，致此哀悼。以此而測，故知非老君門人也。【釋文】少者詩照反。先物悉薦反，又如字。理上往一本「往」作「住」。是遯天倍情，忘其所受，【注】天性所受，各有本分，不可逃，亦不可加。【疏】是，指斥哭人也。倍，加也。言逃遯天然之性，加添流俗之情，妄見死之可哀，故忘失所受之分也。【釋文】遯天徒遜反。又作「遁」。倍情音裴，加也，又布對反。本又作「背」。古者謂之遁天之刑。【注】感物太深，不止於當，遁天者也。將馳騖於憂樂之境，雖楚戮未加而性情已困，庸非刑哉！【疏】夫逃遁天理，倍加俗情，哀樂經懷，心靈困苦，有同捶楚，寧非刑戮！古之達人，有如此義。【釋文】大深音泰。憂樂音洛。下文、注同。適來，夫子時也；【注】時自生也。適去，夫子順也。【注】理當死也。【疏】夫子者，是老君也。秦失歎老君大聖，妙達本源。故適爾生來，皆應時而降誕；蕭然死去，亦順理而返真耳。**安時而處順，哀樂不能入也，**【注】夫哀樂生於失得者也。今玄通合變之士，無時而不安，無順而不處，冥然與造化爲一，則無往而非我矣，將何得何失，孰死孰生哉？故任其所受，而哀樂無所錯其間矣。【疏】安於生時，則不厭於生；處於死順，則不惡於死。千變萬化，未始非吾；所適斯適，故憂樂無錯其懷矣。【釋文】所錯七路反。**古者謂是帝之縣解。」**【注】以有係者爲縣，則無係者縣解也，縣解而性命之情得矣，此養生之要也。【疏】帝者，天也。爲生死所係者爲縣〔一〕，則無死無生者縣解也。夫死生不能係，憂樂不能入者，而遠古聖人謂是天然之解脱也。且老君大聖，冥一死生，豈復逃遁天刑，馳鶩憂樂？子玄此注，失之遠矣。若然者，何謂安時處順，帝之縣解乎？文勢前後，自相鉾楯。是知遁天之刑，屬在哀慟之徒，非關老君也。【釋文】縣音玄。解音蟹。注同。崔云：以生爲縣，以死爲解。

指窮於爲薪，火傳也，【注】窮，盡也。爲薪，猶前薪也。前薪之指〔二〕，指盡前薪之理，故火傳而不滅；心得納養之中，故命續而不絶。明夫養生乃生之所以生也。【疏】窮，盡

〔一〕「縣」下原衍一「解」字。

〔二〕之　别本作「以」。依文意，當以「前薪以指」爲是。

也。薪，柴樵也。爲，前也。言人然火，用手前之，能盡然火之理者，前薪雖盡，後薪以續，前後相繼，故火不滅也。亦猶善養生者，隨變任化，與物俱遷。故吾新吾，曾無係戀，未始非我，故續而不絶者也。○典案：御覽三百七十引「薪」下有「而」字。【釋文】指窮於爲薪如字。絶句。爲，猶前也。火傳也直專反，注同。傳者，相傳繼續也。崔云：薪火，爝火也。傳，延也。○俞樾曰：郭注曰「爲薪，猶前薪也。前薪以指，指盡前薪之理，故火傳不滅」，此説殊未明了。且「爲」之訓「前」，亦未知何義。郭注非也。廣雅釋詁「取，爲也」，然則「爲」亦猶取也。「指窮於爲薪」者，指窮於取薪也。以指取薪而然之，則有所不給矣，若聽火之自傳，則忽然而不知其薪之盡也。郭得其讀，未得其義。釋文引崔云「薪火，爝火也」，則並失其讀矣。之中丁仲反。

不知其盡也。【注】夫時不再來，今不一停。故人之生也，一息一得耳。向息非今息，故納養而命續；前火非後火，故爲薪而火傳。火傳而命續，由夫養得其極也，世豈知其盡而更生哉！【疏】夫迷忘之徒，役情執固，豈知新新不住，念念遷流，昨日之我，於今已盡，今日之我，更生於後耶？舊來分此一篇爲七章明義，觀其文勢，過爲繁冗。今將「爲善」合於第一，「指窮」合於老君，總成五章，無所猜嫌也。

莊子補正卷二中

内篇　人間世第四

【注】與人羣者，不得離人。然人間之變故，世世異宜，唯無心而不自用者，爲能隨變所適，而不荷其累也。【釋文】人間世此人間見事，世所常行者也。〇郭慶藩曰：潘安仁秋興賦注引司馬云：言處人間之宜，居亂世之理。與人羣者，不得離人。然人間之事故，與世異宜，唯無心而不自用者，爲能唯變所適，而何足累！釋文闕。離人力智反。不荷胡我反。又音河。其累力僞反。

顔回見仲尼，請行。【疏】姓顔，名回，字子淵，魯人也；孔子三千門人之中，總四科入室弟子也。仲尼者，姓孔，名丘，字仲尼，亦魯人，殷湯之後，生衰周之世，有聖德，即顔回之師也。其根由事迹，徧在儒史，今既解釋莊子，意在玄虚，故不復委碎載之耳。然人間事緒，紛紛實難，接物利他，理在不易，故寄顔、孔以顯化導之方，託此聖賢以明心齋之術也。孔聖顔賢耳。【釋文】顔回孔子弟子。姓顔，名回，字子淵，魯人也。**曰：「奚之？」**【疏】奚，何也。之，適也。質問顔回，欲往何處耳。**曰：「將之衛。」**【疏】衛，即殷紂之都，又是康叔之封，今汲郡衛州是也。此則顏答孔問欲行之所也。曰：「奚爲焉？」【疏】欲往衛國，何所云爲？重責顏生行李意謂矣。曰：「回聞衛君其年壯，其行獨，【注】不與民同欲也。【疏】衛君，即靈公之子蒯聵也。荒淫昏亂，縱情無道，其年少壯而威猛可畏，獨行凶暴而不順物心。顏子述己所聞，以答尼父。【釋文】衛君司馬云：衛莊公蒯聵也。案左傳，衛莊公以魯哀十五年冬始入國，時顏回死，不得爲莊公，蓋是出公輒也。其行下孟反。獨崔云：自專也。向云：與人異也。郭云：不與人同欲。輕用其國，【注】夫君人者，動必乘人，一怒則伏尸流血，一喜則軒冕塞路，故君人者之用國，不可輕之也。【疏】夫民爲邦本，本固則邦寧。不能愛重黎元，方欲輕蔑其用，欲不顛覆，其可得乎！而不見其過；【注】莫敢諫也。【疏】强足以距諫，辯足以飾非〔一〕，故百姓惶懼而吞聲，有過而無敢諫者也。輕用民死，【注】輕用之於死地。【疏】不凝動静，泰然自安，乃輕用國民，投諸死地也。死者以國量乎澤若蕉，【注】舉國而輸之死地，不可稱數，視之若草芥也。【疏】蕉，草芥也。或征戰屢興，或賦税煩重，而死者其數極多。語其多少，以國爲量，若舉爲數，造次難悉。縱恣一身，不恤百姓，視於國民，如藪澤之中草芥者也。【釋文】國量音亮。李力章反。若蕉似遥反。徐在堯反。向云：草芥也。崔云：芟刈也，其澤如見芟夷，言野無青草。稱數所主反。民其無如矣。【注】無所依歸。【疏】君上無道，臣子飢荒，非

〔一〕飾　原作「節」，字之誤也。

但無可柰何，亦乃無所歸往也。回嘗聞之夫子曰：『治國去之，亂國就之，醫門多疾。』願以所聞思其則，庶幾其國有瘳乎！」【疏】庶，冀也。幾，近也。瘳，愈也。治邦寧謐，不假匡扶；亂國孤危，應須規諫。顏生今將化衛，是以述昔所聞，思其稟受法言，冀其近於善道。譬彼醫門，多能救疾，方茲賢士，必能拯難，荒淫之疾，庶其瘳愈者也。○典案：碧虛子校引江南李氏本「思其」下有「所行」二字，「願以所聞，思其所行」，文義甚明，「則」字當屬下讀。崔、李以「思其則」絶句，蓋不知「思其」下有敚文，姑就闕字之本讀之耳。【釋文】治國直吏反。醫門於其反。思其則絶句。崔、李云：則，法也。有瘳丑由反。李云：愈也。

仲尼曰：「譆！若殆往而刑耳。【注】其道不足以救彼患。【疏】譆，怪笑聲也。若，汝也。殆，近也。孔子哂其術淺，未足化他，汝若往於衛，必遭刑戮者也。○典案：碧虛子校引張君房本「殆往而」作「往而殆」。【釋文】譆音熙，又於其反。夫道不欲雜，【注】宜正得其人。雜則多，多則擾，擾則憂，憂而不救。【注】若夫不得其人，則雖百醫守病，適足致疑，而不能一愈也。【疏】夫靈通之道，唯在純粹。必其喧雜，則事緒繁多，事多則中心擾亂，心中擾亂則憂患斯起。藥病既乖，彼此俱困，己尚不立，焉能救物哉！古之至人，先存諸己而後存諸人。【注】有其具，然後可以接物也。【疏】諸，於也。存，立也。古昔至德之人，虛懷而遊世間，必先安立己道，然後拯救他人，未有己身不存而能接物者也。援引古人，以爲鑒誡。所存於己者未定，何暇至於暴人之所行！【注】不虛心以應物，而役思以犯難，故知其所存於己者未定也。夫唯外其知以養真，寄妙當於羣才，功名歸物而患慮遠身，然後可以至於暴人之所行也。【疏】夫唯虚心以應務，忘智以養真，寄當於羣才，歸功於萬物者，方可處涉人間，逗機行化也。今顔回存立己身，猶未安定，是非喜怒，勃戰胸中，有何庸暇，輒至於衛，欲諫暴君？此行未可也。【釋文】役思息嗣反。遠身于萬反。且若亦知夫德之所蕩而知之所爲出乎哉？德蕩乎名，知出乎争。【注】德之所以流蕩者，矜名故也。知之所以横出者，争善故也。雖復桀、跖，其所矜惜，無非名善也。【疏】汝頗知德蕩智出所由乎哉？夫德之所以流蕩喪真，爲矜名故也；智之所以横出逾分者，争善故也。夫唯善惡兩忘、名實雙遣者，故能萬德不蕩，至智不出者也。【釋文】而知音智。下及注同。所爲于僞反。争善此及下「争名」二字依字讀。雖復扶又反。下皆同。桀跖之石反。桀，夏王也。跖，盗跖也。名也者，相札也；知也者，争之器也。二者凶器，非所以盡行也。【注】夫名、智者，世之所用也。而名起則相札，智用則争興，故遺名、知而後行可盡也。【疏】札，傷也。夫矜名則更相毁損，顯智則争競路興。故二者並凶禍之器，盡不可行於世。【釋文】相札徐於八反，又側列反。李云：折也。崔云：夭也，亦作「軋」。崔又云：或作「禮」，相賓禮也。且德厚信矼，未達人氣；名聞不争，未達人心。【疏】矼，確實也。假且道德純厚，信行確實，芳名令聞，不與物争，而衛君素性頑愚，凶悖少鑒，既未達顔回之意氣，豈識匡扶之心乎？【釋文】信矼徐古江反。崔音控。簡文云：慤實貌。而强以仁義繩墨之言術暴人之前者，是以人惡有其美也，【注】夫投人夜光，鮮不按劍者，未達故也。今回之德信，與其不争之名，彼所未達也，而强以仁義準繩於彼，彼將謂回欲毁人以自成也。是故至人不役志以經世，而虚心以應物，誠信著於天地，不争暢於萬物，然後萬物歸懷，天地不逆。故德音發而天下響會，景行彰而六合俱應，而後始可以經寒暑，涉治亂，而不與逆鱗迕也。【疏】繩墨之言，即五德聖智也。回之德性，衛君未達，而强用仁義之術行於暴人之前，所述先王美言，必遭衛君憎惡，故不可也。○典案：「術暴人之前者」，義不可通。「術」，碧虚子校引江南古藏本作「衒」，義較長。今本「術」字疑是形近而誤。【釋文】而强其兩反。注同。人惡有烏路反。下「惡不肖」及注同。崔本「有」作「育」，云：賣也。○俞樾曰：釋文「惡」音烏路反，非也。「美」、「惡」相對爲文，當讀如本字。「有」者，「育」字之誤，釋文云「崔本作『育』，云：賣也」，説文貝部「賣，衒也，讀若育」，此「育」字即「賣」之叚字。經傳每以「鬻」爲之。「鬻」，亦音育也。「以人惡育其美」，謂以人之惡鬻己之美也。鮮不息淺反。涉治直吏反。迕音誤。命之曰菑人。菑人者，人必反菑之，【注】適不信受，則謂與己争名，而反害之。【疏】命，名也。衛侯不達汝心，謂汝菑害於己，既遭疑貳，必被反菑故也。【釋文】菑音災。下皆同。若殆爲人菑夫！且苟爲悦賢而惡不肖，惡用而求有以異？【注】苟能悦賢惡愚，聞義而服，便爲明君也。苟爲明君，則不（若）〔苦〕無賢臣，汝往亦不足復奇；如其不爾，往必受害。故以有心而往，無往而可；無心而應，其應自來，則無往而不可也。【疏】殆，近也。夫，歎也。汝若往衛，必近危亡，爲暴人所災害，深可歎也。且衛侯苟能悦愛賢人，憎惡不肖，故當朝多君子，屏黜小人。已有忠臣，何求於汝？汝至於彼，亦何異彼人？既與無異，去便無益。【釋文】菑夫音扶。不肖音笑。徐蘇叫反，似也。惡用音烏。若唯無詔，王公必將乘人而鬭其捷。【注】汝唯有寂然不言耳。言則王公必乘人以君人之勢，而角其捷辯，以距諫飾非也。【疏】詔，言也。王公，衛侯也。汝若行衛，唯當默爾不言。若有箴規，必遭戮辱。且衛侯恃千乘之勢，用五等之威，飾非距諫，鬭其捷辯，汝既恐怖，何暇匡扶也？【釋文】若唯郭如字，一音唯癸反。無詔絶句。詔，告也，言也。崔本作「詻」，音額，云：逆擊曰詻。王公必將乘人絶句。而鬭其捷在接反。崔讀「若唯無詻王公」絶句，「必將乘人而鬭」絶句，「捷」作「接」，「其接」，引續也。而目將熒之，【注】其言辯捷，使人眼眩也。【疏】熒，眩也。衛侯雖荒淫暴虐，而甚俊辯聰明，加持人君之威，陵藉忠諫之士，故顔回心生惶怖，眼目眩惑者也。【釋文】熒之户扃反。向、崔本作「營」，音熒。眼眩玄遍反。而色將平之，【注】不能復自異於彼也。【疏】縱有諫心，不敢顯異，顔色靡順，與彼和平。口將營之，【注】自救解不暇。【疏】衛侯位望既高，威嚴可畏，顔生恐禍及己，憂懼百端，所以口舌自營，略無容暇。容將形之，【疏】形，見也。既懼災害，故委順面從，擎跽曲拳，形迹斯見也。【釋文】容將形之謂擎跽也。心且成之。【注】乃且釋己以從彼也。【疏】豈直外形從順，亦乃内心和同，不能進善，而更成彼惡故也。是以火救火，以水救水，名之曰益多。【注】適不能救，乃更足以成彼之威。【疏】以，用也。夫用火救火，猛燎更增；用水救水，波浪彌甚。故顏子之行，適足成衛侯之暴，不能匡勸，可謂益多也。順始無窮，【注】尋常守故，未肯變也。若殆以不信厚言，必死於暴人之前矣。【注】未信而諫，雖厚言爲害。【疏】汝之忠厚之言，近不信用，則雖誠心獻替，而必遭刑戮於暴虐君人之前矣。

且昔者桀殺關龍逢，紂殺王子比干，是皆修其身以下傴拊人之民，以下拂其上者也，【注】龍逢、比干居下而任上之憂，非其事者也。【疏】謚法：賊民多殺曰桀，殘義損善曰紂。姓關，字龍逢，夏桀之賢臣，盡誠而遭斬首。比干，殷紂之庶叔，忠諫而被割心。傴拊，猶愛養也。拂，逆戾也。此二子者，並古昔良佐，修飾其身，仗行忠節，以臣下之位憂君上之民。臣有德而君無道，拂戾其君，咸遭戮辱。援古證今，足爲龜鏡。是知顏回化衛，理未可行也。○俞樾曰：「下」字因下文「以下拂其上者也」誤衍。○案：俞說是也。疏「以臣下之位憂君上之民」，是所見本已衍「下」字。淮南子俶真篇「以聲華嘔苻嫗掩萬民百姓」，文義與此略同，「嘔苻」即「傴拊」也。【釋文】關龍逢夏桀之賢臣。王子比干殷紂之叔父。以下遐嫁反。傴紆甫反。拊徐、向音撫。李云：傴拊，謂憐愛之也。崔云：猶嘔呴，謂養也。拂其符弗反。崔云：違也。又芳弗反。故其君因其修以擠之。是好名者也。【注】不欲令臣有勝君之名也。【疏】擠，墜也，陷也，毒也。夏桀、殷紂，無道之君，自不揣量，猶貪令譽，故因賢臣之修飾，肆其鴆毒而陷之。意在爭名逐利，遂至於此故也。【釋文】以擠徐子計反，又子禮反。

司馬云：毒也；一云：陷也。方言云：滅也。簡文云：排也。是好呼報反。欲令力呈反。昔者堯攻叢枝、胥敖，禹攻有扈，國爲虚厲，身爲刑戮，其用兵不止，其求實無已。是皆求名實者也，而獨不聞之乎？【注】夫暴君非徒求恣其欲，復乃求名，但所求者非其道耳。【疏】堯、禹二君，已具前解。叢枝、胥敖、有扈，並是國名。有扈者，今雍州鄠縣是也。宅無人曰虚，鬼無後曰厲。言此三國之君，悉皆無道，好起兵戈，征伐他國。豈唯貪求實利，亦乃規覓虚名，遂使境土丘虚，人民絶滅，身遭刑戮，宗廟顛殞。貪名求實，一至如斯，今古共知，汝獨不聞也？【釋文】叢文才公反。有扈音户。司馬云：國名，在始平郡。案：即今京兆鄠縣也。虚厲如字，又音墟。李云：居宅無人曰虚，死而無後爲厲。名實者，聖人之所不能勝也，而況若乎！【注】惜名貪欲之君，雖復堯、禹，不能勝化也，故與衆攻之。而汝乃欲空手而往，化之以道哉？【疏】夫庸人暴主，貪利求名，雖堯、禹聖君，不能懷之以德，猶興兵衆，問罪夷凶。況顔子匹夫，空手行化，不然之理，亦在無疑故也。雖然，若必有以也，嘗以語我來！」【疏】嘗，試也。汝之化道，雖復未弘，既欲請行，必有所以。試陳汝意，告語我來。【釋文】語我魚據反。下同。

顔回曰：「端而虚，【注】正其形而虚其心也。【疏】端正其形，盡人臣之敬；虚豁心慮，竭匡諫之誠。既承高命，敢述所以耳。勉而一，【注】言遜而不二也。【疏】勉勵身心，盡誠奉國，言行忠謹，終無差二。

則可乎？」【疏】如前二術，可以行不？曰：「惡！惡可！【注】言未可也。【疏】惡惡，猶於何也。於何而可？言未可也。【釋文】惡惡皆音烏。下同。夫以陽爲充孔揚，【注】言衛君亢陽之性充張於内，而甚揚於外，强禦之至也。【疏】陽，剛猛也。充，滿也。孔，甚也。言衛君以剛猛之性滿實内心，强暴之甚，彰揚外迹。采色不定，【注】喜怒無常。【疏】順心則喜，違意則嗔，神采氣色，曾無定準。常人之所不違，【注】莫之敢逆。【疏】爲性暴虐，威猛尋常，諫士賢人，詎能逆迕！因案人之所感，以求容與其心。【注】夫頑强之甚，人以快事感己，己陵藉而乃抑挫之，以求從容自放，而遂其侈心也。【疏】案，抑也。容與，猶放縱也。人以快善之事箴規感動，君乃因其忠諫而抑挫之，以求快樂縱容，遂其荒淫之意也。【釋文】挫之子卧反。從容七容反。名之曰日漸之德不成，而況大德乎！【注】言乃少多，無回降之勝也。【疏】衛侯無道，其來已久，日將漸漬之德尚不能成，況乎鴻範聖明，如何可望也？將執而不化，【注】故守其本意也。【疏】飾非闇主，不能從人諫如流，固執本心，誰肯變惡爲善者也。外合而内不訾，其庸詎可乎！」【注】「外合而内不訾」，即向之端虚而勉一耳，言此未足以化之。【疏】外形擎跽，以盡足恭，内心順從，不敢訾毁，以此請行，行何利益？化衛之道，庸詎可言乎？斯則斥前端虚之術，未宜行用之矣。【釋文】不訾向、徐音紫。崔云：毁也。

「然則我內直而外曲，成而上比。【注】顏回更說此三條也。【疏】前陳二事已被訶，今設三條，庶其允合。此標題目，下釋其義，顏生述己，以簡宣尼是也。【釋文】而上時掌反。下同。 內直者，與天爲徒。與天爲徒者，知天子之與己皆天之所子，而獨以己言蘄乎而人善之，蘄乎而人不善之邪？【注】物無貴賤，得生一也。故善與不善，付之公當耳，一無所求於人也。【疏】此下釋義。蘄，求也。言我內心質素誠直，共自然之理而爲徒類。是知帝王與我，皆稟天然，故能忘貴賤於君臣，遺善惡於榮辱，復矜名以避惡，求善於他人乎？具此虛懷，庶其合理。【釋文】蘄乎音祈。 若然者，人謂之童子，是之謂與天爲徒。【注】依乎天理，推己性命，若嬰兒之直往也。【疏】然，如此也。童子，嬰兒也。若如向說，推理直前，行比嬰兒，故人謂之童子。結成前義，故是之謂與天爲徒也。 外曲者，與人之爲徒也。擎跽曲拳，人臣之禮也，人皆爲之，吾敢不爲邪！爲人之所爲者，人亦無疵焉，【疏】夫外形委曲，隨順世間者，將人倫爲徒類也。擎手跽足，磬折曲躬，俯仰拜伏者，人臣之禮也。而和同塵垢，污隆任物，人皆行此，我獨不爲邪！是以爲人所爲，故人無怨疾也。【釋文】擎徐其驚反。跽徐其里反。說文云：長跪也。曲拳音權。無疵才斯反。 是之謂與人爲徒。【注】外形委曲，隨人事之所當爲者也。【疏】此結（成）〔前〕也。 成而上比者，與古爲徒。【注】成於今而比於古也。【疏】忠諫之事，乃成於今；君臣之義，上比於古。故與古之忠臣比干等類，是其義也。其言雖教，謫之實也。【注】雖是常數，實有諷責之旨。【疏】謫，責也。所陳之言，雖是教迹，論其意旨，實有諷責之心也。【釋文】謫之直革反。諷責非鳳反。古之有也，非吾有也。【疏】夐古以來，有此忠諫，非我今日獨起箴規者也。若然者，雖直而不病，【注】寄直於古，故無以病我也。【疏】若忠諫之道，自古有之，我今誠直，亦幸無憂累。是之謂與古爲徒。【疏】此結前也。若是則可乎？」【疏】呈此三條，未知可不。

仲尼曰：「惡！惡可！大多政，法而不諜，【注】當理無二，而張三條以政之，與事不冥也。【疏】諜，條理也，當也。法苟當理，不俟多端，政設三條，大傷繁冗，於理不當，亦不安恬，故於何而可也。【釋文】大多音泰。徐勑佐反。崔本作「太」。不諜徐徒協反。向吐頰反。李云：安也。崔云：間諜也。○俞樾曰：「政」字絶句。「大多政」者，郭注所謂「當理無二，而張三條以政之」也。「法而不諜」四字爲句。列禦寇篇「形諜成光」，釋文曰「諜，便僻也」，此「諜」字義與彼同，謂有法度而不便僻也。李訓安，崔訓間諜，竝失其義。雖固亦無罪。【注】雖未宏大，亦且不見咎責。【疏】設此三條，雖復固陋，既未行李，亦幸無咎責者也。雖然，止是耳矣，夫胡可以及化！【注】罪則無矣，化則未也。【疏】胡，何也。顏回化衛，止有是法，纔可獨善，未及濟時，故何可以及化也！又解：若止而勿行，於理便是；如其適衛，必自遭殆也。猶師心者也。」【注】

挾三術以適彼，非無心而付之天下也。【疏】夫聖人虛己，應時無心，譬彼明鏡，方茲虛谷。今顏回預作言教，方思慮可不，既非忘淡薄，故知師其有心也。【釋文】挾三戶牒反。

顏回曰：「吾無以進矣，敢問其方。」【疏】顏生三術，一朝頓盡，化衛之道，進趣無方。更請聖師，庶聞妙法。仲尼曰：「齋，吾將語若！有心而爲之，其易邪？【注】夫有其心而爲之者，誠未易也。【疏】顏回殷勤致請，尼父爲説心齋。但能虛忘，吾當告汝。必有其心爲作，便乖心齋之妙。故有心而索玄道，誠未易者也。○「心」字舊敓。碧虛子校引張君房本「有」下有「心」字。典案：張本「有」下有「心」字是也。郭注「夫有其心而爲之者，誠未易也」，疏「必有其心爲作，便乖心齋之妙。故有心而索玄道，誠未易者也」，是郭、成所見本竝有「心」字。今據張本補。【釋文】曰齊本亦作「齋」，同，側皆反。下同。其易以豉反。後皆同。向、崔云：輕易也。易之者，皥天不宜。」【注】以有爲爲易，未見其宜也。【疏】爾雅云：「夏曰皓天，言其氣皓汗也。」以有爲之心而行道爲易者，皥天之下，不見其宜。言不宜以有爲心齋也。【釋文】皥天徐胡老反。向云：皥天，自然也。顏回曰：「回之家貧，唯不飲酒、不茹葷者數月矣。如此，則可以爲齋乎？」【疏】茹，食也。葷，辛菜也。齋，齊也，謂心迹俱不染塵境也。顏子家貧，儒史具悉。無酒可飲，無葷可茹，簞瓢蔬素，已經數月，請若此得爲齋不？○典案：御覽五百三十引作「若此，則不可不爲齋乎」，書鈔十引「如」亦作「若」。【釋文】不茹徐音汝，食也。葷徐許云反。數月色主反。曰：「是祭祀之齋，非心齋也。」【疏】尼父答言，此是祭祀神君獻宗廟，俗中致齋之法，非所謂心齋者也。

回曰：「敢問心齋。」【疏】向説家貧，事當祭祀。心齋之術，請示其方。仲尼曰：「若一志，【注】去異端而任獨者也。【疏】志一汝心，無復異端，凝寂虛忘，冥符獨化。此下答於顔子，廣示心齋之術者也。【釋文】去異起吕反。下同。無聽之以耳，而聽之以心。【疏】耳根虛寂，不凝宫商，反聽無聲，凝神心符。無聽之以心，而聽之以氣。【疏】心有知覺，猶起攀緣；氣無情慮，虛柔任物。故去彼知覺，取此虛柔，遣之又遣，漸階玄妙也。聽止於耳，【疏】不著聲塵，止於心聽。此釋「無聽之以耳」也。心止於符。【疏】符，合也。心起緣慮，必與境合。庶令凝寂，不復與境相符。此釋「無聽之以心」者也。氣也者，虛而待物者也。【注】遣耳目，去心意，而符氣性之自得，此虛以待物者也。【疏】如氣柔弱虛空，其心寂泊忘懷，方能應物。此解「而聽之以氣」也。○俞樾曰：上文云「無聽之以耳，而聽之以心；無聽之以心，而聽之以氣」，此文「聽止於耳」當作「耳止於聽」，傳寫誤倒也，乃申説「無聽之以耳」之義，言耳之爲用止於聽而已，故「無聽之以耳」也。「心止於符」，乃申説「無聽之以心」之義，言心之用止於符而已，故「無聽之以心」也。「符」之言合也，言與物合也。與物合，則非「虛而待物」之謂矣。「氣也者，虛而待物者也」，乃申説「氣」字，明當「聽之以氣」也。郭注曰「遣耳目，去心意」等語，誤以「符」、「氣」二字連讀，不特失其義，且不成句矣。唯道集虛。虛者，心齋也。」【注】虛其心，則至道集於懷也。【疏】唯此真道，集在虛心。故如虛心者，心齊妙道也。

顏回曰：「回之未始得使，實自回也；【注】未始使心齋，故有其身。【疏】未稟心齋之教，猶懷封滯之心，既不能隳體以忘身，尚謂顏回之實有也。【釋文】未始得使絶句。崔讀至「實」字絶句。得使之也，未始有回也，【注】既得心齋之使，則無其身。【疏】既得夫子之教，使其人以虛齋，遂能物我洞忘，未嘗之可有也〔一〕。可謂虛乎？」

夫子曰：「盡矣！【疏】夫子向説心齋之妙，妙盡於斯。吾語若，若能入遊其樊而無感其名，【注】放心自得之場，當於實而止。【疏】夫子語顏生，化衛之要，慎莫據其樞要，且復遊入蕃傍。亦宜晦迹消聲，不可以名智感物。樊，蕃也。入則鳴，不入則止。【注】譬之宮商，應而無心，故曰鳴也。夫無心而應者，任彼耳。不强應也。【疏】若已道狎衛侯，則可鳴聲匡救；如其諫不入耳，則宜緘口忘言。强顯忠貞，必遭禍害。【釋文】不强其丈反。無門無毒，【注】使物自若，無門者也。付天下之自安，無毒者也。毒，治也。【疏】毒，治也。如水如鏡，應感虛懷，己不預作也。【釋文】無毒如字，治也。崔本作「每」，云：貪也。〇李楨曰：「門」、「毒」對文，「毒」與「門」不同類。説文：毒，厚也。害人之艸，往往而生。義亦不合。「毒」乃「壔」之叚借。許「壔」下云：保也，亦曰高土也，讀若毒。與此注「自安」義合。張行孚説文發疑曰：壔者，累土爲

〔一〕未嘗之可有也　「可」當爲「回」之殘字，且誤倒於「之」字之下，全句當作「未嘗回之有也」。

臺以傳信，即吕氏春秋所謂「爲高保禱於王路，寘鼓其上，遠近相聞」是也。「禱」當爲「壔」之譌，「壔」是保衛之所，故借其義爲保衛。易經、莊、老三「毒」字正是此義（老子「亭之毒之」、周易「以此毒天下而民從之」，「毒」字並是叚借），廣雅所以有「毒，安也」一訓。按：「壔」爲「毒」本字，正與「門」同類，所以「門」、「毒」對文。讀都皓切，音之轉也。

一宅而寓於不得已，【注】不得已者，理之必然者也。體至一之宅，而會乎必然之符者也。【疏】宅，居處也。處心至一之道，不得止而應之，機感冥會，非預謀也。【釋文】而寓|崔本作「如愚」。則幾矣。【注】理盡於斯。【疏】幾，盡也。應物理盡於斯也。絶迹易，無行地難。【注】不行則易，欲行而不踐地，不可能也；無爲則易，欲爲而不傷性，不可得也。【疏】夫端居絶迹，理在不難；行不踐地，故當不易。亦猶無爲虛寂，應感則易；有爲思慮，涉物則難。其理必然，故舉斯譬矣。【釋文】絶迹易無絶句。|向、崔皆以「無」字屬下句。爲人使，易以僞；爲天使，難以僞。【注】視聽之所得者粗，故易欺也。至於自然之報細，故難僞也。則失真少者，不全亦少；失真多者，不全亦多。失得之報，未有不當其分者也。而欲違天爲僞，不亦難乎！【疏】夫人情驅使，其法粗淺，而所以易欺；天然馭用，斯理微細，是故難矯。故知人間涉物，必須率性任真也。【釋文】者粗音麄。聞以有翼飛者矣，未聞以無翼飛者也；聞以有知知者矣，未聞以無知知者也。【注】言必有其具，乃能其事。今無至虛之宅，無由有化物之實也。【疏】夫鳥無六翮，必不可以摶空；人無二知，亦未能以接物也。【釋文】有知知

者上音智，下如字。下句同。瞻彼闋者，虛室生白，【注】夫視有若無，虛室者也。虛室而純白獨生矣。【疏】瞻，觀照也。彼，前境也。闋，空也。觀察萬有，悉皆空寂，故能虛其心室，乃照真源，而智惠明白，隨用而生。白，道也。【釋文】闋者徐苦穴反。司馬云：空也。虛室生白崔云：白者，日光所照也。司馬云：室比喻心，心能空虛，則純白獨生也。○典案：淮南子俶真篇高注「虛，心也；室，身也；白，道也。能虛其心以生於道，道性無欲，吉祥來止舍也」，最得其義。疏「白，道也」，疑即用高注。吉祥止止。【注】夫吉祥之所集者，至虛至靜也。【疏】吉者福善之事，祥者嘉慶之徵，止者凝靜之智。言吉祥善福，止在凝靜之心；凝靜之心，亦能致吉祥之善應也。○俞樾曰：「止止」連文，於義無取。淮南子俶真篇作「虛室生白，吉祥止也」，疑此文下「止」字亦「也」字之誤。唐盧重元注列子天瑞篇曰「虛室生白，吉祥止耳」，亦可證「止止」連文之誤。夫且不止，是之謂坐馳。【注】若夫不止於當，不會於極，此爲以應坐之日而馳騖不息也。故外敵未至而內已困矣，豈能化物哉！【疏】苟不能形同槁木，心若死灰，則雖容儀端拱，而精神馳騖，可謂形坐而心馳者也。夫徇耳目內通而外於心知，鬼祥將來舍，而況人乎！【注】夫使耳目閉而自然得者，心知之用外矣。故將任性直通，無往不冥，尚無幽昧之責，而況人間之累乎！【疏】徇，使也。夫能令根竅內通，不緣於物境，精神安靜，(志)〔忘〕外於心知者，斯則外遣於形，內忘於智，則隳體黜聰，虛懷任物，鬼神冥附而舍止，不亦當乎！人倫鑽仰而歸依，固其宜矣。故外篇云「無鬼責，無人非」也。【釋文】夫徇辭俊反。徐辭倫反。李云：使也。

心知音智。注同。是萬物之化也，禹、舜之所紐也，伏戲、几蘧之所行終，而況散焉者乎！」【注】言物無貴賤，未有不由心知耳目以自通者也。故世之所謂知者，豈欲知而知哉？所謂見者，豈爲見而見哉？若夫知見可以欲(而)爲〔而〕得者，則欲賢可以得賢，爲聖可以得聖乎？固不可矣。而世不知知之自知，因欲爲知以知之；不見見之自見，因欲爲見以見之；不知生之自生，又將爲生以生之。故見目而求離朱之明，見耳而責師曠之聰，故心神奔馳於內，耳目竭喪於外，處身不適而與物不冥矣。不冥矣而能合乎人間之變，應乎世世之節者，未之有也。【疏】是，指斥之名也。此近指以前心齋等法，能造化萬物，孕育蒼生也。伏牛乘馬，號曰伏戲，姓風，即太昊。几蘧者，三皇已前無文字之君也。言此心齋之道，夏禹、虞舜以爲應物綱紐，伏戲、几蘧行之以終其身，而況世間凡鄙疏散之人，軌轍此道，而欲化物。【釋文】所紐徐女酒反。崔云：系而行之曰紐。簡文云：紐，本也。伏戲本又作「羲」，亦作「犧」，同。許宜反。即大皞，三皇之始也。几蘧其居反。向云：古之帝王也。李云：上古帝王。散焉悉旦反。李云：放也。崔云：德不及聖王爲散。之聰一本作「聽」。竭喪息浪反。

葉公子高將使於齊，問於仲尼曰：「王使諸梁也甚重，【注】重其使，欲有所求也。【疏】楚莊王之玄孫尹成子，名諸梁，字子高，食采於葉，僭號稱公。王者，春秋實爲楚子，而僭稱王。齊，即姜姓太公之裔。其先禹之四岳，或封於呂，故謂太公爲呂望。周武王封太公於營丘，是爲齊國。齊、楚二國結好往來，玉帛使乎，相繼不絕，或急難而求救，或問罪而請兵，情事不輕，委寄甚重，是故諸梁憂慮，詢道仲尼也。【釋文】葉公音攝。子高楚大夫，爲葉縣尹，僭稱公，姓沈，名諸梁，字子高。將使所吏反。注及下「待使」同。齊之待使者，蓋將甚敬而不急。【注】恐直空報其敬，而不肯急應其求也。【疏】齊侯迹爾往來，心無真實，至於迎待楚使，甚自殷勤，所請事情，未達依允。奉命既重，預有此憂。匹夫猶未可動，而況諸侯乎！吾甚慄之。【疏】匹夫鄙志，尚不可動，況夫五等，如何可動？以此而量，甚爲憂慄之也。【釋文】慄之音栗。李云：懼也。子常語諸梁也曰：『凡事若小若大，寡不道以懽成。【注】夫事無大小，少有不言以成爲懽者耳。此仲尼之所曾告諸梁者也。【疏】子者，仲尼。寡之言少。夫經營事緒，抑乃多端，雖復大小不同，而莫不以成遂爲懽適也。故諸梁引前所稟，用發後機也。○典案：碧虛子校引江南古藏本作「寡有不道以成懽」。【釋文】常語魚據反。下同。事若不成，則必有人道之患；【注】夫以成爲懽者，不成則怒矣。此楚王之所不能免也。【疏】情若乖阻，事不成遂，則有人倫之道、刑罰之憂。事若成，則必有陰陽之患。【注】人患雖去，然喜懼戰於胸中，固已結冰炭於五藏矣。【疏】喜則陽舒，憂則陰慘。事既成遂，中情允愜，變昔日之憂爲今時之喜。喜懼交集於一心，陰陽勃戰於五藏，冰炭聚結，非患如何？故下文云。【釋文】藏矣才浪反。若成若不成而後無患者，唯有德者能之。』【注】成敗若任之於彼而莫足以患心者，唯有德者乎！【疏】安得喪於靈府，任成敗於前塗，不以憂喜累心者，其唯盛德焉！吾食也執粗而不臧，爨無欲清之人。【注】對火而不思涼，明其所饌儉薄也。【疏】臧，善也。清，涼也。承命嚴重，心懷怖懼，執用粗飡，不暇精膳。所饌既其儉薄，爨人不欲思涼，燃火不多，無熱可避之也。【釋文】執衆家本並然。簡文作「熱」。粗音麤，又才古反。而不臧作郎反，善也。絶句。一音才郎反。句至「爨」字。爨七亂反。無欲清七性反。字宜從冫。從氵者，假借也。清，涼也。之人言爨火爲食而不思清涼，明火微而食宜儉薄。所饌士戀反。今吾朝受命而夕飲冰，我其內熱與！【注】所饌儉薄而內熱飲冰者，誠憂事之難，非美食之爲也。【疏】諸梁晨朝受詔，暮夕飲冰，足明怖懼憂愁，內心燻灼。詢道情切，達照此懷也。【釋文】內熱與音餘。下「慎與」同。向云：食美食者必內熱。吾未至乎事之情，而既有陰陽之患矣；事若不成，必有人道之患。是兩也，【注】事未成則唯恐不成耳。若果不成，則恐懼結於內而刑網羅於外也。【疏】夫情事未決，成敗不知，而憂喜存懷，是陰陽之患也。事若乖舛，必不成遂，則有人臣之道，刑網斯及。有此二患，何處逃愆？【釋文】則恐懼丘勇反。爲人臣者不足以任之，子其有以語我來！」【疏】忝爲人臣，濫充末使，位高德薄，不足任之。子既聖人，情兼利物，必有所以，幸來告示。【釋文】以任而林反，一音而鳩反。

仲尼曰：「天下有大戒二：其一，命也；其一，義也。【疏】戒，法也。寰宇之內，教法極多，要切而論，莫過二事。二事義旨，具列下文。子之愛親，命也，不可解於心；【注】自然結固，不可解也。【疏】夫孝子事親，盡於愛敬，此之性命，出自天然，中心率由，故不可解。臣之事君，義也，無適而非君也，無所逃於天地之間，【注】千人聚，不以一人爲主，不亂則散。故多賢不可以多君，無賢不可以無君，此天人之道，必至之宜。【疏】夫君臣上下，理固必然。故忠臣事君，死成其節。此乃分義相投，非關天性。然六合雖寬，未有無君之國，若有罪責，亦何處逃愆？是以奉命即行，無勞進退。是之謂大戒。【注】若君可逃而親可解，則不足戒也。【疏】結成以前君親大戒義矣。是以夫事其親者，不擇地而安之，孝之至也。【疏】夫孝子養親，務在順適，登仕求禄，不擇高卑，所遇而安，方名至孝也。夫事其君者，不擇事而安之，忠之盛也。【疏】夫禮親事主，志盡忠貞，事無夷險，安之若命，豈得揀擇利害，然後奉行？能如此者，是忠臣之盛美也。自事其心者，哀樂不易施乎前，知其不可奈何而安之若命，德之至也。【注】知不可奈何者命也，而安之，則無哀無樂，何易施之有哉！故冥然以所遇爲命，而不施心於其間；泯然與至當爲一，而無休戚於其中，雖事凡人，猶無往而不適，而況於君親哉！【疏】夫爲道之士而自安其心智者，體違順之不殊，達得喪之爲一，故能涉哀樂之前境，不輕易施，知窮達之必然，豈人情之能制！是以安心順命，不乖天理，自非至人玄德，孰能如兹也？【釋文】哀樂音洛。注、下同。施乎如字。崔以豉反，云：移也。爲人臣子者，固有所不得已。行事之情而忘其身，【注】事有必至，理固常通，故任之則事濟，事濟而身不存者，未之有也，又何用心於其身哉！【疏】夫臣子事於君父，必須致命盡情，有事即行，無容簡擇；忘身整務，固是其宜。苟不得止，應須任命也。何暇至於悅生而惡死，夫子其行可矣。【注】理無不通，故當任所遇而直前耳。若乃信道不篤，而悅惡存懷，不能與至當俱往，而謀生慮死，吾未見能成其事者也。【疏】既曰行人，無容悅惡；奉事君命，但當適齊。有何閒暇，謀生慮死也。【釋文】而惡烏路反。下皆同。丘請復以所聞：凡交近則必相靡以信，【注】近者得接，故以其信驗親相靡服也。○典案：御覽四百三十引「近」作「邇」，四百六引「靡」作「磨」。【釋文】復以扶又反。下、注同。遠則必忠之以言，【注】遥以言傳意也。【疏】凡交遊鄰近，則以信情靡順；相去遥遠，則以言表忠誠。此仲尼引己所聞勸戒諸梁也。【釋文】傳意丈專反。下文並注同。言必或傳之。夫傳兩喜兩怒之言，天下之難者也。【注】夫喜怒之言，若過其實，傳之者宜使兩不失中，故未易也。【疏】以言表意，或使人傳，彼此相投，乍相喜怒。爲此使乎，人間未易。【釋文】兩怒如字。注同。本又作「怨」。下同。未易以豉反。下文、注皆同。夫兩喜必多溢美之言，兩怒必多溢惡之言。【注】溢，過也。喜怒之言，常過其當也。【疏】溢，過也。彼此兩人，互相喜怒，若其順情，則美惡之言必當過者也。凡溢之類妄，【注】嫌非彼言，似傳者妄作。【疏】類，似也。夫溢當之言，體非真實，聽者既疑，似使人妄構也。妄則其信之也莫，【注】莫然疑之也。【疏】莫，致疑貌也。既似傳者妄作，遂生不信之心，莫然疑之也。莫則傳言者殃。【注】就傳過言，似於誕妄。受者有疑，則傳言者横以輕重爲罪也。【疏】受者生疑，心懷不信，傳語使乎，殃過斯及。故法言曰：『傳其常情，無傳其溢言，則幾乎全。』【注】雖聞臨時之過言而勿傳也，必稱其常情而要其誠致，則近於全也。【疏】夫處涉人間，爲使實難，必須探察常情，必使賓主折中，不得傳一時喜怒，致兩言有間。能如是者，近獲全身。夫子引先聖之格言，爲當來之軌轍也。【釋文】而要一遥反。則近附近之近。且以巧鬬力者，始乎陽，【注】本共好戲。【釋文】共好呼報反。常卒乎陰，【注】欲勝情至，潛興害彼者也。【疏】陽，喜也。陰，怒也。夫較力相戲，非無機巧。初始戲謔，則情在喜歡；逮乎終卒，則心生忿怒。好勝之情，潛似相害。世間喜怒，情變例然。此舉鬬力以譬之也。大至則多奇巧；【注】不復循理。【疏】忿怒之至，欲勝之甚，則情多奇譎，巧詐百端也。【釋文】大至音泰。本亦作「泰」。徐敕佐反。下同。奇巧如字，又苦孝反。以禮飲酒者，始乎治，【注】尊卑有别，旅酬有次。【釋文】乎治直吏反。有别彼列反。常卒乎亂，【注】湛湎淫液也。【疏】治，理也。夫賓主獻酬，自有倫理，側弁之後，無復尊卑。初正卒亂，物皆如此。舉飲酒以爲譬。【釋文】湛直林反，又答南反。湎面善反。淫液以隻反。**大至則多奇樂。**【注】淫荒縱橫，無所不至。【疏】宴賞既酬，荒淫斯甚，當歌屢舞，無復節文，多方奇異，歡樂何極也。**凡事亦然。始乎諒，常卒乎鄙；其作始也簡，其將畢也必巨。**【注】夫煩生於簡，事起於微，此必至之勢也。【疏】凡情常事，亦復如然，莫不始則誠信，終則鄙惡；初起簡少，後必巨大。是以煩生於簡，事起於微，此合喻也。○俞樾曰：「諒」與「鄙」文不相對。上文云「使乎陽，常卒乎陰」、「始乎治，常卒乎亂」，「陰」、「陽」、「治」、「亂」皆相對，而「諒」、「鄙」不相對。「諒」疑「諸」字之誤，「諸」讀爲「都」。爾雅釋地「宋有孟諸」，史記夏本紀作「明都」，是其例也。「始乎都，常卒乎鄙」，「都」、「鄙」正相對。因字通作「諸」，又誤作「諒」，遂失其恉矣。淮南子詮言篇曰「故始於都者，常大於鄙」，即本莊子，可據以訂正。彼文「大」字乃「卒」字之誤，説見王氏念孫讀書雜志。**夫言者，風波也；行者，實喪也。**【注】夫言者，風波也，故行之則實喪矣。【疏】夫水因風而起波，譬心因言而喜怒也。故因此風波之言而行喜怒者，則喪於實理者也。【釋文】實喪息浪反。注、下同。**風波易以動，實喪易以危。**【注】故遺風波而弗行，則實不喪矣。夫事得其實，則危可安，而蕩可定。【疏】風鼓水波，易爲動蕩，譬言喪實理，危殆不難也。**故忿設無由，巧言偏辭。**【注】夫忿怒之作，無他由也，常由巧言過實，偏辭失當耳。【疏】夫施設忿怒，更無所由，每爲浮僞巧言、偏辭諂佞之故也。【釋文】偏辭音篇。崔本作「諞」，音辯。**獸死不擇音，氣息茀然，於是並生心厲。**

【注】譬之野獸，蹴之窮地，音急情盡，則和聲不至而氣息不理，茀然暴怒，俱生𤸫疵以相對之。【疏】夫野獸困窘，(迥)〔迫〕之窮地，性命將死，鳴不擇音，氣息茀鬱，心生疵疾，忽然暴怒，搏噬於人。此是起譬也。【釋文】氣息並如字。向本作「謥器」，云：謥，馬氏作「息」；器，氣也。崔本作「謥簭」，云：喘息簭不調也。又作「簞」字。茀然徐符弗反。郭敷末反。李音佛。崔音勃。心厲如字。李音賴。蹴之子六反。𤸫疑賣反，又音詣。本又作「疣」，音尤。疵士賣反，又齊計反。上若作「疣」，此則才知反。剋核大至，則必有不肖之心應之，而不知其然也。【注】夫寬以容物，物必歸焉。剋核太精，則鄙吝心生而不自覺也。故大人蕩然放物於自得之場，不苦人之能，不竭人之歡，故四海之交可全矣。【疏】夫剋切責核，逼迫太甚，則不善之心欻然自應，情事相感，物理自然。是知躁則失君，寬則得衆也。【釋文】剋核幸格反。苟爲不知其然也，孰知其所終。【注】苟不自覺，安能知禍福之所齊詣也！【疏】夫急躁忤物，必拒之理，數自相召，不知所以。且當時以不肖應之，則誰知終後之禍者耶？○郭慶藩曰：文選鮑明遠擬古詩注引司馬云：誰知禍之所終者也。釋文闕。【釋文】所齊如字，又才計反。故法言曰：『無遷令，【注】傳彼實也。【疏】承君令命，以實傳之，不得以臨時喜怒輒爲遷改者也。無勸成，【注】任其自成。【疏】直陳君令，任彼事情，無勞勸獎，强令成就也。過度益也。』【注】益則非任實者。【疏】安於天命，率性任情，無勞添益語

言，過於本度也。遷令、勸成殆事，【注】此事之危殆者。【疏】故改其君命，强勸彼成，其於情事，大成危殆。美成在久，【注】美成者任其時化，譬之種植，不可一朝成。【疏】心之所美，率意而成，不由勸獎，故能長久。惡成不及改，【注】彼之所惡而勸强成之，則悔敗尋至。【疏】心之所惡，强勸而成，不及多時，尋當改悔。【釋文】所惡烏路反。勸强其丈反。下「欲强」同。可不慎與！【疏】處涉人世，啣命使乎，先聖法言，深宜戒慎。且夫乘物以遊心，【注】寄物以爲意也。【疏】夫獨化之士，混迹人間，乘有物以遨遊，運虛心以順世，則何殆之有哉！託不得已以養中，至矣。【注】任理之必然者，中庸之符全矣，斯接物之至者也。【疏】不得已者，理之必然也。寄必然之事，養中和之心，斯真理之造極、應物之至妙者乎。何作爲報也，【注】當任齊所報之實，何爲爲齊作意於其間哉！【疏】率己運命，推理而行，何須預生億度，爲齊作報（故）也。【釋文】爲爲上如字。下于僞反。莫若爲致命。此其難者。」【注】直爲致命最易，而以喜怒施心，故難也。【疏】直致率情，任於天命，甚自簡易，豈有難耶！此其難者，言不難也。

顏闔將傅衛靈公大子，【疏】姓顏，名闔，魯之賢人也。大子，蒯聵也。顏闔自魯適衛，將欲爲太子之師傅也。【釋文】顏闔胡臘反。向、崔本作「盍」，魯之賢人隱者。衛靈公左傳云：名元。大子音泰。司馬云：蒯聵也。而問於蘧伯玉曰：「有人於此，其德天殺，【疏】姓蘧，名瑗，字伯玉，衛之賢大夫。蒯聵禀天然之凶德，持殺戮以快心，既是衛國之人，故言有人於此。將爲儲君之傅，故詢道於哲人。【釋文】蘧其居反。伯玉名瑗，衛大夫。天殺如字。謂如天殺物也。徐所列反。與之爲無方，則危吾國；與之爲有方，則危吾身。【注】夫小人之性，引之軌制則憎己，縱其無度則亂邦。【疏】方，猶法。稟性凶頑，不履仁義。與之方法，而軌制憎己，所以危身；縱之無度，而荒淫顛蹶，所以亡國。【釋文】無方李云：方，道也。其知適足以知人之過，而不知其所以過。【注】不知民過之由己，故罪責於民而不自改。【疏】己之無道，曾不悛革；百姓有罪，誅戮極深。唯見黔首之愆，不知過之由己。既知如風靡草，是知責在於君。【釋文】其知音智。若然者，吾柰之何？」【疏】然，猶如是。將柰之何，詢道蘧瑗，故陳其所以。

蘧伯玉曰：「善哉問乎！戒之，慎之，正女身也哉！【注】反覆與會，俱所以爲正身。【疏】戒，勗也。己身不可率耳。防慎儲君，勿輕犯觸，身履正道，隨順機宜。前則歎其能問，後則示其方法也。【釋文】正女音汝。下同。反覆芳服反。形莫若就，心莫若和。【注】形不乖迕，和而不同。【疏】身形從就，不乖君臣之禮，心智和順，迹混而事濟之也。雖然，之二者有患。【疏】前之二條，略標方術，既未盡善，猶有其患累也。就不欲入，【注】就者形順，入者遂與同。【疏】郭注云：就者形順，入者遂與同也。和不欲出。【注】和者以義濟，出者自顯伐也。【疏】心智和順，方便接引，推功儲君，不顯己能，斯不出也。**形就而入，且爲顛爲滅，爲崩爲蹶。**【注】若遂與同，則是顛危而不扶持，與彼俱亡矣。故當（摸）〔模〕格天地，但不立小異耳。【疏】顛，覆也。滅，絶也。崩，壞也。蹶，敗也。形容從就，同入彼惡，則是顛危而不扶持，故致顛覆滅絶，崩蹶敗壞，與彼俱亡也矣。【釋文】爲蹶徐其月反。郭音厥。李舉衛反。摸格莫胡反。**心和而出，且爲聲爲名，爲妖爲孽。**【注】自顯和之，且有含垢之聲；濟彼之名，彼將惡其勝己，妄生妖孽。故當悶然若晦，玄同光塵，然後不可得而親，不可得而疏，不可得而利，不可得而害。【疏】變物爲妖。孽，災也。雖復和光同塵，而自顯出己智，不能韜光晦迹，故有濟彼之名。蒯聵惡其勝己，謂其妄生妖孽，故以事而害之。【釋文】孽彦列反。將惡烏路反。悶然音門。**彼且爲嬰兒，亦與之爲嬰兒；彼且爲無町畦，亦與之爲無町畦；彼且爲無崖，亦與之爲無崖。達之，入於無疵。**【注】不小立圭角以逆其鱗也。【疏】町，畔也。畦，埒也。與，共也。入，會也。夫處世接物，其道實難。不可遂與和同，亦無容頓生乖忤。或同嬰兒之愚鄙，且復無知；或類田野之無畦，略無界畔；縱奢侈之貪求，任凶猛之殺戮。然後道之以德，齊之以禮。達斯趣者，方會無累之道也。【釋文】嬰兒李云：喻無意也。崔云：喻驕遊也。無町徒頂反。畦户圭反。李云：町畦，畔埒也。無畔埒，無威儀也。崔云：喻守節。無崖司馬云：不顧法也。○典案：「無崖」即「無涯」也。説文有「厓」無「涯」，爾雅釋水：滸，水厓。字或作「涯」。淮南子原道篇高注「潯，厓也」，文選謝希逸宋孝武宣貴妃誄注、沈休文應詔樂遊苑詩注引許注「潯，涯也」，郭景純江賦注引作「潯，水涯也」。「厓」之與「涯」義實無別，諸家注皆望文生訓，未得其誼。養生主篇「吾生也有涯，而知也無涯。以有涯隨無涯，殆已」，是「無涯」二字之見於本書者。無疵似移反，病也。汝不知夫螳蜋乎？怒其臂以當車轍，不知其不勝任也，是其才之美者也。【注】夫螳蜋之怒臂，非不美也，以當車轍，顧非敵耳。今知之所無柰何，而欲强當其任，即螳蜋之怒臂也。【疏】螳蜋，有斧蟲也。夫螳蜋鼓怒其臂，以當軒車之轍，雖復自恃才能之美善，而必不勝舉其職任。喻顔闔欲以己之才能以當儲君之勢，何異乎螳蜋怒臂之當車轍也！【釋文】不勝音升。○郭慶藩曰：御覽九百四十六引司馬云：非不有美才，顧不勝任耳。釋文闕。戒之，慎之！積伐而美者以犯之，幾矣。【注】積汝之才，伐汝之美，以犯此人，危殆之道。【疏】積，蘊蓄也。而，汝也。幾，危也。既傅儲君，應須戒慎，今乃蘊蓄才能，自矜汝美，犯觸威勢，必致危亡。汝不知夫養虎者乎？不敢以生物與之，爲其殺之之怒也；【注】恐其因有殺心而遂怒也。【疏】汝頗知世有養虎之法乎？猪羊之類，不可生供猛獸，恐其因殺而生嗔怒也。【釋文】爲其于僞反。下同。不敢以全物與之，爲其決之之怒也；【注】方使虎自齧分之，則因用力而怒矣。【疏】汝頗知假令以死物投獸，猶須先爲分決，若使虎自齧分，恐因用力而怒之也。【釋文】分之如字。時其飢飽，達其怒心。【注】知其所以怒而順之。【疏】知飢飽之時，達喜怒之節，通於物理，豈復危亡。虎之與人異類，而媚養己者，順也；故其殺者，逆也。【注】順理則異類生愛，逆節則至親交兵。【疏】夫順則悅媚，虎狼可以馴狎；逆則殺害，至親所以交兵。媚己之道既同，涉物之方無別也。夫愛馬者，以筐盛矢，以蜄盛溺。【注】矢溺至賤，而以寶器盛之，愛馬之至者也。【疏】蜄，大蛤也。愛馬之屎，意在貴重。屎溺至賤，以大蜄盛之，情有所滯，遂至於是也。【釋文】盛矢音成，下及注同。「矢」或作「屎」，同。以蜄徐市軫反，蛤類。溺奴弔反。適有蚉虻僕緣，【注】僕僕然羣著馬。【釋文】蚉音文。本或作「蟁」，同。虻孟庚反。僕緣普木反。徐敷木反。向云：僕僕然，蚉虻緣馬稠概之貌。崔音如字，云：僕，御。○王念孫曰：案向、崔二説皆非也。「僕」之言「附」也，言蚉虻附緣於馬體也。「僕」與「附」聲近而義同。大雅既醉篇「景命有僕」，毛傳曰：僕，附也。鄭箋曰：天之大命又附著於女。文選子虛賦注引廣雅曰：「僕謂附著於人（案：今廣雅無此語。廣雅，疑廣倉之譌）。」典案：王説得其誼。御覽九百四十五引此文「僕」作「撲」，「撲」亦附也。羣著直略反。而拊之不時，【注】雖救其患，而掩馬之不意。【釋文】而拊李音撫，又音付，一音附。崔本作「府」，音附。則缺銜、毀首、碎胸。【注】掩其不備，故驚而至此。【疏】僕，聚也。拊，拍也。銜，勒也。適有蚉虻，羣聚緣馬，主既愛惜，卒然拊之，意在除害。不定時節，掩馬不意，忽然驚駭，於是馬缺銜勒，挽破轡頭，人遭蹄蹋，毀首碎胸者也。意有所至而愛有所亡，可不慎邪！」【注】意至除患，率然拊之，以致毀碎，失其所以愛矣。故當世接物，逆順之際，不可不慎也。【疏】亡，猶失也。意之所在，在乎愛馬，既以毀損，即失其所愛。人間涉物，其義亦然，機感參差，即遭禍害。拊馬之喻，深宜慎之也。【釋文】率然疎律反。本或作「卒」，七忽反。

匠石之齊，至於曲轅，見櫟社樹，【疏】之，適也。曲轅，地名也。其道屈曲，猶如嵩山之西有轘轅之道，即斯類也。櫟，木名也。社，土神也。祀封土曰社。社，吐也，言能吐生萬物，故謂之社也。匠是工人之通稱，石乃巧者之私名。其人自魯適齊，塗經曲道，覩兹異木，擁腫不材。欲明處涉人間，必須以無用爲用也。【釋文】曲轅音袁。司馬云：曲轅，曲道也。崔云：道名。○典案：類聚八十九、御覽九百五十八引「轅」作「園」。櫟力狄反。李云：木名，一云：梂也。**其大蔽數千牛，絜之百圍，**【疏】絜，約束也。櫟社之樹，特高常木，枝葉覆蔭，蔽數千牛，以繩束之，圍麤百尺。江南莊本多言「其大蔽牛」，無「數千」字，此本應錯。且商丘之木，既結駟千乘，曲轅之樹，豈蔽一牛？以此格量，「數千」之本是也。○典案：玉燭寶典、北堂書鈔八十七、藝文類聚三十九、卷子本玉篇引竝無「數千」二字。御覽三百九十九、五百三十二引竝無「數」字。碧虛子校云：文、成、李、張本同。舊闕，今依碧虛子校補。【釋文】蔽牛必世反。李云：牛住其旁而不見。絜向、徐戶結反，徐又虎結反，約束也。○郭慶藩曰：文選賈長沙過秦論注引司馬云：絜，匝也。釋文闕。○典案：御覽五百三十二引「絜」作「潔」，又引注云：潔者，匝也。與文選注引司馬注同。百圍李云：徑尺爲圍。蓋十丈也。**其高臨山十仞而後有枝，其可以爲舟者旁十數。**【疏】七尺曰仞。此樹直竦崟岑七十餘尺，然後挺生枝榦，蔽日捎雲。堪爲船者，旁有數十。木之大蓋，其狀如是也。【釋文】十仞小爾雅云：四尺曰仞。案七尺曰仞。崔本作「千仞」。或云：八尺曰仞。○典案：御覽五百三十二引「臨山」作「山臨」，「十」作「千」，與崔本合。文選左太冲吴都賦劉淵林注引「十」亦作「千」。旁十數所具反。崔云：旁，旁枝也。○

俞樾曰：「旁」讀爲「方」，古字通用。尚書皋陶謨篇「方施象刑惟明」，新序節士篇「方」作「旁」；甫刑篇「方告無辜於上」，論衡變動篇「方」作「旁」，並其證也。在宥篇「出入無旁」，即出入無方，此本書叚「旁」爲「方」之證。詩正月篇「民今方殆」，鄭箋云：方，且也。「其可以爲舟者方十數」，言可以爲舟者且十數也。釋文引崔曰：旁，旁枝也。蓋不知「旁」爲「方」叚字，故語詞而誤以爲實義矣。**觀者如市，匠伯不顧，遂行不輟。**【疏】輟，止也。木大異常，看者甚衆，唯有匠石知其不材，行塗直過，曾不留視也。【釋文】觀者古奂反。又音官。匠伯伯，匠石字也。崔本亦作「石」。○郭慶藩曰：文選何平叔景福殿賦注、王子淵洞簫賦注、嵇叔夜琴賦注、司馬紹統贈山濤詩注、張景陽七命注並引司馬云：匠石，字伯。釋文闕。不輟丁劣反。

弟子厭觀之，走及匠石，曰：「自吾執斧斤以隨夫子，未嘗見材如此其美也。先生不肯視，行不輟，何邪？」【疏】門人驚櫟社之盛美，乃住立以視看。自負笈以從師，未見材有若此(怪)大也，〔怪〕匠之不顧，走及，遂以諮詢。【釋文】厭於豔反，又於瞻反。**曰：「已矣，勿言之矣。**【疏】已，止也。匠石知大木之不材，非世俗之所用，嫌弟子之辭費，訶令止而勿言也。**散木也，以爲舟則沈，以爲棺槨則速腐，**【疏】櫟木體重，爲船即沈；近土多敗，爲棺槨速折。疏散之樹，終於天年，亦是不材之木，故致閑散也。【釋文】散木悉但反。徐悉旦反。下同。則速如字。向、崔本作「數」。向所禄反。下同。腐扶甫反。**以爲器則速毁，**【疏】人間器物，貴在牢固，櫟既疏脆，早毁何疑也。**以爲門户則液樠，以爲柱則蠹。**

【疏】樠，脂汗出也。蠹，木内蟲也。爲門户則液樠而脂出，爲梁柱則蠹而不牢。【釋文】液音亦。樠亡言反。向、李莫干反。郭武半反。司馬云：液，津液也。樠謂脂出樠樠然也。崔云：黑液出也。○李楨曰：廣韻二十二「元」：樠，松心，又木名也。説文：樠，松心木。段注云：疑有奪誤，當作「松心也。一曰：木名也」。陸所據是説文古本。按：松心有脂，「液樠」正取此義，謂脂出如松心也。此莊子字法之妙。疏與釋文義俱不明。又廣韻釋「㭼」曰松脂，段云即「樠」爲松脂之誤，余疑「㭼」爲「樠」之或體。蠹丁故反。是不材之木也，無所可用，故能若是之壽。」【注】不在可用之數，故曰散木。【疏】閑散疏脆，故不材之木涉用無堪，所以免早夭。

匠石歸，櫟社見夢曰：「汝將惡乎比予哉？若將比予於文木邪？【注】凡可用之木爲文木。【疏】惡乎，猶於何也。若，汝也。予，我也。可用之木爲文木也。匠石歸寢，櫟社感夢，問于匠石：汝將何物比並我哉？爲當將我作不材散木耶？爲當比予於有用文章之木耶？○典案：御覽三百九十九引「若」作「汝」，與上「女將惡乎比予哉」一律。【釋文】見夢胡薦反。女將音汝。惡乎音烏。下同。夫柤梨橘柚，果蓏之屬，【疏】夫在樹曰果，柤梨之類；在地曰蓏，瓜瓠之徒。汝豈比我於此之輩者耶？【釋文】柤側加反。橘均必反。柚由救反。徐以救反。果蓏徐力果反。實熟則剥，剥則辱，大枝折，小枝泄。此以其能苦其生者也，故不終其天年而中道夭，自掊擊於世俗者也。物莫不若是。【注】物皆以自用傷。【疏】夫果蓏之類，其味甚餂，子實既熟，即遭剥落，於是大枝折損，小枝發泄。此豈不爲滋味能美，所以用苦其生？毀辱之言，即斯之謂。且春生秋落，乃盡天年；中塗打擊，名爲橫夭。而有識無情，世俗人物，皆以有用傷夭其生，故此結言莫不如是。掊，打也。○典案：御覽三百九十九引注云「剥，擊也」。詩七月「八月剥棗」，毛傳：剥，擊也。是其誼矣。御覽所引逸注，即用詩毛傳爲解耳。又御覽三百九十九引「小枝泄」下有注云「泄，亦折也」。【釋文】泄徐思列反。崔云：泄，洩同。○俞樾曰：「洩」字之義於此無取，殆非也。「泄」當讀爲「抴」。荀子非相篇「接人則用抴」，楊注：抴，牽引也。「小枝抴」，謂見牽引也。詩七月篇「取彼斧斨，以伐遠揚」，即此所云「大枝折」也。又曰「猗彼女桑」，即此所云「小枝抴」也。鄭箋云「女桑少枝」，「少枝」即「小枝」矣。「猗」乃「掎」之叚字，說文手部「掎，偏引也」，是與「抴」同義。苦其如字。崔本作「枯」。掊普口反。徐方垢反。且予求無所可用久矣，幾死，乃今得之，【注】數有睥睨己者，唯今匠石明之耳。【釋文】幾死音祈，又音機。下同。數有音朔。睥普係反。睨五係反。爲予大用。【注】積無用乃爲濟生之大用。【疏】不材無用，必獲全生，櫟社求之，其來久矣。而庸拙之匠，疑是文木，頻去顧眄，欲見誅翦，懼夭斧斤，鄰乎死地。今逢匠伯，鑒我不材，方得全生，爲我大用。幾，近也。使予也而有用，且得有此大也邪？【注】若有用，必見伐。【疏】向使我是文木而有材用，必遭翦截，夭折斧斤，豈得此長大而壽年乎！且也若與予也皆物也，柰何哉其相物也？【疏】汝之與我，皆造化之一物也，與物豈能相知？柰何哉，假問之辭。而幾死之散人，又惡知散木！」【注】以戲匠石。【疏】匠石以不材爲散，櫟社以材能爲無用，故謂石爲散人也。汝炫材能於世俗，故鄰於夭折；我以疏散而無用，故得全生。汝是近死之散人，安知我是散木耶？託於夢中，以戲匠石也。【釋文】而幾死之絶句，向同。一讀連下「散人」爲句，崔同。

匠石覺而診其夢。【疏】診，占也。匠石既覺，思量睡中，占候其夢，説向弟子也。【釋文】覺古孝反。而診徐直信反。司馬、向云：診，占夢也。○王念孫曰：向秀、司馬彪並云：診，占夢也。案下文皆匠石與弟子論櫟社之事，無占夢之事，「診」當讀爲「畛」，爾雅云：畛，告也。郭注引曲禮曰「畛於鬼神」。「畛」與「診」古字通，此謂匠石覺而告其夢於弟子，非謂占夢也。弟子曰：「趣取無用，則爲社何邪？」【注】猶嫌其以爲社自榮，不趣取於無用而已。【疏】櫟木意趣，取於無用爲用，全其生者，則何爲爲社以自榮乎？門人未解，故起斯問也。

曰：「密！若無言！彼亦直寄焉，【注】社自來寄耳，非此木求之爲社也。【疏】若，汝也。彼，謂社也。汝但慎密，莫輕出言。彼社之神，自來寄託，非關此木（櫟）〔樂〕爲社也。以爲不知己者詬厲也。【注】言此木乃以社爲不知己而見辱病者也，豈榮之哉！【疏】詬，辱也。思此社神爲不知我以無用爲用，貴在全生，乃横來寄託，深見詬病，翻爲羞耻，豈榮之哉？【釋文】詬李云：呼豆反。徐音垢。厲如字。司馬云：詬，辱也。厲，病也。不爲社者，且幾有翦乎。【注】木自以無用爲用，則雖不爲社，亦終不近於翦伐之害。【疏】木以疏散不材，故得全其生道。假令不爲社樹，豈近於翦伐之害乎？【釋文】且幾音機，或音祈。翦乎子淺反。崔本作「前于」。不近附近之近。下同。且也彼其所保與衆異，【注】彼以無保爲保，而衆以有保爲保。【疏】疏散之樹，以無用保生；文木之徒，以才能折夭，所以爲其異之者也。而以義譽之，不亦遠乎！」【注】利人長物，禁民爲非，社之義也。夫無用者，泊然不爲而羣才自用，自用者各得其叙而不與焉，此以無用之所以全生也。汝以社譽之，無緣近也乎！【疏】夫散木不材，禀之造物，賴其無用，所以全生。而社神寄託，以成詬厲，更以社義讚譽，失之彌遠。【釋文】義譽音餘。注同。長物丁兩反。泊然步各反。不與音餘。

南伯子綦遊乎商之丘，見大木焉有異，結駟千乘，隱將芘其所藾。【注】其枝所陰，可以隱芘千乘者也。【疏】伯，長也。其道甚尊，堪爲物長，故爲之伯，即南郭子綦也。商丘，地名，在梁、宋之域。駟馬曰乘。藾，陰也。子綦於宋國之中，徑於商丘之地，遇見大木，異於尋常，樹木粗長，枝葉茂盛，垂陰布影，蔭覆極多，連結車乘，可芘（駟）〔四〕千匹馬也。○典案：「丘」，御覽九百五十四引作「境」，又碧虛子校引張君房本「隱將」作「將隱」，較長。【釋文】南伯李云：即南郭也。伯，長也。商之丘司馬云：今梁國睢陽縣是也。千乘繩證反。隱崔云：傷於熱也。將芘本亦作「庇」。徐甫至反，又悲位反。崔本作「比」，云：芘也。所藾音賴。崔本作「賴」。向云：蔭也，可以蔭芘千乘也。李同。所蔭於鴆反。子綦曰：「此何木也哉？此必有異材。」【疏】子綦既覩此木，不識其名，疑有異能，故致斯大。夫仰而視其細枝，則拳曲而不可以爲棟梁；俯而視其大根，則軸解而不可以爲棺槨；【疏】軸解者，如車軸之轉，謂轉心木也。周身爲棺，棺，完也。周棺爲槨。夫梁棟須直，拳曲所以不堪；棺槨藉牢，解散所以不固也。〇典案：「俯而視」，各本「視」作「見」，世德堂本作「視」，與上文「夫仰而視其細枝」一律，御覽九百五十二引亦作「視」，今依世德堂本。【釋文】異材夫音符。仰而向，崔本作「從而」。則拳本亦作「卷」，音權。軸直竹反。解李云：如衣軸之直解也。咶其葉，則口爛而爲傷；嗅之，則使人狂酲，三日而不已。【疏】以舌咶葉，則脣口爛傷；用鼻嗅之，則醉悶不止。酲，酒病也。〇典案：御覽九百五十二引「口」作「舌」，疑是。【釋文】咶食紙反。嗅崔作「齅」，許救反。狂酲音呈。李云：狂如酲也。病酒曰酲。子綦曰：「此果不材之木也，以至於此其大也。【疏】通體不材，可謂全生之大才；衆（諸）〔謂〕無用，乃是濟物之妙用。故能不夭斤斧，而蔭庇千乘也矣。嗟乎神人，以此不材！」

【注】夫王不材於百官，故百官御其事，而明者爲之視，聰者爲之聽，知者爲之謀，勇者爲之扞。夫何爲哉？玄默而已。而羣材不失其當，則不材乃材之所至賴也。故天下樂推而不厭，乘萬物而無害也。【疏】夫至人神矣，陰陽所以不測；混迹人間，和光所以不耀。故能深根固蔕，長生（之）久視，舟船庶物，蔭覆黔黎。譬彼櫟社，方兹異木，是以嗟歎神人，用不材者大材也。【釋文】爲之于僞反，下「爲之」皆同。

宋有荆氏者，宜楸柏桑。【疏】荆氏，地名也。宋國有荆氏之地，宜此楸柏桑之三木，悉皆端直，堪爲材用。此略舉文木有材，所以夭折，對前散木無用，所以全生也。【釋文】荆氏司馬云：地名也。一曰：里名。宜秋柏桑崔云：荆氏之地，宜此三木。李云：三木文木也。其拱把而上者，求狙猴之杙者斬之；

【疏】兩手曰拱，一手曰把。狙猴，獮猴也。杙，橛也，亦杆也。拱把之木，其材非大，適可斬爲杆橛，以擊扞獮猴也。【釋文】拱恭勇反。把百雅反。徐甫雅反。司馬云：兩手曰拱，一手曰把。而上時掌反。狙七餘反。猴音侯。之杙以職反，又羊植反。郭且羊反。司馬作「朳」，音八。李云：欲以栖戲狙猴也。崔本作「柭」，音跋，云：枷也。三圍四圍，求高名之麗者斬之；【疏】麗，屋棟也，亦曰小船也。高名，榮顯也。三尺四尺之圍，其木稍大，求榮華高屋顯好名船者輒取之也。【釋文】三圍崔云：圍，環八尺爲一圍。之麗如字，又音禮。司馬云：小船也，又屋欐也。七圍八圍，貴人富商之家求樿傍者斬之，【疏】樿旁，棺材也，亦言棺之全一邊而不兩合者謂之樿旁。七八尺圍，其木極大，富貴之屋，商賈之家，求大板爲棺材者當斬取之也。【釋文】求樿本亦作「擅」，音膳。傍薄剛反。崔云：樿傍，棺也。司馬云：棺之全一邊者謂之樿傍。故未終其天年，而中道之夭於斧斤，此材之患也。【注】有材者未能無惜也。【疏】爲有用，故不盡造化之年，而中途夭於工人之手。斯皆以其才能爲之患害也。故解以之牛之白顙者，與豚之亢鼻者，與人有痔病者，不可以適河。【注】巫祝解除，棄此三者，必妙選騂具，然後敢用。【疏】顙，額也。亢，高也。痔，下漏病也。巫祝陳蒭狗以祠祭，選牛豕以解除，必須精簡純色，擇其好者，展如在之誠敬，庶冥感於鬼神。今乃有高鼻折額之豚，白額不騂之犢，痔漏穢病之人，三者既不清潔，故不可往靈河而設祭奠者也。古者將人沈河，以祭河伯，西門豹爲鄴令方斷之，即其類是也。【釋文】故解徐古賣反，又佳買反。注同。向古邂反。顙息黨反。司馬云：額也。亢鼻徐古葬反。司馬云：高也，額折故鼻高。崔云：仰也。痔徐直里反。司馬云：隱創也。適河司馬云：謂沈人於河祭也。騂具恤營反。**此皆巫祝以知之矣，**【注】巫祝於此，亦知不材者全也。**所以爲不祥也。此乃神人之所以爲大祥也。**【注】夫全生者，天下之所謂祥也。巫祝以不材爲不祥而弗用也，彼乃以不祥全生，乃大祥也。神人者，無心而順物者也。故天下所謂大祥，神人不逆。

【疏】女曰巫，男曰覡。祝者，執板讀祭文者也。祥，善也。巫師祝史解除之時，知此三者不堪享祭，故棄而不用，以爲不善之物也。然神聖之人，知侔造化，知不材無用，故得全生。是知白顙、亢鼻之言，痔病不祥之說，適是小巫之鄙情，豈曰大人之適智！故才不全者，神人所以爲吉祥大善之事也。

支離疏者，頤隱於臍，肩高於頂，【疏】四支離折，百體寬疏，遂使頤頰隱在臍間，肩膊高於頂上。形容如此，故以支離名之。【釋文】支離疏司馬云：形體支離不全貌。疏，其名也。頤以之反。於頂如字。本作「項」，亦如字。司馬云：言脊曲頸縮也。淮南曰：脊管高於頂也。**會撮指天，五管在上，兩髀爲脅。**

【疏】會撮，高豎貌。五管，五臟腧也。五臟之腧，並在人背，古人頭髻，皆近頂後。今支離殘病，傴僂低頭，一使臟腧頭髻悉皆向上，兩脚髀股攣縮而迫於脇肋也。【釋文】會古外反。徐古活反。向音活。撮子外反。向、徐子活反。崔云：會撮，項椎也。指天司馬云：會撮，髻也。古者髻在項中，脊曲頭低，故髻指天也。向云：兩肩竦而上，會撮然也。

○李楨曰：崔云「會撮，項椎也」，說是。素問刺熱篇「項上三椎陷者中也」，王注：「此舉數脊椎大法也。」沈氏彤釋骨曰：

「項大椎以下二十一椎，通曰脊骨，曰脊椎。」崔知「會撮」是此者，難經四十五難「骨會大杼」，張注：「大杼，穴名，在項後第一椎，兩旁諸骨，自此檠架往下支生，故骨會於大杼。」據此，知「會撮」正從骨會取義，又在大椎之間，故曰「項椎也」。撮，唐徐堅初學記卷十九引作「櫊」。玉篇「櫊，木櫊節也」，與脊節正相似，從木作「櫊」，於義爲長。按「頤肩」屬外説，「會撮」、「五管」屬内説，「頤隱」故「肩高」，項椎指天，故藏腧在上，各相因而致者也。司馬訓髻，是别一義。詩小雅「臺笠緇撮」，傳云：緇撮，緇布冠也。正義曰：言撮，是小撮持其髻而已。據此，則以「會撮」爲髻，當亦是小撮持其髮，故名之。「會」與「髆」通，説文：髆，骨擿之可以會髮者。衛風「會弁如星」，許氏引作「髆」。周禮「會五采玉琪」，注：故書「會」作「髆」。又士喪禮「鬠笄用桑」，疏云：以髻爲鬠，取以髮會聚之意。「會」與「鬠」亦通，集韻有「鬠」字，音撮，髻也。當是俗因「會撮」造爲頭髻專字。**管**崔本作「筦」。**在上**李云：管，腧也。五藏之腧皆在上也。**兩髀**本又作「脾」，同。音陛。徐又甫婢反。崔云：僂人腹在髀裏也。**爲脅**許刼反。司馬云：脊曲髀豎，故與脇並也。

挫鍼治繲，足以餬口；【疏】挫鍼，縫衣也。治繲，洗浣也。餬，飼也。庸役身力，以飼養其口命也。【釋文】**挫**徐子卧反。郭租禾反。崔云：案也。**鍼**執金反。司馬云：挫鍼，縫衣也。**治繲**佳賣反。司馬云：浣衣也。向同。崔作「繲」，音綫。**餬口**徐音胡。李云：食也。崔云：字或作「互」，或作「餂」。

鼓筴播精，足以食十人。【疏】筴，小箕也。精，米也。言其掃市場，鼓箕筴，播揚土，簡精麤也。又解：鼓筴，謂布蓍數卦兆也。播精，謂精判吉凶，辨精靈也。或掃市以供家口，或賣卜以活身命，所得之物，可以養十人也。【釋文】**鼓筴**初革反，徐又音頰。司馬云：鼓，簸也。小箕曰筴。崔云：鼓筴，揲蓍鑽龜也。**播精**如字，一音所。字則當作「數」。精，司馬云：簡米曰精。崔云：播精，卜卦占兆也。鼓筴播精，言賣卜。以食音嗣。上徵武士，則支離攘臂而遊於其間；【注】恃其無用，故不自竄匿。【疏】邊蕃有事，徵求勇夫，殘病之人，不堪征討，自得無懼，攘臂遨遊，恃其無用，故不竄匿。【釋文】攘如羊反。臂於其間如字。司馬云：間，裏也。崔本作「攘臂於其開」，云：開，門中也。竄匿女力反。上有大役，則支離以有常疾不受功；【注】不任徭役故也。【疏】國家有重大徭役，爲有痼疾，故不受其功程者也。上與病者粟，則受三鍾與十束薪。【注】役則不與，賜則受之。【疏】六石四斗曰鍾。君上憂憐鰥寡，矜恤貧病，形殘既重，受物還多，故郭注云「役則不預，賜則受之」者也。【釋文】三鍾司馬云：六斛四斗曰鍾。不與音豫。夫支離其形者，猶足以養其身，終其天年，又況支離其德者乎！【注】神人無用於物，而物各得自用，歸功名於羣才，與物冥而無迹，故免人間之害，處常美之實，此支離其德者也。【疏】夫支離其形，猶忘形也；支離其德，猶忘德也。而況支離殘病，適是忘形，既非聖人，故未能忘德。夫忘德者，智周萬物，而反智於愚，明並三光，而歸明於昧。故能成功不居，爲而不恃，推功名於羣才，與物冥而無迹，斯忘德者也。夫忘形者猶足以養身終年，免乎人間之害，何況忘德者耶！其勝劣淺深，故不可同年而語矣。是知支離其德者，其唯聖人乎！

孔子適楚，楚狂接輿遊其門，曰：「鳳兮鳳兮，何如德之衰也。【注】當順時直前，盡乎會通之宜耳。世之盛衰，蔑然不足覺，故曰何如。【疏】何如，猶如何也。適，之也。時孔子自魯之楚，舍於賓館。楚有賢人，姓陸，名通，字接輿，知孔子歷聘，行歌譏刺。「鳳兮鳳兮」，故哀歎聖人，比於來儀應瑞之鳥也，有道即見，無道當隱，如何懷此聖德，往適衰亂之邦者耶？來世不可待，往世不可追也。【注】趣當盡臨時之宜耳。【疏】當來之世，有懷道之君可應聘者，時命如馳，故不可待；適往之時，堯、舜之主變化已久，亦不可尋。趣合當時之宜，無勞瞻前顧後也。天下有道，聖人成焉；天下無道，聖人生焉。【注】付之自爾，而理自生成。生成非我也，豈爲治亂易節哉！治者自求成，故遺成而不敗；亂者自求生，故忘生而不死。【疏】有道之君，休明之世，聖人弘道施教，成就天下。時逢暗主，命屬荒季，適可全生遠害，韜光晦迹。【釋文】豈爲于僞反。治亂直吏反。下同。方今之時，僅免刑焉。【注】不瞻前顧後，而盡當今之會，冥然與時世爲一，而後妙當可全，刑名可免。【疏】方，猶當。今喪亂之時，正屬衰周之世，危行言遜，僅可免於刑戮，方欲執迹應聘，不亦妄乎？此接輿之詞，譏誚孔子也。【釋文】僅音覲。福輕乎羽，莫之知載；【注】足能行而放之，手能執而任之，聽耳之所聞，視目之所見，知止其所不知，能止其所不能，用其自用，爲其自爲，恣其性內，而無纖芥於分外，此無爲之至易也。無爲而性命不全者，未之有也。性命全而非福者，理未聞也。故夫福者，即向之所謂全耳。非假物也，豈有寄鴻毛之重哉！率性而動，動不過分，天下之至易者也。舉其自舉，載其自載，天下之至輕者也。然知以無涯傷性，心以欲惡蕩真，故乃釋此無爲之至易而行彼有爲之至難，棄夫自舉之至輕而取夫載彼之至重，此世之常患也。【釋文】至易以豉反。下同。知以音智。欲惡烏路反。禍重乎地，莫之知避。【注】舉其性内，則雖負萬鈞，而不覺其重也；外物寄之，雖重不盈錙銖，有不勝任者矣。爲内，福也，故福至輕；爲外，禍也，故禍至重。禍至重而莫之知避，此世之大迷也。【疏】夫視聽知能，若有涯分。止於分内，可以全生；求其分外，必遭夭折。全生所以爲福，夭折所以爲禍。而分内之福，輕於鴻毛，貪競之徒，不知載之在己；分外之禍，重於厚地，執迷之徒，不知避之去身。此蓋流俗之常患者也，故寄孔、陸以彰其累也。【釋文】知避舊本作「寘」，云：置也。不勝音升。已乎已乎，臨人以德！殆乎殆乎，畫地而趨！【注】夫畫地而使人循之，其迹不可掩矣；有其己而臨物，與物不冥矣。故大人不明我以耀彼，而任彼之自明；不德我以臨人，而付人之自得。故能彌貫萬物，而玄同彼我，泯然與天下爲一，而内外同福也。【疏】已，止也。殆，危也。仲尼生衰周之末，當澆季之時，執持聖迹，歷國應聘，頻遭斥逐，屢被詆訶，故重言已乎，不如止而勿行也。若用五德臨於百姓，捨己效物，必致危己，猶如畫地作迹，使人走逐，徒費巧勞，無由得掩。以己率物，其義亦然也。【釋文】畫地音獲。迷陽迷陽，無傷吾行！【注】迷陽，猶亡陽也。亡陽任獨，不蕩於外，則吾行全矣。天下皆全其吾，則凡稱吾者莫不皆全也。【疏】迷，亡也。陽，明也，動也。陸通勸尼父，令其晦迹韜光，宜放獨任之無爲，忘遺應物之明智，既而止於分内，無傷吾全生之行也。【釋文】迷陽司馬云：迷陽，伏陽也。言詐狂。吾行郤曲，無傷吾足！」【注】曲成其行，自足矣。【疏】郤，空也。曲，從順也。虚空其心，隨順物性，則凡稱吾者自足也。○碧虚子云：「吾行郤曲」，張本作「郤曲郤曲」。○典案：張本是也。「郤曲郤曲，無傷吾足」，與上文「迷陽迷陽，無傷吾行」一律。【釋文】郤曲去逆反。字書作「㕁」。廣雅云：㕁，曲也。

山木自寇也，膏火自煎也。【疏】寇，伐也。山中之木，楸梓之徒，爲有材用，横遭寇伐。膏能照明，以充鐙炬，爲其有用，故被煎燒。豈獨膏木，在人亦然。【釋文】山木自寇也膏火自煎子然反。也司馬云：木生斧柄，還自伐；膏起火，還自消。崔云：有木，故火焚也。

桂可食，故伐之；漆可用，故割之。【疏】桂心辛香，故遭斫伐；漆供器用，所以割之。俱爲才能，夭於斤斧。○典案：御覽九百五十七引「伐」上有「斧」字。疏「俱爲才能，夭於斤斧」，是成本亦有「斧」字。七百六十六引「割之」上有「人」字。「桂可食，故斧伐之；漆可用，故人割之」，相對爲文，有「人」字較長。

人皆知有用之用，而莫知無用之用也。【注】有用則與彼爲功，無用則自全其生。夫割肌膚以爲天下者，天下之所知也。使百姓不失其自全而彼我俱適者，俛然不覺妙之在身也。【疏】楸柏橘柚，膏火桂漆，斯有用也。曲轅之樹，商丘之木，白顙之牛，亢鼻之豕，斯無用也。而世人皆炫己才能，爲有用之用，而不知支離其德，爲無用之用也。故郭注云「有用則與彼爲功，無用則自全乎其生」也。【釋文】俛然亡本反。

莊子補正卷二下

内篇　德充符第五

【注】德充於内，物應於外，外内玄合，信若符命，而遺其形骸也。【釋文】崔云：此遺形棄知，以德實之驗也。

魯有兀者王駘，【疏】姓王，名駘，魯人也。刖一足曰兀。形雖殘兀，而心實虚忘，故冠德充符而爲篇首也。【釋文】兀者五忽反，又音界。李云：刖足曰兀。案篆書「兀」、「介」字相似。王駘音臺，徐又音殆。人姓名也。從之遊者與仲尼相若。【注】弟子多少敵孔子。【疏】若，如也。陪從王駘，遊行稟學，門人多少似於仲尼者也。【釋文】從之如字。李才用反。下同。相若若，如也。弟子如夫子多少也。常季問於仲尼曰：「王駘，兀者也，從之遊者與夫子中分魯，【疏】姓常，名季，魯之賢人也。王駘遊行，外忘形骸，内德充實，所以從遊學者數滿三千，與孔子之徒中分魯國。常季未達其趣，是以生疑。【釋文】常季或云：孔子弟子。立不教，坐不議，虚而往，實而歸。【注】各自得而足也。【疏】弟子雖多，曾無講說，立不教授，坐無議論，請益則虛心而往，得理則實腹而歸。又解：未學無德，亦爲虛往也。【釋文】立不教坐不議司馬云：立不教授，坐不議論。固有不言之教，無形而心成者邪？【注】怪其殘形而心乃充足也。夫心之全也，遺身形，忘五藏，忽然獨往，而天下莫能離。【疏】教授門人，曾不言議。殘兀如是，無復形容。而玄道至德，內心成滿。必固有此，衆乃從之也。【釋文】五藏才浪反。後同。是何人也？」【疏】常季怪其殘兀而聚衆極多，欲顯德充之美，故發斯問也。

仲尼曰：「夫子，聖人也。丘也直後而未往耳。丘將以爲師，而況不若丘者乎！【疏】宣尼呼王駘爲夫子，答常季云：王駘是體道聖人也，汝自不識人，所以致疑。丘直爲參差在後，未得往事。丘將尊爲師傅，諮詢問道，何況晚學之類不如丘者乎！請益服膺，固有其宜矣。【釋文】丘也直後而未往耳李云：自在衆人後，未得往師之耳。奚假魯國，丘將引天下而與從之。」【注】夫神全心具，則體與物冥。與物冥者，天下之所不能遠，奚但一國而已哉！【疏】奚，何也。何但假藉魯之一邦耶！丘將誘引宇內稟承盛德，猶恐未盡其道也。【釋文】能遠于萬反。

常季曰：「彼兀者也，而王先生，其與庸亦遠矣。【疏】王，盛也。庸，常也。先生，孔子也。彼王駘者，是殘兀之人，門徒侍從盛於尼父，以斯疑怪應異常流，與凡常之人固當遠矣。【釋文】而王于況反。李云：勝也。崔云：君長也。其與庸亦遠矣與凡庸異也。崔云：庸，常人也。若然者，其用心也獨若之何？」【疏】然，猶如是也。王駘盛德如是，爲物所歸，未審運智用心，獨若何術？常季不安，發此疑也。

仲尼曰：「死生亦大矣，【注】人雖日變，然死生之變，變之大者也。而不得與之變；【注】彼與變俱，故死生不變於彼。【疏】夫山舟潛遁，薪指遷流，雖復萬境皆然，而死生最大。但王駘心冥造物，與變化而遷移，迹混人間，將死生而俱往，故變所不能變者也。雖天地覆墜，亦將不與之遺。【注】斯順之也。【疏】遺，失也。雖復圜天顛覆，方地墜陷，既冥於安危，故未嘗喪我也。【釋文】雖天地覆芳服反。墜本又作「隊」，直類反。李云：天地猶不能變己，況生死也。審乎無假，【注】明性命之固當。而不與物遷，【注】任物之自遷。【疏】靈心安審，妙體真元，既與道相應，故不爲物所遷變者也。命物之化，【注】以化爲命，而無乖迕。【釋文】怪迕〔一〕五故反。本亦作「遻」。下同。而守其宗也。」【注】不離至當之極。【疏】達於分命，冥於外物，唯命唯物，與化俱行，動不乖寂，故恒住其宗本者也。○典案：碧虛子校引江南古藏本「宗」下有「者」字。【釋文】不離力智反。

常季曰：「何謂也？」【疏】方深難悟，更請決疑。

〔一〕怪迕　據注文，宜作「乖迕」。

仲尼曰：「自其異者視之，肝膽楚、越也；【注】恬苦之性殊，則美惡之情背。【疏】萬物云云，悉歸空寂，倒置之類，妄執是非，於重玄道中，横起分别。何異乎膽附肝生，本同一體也！楚、越迢遞，相去數千，而於一體之中，起數千之遠，異見之徒，例皆如是也。【釋文】肝膽丁覽反。美惡烏路反。下皆同。情背音佩。自其同者視之，萬物皆一也。【注】雖所美不同，而同有所美。各美其所美，則萬物一美也；各是其所是，則天下一是也。夫因其所異而異之，則天下莫不異。而浩然大觀者，官天地，府萬物，知異之不足異，故因其所同而同之，則天下莫不皆同。又知同之不足有，故因其所無而無之，則是非美惡，莫不皆無矣。夫是我而非彼，美己而惡人，自中知以下，至於昆蟲，莫不皆然，然此明乎我而不明乎彼者爾。若夫玄通泯合之士，因天下以明天下，天下無曰「我非也」，即明天下之無非；無曰「彼是也」，即明天下之無是。無是無非，混而爲一，故能乘變任化，迕物而不慴。【疏】若夫玄通之士，浩然大觀，二儀萬物，一指一馬，故能忘懷任物，大順羣生。然同者見其同，異者見其異，至論衆妙之境，非異亦非同也。○典案：淮南子俶真篇「是故自其異者視之，肝膽胡、越；自其同者視之，萬物一圈也」，即襲用莊子此文。【釋文】中知音智。不慴之涉反。夫若然者，且不知耳目之所宜，【注】宜生於不宜者也。無美無惡，則無不宜；無不宜，故忘其宜也。【疏】耳目之宜，宜於聲色者也。且凡情分别，耽滯聲色，故有宜與不宜，可與不可。而王駘混同萬物，冥一死生，豈於根塵之間而懷美惡之見耶？ 而遊心乎德之和。【注】都忘宜，故無不任也。都任之而不得者，未之有也；無不得而不和者，亦未聞也。故放心於道德之間，蕩然無不當，而曠然無不適也。【疏】既而混同萬物，不知耳目之宜，故能遊道德之鄉，放任乎至道之境者也。 物視其所一而不見其所喪，視喪其足猶遺土也。」【注】體夫極數之妙心，故能無物而不同。無物而不同，則死生變化，無往而非我矣。故生爲我時，死爲我順，時爲我聚，順爲我散。聚散雖異，而我皆我之，則生故我耳，未始有得；死亦我也，未始有喪。夫死生之變，猶以爲一，既覩其一，則蜕然無係，玄同彼我，以死生爲寤寐，以形骸爲逆旅，去生如脱屣，斷足如遺土，吾未見足以纓茀其心也。【疏】物視，猶視物也。王駘一於死生，均於彼我，生爲我時，不見其得；死爲我順，不見其喪。覸視萬物，混而一之，故雖兀足，視之如遺土者也。【釋文】所喪息浪反。下及注同。 説然始鋭反。又音悦。 脱屩九具反。本亦作「屣」，所買反。 斷足丁管反。

常季曰：「彼爲己，以其知；【注】嫌王駘未能忘知而自存。【疏】彼，王駘也。謂王駘修善修己，猶用心知。嫌其未能忘知而任獨者也。【釋文】爲己于僞反。 得其心，以其心。【注】嫌未能遺心而自得。【疏】嫌王駘不能忘懷任致，猶用心以得心也。夫得心者，無思無慮，忘知忘覺，死灰槁木，泊爾無情，措之於方寸之間，起之於視聽之表。同二儀之覆載，順三光以照燭，混塵穢而不撓其神，履窮塞而不忤其慮，不得爲得，而得在於無得，斯得之矣。若以心知之術而得之者，非真得也。**得其常心，物何爲最之哉？」**【注】夫得其常心，平往者也。嫌其不得平往而與物遇，故常使物就之。【疏】最，聚也。若能虛忘平淡，得真常之心者，固當和光匿耀，不殊於俗，豈可獨異於物，使衆歸之者也？【釋文】最之徂會反。徐采會反。下注同。司馬云：聚也。

仲尼曰：「人莫鑑於流水，而鑑於止水，【注】夫止水之致鑑者，非爲止以求鑑也。故王駘之聚衆，衆自歸之，豈引物使從己耶！【疏】鑑，照也。夫止水所以留鑑者，爲其澄清故也；王駘所以聚衆者，爲其凝寂故也。止水本無情於鑑物，物自照之；王駘豈有意於招攜，而衆自來歸湊者也。【釋文】鑑古暫反。流水崔本作「沫水」，云：沫，或作「流」。○郭慶藩曰：「流水」與「止水」相對爲文。崔本作「沫」，非也。隸書「流」或作「涿」（見魯相史晨饗孔廟後碑）〔一〕，與「沫」形相似，故崔氏誤以爲「沫」。淮南説山篇「人莫鑑於沫雨」，高注：「沫雨」或作「流潦」，則「沫」爲「流」字之譌益碻。○典案：郭慶藩説是也。淮南子俶真篇「人莫鑑於流沫而鑑於止水者，以其静也」，即襲用莊子此文，亦正以「流」與「止」相對爲文。**唯止能止衆止。**【注】動而爲之，則不能居衆物之止。【疏】唯，獨也。唯止是水本凝湛，能止是留停鑑人，衆止是物來臨照。亦猶王駘忘懷虛寂，故能容止羣生，

〔一〕流　原作「涿」，據集釋改。

由是功能，所以爲衆歸聚也。**受命於地，唯松柏獨也正，在冬夏青青。**【注】夫松柏特稟自然之鍾氣，故能爲衆木之傑耳，非能爲而得之也。【疏】凡厥草木，皆資厚地。至於稟質堅勁，隆冬不凋者，在松柏，通年四序，常保青全，受氣自爾，非關指意。王駘聚衆，其義亦然也。**受命於天，唯堯、舜獨也正，在萬物之首。**【注】言特受自然之正氣者至希也，下首則唯有松柏，上首則唯有聖人。故凡不正者皆來求正耳。若物皆有青全，則無貴於松柏；人各自正，則無羨於大聖而趣之。【疏】人稟三才，受命蒼昊，圓首方足，其類極多。至如挺氣正真，獨有虞、舜。豈由役意，直置自然。王駘合道，其義亦爾。郭注曰「下首唯有松柏，上首唯有聖人」者，但人頭在上，去上則死；木頭在下，去下則死。是以呼人爲上首，呼木爲下首。故上首食傍首，傍首食下首。下首，草木也。傍首，蟲獸也。○典案：「松柏獨也」下「正」字、「堯」字、「在萬物之首」五字舊敓，文不成義。今依碧虚子校引張君房本補。郭注「下首則唯有松柏，上首則唯有聖人」，是其所見本當有「在萬物之首」句。**幸能正生，以正衆生。**【注】幸自能正耳，非爲正以正之。【疏】受氣上玄，能正生道也。非由用意，幸率自然。既能正己，復能正物，正己正物，自利利他，内外行圓，名爲大聖。虞舜既爾，王駘亦然。而舜受讓人，故爲標的也。**夫保始之徵，不懼之實。勇士一人，雄入於九軍。將求名而能自要者，而猶若是，**【注】非能遺名而無不任。【疏】徵，成也，信也。天子六軍，諸侯三軍，故九軍也。或有一人，稟氣勇武，保守善始之心，信成令終之節，内懷不懼之志，外顯勇猛之姿，既而直入九軍，以求名位，尚能伏心要譽，忘死忘生，何況王駘。體道之狀，列在下文也。【釋文】保始之徵李云：徵，成也。終始可保成也。九軍崔本云：天子六軍，諸侯三軍，通爲九軍也。簡文云：兵書：「以攻九天，收九地，故謂之九軍。」自要一遥反。而況官天地，府萬物，【注】冥然無不體也。【疏】綱維二儀曰官天地，苞藏宇宙曰府萬物。夫勇士入軍，直要名位，猶能不顧身命，忘於生死。而況官府兩儀，混同萬物，視死如生，不亦宜乎！直寓六骸，【注】所謂逆旅。【疏】寓，寄也。六骸，謂身、首、四肢也。王駘體一身非實，達萬有皆真，故能混塵穢於俗中，寄精神於形內。直置暫遇而已，豈係之耶？【釋文】六骸崔云：手、足、首、身也。象耳目，【注】人用耳目，亦用耳目，非須耳目。【疏】象，似也。和光同塵，似用耳目，非須也。一知之所知，而心未嘗死者乎！【注】知與變化俱，則無往而不冥，此知之一者也。心與死生順，則無時而非生，此心之未嘗死也。【疏】一知，智也。所知，境也。能知之智照所知之境，境智冥會，能無所差，故知與不知，通而爲一。雖復迹理物化，而心未嘗見死者也，豈容有全冗於其間哉！彼且擇日而登假，人則從是也。【注】以不失會爲擇耳。斯人無擇也，任其天行而時動者也。故假借之人，由此而最之耳。【疏】彼王駘者，豈復簡擇良日而登昇玄道？蓋不然乎。直置虛淡忘懷而會之也。至人無心，止水留鑑，而世間虛假之人，由是而從之也。【釋文】彼且如字。徐子余反。下同。假人古雅反，借也。徐音遐，讀連上句，「人」字向下。○典案：「登假」，即「登遐」也。列子黃帝篇「又二十有八年而天下大治，幾若華胥氏之國，而帝登假」，張注：假，當爲「遐」。周穆王篇「世以爲登假焉」，注同。

「假」、「遐」古字通用。郭注「故假借之人，由此而最之耳」，以「假」字屬下，既失其讀，又非其指矣。大宗師篇「是知之能登假於道者也若此」，淮南子精神篇「此精神之所以能登假於道也」，亦竝以「登假」連文，與此文一例，尤其確證。今從徐讀。彼且何肯以物爲事乎！」【注】其恬漠，故全也。【疏】唯彼王駘冥真合道，虛假之物自來歸之，彼且何曾以爲己務！

申徒嘉，兀者也，而與鄭子產同師於伯昏無人。【疏】姓申徒，名嘉，鄭之賢人，兀者也。姓公孫，名僑，字子產，鄭之賢大夫也。伯昏無人，師者之嘉號也。伯，長也；昏，闇也。德居物長，韜光若闇，洞忘物我，故曰伯昏無人。子產、申徒，俱學玄道，雖復出處殊隔，而同師伯昏，故寄此三人，以彰德充之義也。○典案：御覽四百四引「伯昏無人」作「伯昏瞀人」，與列子合。「瞀」、「無」古亦通用，列禦寇篇字亦作「瞀」。【釋文】申徒嘉李云：申徒氏，嘉名。無人雜篇作「瞀人」。子產謂申徒嘉曰：「我先出，則子止；子先出，則我止。」【注】羞與刖者並行。【疏】子產執政當塗，榮華富貴；申徒稟形殘兀，無復容儀。子產雖學伯昏，未能忘遺，猶存寵辱，恥見形殘，故預相檢約，令其必不並己也。【釋文】刖者音月，又五刮反。其明日，又與合堂同席而坐。子產謂申徒嘉曰：「我先出，則子止；子先出，則我止。今我將出，子可以止乎，其未邪？【注】質而問之，欲使必不並己。【疏】子產存榮辱之意，申徒忘貴賤之心，前雖有言，都不采領，所以居則共堂，坐還同席。公孫見其如此，故質而問之。且子見執政而不違，子齊執政乎？」【注】常以執政自多，故直云子齊執政，便謂足以明其不遜。【疏】違，避也。夫出處異塗，貴賤殊致，我秉執朝政，便爲貴大，汝乃卑賤形殘，應殊敬我，不能遜讓，翻欲齊己也？

申徒嘉曰：「先生之門，固有執政焉如此哉？【注】此論德之處，非計位也。【疏】先生，伯昏也。先生道門，深明衆妙，混同榮辱，齊一死生。定以執政自多，必如此耶？【釋文】之處昌慮反。子而説子之執政而後人者也？【注】笑其矜説在位，欲處物先。【疏】汝猶悦愛榮華，矜誇政事，推人於後，欲處物先。意見如斯，何名學道？【釋文】而説音悦。注同。聞之曰：『鑑明則塵垢不止，止則不明也。久與賢人處則無過。』今子之所取大者，先生也，而猶出言若是，不亦過乎！」【注】事明師而鄙吝之心猶未去，乃真過也。【疏】鑑，鏡也。夫鏡明則塵垢不止，止則非明照也。亦猶久與賢人居則無過，若有過，則非賢哲。今子之所取可重可大者，先生之道也。而先生之道，退己虚忘，子乃自矜，深乖妙旨，而出言如是，豈非過乎？

子產曰：「子既若是矣，【注】若是形殘。猶與堯争善，計子之德，不足以自反邪？」【注】言不自顧省，而欲輕蔑在位，與有德者並。計子之德，故不足以補形殘之過。【疏】反，猶復也。言申徒形殘如是，而不自知，乃欲將我並驅，可謂與堯争善。子雖有德，何足〔在〕言！以德補殘，猶未平復也。○典案：碧虚子校引文如海、成玄英、李氏、張君房本「不」字皆作□，疑當據删。【釋文】争善如字。

申徒嘉曰：「自狀其過，以不當亡者衆，【注】多自陳其過狀，以己爲不當亡者衆也。不狀其過，以不當存者寡。【注】默然知過，自以爲應死者少也。【疏】夫自顯其狀，推罪於他，謂己無愆，不合當亡，如此之人，世間甚多。不顯過狀，將罪歸己，謂己之過，不合存生，如此之人，世間寡少。鄭子産奢侈矜伐，於義亦然者也。知不可柰何而安之若命，唯有德者能之。【疏】若，順也。夫素質形殘，稟之天命，雖有知計，無如之何。唯當安而順之，則所造皆適。自非盛德，其孰能然？【釋文】知不可如字，又音智。遊於羿之彀中，中央者，中地也；然而不中者，命也。【注】羿，古之善射者。弓矢所及爲彀中。夫利害相攻，則天下皆羿也。自不遺身忘知，與物同波者，皆遊於羿之彀中耳。雖張毅之出，單豹之處，猶未免於中地，則中與不中，唯在命耳。而區區者各有所遇，而不知命之自爾。故免乎弓矢之害者，自以爲巧，欣然多己，及至不免，則自恨其謬而志傷神辱，斯未能達命之情者也。夫我之生也，非我之所生也，則一生之內，百年之中，其坐起行止，動靜趣舍，情性知能，凡所有者，凡所無者，凡所爲者，凡所遇者，皆非我也。理自爾耳，而横生休戚乎其中，斯又逆自然而失者也。【疏】羿，堯時善射者也。其矢所及，謂之彀中。言羿善射，矢不虚發，彀中之地，必被殘傷，無問鳥獸，罕獲免者，偶然得免，乃關天命，免與不免，非由工拙。自不遺形忘智，皆遊於羿之彀中。是知申徒兀足，忽遭羿之一箭，子産形全，中地偶然獲免。既非人事，故不足自多矣。【釋文】羿音詣，徐胡係反，善射人，唐夏有之。一云：有窮之君，篡夏者也。彀音遘，張也。中如字。央於良反，舊於倉反。郭云：弓矢所及爲彀中。中地丁仲反。下「不中」、注「中地」、「中與不中」同。單豹音善。人以其全足笑吾不全足者多矣，【注】皆不知命，而有斯笑矣。我佛然而怒；【注】見其不知命而怒，斯又不知命也。【疏】佛然，暴戾之心也。人不知天命，妄計虧全，況己形好，嗤彼殘兀，如此之人，其流甚衆。忿其無知，佛然暴怒，嗔忿他人，斯又未知命也。【釋文】佛然扶弗反。而適先生之所，則廢然而反。【注】見至人之知命遺形，故廢向者之怒而復常。【疏】往伯昏之所，稟不言之教，則廢向者之怒，而復於常性也。不知先生之洗我以善邪，吾之自寤邪？【注】不知先生洗我以善道故耶，我爲能自反耶？斯自忘形而遺累矣。【疏】既適師門，入於虛室，廢棄忿怒，反覆尋常。不知師以善水洗滌我心，爲是我之性情自反覆？進退尋責，莫測所由，斯又忘於學心，遺其繫累。○典案：「吾之自寤耶」五字舊敓，惟碧虛子校引張君房本有。郭注「不知先生洗我以善道故耶，我爲能自反耶」，是所見本有此句。今依張本補。吾與夫子遊十九年矣，而未嘗知吾兀者也。【注】忘形故也。【疏】我與伯昏遊於道德，故能窮陰陽之妙要，極至理之精微。既其遺智忘形，豈覺我之殘兀。【釋文】知吾介本又作「兀」，兩通。今子與我遊於形骸之內，而子索我於形骸之外，不亦過乎！」【注】形骸外矣，其德内也。今子與我德遊耳，非與我形交也，而索我外好，豈不過哉！【疏】郭注云：「形骸外矣，其德内也。今子與我德遊耳，非與我形交也，而索我外（交）〔好〕，豈不過哉！」此注意更不勞别釋也。【釋文】子索色百反。注同。

子産蹵然改容更貌曰：「子無乃稱。」【注】已悟，則厭其多言也。【疏】蹴然，驚慚貌也。子産未能忘懷遺欲，多在物先。既被譏嫌，方懷驚悚，改矜誇之貌，更醜惡之容，悟知已至，不用稱説者也。【釋文】蹵子六反。乃稱如字，舉也。又尺證反。

魯有兀者叔山無趾，踵見仲尼。【注】踵，頻也。【疏】叔山，字也。踵，頻也。殘兀之人，居於魯國，雖遭刖足，猶有學心，所以接踵頻來，尋師訪道。既無足趾，因以爲其名也。【釋文】叔山無趾音止。李云：叔山，氏。無足趾。踵朱勇反。向、郭云：頻也。崔云：無趾，故踵行。見賢遍反。仲尼曰：「子不謹，前既犯患若是矣。雖今來，何及矣。」【疏】子之修身，不能謹慎，犯於憲綱，前已遭官，患難艱辛，形殘若此。今來請益，何所逮耶！【釋文】子不謹前絶句。一讀以「謹」字絶句。

無趾曰：「吾唯不知務而輕用吾身，吾是以亡足。【注】人之生也，理自生矣，直莫之爲而任其自生，斯重其身而不知務者也。若乃忘其自生，謹而矜之，斯輕用其身而不知務也，故五藏相攻於内，而手足殘傷於外也。○典案：御覽六百七引「身」作「生」。今吾來也，猶有尊足者存，【注】刖一足未足以虧其德，明夫形骸者逆旅也。○典案：御覽六百七引「存」

下有「焉」字，文義較完。御覽引書，多刪削，少增益，此必舊有「焉」字，而今本敓之也。吾是以務全之也。【注】去其矜謹，任其自生，斯務全也。【疏】無趾交遊恭謹，重德輕身，唯欲務借聲名，不知務全生道，所以觸犯憲章，遭斯殘兀。形雖虧損，其德猶存，是故頻煩追討，務全道德。以德比形，故言尊足者存。存者，在也。【釋文】去其羌呂反。夫天無不覆，地無不載，【注】天不爲覆，故能常覆；地不爲載，故能常載。使天地而爲覆載，則有時而息矣；使舟能沈而爲人浮，則有時而没矣。故物爲焉則未足以終其生也。【釋文】不爲於僞反。下「不爲」、「而爲」皆同。吾以夫子爲天地，安知夫子之猶若是也！」【注】責其不謹，不及天地也。【疏】夫天地亭毒，覆載無偏，而聖人德合二儀，固當弘普不棄，寧知夫子尚不捨形殘？善救之心，豈其如是也？

孔子曰：「丘則陋矣。【疏】仲尼所陳，不過聖迹；無趾請學，務其全生。答淺問深，足成鄙陋也。夫子胡不入乎，請講以所聞。」無趾出。【注】聞所聞而出，全其無爲也。【疏】夫子，無趾也。胡，何也。仲尼自覺鄙陋，情實多慚，故屈無趾，令其入室，語説所聞方内之道。既而蓬廬久處，芻狗再陳，無趾惡聞，故默然而出也。

孔子曰：「弟子勉之！夫無趾，兀者也，猶務學以復補前行之惡，而況全德之人乎！」【注】全德者生便忘生。【疏】勉，勖勵也。夫無趾殘兀，尚實全生，補其虧殘，悔其前行，況賢人君子，形德兩全，生便忘生，德充於內者也！門人之類，宜勖之焉。〇典案：御覽六百七引「補」下有「其」字，又「全」作「令」。【釋文】前行下孟反。

無趾語老聃曰：「孔丘之於至人，其未邪？彼何賓賓以學子爲？【注】怪其方復學於老聃。【疏】賓賓，恭勤貌也。夫玄德之人，窮理極妙，忘言絕學，率性生知。而仲尼執滯文字，專行聖迹，賓賓勤敬，問禮老君。以汝格量，故知其未如至人也，學子何爲者也。〇典案：碧虛子校引張君房本「其」作□。【釋文】語老魚據反。賓賓司馬云：恭貌。張云：猶賢賢也。崔云：有所親疏也。簡文云：好名貌。〇俞樾曰：「賓賓」之義，釋文所引皆望文生義，未達古訓。「賓賓」，猶頻頻也。漢書司馬相如傳「仁頻并閭」，顏注曰：頻，字或作「賓」。是其例也。詩桑柔篇「國步斯頻」，說文目部作「國步斯矉」，書禹貢篇「海濱廣斥」，漢書地理志作「海瀕廣潟」，是皆「賓」聲「頻」聲相通之證。廣雅釋訓「頻頻，比也」，楊子法言學行篇「頻頻之黨，甚於鷦斯」，皆可說此「賓賓」之義。彼且蘄以諔詭幻怪之名聞，不知至人之以是爲己桎梏邪？」【注】夫無心者，人學亦學。然古之學者爲己，今之學者爲人，其弊也遂至乎爲人之所爲矣。夫師人以自得者，率其常然者也；舍己效人而逐物於外者，求乎非常之名者也。夫非常之名，乃常之所生。故學者非爲幻怪也，幻怪之生必由於學；禮者非爲華藻也，而華藻之興必由於禮。斯必然之理，至人之所無柰何，故以爲己之桎梏也。【疏】蘄，求也。諔詭，猶奇譎也。在手曰桎，在足曰梏，即今之杻械也。

彼之仲尼，行於聖迹，所學奇譎怪異之事，唯求虛妄幻化之名。不知方外體道至人用此聲教爲己枷鎖也。【釋文】且蘄音祈。諔尺叔反。詭九委反。李云：諔詭，奇異也。○俞樾曰：「淑」與「詭」語意不倫，「淑詭」當讀爲「弔詭」。齊物論篇「其名爲弔詭」，正與此同。「弔」作「淑」者，古字通用，哀十六年左傳「昊天不弔」，周官大祝職先鄭注引「閔天不淑」，是其證矣。○典案：俞説是也。天下篇「其辭雖參差，而諔詭可觀」，「諔」亦當讀爲「弔」。齊物論篇「恢恑憰怪，道通爲一」，釋文云：恢，簡文本作「弔」。是其證。説詳齊物論篇「恢恑憰怪」句下校語。幻滑辯反。亦作「幻」。桎之實反。郭真一反。木在足也。梏古毒反。木在手也。爲己于僞反。下「者爲人」同。舍己音捨。

老聃曰：「胡不直使彼以死生爲一條，以可不可爲一貫者，解其桎梏，其可乎？」【注】欲以直理冥之，冀其無迹。【疏】無趾前見仲尼談講之日，何不使孔丘忘於仁義，混同生死，齊一是非？條貫既融，則是帝之縣解，豈非釋其枷鎖，解其杻械也？【釋文】一貫古亂反。

無趾曰：「天刑之，安可解！」【注】今仲尼非不冥也。顧自然之理，行則影從，言則嚮隨。夫順物則名迹斯立，而順物者非爲名也。非爲名則至矣，而終不免乎名，則孰能解之哉？故名者影嚮也，影嚮者形聲之桎梏也。明斯理也，則名迹可遺；名迹可遺，則尚彼可絶；尚彼可絶，則性命可全矣。【疏】仲尼憲章文、武，祖述堯、舜，删詩、書，定禮樂，窮陳、蔡，圍商、周，執於仁義，遭斯戮恥。亦猶行則影從，言則嚮隨，自然之勢，必至之宜也。是以陳迹既興，疵釁斯起，欲不困弊，其可得乎？故天然刑戮，不可解也。【釋文】嚮隨許丈反。本又作「向」。下同。

魯哀公問於仲尼曰：「衛有惡人焉，曰哀駘它。【注】惡，醜也。【疏】惡，醜也。言衛國有人，形容醜陋，内德充滿，爲物所歸。而哀駘是醜貌，因以爲名。【釋文】惡人惡，貌醜也。哀駘音臺，徐又音殆。它徒何反。李云：哀駘，醜貌。它，其名。丈夫與之處者，思而不能去也。婦人見之，請於父母曰『與爲人妻，寧爲夫子妾』者，十數而未止也。【疏】妻者，齊也，言其位齊於夫。妾者，接也，適可接事君子。哀駘才全德滿，爲物歸依，大順羣生，物忘其醜，遂使丈夫與同處，戀仰不能捨去，婦人美其才德，競請爲其媵妾。十數未止，明其慕義者多；不爲人妻，彰其道能感物也。未嘗有聞其唱者也，常和人而已矣。【疏】滅迹匿端，謙居物後，直置應和而已，未嘗誘引先唱。【釋文】常和户卧反。下同。無君人之位以濟乎人之死，【注】明物不由權勢而往。【疏】夫人君者，必能赦過宥罪，恤死護生。駘它窮爲匹夫，位非南面，無權無勢，可以濟人。明其懷人不由威力。無聚禄以望人之腹，【注】明非求食而往。【疏】夫儲積倉廩，招迎士衆，歸湊本希飽腹，而駘它既無聚禄，何以致人。明其慕義，非由食往也。○李楨曰：「望人」之「望」，當讀如易「月幾望」之「朢」。説文：朢，月滿也。與「望」各字。腹滿則飽，猶月滿爲朢，故以擬之，與逍遥游篇「腹猶果然」同一字法。叚「望」爲「朢」，不見其妙。又以惡駭天下，【注】明不以形美故往。【疏】駘它形容，異常鄙陋，論其醜惡，驚駭天下。明其聚衆非由色往。【釋文】惡駭胡楷反。崔本作「駴」。和而不唱，【注】非招而致之。【疏】譬幽谷之響，直而無心，既不以言說招攜，非由先物而唱者也。知不出乎四域，【注】不役思於分外。【疏】域，分也。忘心遺智，率性任真，未曾役思運懷，緣於四方分外也。【釋文】役思息嗣反。且而雌雄合乎前，【注】夫才全者與物無害，故入獸不亂羣，入鳥不亂行，而爲萬物之林藪。【疏】雌雄，禽獸之類也。夫才全之士，與物同波，人無害物之心，物無畏人之慮，故鳥與獸且羣聚於前也。【釋文】雌雄合乎前李云：禽獸屬也。亂行户剛反。是必有異乎人者也。【疏】一無權勢，二無利禄，三無色貌，四無言說，五無知慮。夫聚集人物，必不徒然。今駘它爲衆歸依，不由前之五事，以此而驗，固異於常人者也。寡人召而觀之，果以惡駭天下。與寡人處，不至以月數，而寡人有意乎其爲人也；【注】未經月已覺其有遠處。【疏】既聞有異，故命召看之，形容醜陋，果驚駭於天下。共其同處，不過一旬，觀其爲人，察其意趣，心神凝淡，似覺深遠也。不至乎期年，而寡人信之。國無宰，寡人傳國焉。【注】委之以國政。【疏】日月既久，漬鍊彌深，是以共處一年，情相委信。而國無良宰，治道未弘，庶屈賢人，傳於國政者也。【釋文】期年音基。傳國丈專反。悶然而後應，【注】寵辱不足以驚其神。【疏】悶然而後應，不覺之容，亦是虛淡之貌。既無情於利禄，豈有意於榮華！故同彼世人，悶然而應之也。【釋文】悶然音門。李云：不覺貌。崔云：有頃之間也。後應應對之應。氾而若辭。【注】人辭亦辭。【疏】氾若者，是無的當不係之貌也。雖無驚於寵辱，亦乃同塵以遜讓，故汜然常人辭亦辭也。【釋文】汜浮劍反。不係也。寡人醜乎，卒授之國。無幾何也，去寡人而行，寡人卹焉若有亡也，若無與樂是國也。是何人者也？」【疏】愧，慚也。卒，終也。幾何，俄頃也。卹，憂也。寡人是五等之謙稱也。既見良人，汜然虛淡，中心愧醜，戀慕殷勤，終欲與之國政，屈爲卿輔。俄頃之間，逃遁而去，喪失賢宰，實懷憂卹，情之恍惚，若有遺亡，雖君魯邦，曾無歡樂。來喜去憂，感動如此，何人何術，一至於斯？【釋文】醜乎李云：醜，慚也。崔云：愧也。無幾居豈反。與樂音洛。

仲尼曰：「丘也嘗使於楚矣，適見㹠子食於其死母者，【注】食，乳也。【釋文】嘗使於楚矣使音所吏反，本亦作「遊」，本又直云「嘗於楚矣」。㹠子本又作「豚」，徒門反。食於音飲，邑錦反。注同。舊如字，簡文同。少焉眴若皆棄之而走。不見己焉爾，不得類焉爾。【注】夫生者以才德爲類，死而才德去矣，故生者以失類而走也。故含德之厚者，比於赤子，無往而不爲之赤子也，則天下莫之害，斯得類而明己故也。情苟類焉，則雖形不與同而物無害心；情類苟亡，雖則形同母子而不足以固其志矣。【疏】哀公陳己心迹，以問孔子，孔子以豚子爲譬，以答哀公。丘曾領門徒遊行楚地，適見豚子飲其死母之乳，眴目之頃，少時之間，棄其死母，皆散而走。不見己類，所以爲然。故郭注云「生者以才德爲類，死而才德去矣，故生者以失類而走也」，以況哀公素無才德，非是己類，棄捨而去。駘它才德既全於赤子，物之親愛，固是其宜矣。【釋文】眴若本亦作「瞬」，音舜。司馬云：驚貌。崔云：目動也，謂死母目動。○俞樾曰：「眴若」，猶「陶然」也。徐无鬼篇「衆狙見之，恂然棄而走」，此云「眴若」，彼云「恂然」，文異義同。「眴」「恂」並「⿱旬兮」之叚字。說文兮部：⿱旬兮，驚辭也。從兮，旬聲。「眴」、「恂」亦從「旬」聲，故得通用。釋文引司馬曰：驚貌。得之矣。「眴若皆棄之而走」，言㹠子皆驚而走也。蓋始焉不知其爲死母，就之而食；少焉覺其死，故皆驚走也。「眴若」二字，以其子言，不以其母言。釋文又引崔云：目動也，謂死母目動。然則其母不死，與下意不合矣。下文「不見己焉爾，不得類焉爾」，郭注曰「夫生者以才德爲類，死而才德去矣，故生者以失類而走也」。若從崔說，死母之目尚動，是其才德未去，何爲以失類而走乎？

所愛其母者，非愛其形也，愛使其形者也。【注】使形者，才德也。【疏】郭注曰「使形者，才德也」，而才德者，精神也。豚子愛母，愛其精神；人慕駘它，慕其才德者也。

戰而死者，其人之葬也不以翣資，【注】翣者，武所資也。戰而死者無武也，翣將安施？【釋文】翣資所甲反，扇也。武王所造。宋均云：武飾也。李云：資，送也。崔本作「翣杴」，音坎，謂先人墳墓也。

刖者之屨，無爲愛之，【注】所愛屨者，爲足故耳。【釋文】爲足于僞反。

皆無其本矣。【注】翣、屨者，以足、武爲本。【疏】翣者，武飾之具，武王爲之，或云周公作也。其形似方扇，使車兩邊。軍將行師，陷陣而死，及其葬日，不用翣資。是知翣者武之所資，屨者足之所使用，形者神之所使。無足，屨無所用；無武，則翣無所資；無神，則形無所愛。然翣、屨以足、武爲本，形貌以才德爲原，二者無本，故並無用也。

爲天子之諸御，不爪翦，不穿耳，【注】

全其形也。取妻者止於外，不得復使。【注】恐傷其形。【疏】夫帝王宫闈，揀擇御女，穿耳翦爪，恐傷其形。匹夫取妻，停於外務，使役驅馳，慮虧其色。此重舉譬，以況全才也。【釋文】不得復使扶又反。章末注同。崔本作「不得復使矣」，云：不復入直也。形全猶足以爲爾，【注】採擇嬪御，及燕爾新昏，本以形好爲意者也。故形之全也，猶以降至尊之情，回貞女之操也。【釋文】形好呼報反。而況全德之人乎！【注】德全而物愛之，宜矣。【疏】爾，然也。夫形之全具，尚能降真人，感貞女，而況德全乎！此合譬也，故郭注云「德全而物愛之，宜矣哉」。今哀駘它未言而信，無功而親，使人授己國，唯恐其不受也，是必才全而德不形者也。」【疏】夫親由績彰，信藉言顯。今駘它未至言説而已遭委信，本無功績而付託實親，遂使魯侯虚襟，授其朝政，卑己遜讓，唯恐不受。如是之人，必當才智全具而推功於物，故德不形見之也。

哀公曰：「何謂才全？」【疏】前雖標舉，於義未彰，故發此疑，庶希後答。仲尼曰：「死生、存亡、窮達、貧富、賢與不肖、毁譽、飢渴、寒暑，是事之變、命之行也。【注】其理固當，不可逃也。故人之生也，非誤生也；生之所有，非妄有也。天地雖大，萬物雖多，然吾之所遇適在於是，則雖天地神明，國家聖賢，絶力至知，而弗能違也。故凡所不遇，弗能遇也；其所遇，弗能不遇也。所不爲，弗能爲也；其所爲，弗能不爲也。故付之而自當矣。

【疏】夫二儀雖大，萬物雖多，人生所遇，適在於是。故前之八對，並是事物之變化，天命之流行，而留之不停，推之不去，安排任化，所遇斯適。自非德充之士，其孰能然？此則仲尼答哀公才全之義。【釋文】毁譽音餘。日夜相代乎前，【注】夫命行事變，不舍晝夜，推之不去，留之不停，故才全者，隨所遇而任之。【釋文】不舍音捨。而知不能規乎其始者也。【注】夫始非知之所規，而故非情之所留。是以知命之必行、事之必變者，豈於終規始，在新戀故哉？雖有至知而弗能規也。逝者之往，吾柰之何哉？【疏】夫命行事變，其速如馳；代謝遷流，不舍晝夜。一前一後，反覆循環，雖有至知，不能測度，豈復在新戀故，在終規始哉？蓋不然也。唯當隨變任化，則無往而不逍遥也。故不足以滑和，【注】苟知性命之固當，則雖死生窮達，千變萬化，淡然自若，而和理在身矣。【疏】滑，亂也。雖復事變命遷，而隨形任化，淡然自若，不亂於中和之道也。○典案：淮南子原道篇「聖人不以身役物，不以欲滑和」，高注：不以情欲亂中和之道也。俶真篇「登千仞之谿，臨蝯眩之岸，不足滑其和」，注：滑，滑亂。和，適也。精神篇「生，寄也；死，歸也，何足以滑和」，注同。「滑和」蓋道家之恒言也。【釋文】以滑音骨。淡然徒蹔反。不可入於靈府。【注】靈府者，精神之宅也。夫至足者，不以憂患經神，若皮外而過去。【疏】靈府者，精神之宅，所謂心也。經寒暑，涉治亂，千變萬化，與物俱往，未當概意，豈復關心耶！使之和豫，通而不失於兑。【注】苟使和性不滑，靈府閒豫，則雖涉乎至變，不失其兑然也。【疏】兑，徧悦也。體窮通，達生死，遂使所遇和樂，中心逸豫，經涉夷險，兑然自得，不失其適悦也。【釋文】於兑徒外反。李云：悦也。閒豫音閑。使日夜無郤，【注】泯然常任之。【疏】郤，間也。駘它流轉，日夜不停，心心相繫，亦無間斷也。【釋文】無郤去逆反。李云：間也。而與物爲春，【注】羣生之所賴也。【疏】慈照有生，恩霑動植，與物仁惠，事等青春。是接而生時於心者也。【注】順四時而俱化。【疏】是者，指斥以前事也。才全之人，接濟羣品，生長萬物，應赴順時，無心之心，逗機而照者也。【釋文】是接而生時乎心者也司馬云：接至道而和氣在心也。李云：接萬物而施生，順四時而俱作。是之謂才全。」【疏】總結以前，是才全之義也。

「何謂德不形？」【疏】已領才全，未悟德不形義，更相發問，庶聞後旨也。曰：「平者，水停之盛也。【注】天下之平，莫盛於停水也。【疏】停，止也。而天下均平，莫盛於止水，故上文云：人莫鑒於流水，而必鑒于止水。此舉爲譬，以彰德不形義故也。其可以爲法也，【注】無情至平，故天下取正焉。内保之而外不蕩也。【注】内保其明，外無情僞，玄鑒洞照，與物無私，故能全其平而行其法也。【疏】夫水性澄清，鑒照於物，大匠雖巧，非水不平。故能保守其明而不波蕩者，可以軌徹工人，洞鑒妍醜也。故下文云：水平中準，大匠取則焉。況至人冥真合道，和光和物，模楷蒼生，動而常寂，故云「内保之而外不蕩」者也。【釋文】情僞于僞反。德者，成和之脩也。【注】事得以成，物得以和，謂之德也。【疏】夫成於庶事，和於萬物者，非盛德孰能之哉？必也先須修身立行，後始可成事和物。物得以和，而我不喪者，方可以謂之德也。

德不形者，物不能離也。」【注】無事不成，無物不和，此德之不形也。是以天下樂推而不厭。【疏】夫明齊日月，而歸明於昧，功侔造化，而歸功於物者也，德之不形也。是以含德之厚，比於赤子，天下樂推而不厭，斯物不離之者也。【釋文】能離力智反。

哀公異日以告閔子曰：「始也吾以南面而君天下，執民之紀而憂其死，吾自以爲至通矣。今吾聞至人之言，恐吾無其實，輕用吾身而亡其國。吾與孔丘，非君臣也，德友而已矣。」【注】聞德充之風者，雖復哀公，猶欲遺形骸，忘貴賤也。【疏】姓閔，名損，字子騫，宣尼門人，在四科之數，甚有孝德，魯人也。異日，猶它日也。南面，君位也。初始未悟，矜於魯君，執持綱紀，憂於兆庶，養育教誨，恐其夭死，用斯治術，爲至美至通。今聞尼父言談，且陳才德之義，魯侯悟解，方覺前非。至通憂死之言，更成虛幻；執紀南面之大，都無實録。於是隳肢體，黜聰明，遺尊卑，忘爵位，觀魯邦若蝸角，視己形如隙影，友仲尼以全道德，禮司寇以異君臣。故知莊、老之談，其風清遠，德充之美，一至於斯。【釋文】閔子孔子弟子閔子騫也。

闉跂支離無脤説衛靈公，靈公説之，而視全人，其脰肩肩。甕㼜大癭説齊桓公，桓公説之，而視全人，其脰肩肩。【注】偏情一往，則醜者更好，而好者更醜也。

【疏】闉，曲也，謂攣曲企踵而行。脤，脣也，謂支體坼裂，傴使殘病，復無脣也。㼜，盆也。脰，頸也。肩肩，細小貌也。而支離殘病，企踵而行，瘤癭之病，大如盆甕。此二人者，窮天地之陋，而俱能忘形建德，體道談玄，遂使齊、衛兩君，欽風愛悅，美其盛德，不覺病醜，顧視全人之頸，翻小而自肩肩者。【釋文】闉音因。郭烏年反。跂音企。郭其逆反。支離無脤徐市軫反，又音脣。司馬云：闉，曲，跂，企也。闉跂支離，言脚常曲，行體不正卷縮也。無脤，名也。崔云：闉跂，傴者也。支離，傴者也。脤，脣同。簡文云：跂，行也。脤，臀也。○郭慶藩曰：慧琳一切經音義一百肇論卷上引司馬云：跂，望也。釋文闕。說衛始銳反，又如字。下「說齊桓」同。說之音悅。下「說之」同。脰音豆，頸也。肩肩胡咽反，又胡恩反。李云：羸小貌。崔云：猶玄玄也。簡文云：直貌。○李楨曰：考工梓人「文數目顧脰」，注云：顧，長脰貌。與「肩肩」義合，知「肩」是省借，本字當作「顧」，並可據鄭注補釋文一義。甕烏送反。郭於寵反。㼜烏莽反。郭於兩反。李云：甕㼜，大癭貌。崔同。大癭一領反。說文云：瘤也。故德有所長，而形有所忘，【注】其德長於順物，則物忘其醜；長於逆物，則物忘其好。【疏】大癭、支離道德長遠，遂使齊侯、衛主忘其形惡。人不忘其所忘，而忘其所不忘，此謂誠忘。【注】生則愛之，死則棄之，故德者世之所不忘也，形者理之所不存也。故夫忘形者，非忘也；不忘形而忘德者，乃誠忘也。【疏】誠，實也。所忘，形也。不忘，德也。忘形易而忘德難也，故謂形爲所忘，德爲不忘也。不忘形而忘德者，此乃真實忘。斯「德不形」之義也。

故聖人有所遊，【注】遊於自得之場，放之而無不至者，才德全也。【疏】物我雙遣，形德兩忘，故放任乎變化之場，遨遊於至虛之域也。**而知爲孽，約爲膠，德爲接，工爲商。**【注】此四者自然相生，其理已具。【疏】夫至人道邁三清，而神遊六合，故蘊智以救殃孽，約束以檢散心，樹德以接蒼生，工巧以利群品。此之四事，凡類有之，大聖慈救，同塵順物也。【釋文】而知音智。下同。爲孽魚列反。司馬云：智慧生妖孽。約爲膠司馬云：約束而後有如膠漆。崔云：約誓所以爲膠固。德爲接司馬云：散德以接物也。工爲商司馬云：工巧而商賈起。**聖人不謀，惡用知？不斲，惡用膠？無喪，惡用德？不貨，惡用商？**【注】自然已具，故聖人無所用其己也。【疏】惡，何也。至人不殃孽謀謨，何用智惠？不散亂彫斲，何用膠固？本不喪道，用德何爲？不貴難得之貨，無勞商賈。祇爲和光和物，是故有之者也。【釋文】惡用音烏。下同。不斲陟角反。無喪息浪反。**四者，天鬻也。天鬻者，天食也。**【注】言自然而禀之。【疏】鬻，食也。食，禀也。天，自然也。以前四事，蒼生有之，禀自天然，自率其性，聖人順之，故無所用己也。【釋文】天鬻音育，養也。天食音嗣。亦如字。**既受食於天，又惡用人？**【注】既禀之自然，其理已足，則雖沈思以免難，或明戒以避禍，物無妄然，皆天地之會，至理所趣。必自思之，非我思也；必自不思，非我不思也。或思而免之，或思而不免，或不思而免之，或不思而不免。凡此皆非我也，又奚爲哉？任之而自至也。【疏】禀之自然，各有定分，何須分外，添足人情？違天任人，故至悔者也。【釋文】受食如字。又音嗣。沈思息嗣反。亦如字。免難乃旦反。**有人之形，**【注】視其形貌若人。無人之情。【注】掘若槁木之枝。【疏】聖人同塵在世，有生處之形容；體道虛忘，無是非之情慮。【釋文】掘若其勿反。槁木苦老反。有人之形，故羣於人；【注】類聚羣分，自然之道。【疏】和光混迹，羣聚世間。此解「有人之形」。【釋文】羣分如字。無人之情，故是非不得於身。【注】無情，故付之於物也。【疏】譬彼靈真，絕無性識；既忘物我，何有是非？此解「無人之情」故也。眇乎小哉，所以屬於人也！【注】形貌若人。【疏】屬，係也。迹閔嚚俗，形係人羣，與物不殊，故稱眇小也。此結「有人之形」耳。【釋文】眇亡小反。簡文云：陋也。○郭慶藩曰：慧琳一切經音義九十八廣弘明集音卷十五引司馬云：眇，高視也。釋文闕。謷乎大哉，獨成其天！【注】無情，故浩然無不任。無不任者，有情之所未能也，故無情而獨成天也。【疏】謷，高大貌也。謷然大教，萬境都忘，智德高深，凝照宏遠。故歎美大人，獨成自然之至。此結「無人之情」也。【釋文】謷乎五羔反。徐五報反。簡文云：放也。今取遨遊義也。獨成其天如字。崔本「天」字作「大」，云：類同於人，所以爲小；情合於天，所以爲大。

惠子謂莊子曰：「人故無情乎？」【疏】前文云有人之形，無人之情，惠施引此語來質疑。莊子所言人者，必固無情慮乎？然莊、惠二賢並遊心方外，故常稟而爲論端。莊子曰：「然。」【疏】然，如是也。許其所問，故答云「然」。惠子曰：「人而無情，何以謂之人？」【疏】若無情智，何名爲人？此是惠施進責之辭，問於莊子。莊子曰：「道與之貌，天與之形，惡得不謂之人！」【注】人之生也，大情之所生也。生之所知，豈情之所知哉？故有情於爲離、曠而弗能也，然離、曠以無情而聰明矣；有情於爲賢聖而弗能也，然賢聖以無情而賢聖矣。豈直賢聖絕遠而離、曠難慕哉，雖下愚聾瞽及鷄鳴狗吠，豈有情於爲之，亦終不能也。不問遠之與近，雖去己一分，顏、孔之際，終莫之得也。是以關之萬物，反取諸身，耳目不能以易任成功，手足不能以代司致業。故嬰兒之始生也，不以目求乳，不以耳向明，不以足操物，不以手求行。豈百骸無定司，形貌無素主，而專由情以制之哉？【疏】惡，何也。虛通之道，爲之相貌；自然之理，遺其形質。形貌具有，何得不謂之人？且形之將貌，蓋亦不殊。道與自然，互其文耳。欲顯明斯義，故重言之也。【釋文】惡得音烏。下「惡得」同。吠扶廢反。一分如字。足操七刀反。惠子曰：「既謂之人，惡得無情？」【注】未解形貌之非情也。【疏】既名爲人，理懷情慮，若無情識，何得謂之人？此是惠施未解形貌之非情。【釋文】未解音蟹。莊子曰：「是非吾所謂情也。【注】以是非爲情，則無是無非、無好無惡者，雖有形貌，直是人耳，情將安寄？【疏】吾所言情者，是非彼我，好惡憎嫌等也。若無是無非，雖有形貌，直是人耳，情將安寄？吾所謂無情者，言人之不以好惡內傷其身，【注】任當而直前者，非情也。【疏】莊子所謂無情者，非木石其懷也，止言不以好惡緣慮分外，遂成性而內理其身者也。何則？蘊虛照之智，無情之情也。常因自然而不益生也。」【注】止於當也。【疏】因任自然之理，以此爲常；止於所稟之涯，不知生分。惠子曰：「不益生，何以有其身？」【注】未明生之自生，理之自足。【疏】若不資益生道，何得有此身乎？　未解生之自生、理之自足者也。莊子曰：「道與之貌，天與之形，【注】生理已自足於形貌之中，但任之則身存。【疏】道與形貌，生理已足，但當任之，無勞措意也。無以好惡內傷其身。【注】夫好惡之情，非所以益生，祇足以傷身，以其生之有分也。【疏】還將益以酬後問也。【釋文】無以好惡呼報反。下烏路反。注同。祇足音支。今子外乎子之神，勞乎子之精，倚樹而吟，據槁梧而瞑。【注】夫神不休於性分之內，則外矣；精不止於自生之極，則勞矣。故行則倚樹而吟，坐則據梧而睡，言有情者之自困也。【疏】槁梧，夾膝几也。惠子未遺筌蹄，耽內名理，疏外神識，勞苦精靈，故行則倚樹而吟詠，坐則隱几而談說，是以形勞心倦，疲怠而瞑者也。【釋文】倚樹於綺反。據槁苦老反。梧音吾。而瞑音眠。崔云：據琴而睡也。〇典案：瞑，「眠」之正字。說文云：瞑，翕目也。從目冥，冥亦聲。文選陸士衡答張士然詩「薄莫不遑瞑」，李注：瞑，古「眠」字。嵇叔夜養生論「達旦不瞑」注同。而睡垂臂反。天選子之形，子以堅白鳴。」【注】言凡子所爲，外神勞精，倚樹據梧，且吟且睡，此世之所謂情也。而云天選，明夫情者非情之所生，而況他哉！故雖萬物萬形，云爲趣舍，皆在無情中來，又何用情於其間哉！【疏】選，授也。鳴，言説也。自然之道授與汝形，夭壽妍醜其理已定，無勞措意，分外益生。而子禀性聰明，辨析明理，執持己德，炫耀衆人，亦何異乎公孫龍作白馬論，云白馬非馬，堅守斯論，以此自多！信有其言，而無其實，能伏衆人之口，不能伏衆人之心。今子分外誇談，即是斯之類也。【釋文】天選宣轉反。舊思綬反。○典案：疏「辨析明理」，「明」疑當作「名」，聲之譌也。

莊子補正卷三上

内篇　大宗師第六

【注】雖天地之大，萬物之富，其所宗而師者無心也。【釋文】大宗師崔云：遺形忘生，當大宗此法也。

知天之所爲，知人之所爲者，至矣。【注】知天人之所爲者，皆自然也，則内放其身而外冥於物，與衆玄同，任之而無不至者也。【疏】天者，自然之謂。至者，造極之名。天之所爲者，謂三景晦明，四時生殺，風雲舒卷，雷雨寒温也。人之所爲者，謂手捉脚行，目視耳聽，心知工拙，凡所施爲也。知天之所爲，悉皆自爾，非關脩造，豈由知力？是以内放其身，外冥於物，浩然大觀，與衆玄同，窮理盡性，故稱爲至也。知天之所爲者，天而生也。【注】天者，自然之謂也。夫爲爲者不能爲，而爲自爲耳；爲知者不能知，而知自知耳。自知耳，不知也；不知也，則知出於不知矣。自爲耳，不爲也；不爲也，則爲出於不爲矣。爲出於不爲，故以不爲爲主；知出於不知，故以不知爲宗。是故真人遺知而知，不爲而爲，自然而生，坐忘而得，故知稱絶而爲名去也。【疏】雲行雨施，川源岳瀆，非關人力，此乃天生，能知所知，並自然也。此解前知天之所爲。【釋文】天而生向、崔本作「失而生」。知稱尺證反。知人之所爲者，以其知之所知，以養其知之所不知，終其天年而不中道夭者，是知之盛也。【注】人之生也，形雖七尺而五常必具，故雖區區之身，乃舉天地以奉之。故天地萬物，凡所有者，不可一日而相無也。一物不具，則生者無由得生；一理不至，則天年無緣得終。然身之所有者，知或不知也；理之所存者，爲或不爲也。故知之所知者寡，而身之所有者衆；爲之所爲者少，而理之所存者博。在上者莫能器之而求其備焉。人之所知不必同，而所爲不敢異，異則僞成矣，僞成而真不喪者，未之有也。或好知而不倦，以困其百體，所好不過一枝，而舉根俱弊，斯以其所知而害所不知也。若夫知之盛也，知人之所爲者有分，故任而不强也；知人之所知者有極，故用而不蕩也。故所知不以無涯自困，則一體之中，知與不知闇相與會，而俱全矣，斯以其所知養所不知者也。【疏】人之所爲，謂四肢百體各有御用也。知之所知者，謂目知於色，即以色爲所知也。知之所不知者，謂目能知色，不能知聲，即以聲爲所不知也。既而目爲手足而視，脚爲耳鼻而行，雖復無心相爲，而濟彼之功成矣。故眼耳鼻舌，四肢百體，更相役用，各有司存。心之明闇，亦有限極，有其分內，終不强知。斯以其知之所知，以養其知之所不知也，故得盡其天年，不横夭折。

能如是者，可謂知之盛美者也。【釋文】不喪息浪反。下皆同。或好呼報反。下同。不强其兩反。

雖然，有患。【注】雖知盛，未若遺知任天之無患也。【疏】知雖盛美，猶有患累，不若忘知而任獨也。夫知有所待而後當，【注】夫知者未能無可無不可，故必有待也。若乃任天而生者，則遇物而當也。其所待者特未定也。【注】有待則無定也。【疏】夫知必對境，非境不當。境既生滅不定，知亦待奪無常。唯當境知兩忘，能所雙遣者，方能無可無不可，然後無患也已。庸詎知吾所謂天之非人乎？所謂人之非天乎？【注】我生有涯，天也；心欲益之，人也。然此人之所謂耳，物無非天也。天也者，自然者也。人皆自然，則治亂成敗，遇與不遇，非人爲也，皆自然耳。【疏】近取諸身，遠託諸物，知能運用，無非自然。是知天之與人，理歸無二，故謂天則人，謂人則天，凡庸之流，詎曉斯旨！所言吾者，莊生自稱。此則泯合人天，混同物我者也。【釋文】庸詎徐其庶反。則治直吏反。

且有真人，而後有真知。【注】有真人，而後天下之知，皆得其真，而不可亂也。【疏】夫聖人者，誠能冥真合道，忘我遺物，懷兹聖德，然後有此真知。是以混一真人而無患累。真知之狀，列在下文耳。何謂真人？【疏】假設疑問，庶顯其旨。古之真人，不逆寡，【注】凡寡皆不逆，則所順者衆矣。【疏】寡，少也。引古御今，崇本抑末，虚懷任物，大順羣生，假令微少，曾不逆忤者也。不雄成，【注】不恃其成而處物先。【疏】爲而不恃，長而不宰，豈雄據成績，欲處物先耶！不謨士。【注】縱心直前，而羣士自合，非謀謨以致之者也。【疏】虚夷忘淡，士衆自歸，非關運心謀謨招致故也。【釋文】不謨没乎反。若然者，過而弗悔，當而不自得也。【注】直自全當而無過耳，非以得失經心者也。【疏】天時已過，曾無悔吝之心；分命偶當，不以自得爲美也。○俞樾曰：過者，謂於事有所過失也。當者，謂行之而當也。在衆人之情，於事有所過失則悔矣，行之而當，則自以爲得矣。真人不然，故曰過而弗悔，當而不自得也。正文明言「過」，郭注謂「全當而無過」，失之。若然者，登高不慄，入水不濡，入火不熱。是知之能登假於道者也若此。【注】言夫知之登至於道者，若此之遠也。理固自全，非畏死也。故真人陸行而非避濡也，遠火而非逃熱也，無過而非措當也。故雖不以熱爲熱而未嘗赴火，不以濡爲濡而未嘗蹈水，不以死爲死而未嘗喪生。故夫生者豈生之而生哉？成者豈成之而成哉？故任之而無不至者，真人也，豈有概意於所遇哉！【疏】慄，懼也。濡，溼也。登，昇也。假，至也。真人達生死之不二，體安危之爲一，故能入水入火，曾不介懷，登高履危，豈復驚懼。真知之士，有此功能，昇至玄道，故得如是者也。【釋文】不慄音栗。不濡而朱反。登假更百反，至也。遠火于萬反。有概古愛反。古之真人，其寢不夢，【注】無意想也。其覺無憂，【注】當所遇而安也。【疏】夢者，情意妄想也。而真人無情慮，絶思想，故雖寢寐，寂泊而不夢，以至覺悟，常適而無憂也。【釋文】其覺古孝反。其食不甘，【注】理當食耳。【疏】混迹人間，同塵而食，不耽滋味，故不知甘美。其息深深。真人之息以踵，【注】乃在根本中來者也。【疏】踵，足根也。真人心性和緩，智照凝寂，至於氣息，亦復徐遲。脚踵中來，明其深静也。【釋文】深深李云：內息之貌。以踵章勇反。王穆夜云：起息於踵，遍體而深。衆人之息以喉。屈服者，其嗌言若哇。【注】氣不平暢。【疏】嗌，喉也。哇，礙也。凡俗之人，心靈馳競，言語喘息，唯出咽喉。情躁氣促，不能深静，屈折起伏，氣不調和，咽喉之中恒如哇礙也。【釋文】以喉向云：喘悸之息，以喉爲節，言情欲奔競所致。其嗌音益。郭音厄，厄咽喉也。若哇獲媧反。徐胡卦反，又音絓。崔一音於佳反，結也，言咽喉之氣結礙不通也。簡文云：哇，嘔也。其耆欲深者，其天機淺。【注】深根寧極，然後反一無欲也。【疏】夫耽耆諸塵，而情欲深重者，其天然機神淺鈍故也。若使智照深遠，豈其然乎！【釋文】其耆市志反。

古之真人，不知説生，不知惡死；【注】與化爲體者也。【疏】氣聚而生，生爲我時；氣散而死，死爲我順。既冥變化，故不以悦惡存懷。【釋文】説生音悦。惡死烏路反。其出不訢，其入不距；【注】泰然而任之也。【疏】時應出生，本無情於忻樂；時應入死，豈有意於詎諱耶！【釋文】不訢音欣，又音祈。不距本又作「拒」，音巨。李云：欣出則營生，距入則惡死。翛然而往，翛然而來而已矣。【注】寄之至理，故往來而不難也。【疏】翛然，無係貌也。翛然獨化，任理遨遊，雖復死往生來，曾無意戀之者也。【釋文】儵然音蕭，本又作「翛」。徐音叔。郭與久反。李音悠。向云：儵然，自然無心而自爾之謂。郭、崔云：往來不難之貌。司馬云：翛，疾貌。李同。不忘其所始，不求其所終；【注】終始變化，皆忘之矣，豈直逆忘其生，而猶復探求死意也！【疏】始，生也。終，死也。生死都遣，曾無滯著，豈直獨忘其生而偏求於死邪？終始均平，所遇斯適也。【釋文】猶復扶又反。下「非復」同。受而喜之，【注】不問所受者何物，遇之而無不適也。【疏】喜所遇也。忘而復之，【注】復之不由於識，乃至也。【疏】反未生也。是之謂不以心捐道，不以人助天，是之謂真人。【注】人生而靜，天之性也；感物而動，性之欲也。物之感人無窮，人之逐欲無節，則天理滅矣。真人知用心則背道，助天則傷生，故不爲也。【疏】是謂者，指斥前文，總結其旨也。捐，棄也。言上來智惠忘生，可謂不用取捨之心，捐棄虛通之道，亦不用人情分別，添助自然之分。能如是者，名曰真人也。【釋文】捐徐以全反。郭作「揖」，一入反。崔云：或作「楫」，所以行舟也。○俞樾曰：「捐」字誤。釋文云：郭作「揖」。崔云：或作「楫」，所以行舟也。其義彌不可通。疑皆「偝」字之誤。「偝」即「背」字，故郭注曰「真人知用心則背道，助天則傷生」，是郭所據本正作「偝」也。則背音佩。若然者，其心志，【注】所居而安爲志。【疏】若如以前不捐道等心，是心懷志力而能致然也。故老經云：「强行者有志。」其容寂，【注】雖行而無傷於靜。【釋文】容家本亦作「寂」。崔本作「宗」。其顙頯；【注】頯，大朴之貌。【疏】顙，額也。頯，大朴貌。夫真人降世，挺氣異凡。非直智照虛明，志力宏普，亦乃威容閑雅，相貌端嚴。日角月弦，即斯類也。【釋文】其顙息黨反。

崔云：頟也。頯徐去軌反。郭苦對反。李音仇，一音逵，權也。王云：質朴無飾也。向本作「魌」，魌然，大朴貌。廣雅云：魌，大也。五罪反。淒然似秋，【注】殺物非爲威也。【釋文】淒然七西反。煖然似春，【注】生物非爲仁也。【釋文】煖然音暄。徐况晚反。喜怒通四時，【注】夫體道合變者，與寒暑同其溫嚴，而未嘗有心也。然有溫嚴之貌，生殺之節，故寄名於喜怒也。【疏】聖人無心，有感斯應，威恩適務，寬猛逗機。同素秋之降霜，本無心於肅殺；似青春之生育，寧有意於仁惠！是以真人如雷行風動，木茂華敷，覆載合乎二儀，喜怒通乎四序。與物有宜，而莫知其極。【注】無心於物，故不奪物宜。無物不宜，故莫知其極。【疏】真人應世，赴感隨時，與物交涉，必有宜便。而虛心慈愛，常善救人，量等太虛，故莫知其極。

故聖人之用兵也，亡國而不失人心，【疏】堯攻叢支，禹攻有扈，成湯滅夏，周武伐殷，並上合天時，下符人事。所以興動干戈，弔民問罪，雖復殄亡邦國，而不失百姓歡心故也。【釋文】亡國而不失人心崔云：亡敵國而得其人心。利澤施乎萬世，不爲愛人。【注】因人心之所欲亡而亡之，故不失人心也。夫白日登天，六合俱照，非愛人而照之也。故聖人之在天下，煖焉若春陽之自和，故蒙澤者不謝；淒乎若秋霜之自降，故凋落者不怨也。【疏】利物滋澤，事等陽春，豈值一時，乃施乎萬世。而芻狗百姓，故無偏愛之情。故樂通物，非聖人也；【注】夫聖人無樂也，直莫之塞而物自通。【疏】夫懸鏡高臺，物來斯照，不迎不送，豈有情哉！大聖應機，其義亦爾，和而不唱，非謂樂通。故知授意於物，非聖人者也。有親，非仁也；【注】至仁無親，任理而自存。【疏】至仁無親，親則非至仁也。天時，非賢也；【注】時天者，未若忘時而自合之賢也。【疏】占玄象之虧盈，候天時之去就，此乃小智，豈是大賢者也？利害不通，非君子也；【注】不能一是非之塗，而就利違害，則傷德而累當矣。【疏】未能一窮通，均利害，而擇情榮辱，封執是非者，身且不能自達，焉能君子人物乎？行名失己，非士也；【注】善爲士者，遺名而自得，故名當其實，而福應其身。【疏】矯行求名，失其己性，此乃流俗之人，非爲道之士。【釋文】行名下孟反。福應應對之應。亡身不真，非役人也。【注】自失其性而矯以從物，受役多矣，安能役人乎！【疏】夫矯行喪真，求名亡己，斯乃受人驅役，焉能役人哉？若狐不偕、務光、伯夷、叔齊、箕子、胥餘、紀他、申徒狄，是役人之役，適人之適，而不自適其適者也。【注】斯皆舍己效人，徇彼傷我者也。【疏】姓狐，字不偕，古之賢人。又云：堯時賢人，不受堯讓，投河而死。務光，黄帝時人，身長七尺。又云：夏時人，餌藥養性，好鼓琴，湯讓天下，不受，自負石沈於廬水。伯夷、叔齊，遼西孤竹君之二子，神農之裔，姓姜氏。父死，兄弟相讓，不肯嗣位，聞西伯有道，試往觀焉，逢文王崩，武王伐紂，夷、齊扣馬而諫，武王不從，遂隱於河東首陽山，不食其粟，卒餓而死。箕子，殷紂賢臣，諫紂不從，遂遭奴戮。胥餘者，箕子名也。又解：是楚大夫伍奢之子，名員，字子胥，吴王夫差之臣。忠諫不從，抉眼而死，屍沈於江。紀他者，姓紀，名他，湯時逸人也。聞湯讓務光，恐及乎己，遂將弟子，隱於窾水而死，申徒狄聞之，因以踣河。此數子者，皆矯情僞行，亢志立名，分外波蕩，遂至於此。自餓自沈，促齡天命，而芳名令譽，傳諸史籍，斯乃被他驅使，何能役人？悦樂衆人之耳目，焉能自適其情性耶？【釋文】狐不偕司馬云：古賢人也。**務光**皇甫謐云：黄帝時人，耳長七寸。**伯夷叔齊**孤竹君之二子。**箕子胥餘**司馬云：胥餘，箕子名也，見尸子。崔同。又云：尸子曰箕子胥餘漆身爲厲，被髮佯狂。或云：尸子曰比干也，胥餘其名。**紀他**徒何反。**申徒狄**殷時人，負石自沈於河。崔本作「司徒狄」。**皆舍**音捨。下同。

古之真人，其狀義而不朋，【注】與物同宜而非朋黨。【疏】狀，迹也。義，宜也。降迹同世，隨物所宜，而虚己均平，曾無偏黨也。○俞樾曰：郭注訓「義」爲「宜」，「朋」爲「黨」，望文生訓，殊爲失之。此言其狀，豈言其德乎？「義」當讀爲「峨」，「峨」與「義」並從「我」聲，故得通用。天道篇「而狀義然」，「義然」即「峨然」也。「朋」讀爲「崩」，易復象辭「朋來無咎」，漢書五行志引作「崩來無咎」，是也。「其狀峨而不崩」者，言其狀峨然高大，而不崩壞也。廣雅釋詁「峨，高也」，釋訓「峨峨，高也」，高與大義相近，故文選西京賦「神山峨峨」，薛綜注曰：峨峨，高大也。天道篇「義然」，即可以此説之。郭不知「義」爲「峨」之叚字，於此文則訓爲「宜」，於彼文則曰「踶跂自持之貌」，皆就本字爲説，失之。

若不足而不承。【注】沖虚無餘，如不足也；下之而無不上，若不足而不承也。【疏】韜晦沖虚，獨如神智不足；率性而動，汎然自得，故無所禀承者也。【釋文】不承如字。李云：迎也。又音拯。**不上**時掌反。

與乎其觚而不堅也，【注】常游於獨而非固守。【疏】觚，獨也。堅，固也。彷徨放任，容與自得，遨遊獨化之場，而不固執之。【釋文】與乎如字，又音豫，同云疑貌。**其觚**音孤。王云：觚，特立不羣也。崔云：觚，棱也。○俞樾曰：郭注曰「常遊於獨而非固守」，是讀「觚」爲「孤」，然與不堅之義殊不相應。釋文引崔云：觚，棱也。亦與不堅之義不應，殆皆非也。養生主篇「技經肯綮之未嘗，而況大軱乎」，釋文引崔云：槃結骨。疑此「觚」字即彼「軱」字。骨之槃結，是至堅者也。「軱而不堅」是謂真人。崔不知「觚」、「軱」之同字，故前後異訓耳。〇李楨曰：「與乎其觚」與「張乎其虛」對文，「觚」字太不倫。據注、疏，「觚」訓「獨」，釋文引王云：觚，特立不倚也。並是「孤」字之義，知所據本必皆作「孤」，「觚」是叚借。爾雅釋地觚竹北户，釋文云：本又作「孤」，此「觚」「孤」互通之證。孤特者率方而有棱，故其字亦可借「觚」爲之。「與乎」二字，與下「與乎止我德也」複，疑此誤。注云：「常遊於獨」，就「遊」字義求之，或元是「𧼮」字，抑或是「𢥞」字。説文：𧼮，安行也；𢥞，趣步𢥞𢥞也。並與「遊」義合。**張乎其虛而不華也，**【注】曠然無懷，乃至於實。【疏】張，廣大貌也。靈府寬閒，與虛空等量，而智德真實，故不浮華。**邴邴乎其似喜也，**【注】至人無喜，暢然和適，故似喜也。【疏】邴邴，喜貌也。隨變任化，所遇斯適，實忘善怒，故云似喜者也。〇典案：「也」舊作「乎」，與上下文不一律。今依碧虛子校引文、成、張本改。下「崔崔乎其不得已也」、「厲乎其似世也」同。【釋文】邴邴徐音丙。郭甫杏反。向云：喜貌。簡文云：明貌。**崔崔乎其不得已也，**【注】動靜行止，常居必然之極。【疏】崔，動也。已，止也。真人凝寂，應物無方，迫而後動，非關先唱，故不得已而應之者也。〇典案：「崔」字舊不重，「也」作「乎」。今依文、成、張本增改。【釋文】崔乎于罪反。徐息罪反。郭且雷反。向云：動貌。簡文云：速貌。**滀乎進我色也，**【注】不以物傷己也。【疏】滀，聚也。進，益也。心同止水，故能滀聚羣生。是以應而無情，惠而不費，適我益我，神色終無減損者也。【釋文】滀乎本又作「慉」，勑六反。司馬云：色憤起貌。王云：

富有德充也。簡文云：聚也。與乎止我德也，【注】無所趨也。【疏】雖復應動隨世，接物逗機，而恒容與無爲，作於真德，所謂動而常寂者也。厲乎其似世也，【注】至人無厲，與世同行，故若厲也。【疏】厲，危也。真人一於安危，冥於禍福，而和光同世，亦似厲乎。如孔子之困匡人，文王之拘羑里，雖遭危厄，不廢無爲之事也。○典案：「也」舊作「乎」，今依文、成、張本改。【釋文】厲乎如字。崔本作「廣」，云：苞羅者廣也。○俞樾曰：郭注殊不可通。且如注意，當云「世乎其似厲」，不當反言「其似世也」。今案：「世」乃「泰」之叚字。荀子榮辱篇「橋泄者，人之殃也」，劉氏台拱補注曰：「橋泄」，即「驕泰」之異文。荀子他篇或作「汏」，或作「忲」，或作「泰」，皆同。「漏泄」之「泄」，古多與外、大、害、敗爲韻，亦讀如「泰」也。又引賈子「簡泄不可以得士」爲證，然則以「世」爲「泰」，猶以「泄」爲「泰」也。猛厲與驕泰，其義相應。釋文曰：厲，崔本作「廣」。廣大亦與「泰」義相應，「泰」亦大也。若以本字讀之，而曰「似世」，則皆不可通矣。謷乎其未可制也，【注】高放而自得。【疏】聖德廣大，謷然高遠，超於世表，故不可禁制也。【釋文】謷乎五羔反。徐五到反。司馬云：志遠貌。王云：高邁於俗也。連乎其似好閉也，【注】綿邈深遠，莫見其門。【疏】連，長也。聖德遐長，連綿難測；心知路絶，孰見其門。昏默音聲，似如關閉，不聞見人也。【釋文】連乎如字。李云：連，綿長貌。崔云：蹇連也，音輂。似好呼報反。下皆同。悗乎忘其言也。【注】不識不知，而天機自發，故悗然也。【疏】悗，無心貌也。放任安排，無爲虛淡，得玄珠於赤水，所以忘言。自此以前，歷顯真人自利利他內外德行。從此以下，明真人利物爲政之方也。【釋文】悗乎亡本反。字或作「免」。李云：

無匹貌。王云：廢忘也。崔云：婉順也。以刑爲體，【注】刑者治之體，非我爲。【釋文】治之直吏反。以禮爲翼，【注】禮者，世之所以自行耳，非我制。【疏】用刑法爲治，政之體本；以禮樂爲御，物之羽儀。以知爲時，【注】知者，時之動，非我唱。以德爲循。【注】德者，自彼所循，非我作。【疏】循，順也。用智照機，不失時候；以德接物，俯順物情。以前略標，此以下解釋也。【釋文】爲循本亦作「修」，兩得。○俞樾曰：陸氏以爲兩得，非。下文「與有足者至于丘也」，自作「循」爲是。説文：循，順行也。若作「修」，則無義矣。以刑爲體者，綽乎其殺也；【注】任治之自殺，故雖殺而寬。【疏】綽，寬也。所以用刑法爲治體者，以殺止殺，殺一懲萬，故雖殺而寬簡。是以惠者民之讎，法者民之父。【釋文】綽乎昌略反。崔本作「淖」。以禮爲翼者，所以行於世也；【注】順世之所行，故無不行。【疏】禮雖忠信之薄，而爲御世之首，故不學禮，無以立，非禮勿動，非禮勿言，人而無禮，胡不遄死。是故禮之於治，要哉！羽翼人倫，所以大行於世者也。以知爲時者，不得已於事也；【注】夫高下相受，不可逆之流也。小大相羣，不得已之勢也。曠然無情，羣知之府也。承百流之會，居師人之極者，奚爲哉？任時世之知，委必然之事，付之天下而已。【疏】隨機感以接物，運至知以應時。理無可視聽之色聲，事有不得已之形勢，故爲宗師者，曠然無懷，付之羣智，居必然之會，乘之以游者也。以德爲循者，言其與有足者至於丘也；【注】丘者，所以本也。以性言之，則性之本也。夫物各有足，足於本也。付羣德之自循，斯與有足者至於本也，本至而理盡矣。【疏】丘，本也。以德接物，順物之性，性各有分，止分而足。順其本性，故至於丘也。而人真以爲勤行者也。【注】凡此皆自彼而成，成之不在己，則雖處萬機之極，而常閒暇自適，忽然不覺事之經身，悗然不識言之在口。而人之大迷，真謂至人之爲勤行者也。【疏】夫至人者，動若行雲，止若谷神，境智洞忘，虛心玄應，豈有懷於爲物，情係於拯救者乎？而凡俗之人，觸塗封執，見舟航庶品，亭毒羣生，實謂聖人勤行不怠。詎知汾水之上，凝淡窅然？故文云孰肯以物爲事也。【釋文】常閒音閑。故其好之也一，其弗好之也一。【注】常無心而順彼，故好與不好，所善所惡，與彼無二也。【疏】既忘懷於美惡，亦遣蕩於憂憎，故好與弗好，出自凡情，而聖智虛融，未嘗不一。其一也一，其不一也一。【注】其一也，天徒也。其不一也，人徒也。夫真人同天人，均彼我，不以其一異乎不一。【疏】其一，聖智也。其不一，凡情也。既而凡聖不二，故不一皆一之也。其一與天爲徒，【注】無有而不一者，天也。其不一與人爲徒。【注】彼彼而我我者，人也。【疏】同天人，齊萬致，與玄天而爲類也。彼彼而我我，將凡庶而爲徒也。天與人不相勝也，是之謂真人。【注】夫真人同天人，齊萬致。萬致不相非，天人不相勝，故曠然無不一，冥然無不在，而玄同彼我也。【疏】雖復天無彼我，人有是非，確然論之，咸歸空寂。若使天勝人劣，豈謂齊乎？此又混一天人，冥同勝負。體此趣者，可謂真人者也。

死生，命也。其有夜旦之常，天也。【注】其有晝夜之常，天之道也。故知死生者命之極，非妄然也，若夜旦耳，奚所係哉？【疏】夫旦明夜闇，天之常道；死生來去，人之分命。天不能無晝夜，人焉能無死生？故任變隨流，我將於何係哉？【釋文】夜旦如字。崔本作「靼」，音怛。人之有所不得與，皆物之情也。【注】夫真人在晝得晝，在夜得夜，以死生爲晝夜，豈有所不得！人之有所不得，而憂娛在懷，皆物情耳，非理也。【疏】夫死生晝夜，人天常道，未始非我，何所係哉？而流俗之徒，逆於造化，不能安時處順，與變俱往，而欣生惡死，哀樂存懷。斯乃凡物之滯情，豈是真人之通智也？彼特以天爲父，而身猶愛之，而況其卓乎？【注】卓者，獨化之謂也。夫相因之功，莫若獨化之至也。故人之所因者，天也；天之所生者，獨化也。人皆以天爲父，故晝夜之變，寒暑之節，猶不敢惡，隨天安之。況乎卓爾獨化，至於玄冥之境，又安得而不任之哉！既任之，則死生變化，惟命之從也。【疏】卓者，獨化之謂也。彼之衆人，禀氣蒼旻，而獨以天爲父，身猶愛而重之，至於晝夜寒温，不能返逆。況乎至道窈冥之鄉，獨化自然之境，生天生地，開闢陰陽，適可安而任之，何得拒而不順也！【釋文】其卓中學反。敢惡烏路反。之竟音境。人特以有君爲愈乎己，而身猶死之，而況其真乎？【注】夫真者，不假於物而自然也。夫自然之不可避，豈直君命而已哉！【疏】

愈,猶勝也。其真則向之獨化者也。人獨以君王爲勝己尊貴,尚殞身致命,不敢有避,而況玄道至極,自然之理,欲不從順,其可得乎? 安排委化,固其宜矣。

泉涸,魚相與處於陸,相呴以濕,相濡以沫,不如相忘於江湖。【注】與其不足而相愛,豈若有餘而相忘! 【疏】此起譬也。江湖浩瀚,游泳自在,各足深水,無復往還,彼此相忘,恩情斷絶。洎乎泉源旱涸,鱣鮪困苦,共處陸地,頳尾曝腮。於是吐沫相濡,呴氣相濕,恩愛往來,更相親附,比之江湖,去之遠矣。亦猶大道之世,物各逍遥,雞犬聲聞,不相來往,淳風既散,澆浪漸興,從理生教,聖迹斯起。矜蹩躠以爲仁,踶跂以爲義,父子兄弟,懷情相欺,聖人羞之,良有以也。故知魚失水所以呴濡,人喪道所以親愛之者也。【釋文】泉涸户各反。郭户格反。爾雅云:竭也。相呴況于、況付二反。相濡本又作「濡」,音儒。或一音如戌反。以沫音末。相忘音亡。下同。與其譽堯而非桀也,不如兩忘而化其道。【注】夫非譽皆生於不足,故至足者忘善惡,遺死生,與變化爲一,曠然無不適矣,又安知堯、桀之所在耶! 【疏】此合喻。夫唐堯聖君,夏桀庸主,故譽堯善而非桀惡,祖述堯、舜,以勗將來,仁義之興,自兹爲本也。豈若無善無惡,善惡兩忘,不是不非,是非雙遣,然後出生入死,隨變化而遨遊,莫往莫來,履玄道而自得。豈與夫呴濡聖跡同年而語哉? 【釋文】譽堯音餘。注同。夫大塊載我以形,勞我以生,佚我以老,息我以死。【注】夫形、生、老、死,皆我也,故形爲我載,生爲我勞,老爲我佚,死爲我息。四者雖變,未始非我,我奚惜哉! 【疏】大塊者,自然也。夫形是構造之物,生是誕育之始,老是耆艾之年,死是氣散之日。但運載有形,生必勞苦，老既無能，暫時閒逸；死滅還無，理歸停憩。四者雖變，而未始非我，而我坦然何所惜耶！【釋文】大塊苦怪反。又苦對反。徐胡罪反。○郭慶藩曰：文選郭景純江賦注引司馬云：大塊，自然也。釋文闕。佚我音逸。故善吾生者，乃所以善吾死也。【注】死與生，皆命也。無善則死，有善則生，不獨善也。故若以吾生爲善乎，則吾死亦善也。【疏】夫形、生、老、死，皆我也。故以善吾生爲善者，吾死亦可以爲善矣。○典案：淮南子俶真篇襲用此文，「佚」作「逸」，「息」作「休」，「吾」作「我」。

夫藏舟於壑，藏山於澤，謂之固矣。【注】方言死生變化之不可逃，故先舉無逃之極，然後明之以必變之符，將任化而無係也。○典案：淮南子俶真篇「謂」上有「人」字。【釋文】於壑火各反。然而夜半有力者負之而走，昧者不知也。【注】夫無力之力，莫大於變化者也，故乃揭天地以趨新，負山岳以舍故。故不暫停，忽已涉新，則天地萬物無時而不移也。世皆新矣，而自以爲故；舟日易矣，而視之若舊；山日更矣，而視之若前。今交一臂而失之，皆在冥中去矣。故向者之我，非復今我也。我與今俱往，豈常守故哉。而世莫之覺，横謂今之所遇可係而在，豈不昧哉！【疏】夜半闇冥，以譬真理玄邃也。有力者，造化也。夫藏舟船於海壑，正合其宜；隱山岳於澤中，謂之得所。然而造化之力，擔負而趨，變故日新，驟如逝水。凡惑之徒，心靈愚昧，真謂山舟牢固，不動歸然，豈知冥中貿遷，無時暫息。昨我今我，其義亦然也。○俞樾曰：山非可藏於澤，且亦非有力者所能負之而走，其義難通。「山」，疑當讀爲「汕」，爾雅釋器：罺謂之汕。詩南有嘉魚篇毛傳曰：汕，汕樔也。箋云：今之撩罟也。「藏舟」、「藏汕」，疑皆以漁者言。恐爲人所竊，故藏之，乃世俗常有之事，故莊子以爲喻耳。○郭慶藩曰：文選江文通雜體詩注引司馬云：舟，水物。山，陸居者。藏之壑澤，非人意所求，謂之固。有力者或能取之。釋文闕。【釋文】乃揭其列、其謁二反。

藏小大有宜，猶有所遯。【注】不知與化爲體，而思藏之使不化，則雖至深至固，各得其所宜，而無以禁其日變也。故夫藏而有之者，不能止其遯也；無藏而任化者，變不能變也。【疏】遁，變化也。藏舟於壑，藏山於澤，此藏大也。藏人於室，藏物於器，此藏小也。然小大雖異，而藏皆得宜，猶念念遷流，新新移改。是知變化之道，無處可逃也。○典案：淮南子俶真篇作「雖然，夜半有力者負而趨，寐者不知，猶有所遁」。

若夫藏天下於天下而不得所遯，是恒物之大情也。【注】無所藏而都任之，則與物無不冥，與化無不一。故無外無內，無死無生，體天地而合變化，索所遯而不得矣。此乃常存之大情，非一曲之小意。【疏】恒，常也。夫藏天下於天下者，豈藏之哉？蓋無所藏也。故能一死生，冥變化，放縱寰宇之中，乘造物以遨遊者，斯藏天下於天下也。既變所不能變，何所遯之有哉！此乃體凝寂之人物，達大道之真情，豈流俗之迷徒，運人間之小智耶！○典案：淮南子俶真篇作「若藏天下於天下，則無所遁其形矣」。【釋文】索所所百反。

特犯人之形而猶喜之，若人之形者，萬化而未始有極也，【注】人形乃是萬化之一遇耳，未足獨喜也。無極之中，所遇者皆若人耳，豈特人形可喜，而餘物無樂耶？○郭慶藩曰：文選賈長沙鵩鳥賦注引司馬云：當復化而爲無。釋文闕。【釋文】無樂音洛。下及注同。其爲樂可勝計邪？【注】本非人，而化爲人；化爲人，失於故矣。失故而喜，喜所遇也。變化無窮，何所不遇，所遇而樂，樂豈有極乎！【疏】特，獨也。犯，遇也。夫大冶洪鑪，陶鑄羣品，獨遇人形，遂以爲樂。如人形者，其貌類無窮，所遇即喜，喜亦何極？是以唯形與喜，不可勝計。○典案：淮南子俶真篇作「一範人之形而猶喜」。若人者，千變萬化而未始有極也，弊而復新，其爲樂也可勝計邪」。【釋文】可勝音升。故聖人將遊於物之所不得遯而皆存。【注】夫聖人遊於變化之塗，放於日新之流。萬物萬化，亦與之萬化；化者無極，亦與之無極，誰得遯之哉！夫於生爲亡而於死爲存，則何時而非存哉！【疏】夫物不得遯者，自然也。孰能逃於自然之道乎？是故聖人遊心變化之塗，放任日新之境，未始非我，何往不存耶！善妖善老，善始善終，人猶效之，【注】此自均於百年之內，不善少而否老，未能體變化、齊死生也。然其平粹，猶足以師人也。○典案：碧虛子校引張君房本「妖」作「少」。郭注：「此自均於百年之內，不善少而否老。」是所見本正作「善少」，張本是也。【釋文】善妖崔本作「狡」，同。古卯反。本又作「夭」，於表反。簡文於橋反，云：異也。善少詩照反。否老音鄙。本亦作「鄙」。平粹雖遂反。又況萬物之所係，而一化之所待乎！【注】此玄同萬物而與化爲體，故其爲天下之所宗也，不亦宜乎！【疏】係，屬也。夫人之識性，明暗不同。自有百年之中，一生之內，從容平淡，鮮有欣感，至於壽夭老少，都不介懷。雖未能忘生死，但復無嫌惡，猶足以爲物師傅，人放效之，而況混同萬物，冥一變化。屬在至人，必資聖知，爲物宗匠，不亦宜乎！

夫道有情有信，無爲無形，【注】有無情之情，故無爲也；有無常之信，故無形也。【疏】明鑒洞照，有情也。趣機若響，有信也。恬淡寂寞，無爲也。視之不見，無形也。可傳而不可受，【注】古今傳而宅之，莫能受而有之。【釋文】可傳直專反。注同。可得而不可見；【注】咸得自容，而莫見其狀。【疏】寄言詮理，可傳也。體非量數，不可受也。方寸獨悟，可得也。離於形色，不可見也。自本自根，未有天地，自古以固存；【注】明無不待有而無也。【疏】自，從也。存，有也。虛通至道，無始無終，從本以來，未有天地，五氣未兆，大道存焉。故老經云「有物混成，先天地生」，又云「迎之不見其首，隨之不見其後」者也。神鬼神帝，生天生地；【注】無也，豈能生神哉？不神鬼帝而鬼帝自神，斯乃不神之神也。不生天地而天地自生，斯乃不生之生也。故夫神之果不足以神，而不神則神矣。功何足有，事何足恃哉！【疏】言大道能神於鬼靈，神於天帝，開明三景，生立二儀，至無之力，有茲功用。斯乃不神而神，不生而生，非神之而神，生之而生者也。故老經云「天得一以清，神得一以靈」也。在太極之先而不爲高，在六極之下而不爲深，先天地生而不爲久，長於上古而不爲老。【注】言道之無所不在也。故在高爲無高，在深爲無深，在久爲無久，在老爲無老，無所不在，而所在皆無也。且上下無不格者，不得以高卑稱也；外内無不至者，不得以表裏名也；與化俱移者，不得言久也；終始常無者，不可謂老也。【疏】大極，五氣也。六極，六合也。且道在五氣之上，不爲高遠；在六合之下，不爲深邃；先天地生，不爲長久；長於敻古，不爲耆艾。言道非高、非深、非久、非老，故道無不在，而所在皆無者也。【釋文】在大極音泰。之先一本作「之先未」，崔本同。先天悉薦反。長於丁丈反。稱也尺證反。豨韋氏得之，以挈天地；【疏】豨韋氏，文字已前遠古帝王號也。得靈通之道，故能驅馭羣品，提挈二儀。又作「契」字者，契，合也，言能混同萬物，符合二儀者也。【釋文】豨韋氏許豈反。郭褚伊反。李音豕。司馬云：上古帝王名。以挈徐苦結反。郭苦係反。司馬云：要也，得天地要也。崔云：成也。伏戲氏得之，以襲氣母；【疏】伏戲，三皇也。能伏牛乘馬，養伏犧牲，故謂之伏犧也。襲，合也。氣母者，元氣之母，應道也。爲得至道，故能畫八卦，演六爻，調陰陽，合元氣也。【釋文】伏戲音羲。崔本作「伏戲氏」。以襲氣母司馬云：襲，入也。氣母，元氣之母也。崔云：取元氣之本。維斗得之，終古不忒；【疏】維斗，北斗也。爲衆星綱維，故謂之維斗。忒，差也。古，始也。得於至道，故歷於終始，維持天地，心無差忒。【釋文】維斗李云：北斗，所以爲天下綱維。終古崔云：終古，久也。鄭玄注周禮云：終古，猶言常也。不忒它得反，差也。崔本作「代」。日月得之，終古不息；【疏】日月光證於一道，故得終始照臨，竟無休息者也。堪坏得之，以襲崑崙；【疏】崐崙，山名也。在北海之北。堪坏，崑崙山神名也。襲，入也。堪坏人面獸身，得道，入崑崙山爲神也。【釋文】堪坏徐扶眉反。郭孚杯反。崔作「邳」。司馬云：堪坏，神名。人面獸形。淮南作「欽負」。**崑崙**「崑」或作「岷」，同。音昆。下力門反。崑崙，山名。

馮夷得之，以遊大川；【疏】姓馮，名夷，弘農華陰潼鄉堤首里人也。服八石，得水仙。大川，黄河也。天帝錫馮夷爲河伯，故游處盟津大川之中也。【釋文】**馮夷**司馬云：清泠傳曰：馮夷，華陰潼鄉堤首里人也。服八石，得水仙，是爲河伯。一云：以八月庚子浴於河而溺死。一云：渡河溺死。**大川**河也。崔本作「泰川」。

肩吾得之，以處大山；【疏】肩吾，神名也。得道，故處東岳，爲太山之神。【釋文】**肩吾**司馬云：山神，不死，至孔子時。**大山**音泰。又如字。

黄帝得之，以登雲天；【疏】黄帝，軒轅也。採首山之銅，鑄鼎於荆山之下，鼎成，有龍垂於鼎以迎帝，帝遂將羣臣及後宫七十二人，白日乘雲駕龍，以登上天，仙化而去。【釋文】**黄帝**崔云：得道而上天也。

顓頊得之，以處玄宫；【疏】顓頊，皇帝之孫，即帝高陽也，亦曰玄帝。年十二而冠，十五佐少昊，二十即位。採羽山之銅爲鼎，能召四海之神，有靈異。年九十七崩，得道，爲北方之帝。玄者，北方之色，故處於玄宫也。【釋文】**顓頊**音專。下許玉反。**玄宫**李云：顓頊，帝高陽氏。玄宫，北方宫也。月令曰：其帝顓頊，其神玄冥。

禺强得之，立乎北極；【疏】禺强，水神名也，亦曰禺京。人面鳥身，乘龍而行，與顓頊並軒轅之胤也。雖復得道，不居帝位而爲水神。水位北方，故位號北極也。【釋文】**禺强**音虞。郭語龍反。司馬云：山海經曰：北海之渚有神，人面鳥身，珥兩青蛇，踐兩赤蛇，名禺强。崔云：大荒經曰：北海之神名曰禺强，靈龜爲之使。歸藏曰：昔穆王子筮卦於禺强。案海外經云：「北方禺强，黑身，手足乘兩龍。」郭璞以爲水神，人面鳥身。簡文云：北海神也。一名禺京，是黄帝之孫也。○典案：「京」、「彊」古同音通用，故「京臺」又作「彊臺」，「鱷」一作「鯨」。此「禺彊」、「禺京」一也。**西王母得之，坐乎少廣，莫知其始，莫知其終；**【疏】少廣，西極山名也。王母，太陰之精也。豹尾，虎齒，善笑。舜時王母遣使獻玉環，漢武帝時獻青桃。顏容若十六七女子，甚端正，常坐西方少廣之山，不復生死，故莫知始終也。【釋文】西王母山海經云：狀如人，狗尾，蓬頭，戴勝，善嘯，居海水之涯。漢武内傳云：西王母與上元夫人降帝，美容貌，神仙人也。少廣司馬云：穴名。崔云：山名。或云：西方空界之名。**彭祖得之，上及有虞，下及五伯；**【疏】彭祖，帝顓頊之玄孫也。封於彭城，其道可祖，故稱彭祖。善養性，得道者也。五伯者，昆吾爲夏伯，大彭、豕韋爲殷伯，齊桓、晉文爲周伯，合爲五伯。而彭祖得道，所以長年，上至有虞，下及殷、周，凡八百年矣。【釋文】彭祖解見逍遥篇。崔云：壽七百歲。或以爲仙，不死。五伯如字。又音霸。崔、李云：夏伯，昆吾；殷，大彭、豕韋；周，齊桓、晉文。**傅説得之，以相武丁，奄有天下，乘東維，騎箕尾，而比於列星。**【注】道無能也。此言得之於道，乃所以明其自得耳。自得耳，道不能使之得也。我之未得，又不能爲得也。然則凡得之者，外不資於道，内不由於己，掘然自得而獨化也。夫生之難也，猶獨化而自得之矣；既得其生，又何患於生之不得而爲之哉？故夫爲生果不足以全生，以其生之不由於己爲也，而爲之，則傷其真生也。【疏】武丁，殷王名也，號曰高宗。高宗夢得傅説，使求之天下，於陝州河北縣傅巖板築之所而得之，相於武丁，奄然清泰。傅説，星精也。而傅説一星，在箕尾上，然箕尾則是二十八宿之數，維持東方，故言乘東維，騎箕尾，而與角、亢等星比並行列，故言比於列星也。【釋文】傅說音悅。得之以相息亮反。武丁奄有天下乘東維騎箕尾而比於列星司馬云：傅說，殷相也。武丁，殷王高宗也。東維，箕斗之間，天漢津之東維也。星經曰：傅說一星在尾上，言其乘東維，騎箕尾之間也。崔云：傅說死，其精神乘東維，託龍尾，乃列宿。今尾上有傅說星。崔本此下更有「其生無父母，死登假三年而形遯，此言神之無能名者也」凡二十二字。掘然其勿反。

南伯子葵問乎女偊曰：「子之年長矣，而色若穤子，何也？」【疏】「葵」當爲「綦」字之誤，猶人間世篇中南郭子綦也。女偊，古之懷道人也。孺子，猶稚子也。女偊久聞至道，故能攝衛養生，年雖老，猶有童顏之色，駐彩之狀。既異凡人，是故子葵問其何以致此也。【釋文】南伯子葵李云：葵，當爲「綦」，聲之誤也。女偊徐音禹。李音矩。一云：是婦人也。年長張丈反。穤子本亦作「孺」，如喻反。李云：弱子也。曰：「吾聞道矣。」【注】聞道則任其自生，故氣色全也。【疏】答云聞道，故得全生，是以反少還童，色如稚子。

南伯子葵曰：「道可得學邪？」【疏】覩其容色，既異常人，心懷景慕，故詢其方術也。曰：「惡！惡可！子非其人也。【疏】惡惡可，言不可也。女偊心神內靜，形色外彰，子葵見有容貌，欣然請學。嫌其所問，故抑之謂非其人也。【釋文】惡惡可並音烏。下「惡乎」同。夫卜梁倚有聖人之才而無聖人之道，我有聖人之道而無聖人之才，【疏】卜梁，姬姓也；倚，名也。虛心凝淡爲道，智用明敏爲才。

言梁有外用之才，而無内凝之道；女偊有虛淡之道，而無明敏之才，各滯一邊，未爲通美。然以才方道，才劣道勝也。【釋文】卜梁倚魚綺反。又其綺反。李云：卜梁，姓；倚，名。

吾欲以教之，庶幾其果爲聖人乎！不然，以聖人之道，告聖人之才，亦易矣。

吾猶守而告之，【疏】庶，慕也。幾，近也。果，決也。夫上士聞道，猶藉勤行，若不勤行，道無由致。是固雖蒙教誨，必須修學，慕近玄道，決成聖人。若其不然，告示甚易；爲須修守，所以成難。然女偊久聞至道，内心凝寂，今欲傳告，猶自守之，況在初學，無容懈怠。假令口説耳聞，蓋亦何益，是以非知之難，行之難也。【釋文】亦易以豉反。

參日而後能外天下；【注】外，猶遺也。【疏】外，遺忘也。夫爲師不易，傳道極難。方欲教人，故凝神静慮，修而守之，凡經三日。心既虛寂，萬境皆空，是以天下地上，悉皆非有也。【釋文】參日音三。

已外天下矣，吾又守之，七日而後能外物；【注】物者，朝夕所須，切己難忘。【疏】天下萬境疏遠，所以易忘；資身之物親近，所以難遺。守經七日，然後遺之。故郭注云「物者，朝夕所須，切己難忘」者也。

已外物矣，吾又守之，九日而後能外生；【注】都遺也。【疏】隳體離形，坐忘我喪，運心既久，遺遺漸深也。

已外生矣，而後能朝徹；【注】遺生，則不惡死；不惡死，故所遇即安。豁然無滯，見機而作，斯朝徹也。【疏】朝，旦也。徹，明也。死生一觀，物我兼忘，惠照豁然，如朝陽初啓，故謂之朝徹也。【釋文】能朝如字。李除遥返。下同。徹如字。郭、司馬云：朝，旦也。徹，達妙之道。李云：夫能洞照，不崇朝而遠徹也。不惡烏路反。下同。豁然喚活反。

朝徹，而後能見獨；

【注】當所遇而安之，忘先後之所接，斯見獨者也。【疏】夫至道凝然，妙絶言象，非無非有，不古不今，獨往獨來，絶待絶對。覩斯勝境，謂之見獨。故老經云「寂寞而不改」。**見獨，而後能無古今；**【注】與獨俱往。【疏】任造物之日新，隨變化而俱往，不爲物境所遷，故無古今之異。**無古今，而後能入於不死不生。**【注】夫係生，故有死；惡死，故有生，是以無係無惡，然後能無死無生。【疏】古今，會也。夫時有古今之異，法有生死之殊者，此蓋迷徒倒置之見也。時既運新，運新無今無古，故法亦不去不來、無死無生者也。會斯理者，其唯女偊之子耶！**殺生者不死，生生者不生。**【疏】殺，滅也。死，亦滅也。謂此死者未曾滅，謂此生者未曾生。既死既生，能入於無死無生。故體於法，無生滅也。法既不生不滅，而情亦何欣何惡耶？任之而無不適也。○典案：碧虚子校引江南古藏本「殺」上有「故」字。【釋文】殺生者不死李云：殺，猶亡也，亡生者不死也。崔云：除其營生爲殺生。生生者不生李云：矜生者不生也。崔云：常營其生爲生生。**其爲物，無不將也，**【注】任其自將，故無不將。**無不迎也，**【注】任其自迎，故無不迎。【疏】將，送也。夫道之爲物，拯濟無方，雖復不滅不生，亦而生而滅。是以迎無窮之生，送無量之死也。**無不毁也，**【注】任其自毁，故無不毁。**無不成也，**【注】任其自成，故無不成。【疏】不送而送，無不毁滅；不迎而迎，無不生成也。**其名爲攖寧。**【注】夫與物冥者，物縈亦縈，而未始不寧也。【疏】攖，擾動也。寧，寂靜也。夫聖人

慈惠，道濟蒼生，妙本無名，隨物立稱，動而常寂，雖攖而寧者也。【釋文】攖郭音縈。徐於營反。李於盈反。崔云：有所繫著也。**攖寧也者，攖而後成者也。」**【注】物縈而獨不縈，則敗矣。故縈而任之，則莫不曲成也。【疏】既能和光同塵，動而常寂，然後隨物攖擾，善貸生成也。

南伯子葵曰：「子獨惡乎聞之？」【疏】子葵怪女偊之談，其道高妙，故問子於何處獨得聞之。自斯已下，凡有九重，前六約教，後三據理，並是女偊告示子葵之辭也。**曰：「聞諸副墨之子，**【疏】諸，之也。副，副貳也。墨，翰墨也。翰墨，文字也。理能生教，故謂文字爲副貳也。夫魚必因筌而得，理亦因教而明，故聞之翰墨，以明先因文字得解故也。【釋文】副墨李云：可以副貳玄墨也。崔云：此已下皆古人姓名，或寓之耳，無其人。**副墨之子聞諸洛誦之孫，**【疏】臨本謂之副墨，背文謂之洛誦。初既依文生解，所以執持披讀，次則漸悟其理，是故羅洛誦之。且教從理生，故稱爲子，而誦因教起，名之曰孫也。【釋文】洛誦李云：誦，通也，苞洛無所不通也。**洛誦之孫聞之瞻明，**【疏】瞻，視也，亦至也。讀誦精熟，功勞積久，漸見至理，靈府分明。【釋文】瞻明音占。李云：神明洞徹也。**瞻明聞之聶許，**【疏】聶，登也，亦是附耳私語也。既誦之稍深，因教悟理，心生歡悅，私自許當，附耳竊私語也。既聞於道，未敢公行，亦是漸登勝妙玄情者也。【釋文】聶許徐乃攝反。李云：許，與也。攝而保之，無所施與也。**聶許聞之需役，**【疏】需，須也。役，用也，行也。雖復私心自許，智照漸明，必須依教遵循，勤行勿怠。解而不行，道無由致。【釋文】需役徐音須。李音儒，云：儒弱爲役也。王云：需，待也。役，亭毒也。

需役聞之於謳，【疏】謳，謌謠也。既因教悟理，依解而行，遂使威德顯彰，謳謌滿路也。【釋文】於音烏。又如字。謳徐烏侯反。李香于反，云：謳，煦也。欲化之貌。王云：謳，謌謠也。於謳聞之玄冥，【注】玄冥者，所以名無而非無也。【疏】玄者，深遠之名也。冥者，幽寂之稱。既德行内融，芳聲外顯，故漸階虚極，以至於玄冥故也。【釋文】玄冥李云：强名曰玄，視之冥然。向、郭云：所以名無而非無也。玄冥聞之參寥，【注】夫階名以至無者，必得無於名表。故雖玄冥猶未極，而又推寄於參寥，亦是玄之又玄也。【疏】參，三也。寥，絶也。一者絶有，二者絶無，三者非有非無，故謂之三絶也。夫玄冥之境，雖妙未極，故至乎三絶，方造重玄也。【釋文】參七南反。寥徐力彫反。李云：參，高也。高邈寥曠，不可名也。參寥聞之疑始。」【注】夫自然之理，有積習而成者。蓋階近以至遠，研粗以至精，故乃七重而後及無之名，九重而後疑無是始也。【疏】始，本也。夫道超此四句，離彼百非，名言道斷，心知處滅，雖復三絶，未窮其妙。而三絶之外，道之根本，而謂重玄之域，衆妙之門，意亦難得而差言之矣。是以不本而本，本無所本，疑名爲本，亦無的可本，故謂之疑始也。【釋文】疑始李云：又疑無是始，則始非無名也。研粗七胡反。七重直龍反。下同。

子祀、子輿、子犂、子來四人相與語曰：「孰能以無爲首，以生爲脊，以死爲尻，孰知死生存亡之一體者，吾與之友矣。」【疏】子祀四人，未詳所據。觀其心迹，並方外之士，情同淡水，共結素交，叙莫逆於虚玄，述忘言於至道。夫人起自虚無，無則在先，故以無爲首；從無生有，生則居次，故以生爲脊；既生而死，死最居後，故以死爲尻，亦故然也。尻首雖别，本是一身，而死生乃異，源乎一體。能達斯趣，所遇皆適，豈有存亡欣惡於其間哉！誰能知是，我與爲友也。【釋文】子祀崔云：淮南作「子永」，行年五十四而病傴僂。子輿本又作「與」，音餘。○典案：御覽四百九引作「子與」，與釋文一本合。子犁禮兮反。爲尻苦羔反。

四人相視而笑，莫逆於心，遂相與爲友。【疏】目擊道存，故相見而笑；同順玄理，故莫逆於心也。

俄而子輿有病，子祀往問之。【疏】友人既病，須往問之，任理而行，不乖於方外也。○典案：古書多言「有疾」，罕言「有病」。病，當爲「疾」，形近而誤也。宋羅大經鶴林玉露三引此文作「有疾」，是其證（庚桑楚篇「里人有病，里人問之」，御覽七百三十八引亦作「有疾」）。

曰：「偉哉夫造物者，將以予爲此拘拘也！」【疏】偉，大也。造物，猶造化也。拘拘，攣縮不申之貌也。夫洪鑪大冶，造物無偏，豈獨將我一身，故爲拘攣之疾！以此而言，無非命也。子輿達理，自歎此辭也。【釋文】偉哉韋鬼反。向云：美也。崔云：自此至「鑑於井」，皆子祀自説病狀也。拘拘郭音駒。司馬云：體拘攣也。王云：不申也。

曲僂發背，上有五管，頤隱於齊，肩高於頂，句贅指天，陰陽之氣有沴。【注】沴，陵亂也。【疏】傴僂曲腰，背骨發露。既其俯而不仰，故藏腑並在上，頭低則頤隱於臍，膞聳則肩高於頂，而咽項句曲，大槌如贅。陰陽二氣，陵亂不調，遂使一身，遭斯疾篤。○典案：「齊」，御覽三百六十四、三百八十二引並作「臍」，鶴林玉露引同，與人間世篇合。此文作「齊」，「臍」之壞字也。疏「頭低則頤隱於臍」，是成本字亦作「臍」。【釋文】曲僂徐力主反。於頂本亦作「項」。崔本作「釘」，音項。○典案：淮南子精神篇「子求行年五十有四，而病傴僂，脊管高於頂，腸下迫頤，而脾在上，燭營指天」，即襲莊子此文。高注：「高於頂」，出頭上也。是「頂」字之誼。人間世篇亦正作「頤隱於臍，肩高於頂」。釋文一本、崔本竝非。句俱樹反。徐古侯反。贅徐之稅反。指天李云：句贅，項椎也。其形似贅，言其上向也。有沴音麗。徐又徒顯反。郭奴結反，云：陵亂也。李同。崔本作「瀰」，云：滿也。其心閒而無事，【注】不以爲患。【疏】死生猶爲一體，疾患豈復槩懷。故雖曲僂拘拘，而心神閒逸，都不以爲事。【釋文】其心閒音閑。崔以「其心」屬上句。跰𨇤而鑑於井，曰：「嗟乎！夫造物者又將以予爲此拘拘也！」【注】夫任自然之變者無嗟也，與物嗟耳。【疏】跰𨇤，曳疾貌。言曳疾力行，照臨于井，既見己貌，遂使發傷嗟。尋夫大道自然，造物均等，豈偏於我，獨此拘攣？欲顯明物理，故寄茲嗟歎也。【釋文】跰𨇤步田反。下悉田反。崔本作「邊鮮」。司馬云：病不能行，故跰𨇤也。而鑑古暫反。曰嗟乎崔云：此子輿辭。

子祀曰：「汝惡之乎？」【疏】淡水素交，契心方外，見其嗟歎，故有驚疑。【釋文】女惡音汝。下同。下烏路反。曰：「亡，予何惡！【疏】亡，無也。存亡死生，本自無心，不嗟之嗟，何嫌惡之也。【釋文】曰亡如字。絶句。予何惡烏路反。下及注同。一音如字，讀則連「亡」字爲句。浸假而化予之左臂以爲雞，予因以求時夜；浸假而化予之右臂以爲彈，予因以求鴞炙；浸假而化予之尻以爲輪，以神爲馬，予因以乘之，豈更駕哉！【注】浸，漸也。夫體化合變，則無往而不因，無因而不可也。【疏】假令陰陽二氣，漸而化我左右兩臂爲鷄爲彈，彈則求於鴞鳥，鷄則夜候天時。尻無識而爲輪，神有知而作馬，因漸漬而變化，乘輪馬以遨遊。苟隨任以安排，亦於何而不適者也。○典案：御覽三百六十九引「浸」作「侵」，下同。百五十引作「浸」，與今本合。又「予因以乘之」，鶴林玉露引「以」作「而」，影宋本、世德堂本同。

【釋文】浸子鴆反。向云：漸也。予因以求時夜一本無「求」字。爲彈徒旦反。鴞户驕反。炙章夜反。且夫得者，時也；【注】當所遇之時，世謂之得。失者，順也；【注】時不暫停，順往而去，世謂之失。安時而處順，哀樂不能入也。【疏】得者，生也。失者，死也。夫忽然而得，時應生也；倏然而失，順理死也。是以安於時則不欣於生，處於順則不惡於死。既其無欣無惡，何憂樂之入乎！【釋文】哀樂音洛。此古之所謂縣解也，而不能自解者，物有結之。【注】一不能自解，則衆物共結之矣。故能解則無所不解，不解則無所而解也。【疏】處順忘時，蕭然無係，古昔至人，謂爲縣解。若夫當生慮死，而以憎惡存懷者，既內心不能自解，故爲外物結縛之也。【釋文】縣音玄。解音蟹。下及注同。(同)〔向〕云：縣解，無所係也。且夫物不勝天久矣，吾又何惡焉！」【注】天不能無晝夜，我安能無死生而惡之哉！【疏】玄天在上，猶有晝夜之殊，況人居世間，焉能無死生之變？且物不勝天，非唯今日，我復何人，獨生憎惡！

俄而子來有病，喘喘然將死，其妻子環而泣之。【疏】環，繞也。喘喘，氣息急也。子輿語訖，俄頃之間，子來又病。氣奔欲死，既將屬纊，故妻子繞而哭之也。【釋文】喘喘川轉反。又尺軟反。崔本作「惴惴」。環而如字。徐音患。李云：繞也。子犁往問之，曰：「叱！避！無怛化。」【注】夫死生猶寤寐耳。於理當寐，不願人驚之；將化而死，亦宜無爲怛之也。【疏】叱，訶聲也。夫方外之士，冥一死生，而朋友臨終，和光往問，故叱彼親族，令避傍近，正欲變化，不欲驚怛也。【釋文】叱避昌失反。無怛丁達反。崔本作「靼」，音怛。案怛，驚也，鄭衆注周禮考工記「不能驚怛」是也。倚其户與之語曰：「偉哉造化！又將奚以汝爲，將奚以汝適？以汝爲鼠肝乎？以汝爲蟲臂乎？」【疏】又，復也。奚，何也。適，往也。倚户觀化，與之而語。歎彼大造，宏普無私，偶爾爲人，忽然返化。不知方外適往何道，變作何物。將汝五藏爲鼠之肝，或化四支爲蟲之臂？任化而往，所遇皆適也。【釋文】倚其於綺反。鼠肝向云：委棄土壤而已。王云：取微蔑至賤。蟲臂臂亦作「腸」。崔本同。

子來曰：「父母於子，東西南北，唯命之從。陰陽於人，不翅於父母，【注】自古或有能違父母之命者矣，未有能違陰陽之變而距晝夜之節者也。【疏】自此已下，是子來臨終答子犁之詞也。夫孝子侍親，尚驅馳唯命，況陰陽造化，何啻二親乎！故知違親之教，世或有焉，拒於陰陽，未之有也。【釋文】不翅徐詩知反。○典案：御覽七百三十八引注云：「信陰陽於人，甚於父母。」彼近吾死而我不聽，我則悍矣，彼何罪焉？【注】死生猶晝夜耳，未足爲遠也。時當死，亦非所禁，而橫有不聽之心，適足悍逆於理，以速其死。其死之速，由於我悍，非死之罪也。彼，謂死耳；在生，故以死爲彼。【疏】彼，造化也。而造化之中，令我近死。我惡其死而不聽從，則是我拒陰陽，逆於變化。斯乃咎在於我，彼何罪焉？郭注以死爲「彼」也。【釋文】彼近如字。則悍本亦作「捍」，胡旦反，又音旱。説文云：捍，抵也。

夫大塊載我以形，勞我以生，佚我以老，息我以死。故善吾生者，乃所以善吾死也。【注】理常俱也。【疏】此重引前文，證成彼義，斯言切當，所以再出。其解釋文意，不異前旨。**今之大冶鑄金，金踊躍曰『吾且必爲鏌鋣』，大冶必以爲不祥之金。今一犯人之形，而曰『人耳人耳』，夫造化者必以爲不祥之人。**【注】人耳人耳，唯願爲人也。亦猶金之踊躍，世皆知金之不祥，而不能任其自化。夫變化之道，靡所不遇，今一遇人形，豈故爲哉？生非故爲，時自生耳。矜而有之，不亦妄乎！【疏】祥，善也。犯，遇也。鏌鋣，古之良劍名也。昔吳人干將，爲吳王造劍，妻名鏌鋣，因名雄劍曰干將，雌劍曰鏌鋣。夫洪鑪大冶，鎔鑄金鐵，隨器大小，悉皆爲之。而鑪中之金，忽然跳躑，殷勤致請，願爲良劍。匠者驚嗟，用爲不善。亦猶自然大冶，彫刻衆形，鳥獸魚蟲，種種皆作。偶爾爲人，遂即欣愛，鄭重啓請，願更爲人，而造化之中，用爲妖孽也。〇典案：御覽八百十引「金」作「物」。【釋文】我且如字。徐子餘反。鏌音莫。鋣似嗟反。鏌鋣，劍名。**今一以天地爲大鑪，以造化爲大冶，惡乎往而不可哉！」**【注】人皆知金之有係爲不祥，故明己之無異於金，則所係之情可解。可解則無不可也。【疏】夫用二儀造化，一爲鑪冶，陶鑄羣物，錘鍛蒼生，磅礴無心，亭毒均等。所遇斯適，何惡何欣！安排變化，無往不可也。【釋文】大鑪劣奴反。惡乎音烏。可解如字。下同。成然寐，蘧然覺。【注】寤寐自若，不以死生累心。【疏】成然是閒放之貌，蘧然是驚喜之貌。寐，寢也，以譬於死也。覺是寤也，以況於生。然寤寐雖殊，何嘗不從容逸樂；死生乃異，亦未始不任命逍遥。此總結子來以死生爲寤寐者也。【釋文】成然如字。崔同。李云：成然，縣解之貌。本或作「戌」，音恤。簡文云：當作「滅」。本又作「眓」，呼括反，視高貌。本亦作「俄然」。蘧然李音渠。崔本作「據」。又其據反。蘧然，有形之貌。覺古孝反。向、崔本此下更有「發然汗出」一句，云：無係則津液通也。崔云：榮衛和通，不以化爲懼也。

子桑户、孟子反、子琴張三人相與友，曰：「孰能相與於無相與，相爲於無相爲？【注】夫體天地，冥變化者，雖手足異任，五藏殊官，未嘗相與而百節同和，斯相與於無相與也；未嘗相爲而表裏俱濟，斯相爲於無相爲也。若乃役其心志以卹手足，運其股肱以營五藏，則相營愈篤，而外内愈困矣。故以天下爲一體者，無愛爲於其間也。【疏】此之三人，並方外之士，冥於變化，一於死生，志行既同，故相與交友。仍各率乃誠，述其情致云：誰能於虚無自然而相與爲朋友乎？斯乃無與而與，無爲而爲，非爲之而爲，與之而與者也。猶如五藏六根，四肢百體，各有司存，更相御用，豈有心於相與，情繫於親疏哉！雖無意於相爲，而相濟之功成矣。故於無與而相與周旋，於無爲而爲交友者，其義亦然乎耳。○馬叙倫曰：孔子弟子有琴張，見春秋昭二十年左氏傳及孟子萬章篇。典案：御覽五百三十一引「子琴張」作「禽張」。【釋文】相與如字。崔云：猶親也。或一音豫。相爲如字。或一音于僞反。愛爲于僞反。孰能登天遊霧，撓挑無極，【注】無所不任。【疏】撓挑，猶宛轉也。夫登昇上天，示清高輕舉；遨遊雲霧，表不滯其中。故能隨變化而無窮，將造物而宛轉者也。【釋文】撓徐而少反。郭許堯反。挑徐徒了反。郭、李徒堯反。又作「兆」。李云：撓挑，猶宛轉也。宛轉玄曠之中。簡文云：循環之名。相忘以生，無所終窮？」【注】忘其生，則無不忘矣。故能隨變任化，俱無所窮竟。【疏】終窮，死也。相與忘生復忘死，死生混一，故順化而無窮也。三人相視而笑，莫逆於心，遂相與爲友。【注】若然者豈友哉？蓋寄明至親而無愛念之近情也。【疏】得意忘言，故相視而笑；智冥於境，故莫逆於心。方外道同，遂相與爲友也。

莫然有間而子桑户死，未葬，孔子聞之，使子貢往侍事焉。【疏】莫，無也。三人相視，寂爾無言。俄頃之間，子桑户死。仲尼聞之，使子貢往而弔，仍令供給喪事，將迎賓客。欲顯方外方内，故寄尼父、琴張。○碧虚子校引張本「侍」作「待」。典案：北堂書鈔百六、文選謝靈運永初三年七月十六日之郡初發都詩注引「侍」亦竝作「待」，與張本合。【釋文】莫然如字。崔云：定也。有間如字。崔、李云：頃也。本亦作「爲間」。或編曲，或鼓琴，相和而歌，【疏】曲，薄也。或編薄織簾，或鼓琴歌詠，相和歡樂，曾無慼容。所謂相忘以生，方外之至也。【釋文】編曲必連反。字林布千反。郭父殄反。史記甫連反。李云：曲，蠶薄。相和胡卧反。曰：「嗟來桑户乎！嗟來桑户乎！而已反其真，而我猶爲人猗！」【注】人哭亦哭，俗内之迹也。齊死生，忘哀樂，臨屍能歌，方外之至也。【疏】嗟來，歌聲也。「桑户乎」以下，相和之辭也。猗〔一〕，相和聲也。夫從無出有，名之曰生；自有還無，名之曰死。汝今既還空寂，便是歸本反真，而我猶寄人間，羈旅未還桑梓。欲齊一死生，而發斯猗歎者也。○李楨曰：「嗟來」是歌聲，卻是歎辭。釋名釋言語：嗟，佐也，言之不足以盡意，故發此聲以自佐也。來，哀也，使來入已哀之〔二〕，故其言之低頭以招之也。孟子反、子琴張歎桑户之已得反真，故爲此歌也。【釋文】我猶崔本作「獨」。人猗於宜反。崔云：辭也。哀樂音洛。子貢趨而進曰：「敢問臨屍而歌，禮乎？」【疏】方内之禮，貴在節文，鄰里有喪，舂猶不相。況臨朋友之屍，曾無哀哭，琴歌自若，豈是禮乎？子貢怪其如此，故趨走進問也。二人相視而笑，曰：「是惡知禮意！」【注】夫知禮意者，必遊外以經内，守母以存子，稱情而直往也。若乃矜乎名聲，牽乎形制，則孝不任誠，慈不任實，父子兄弟，懷情相欺，豈禮之大意哉！【疏】夫大禮與天地同節，不拘制乎形名，直致任真，率情而往，況冥同生死，豈存哀樂於胸中？而子貢方内儒生，性猶偏執，唯貴麤迹，未契妙本。如是之人，於何知禮之深乎？爲方外所嗤，固其宜矣。○典案：御覽五百三十一引「人」作「子」，「是惡知禮意」作「是惡知乎禮意也」。北堂書鈔百零六引「惡」下有「乎」字。【釋文】惡知音烏。下皆同。稱情尺證反。

〔一〕猗　原作「倚」，據莊子正文及集釋等本改。

〔二〕使　原作「故」，據釋名釋言語改。

子貢反，以告孔子，曰：「彼何人者邪？修行無有，而外其形骸，臨屍而歌，顔色不變，無以命之，彼何人者邪？」【疏】命，名也。子貢使返，且告尼父云：彼二人情事難識。修己德行，無有禮儀，而忘外形骸，混同生死，臨喪歌樂，神形不變。既莫測其道，故難以名之。【釋文】無以命之崔、李云：命，名也。

孔子曰：「彼遊方之外者也，而丘遊方之内者也。【注】夫理有至極，外内相冥，未有極遊外之致而不冥於内者也，未有能冥於内而不遊於外者也。故聖人常遊外以宏内〔一〕，無心以順有，故雖終日揮形而神氣無變〔二〕，俯仰萬機而淡然自若。夫見形而不及神者，天下之常累也。是故覩其與羣物並行，則莫能謂之遺物而離人矣；覩其體化而應務，則莫能謂之坐忘而自得矣。豈直謂聖人不然哉？乃必謂至理之無此。是故莊子將明流統之所宗，以釋天下之可悟。若直就稱仲尼之如此，或者將據所見以排之，故超聖人之内迹，而寄方外於數子。宜忘其所寄，以尋述作之大意，則夫遊外宏内之道坦然自明，

〔一〕宏　趙諫議本作「冥」。下同。
〔二〕揮　世德堂本作「見」。

而莊子之書，故是涉俗蓋世之談矣。【疏】方，區域也。彼之二人，齊一死生，不爲教跡所拘，故遊心寰宇之外。而仲尼、子貢命世大儒，行裁非之義，服節文之禮，鋭意哀樂之中，遊心區域之内，所以爲異也。○郭慶藩曰：文選謝靈運之郡初發都詩注、夏侯孝若東方朔贊注並引司馬云：方，常也。言彼遊心于常教之外也。釋文闕。【釋文】而淡徒暫反。而離力智反。下同。而應應對之應。下同。數子所主反。坦然吐但反。**外内不相及，而丘使女往弔之，丘則陋矣。**【注】夫弔者，方内之近事也，施之於方外，則陋矣。【疏】玄儒理隔，内外道殊，勝劣而論，不相及逮。用區中之俗禮，弔方外之高人，芻狗再陳，鄙陋之甚也。【釋文】使女音汝。下同。**彼方且與造物者爲人，而遊乎天地之一氣。**【注】皆冥之，故無二也。【疏】達陰陽之變化，與造物之爲人，體萬物之混同，遊二儀之一氣也。○王引之曰：應帝王篇「予方將與造物者爲人」，郭曰：任人之自爲。天運篇「某不與化爲人」，郭曰：夫與化爲人者，任其自化者也。案：郭未曉「人」字之義。「人」，偶也。「爲人」，猶爲偶。中庸「仁者，人也」，（郭）〔鄭〕注：讀如相人偶之人，以人意相存偶之言。詩匪風箋：人偶能割亨者，人偶能輔周道治民者。聘禮注：每門輒揖者，以相人偶爲敬也。公食大夫禮注：每曲揖及當碑揖相人偶。是「人」與「偶」同義，故漢世有「相人偶」之語〔一〕。淮南原道篇「與造化者爲人」，義與此同（高注：爲治也。非是）。互見淮南，齊俗篇曰「上與神明爲友，下與造化爲人」，是其明證也。○郭慶藩曰：文選顔延年三月三日曲水詩序注引司馬云：造物者爲道。任彦昇到大

〔一〕漢世　原作「漢書」，據集釋等本改。

司馬記室箋注、宣德皇后令注、陸佐公石闕銘注、沈休文齊故安陸昭王碑文注並引司馬云：造物，謂道也。釋文闕。彼

以生爲附贅縣疣，【注】若疣之自縣，贅之自附，此氣之時聚，非所樂也。【釋文】縣音玄。注同。疣音尤。以死爲決𤴯潰癰，【注】若𤴯之自決，癰之自潰，此氣之自散，非所惜也。【疏】彼三子體道之人，達於死生，冥於變化。是以氣聚而生，譬疣贅附縣，非所樂也；氣散而死，若𤴯癰決潰，非所惜也。【釋文】決徐古穴反。𤴯胡亂反。潰胡對反。○郭慶藩曰：慧琳一切經音義卷十六大方廣三戒經下引司馬云：浮熱爲疽，不通爲癰。卷三十持人菩薩經二、卷三十七準提陀羅尼經、九十五正誣經注引竝同。釋文闕。夫若然者，又惡知死

生先後之所在！【注】死生代謝，未始有極，與之俱往，則無往不可，故不知勝負之所在也。【疏】先，勝也。後，劣也。夫疣贅𤴯癰，四者皆是疾，而氣有聚散，病無勝負。若以此方於生死，亦安知優劣之所在乎！假於異物，託於同體，【注】假，因也。今死生聚散，變化無方，皆異物也。無異而不假，故所假雖異，而共成一體也。【疏】水火金木，異物相假，衆諸寄託，共成一身。是知形體由來虛僞。

忘其肝膽，遺其耳目，【注】任之於理而冥往也。【疏】既知形質虛假，無可欣愛，故能内則忘於臟腑，外則忘其根竅故也。反覆終始，不知端倪，【注】五藏猶忘，何物足識哉！未始有識，故能放任於變化之塗，玄同於反覆之波，而不知終始之所極也。【疏】端，緒也。倪，畔也。反覆，猶往來也。

終始，猶生死也。既忘其形質，𡡾體絀聰，故能去來生死，與化俱往。化又無極，故莫知端倪。【釋文】反覆芳服反。端倪本或作「涗」。同。音崖。徐音詣。芒然彷徨乎塵垢之外，逍遥乎無爲之業。【注】所謂無爲之業，非拱默而已。所謂塵垢之外，非伏於山林也。【疏】芒然，無知之貌也。彷徨、逍遥，皆自得逸豫之名也。塵垢，色聲等有爲之物也。前既遺於形骸，此又忘於心智，是以放任於塵累之表，逸豫於清曠之鄉，以此無爲而爲事業也。【釋文】芒然莫剛反。李云：無係之貌。彷薄剛反。徨音皇。塵垢如字。崔本作「埲坸」，云：埲音塳，坸、垢同。齊人以風塵爲埲堁。彼又惡能憒憒然爲世俗之禮，以觀衆人之耳目哉！」【注】其所以觀示於衆人者，皆其塵垢耳，非方外之冥物也。【疏】憒憒，猶煩亂也。彼數子者，清高虚淡，安排去化，率性任真。何能强事節文，拘世俗之禮，威儀顯示，悦衆人之視聽哉？【釋文】憒憒工内反。說文、蒼頡篇並云：亂也。以觀古亂反。示也。注同。

子貢曰：「然則夫子何方之依？」【注】子貢不聞性與天道，故見其所依而不見其所以依也。夫所以依者，不依也，世豈覺之哉！【疏】方内方外，淺深不同，未知夫子依從何道？師資起發，故設此疑。

孔子曰：「丘，天之戮民也。【注】以方内爲桎梏，明所貴在方外也。夫遊外者依内，離人者合俗，故有天下者，無以天下爲也。是以遺物而後能入羣，坐忘而後能應務，愈遺之，愈得之。苟居斯極，則雖欲釋之而理固自來，斯乃天人之所不赦者也。【疏】夫聖迹禮儀，乃桎梏形性。仲尼既依方內，則是自然之理刑戮之人也。故德充篇云：「天刑之，安可解乎！」雖然，吾與汝共之。」【注】雖爲世所桎梏，但爲與汝共之耳。明己恒自在外也。【疏】夫孔子聖人，和光接物，揚波同世，貴斯俗禮。雖復降跡方內，與汝共之，而遊心方外，蕭然無著也。

子貢曰：「敢問其方。」【注】問所以遊外而共內之意。【疏】方，猶道也。問跡混域中，心遊方外，外內玄合，其道若何。孔子曰：「魚相造乎水，人相造乎道。【疏】造，詣也。魚之所詣者，適性莫過深水；人之所至者，得意莫過道術。雖復情智不一，而相與皆然。此略標義端，次下解釋也。【釋文】相造七報反，詣也。下同。相造乎水者，穿池而養給；相造乎道者，無事而生定。【注】所造雖異，其於由無事以得事，自方外以共內，然後養給而生定，則莫不皆然也。俱不自知耳，故成無爲也。【疏】此解釋前義也。夫江湖淮海，皆名天池。魚在大水之中，窟穴泥沙，以自資養供給也，亦猶人處大道之中，清虛養性，無事逍遥，故得性分静定而安樂也。【釋文】穿池本亦作「地」。崔同。○俞樾曰：「定」疑「足」字之誤。「穿池而養給」，「無事而生足」，兩句一律，「給」亦足也。「足」與「定」字形相似而誤。管子中匡篇「功定以得天與失天，其人事一也」，今本「定」誤作「足」，與此正可互證。故曰，魚相忘乎江湖，人相忘乎道術。」【注】各自足而相忘者，天下莫不然也。至人常足，故常忘也。【疏】此結釋前義也。夫深水游泳，各足相忘；

道術内充，偏愛斯絶，豈與夫呴濡仁義同年而語哉！臨屍而歌，其義亦爾故也。【釋文】相忘音亡。下同。

子貢曰：「敢問畸人。」【注】問向之所謂方外而不耦於俗者，又安在也。【疏】畸者，不耦之名也。修行無有，而疏外形體，乖異人倫，不耦於俗，敢問此人，其道如何。【釋文】畸人居宜反。司馬云：不耦也。不耦於人，謂闕於禮教也。李其宜反，云：奇異也。曰：「畸人者，畸於人而侔於天。【注】夫與内冥者，遊於外也。獨能遊外以冥内，任萬物之自然，使天性各足，而帝王道成，斯乃畸於人而侔於天也。【疏】自此已下，孔子答子貢也。侔者，等也，同也。夫不修仁義，不偶於物，而率其本性者，與自然之理同也。【釋文】而侔音謀。司馬云：等也，亦從也。故曰，天之小人，人之君子；人之君子，天之小人也。」【注】以自然言之，則人無小大；以人理言之，則侔於天者可謂君子矣。【疏】夫懷仁履義爲君子，乖道背德爲小人也。是以行蹩躠之仁，用踶跂之義者，人倫謂之君子，而天道謂之小人也。故知子反、琴張不偶於俗，乃曰畸人，實天之君子。重言之者，復結其義也。

顔回問仲尼曰：「孟孫才，其母死，哭泣無涕，中心不戚，居喪不哀。無是三者，以善處喪【疏】姓孟孫，名才，魯之賢人。體無爲之一道，知生死之不二，故能迹同方内，心遊物表。居母氏之喪，禮數不闕，威儀詳雅，甚有孝容，而淚不滂沱，心不悲戚，聲不哀痛。三者既無，不名孝子，而鄉邦之内，悉皆善之，云其處喪，深得禮法也。【釋文】孟孫才李云：三桓後，才，其名也。崔云：「才」或作「牛」。○李楨曰：以「善處喪」絶句，文義未完，且嫌於不辭。下「蓋魯國」三字，當屬上爲句，不當連下「固有」云云爲句。蓋與應帝王篇「功蓋天下」義同，言孟孫才以善處喪名蓋魯國。爾雅釋言「弇，蓋也」，小爾雅廣詁「蓋，覆也」，釋名釋言語「蓋，加也」，並有高出其上之意，即此「蓋」字義也。

蓋魯國。固有無其實而得其名者乎？回壹怪之。」【注】魯國觀其禮，而顏回察其心。【疏】蓋者，發語之辭也。哭泣縗絰，同域中之俗禮；心無哀戚，契方外之忘懷。魯人觀其外迹，故有善喪之名；顏子察其內心，知無至孝之實。所以一見孟孫才，遂生疑怪也。

仲尼曰：「夫孟孫氏盡之矣，進於知矣。【注】盡死生之理，應內外之宜者，動而以天行，非知之匹也。【疏】進，過也。夫孟孫氏窮哀樂之本，所以無樂無哀；盡生死之源，所以忘生忘死。既而本迹難測，故能合內外之宜；應物無心，豈是運知之匹者耶！【釋文】應內應對之應。

唯簡之而不得，【注】簡擇死生，而不得其異，若春秋冬夏四時行耳。【疏】夫生來死去，譬彼四時，故孟孫簡擇，不得其異。

夫已有所簡矣。孟孫氏不知所以生，不知所以死；【注】已簡而不得，故無不安。無不安，故不以生死槩意，而付之自化也。【疏】雖復有所簡擇，竟不知生死之異，故能安於變化，而不以哀樂槩懷也。

不知就先，不知就後；【注】所遇而安。若化爲物，【注】不違化也。【疏】先，生也。後，死也。若，順也。既一於死生，故無去無就，冥於變化，故順化爲物也。

以待其所不知之化已乎！【注】死生宛轉，與化爲一，猶乃忘其所知於當今，豈待所未知而豫憂者哉！【疏】不知之化，謂當來未化之事也。已，止也。見在之生，猶自忘遺，況未來之化，豈復逆憂！若用心預待，不如止而勿爲也。且方將化，惡知不化哉？方將不化，惡知已化哉？【注】已化而生，焉知未生之時哉？未化而死，焉知已死之後哉？故無所避就，而與化俱往也。【疏】方今正化爲人，安知過去未化之事乎！正在生日，未化而死，又安知死後之事乎？俱當推理直前，與化俱往；無勞在生憂死，妄爲欣惡也。【釋文】惡知音烏。下同。焉知於虔反。下皆同。吾特與汝，其夢未始覺者邪！【注】夫死生，猶覺夢耳。今夢自以爲覺，則無以明覺之非夢也。苟無以明覺之非夢，則亦無以明生之非死矣。死生覺夢，未知所在，當其所遇，無不自得，何爲在此而憂彼哉！【疏】夢是昏睡之時，覺是了知之日。仲尼、顏子猶拘名教，爲昏於大夢之中，不達死生，未嘗暫覺者也。【釋文】覺者古孝反。注、下皆同。且彼有駭形而無損心，【注】以變化爲形之駭動耳，故不以死生損累其心。【疏】彼之孟孫，冥於變化，假見生死爲形之驚動，終無哀樂損累心神也。【釋文】駭形如字。崔作「咳」，云：有嬰兒之形。有旦宅而無情死。【注】以形骸之變爲旦宅之日新耳，其情不以爲死。【疏】旦，日新也。宅者，神之舍也。以形之改變爲宅舍之日新耳，其性靈凝淡，終無死生之累者也。○典案：淮南子精神篇「且人有戒形而無損於心，有綴宅而無耗精」，即用莊子此文。高注：戒，備也，人形體備具。「戒」或作「革」，革，改也，言人形骸有改更而作化也。心喻神，神不損傷也。綴宅，身也，精神居其宅則生，離其宅則死。言人雖死，精神終不耗滅，故曰無耗精也。是「駭」爲「戒」字之誤，「旦」當爲「綴」，「情死」爲「耗精」二字誤倒，明矣。此以「損心」、「耗精」對文，作「情死」文既不相對，誼亦不可通矣。【釋文】旦宅竝如字。王云：旦暮改易，宅是神居也。李本作「怛侘」，上丹末反，下陟嫁反，云：驚惋之貌。崔本作「靼宅」，靼，怛也。

孟孫氏特覺，人哭亦哭，是自其所以乃。【注】夫常覺者，無往而有逆也，故人哭亦哭，正自是其所宜也。【疏】孟孫冥同生死，獨居覺悟，應於内外，不乖人理，人哭亦哭，自是順物之宜者也。【釋文】所以乃崔本「乃」作「惡」。

且也相與吾之耳矣，【注】夫死生變化，吾皆吾之。既皆是吾，吾何失哉？未始失吾，吾何憂哉？無逆，故人哭亦哭；無憂，故哭而不哀。【疏】吾生吾死，相與皆吾，未始非吾，吾何所失？若以係吾爲意，何適非吾？

庸詎知吾所謂吾之乎？【注】靡所不吾也，故玄同外内，彌貫古今，與化日新，豈知吾之所在也！【疏】庸，常也。凡常之人，識見淺狹，詎知吾之所謂無處非吾！假令千變萬化，而吾常在，新吾故吾，何欣何惡也？○典案：句當有敓文。齊物論篇：「庸詎知吾所謂知之非不知邪？庸詎知吾所謂不知之非知邪？」本篇上文云：「庸詎知吾所謂天之非人乎？所謂人之非天乎？」句法竝與此同，文義亦正相類。疏「詎知吾之所謂無處非吾」，疑「吾之」下有「非吾」二字，而今本敓之，義遂不可通矣。【釋文】庸詎其庶反。下章同。

且汝夢爲鳥而厲乎天，夢爲魚而没於淵，【注】言無往而不自得也。不識今之言者，其覺者乎，其夢者乎？【注】夢之時自以爲覺，則焉知今者之非夢耶？亦焉知其非覺耶？覺夢之化，無往而不可，則死生之變，無時而足惜也。【疏】厲，至也。且爲魚爲鳥，任性逍遥，處死處生，居然自得。而魚鳥既無優劣，死生亦何勝負而係之哉！孟孫妙達斯源，所以未嘗介意。又不知今之所論魚鳥者，爲是覺中而辯，爲是夢中而説乎？夫人夢中自以爲覺，今之覺者，何妨夢中！是知覺夢生死，未可定也。造適不及笑。獻笑不及排〔一〕，【注】所造皆適，則忘適矣，故不及笑也。排者，推移之謂也。夫禮哭必哀，獻笑必樂，哀樂存懷，則不能與適推移矣。今孟孫常適，故哭而不哀，與化俱往也。【疏】造，至也。獻，善也。排，推移也。夫所至皆適，斯亦適也，其常適，何及歡笑然後樂哉！若待善事感己而後適者，此則不能隨變任化，與物推移也。今孟孫常適，故哭而不哀也。【釋文】造適七報反。注同。獻笑向云：獻善也。王云：章也。意有適，章於笑，故曰獻笑。及排皮皆反。必樂音洛。下同。安排而去化，乃入於寥天一。【注】安於推移而與化俱去，故乃入於寂寥而與天爲一也。自此以上，至於子祀，其致一也。所執之喪異，故歌哭不同。【疏】所在皆適，故安任推移，未始非吾，而與化俱去。如此之人，乃能入於寥廓之妙門，自然之一道也。【釋文】寥本亦作「廖」。力彫反。李良救反。天一崔本作「造敵不及笑，獻芥不及蟼，安排而造化不及眇，眇不及雄漂淪，雄漂淪不及簟筮，簟筮乃入於漻天一」。以上時掌反。

〔一〕獻　原誤作「戲」，據注、疏、釋文及集釋等本改。

意而子見許由，許由曰：「堯何以資汝？」【注】資者，給濟之謂也。【疏】意而，古之賢人。資，給濟之謂也。意而先謁帝堯，後見仲武。問云：帝堯大聖，道德甚高，汝既謁見，有何敬授資濟之術，幸請陳説耳。【釋文】意而子李云：賢士也。資汝資，給也。意而子曰：「堯謂我：『汝必躬服仁義而明言是非』。」【疏】躬，身也。仁則恩慈育物，義則斷割裁非，是則明賞其善，非則明懲其惡。此之四者，人倫所貴，汝必須己身服行，亦須明言示物。此是意而述堯教語之辭也。

許由曰：「而奚來爲軹？【疏】而，汝也。奚，何也。軹，語助也。堯將教迹刑害於汝，瘡痕已大，何爲更來矣？【釋文】爲軹之是反。郭之忍反。崔云：軹，辭也。李云：是也。夫堯既已黥汝以仁義，而劓汝以是非矣，汝將何以遊夫遥蕩恣睢轉徙之塗乎？」【注】言其將以刑教自虧殘，而不能復遊夫自得之場〔一〕，無係之塗也。【疏】黥，鑿額也。劓，割鼻也。恣睢，縱任也。轉徙，變化也。塗，道也。夫仁義是非，損傷真性，其爲殘害，譬之刑戮。汝既被堯黥劓，拘束性情，如何復能遨遊自得逍遥，放蕩從容，自適於變化之道乎？言其不復能如是。【釋文】黥其京反。劓魚器反。李云：毁道德以爲仁義，不似黥乎？破玄同以爲是非，不似劓乎？遥蕩王云：縱散也。恣七咨反。又如字。睢郭、李云：許維反。徐許鼻反。李、王皆

〔一〕能　原誤作「而」，據集釋等本改。

云：恣睢，自得貌。復遊扶又反。下同。

意而子曰：「雖然，吾願遊於其藩。」【注】不敢復求涉中道也，且願遊其藩傍而已。【疏】我雖遭此虧殘，而庶幾之心靡替。不復敢當中路，願涉道之藩傍也。【釋文】其藩甫煩反。李音煩。司馬、向皆云：崖也。崔云：域也。許由曰：「不然。夫盲者無以與乎眉目顏色之好，瞽者無以與乎青黄黼黻之觀。」【疏】盲者，有眼睛而不見物；瞽者，眼無眹縫如鼓皮也。作斧形謂之黼，兩己相背謂之黻。而盲瞽之人，眼睛已敗，既不能觀文彩青黄，亦不愛好眉目顏色。譬意而遭堯黥劓，情智已傷，豈能愛慕深玄，觀覽衆妙邪？【釋文】盲者本又作「眇」。崔本作「目」，云：「目」或作「刑」，刑，黥劓也。以與音豫。下同。之好如字。又呼報反。黼黻上音甫。下音弗。觀古亂反。

意而子曰：「夫無莊之失其美，據梁之失其力，黄帝之亡其知，皆在鑪捶之間耳。【注】言天下之物未必皆自成也。自然之理亦有須冶鍛而爲器者耳。故此之三人，亦皆聞道而後忘其所務也。此皆寄言，以遣云爲之累耳。【疏】無莊，古之美人，爲聞道，故不復莊飾，而自忘其美色也。據梁，古之多力人，爲聞道守雌，故不勇其力也。黄帝，軒轅也，有聖知，亦爲聞道，故能忘遺其知也。鑪，竈也。錘，鍛也。以上三人，皆因聞道，然後忘其所務，以契其真。猶如世間器物，假於鑪冶打鍛以成其用者耳。今何妨自然之理令夫子教示於我，以成其道耶？故知自然造物，在鑪冶之間，則是有修學冶鍛之義也。【釋文】

無莊據梁司馬云：皆人名。李云：無莊，無莊飾也。據梁，强梁也。鑪音盧。捶本又作「錘」。徐之睡反，又之蘂反。一音時蘂反。李云：錘，鴟頭頗口，句鐵以吹火也。崔云：盧謂之瓮。「捶」當作「甀」。盧甀之間，言小處也。甀，音丈僞反。鍛丁亂反。

庸詎知夫造物者之不息我黥而補我劓，使我乘成以隨先生邪？」【注】夫率性直往者，自然也。往而傷性，性傷而能改者，亦自然也。庸詎知我之自然當不息黥補劓，而乘可成之道以隨夫子耶？而欲棄而勿告，恐非造物之至也。【疏】造物，猶造化也。我雖遭仁義是非殘傷情性，焉知造化之內，不補劓息黥，令我改過自新，乘可成之道，隨夫子以請益耶？乃欲棄而不教，恐乖造物者也。

許由曰：「噫！未可知也。我爲汝言其大略。【疏】噫，歎聲也。至道深玄，絶於言衆，不可以心慮測，故歎云「未可知也」。既請益慇懃，亦無容杜默，雖復不可言盡，爲汝梗概陳之。【釋文】曰噫徐音醫。李云：歎聲也。崔云：亂也。本亦作「意」，音同。又如字，謂呼意而名也。我爲于僞反。注同。吾師乎！吾師乎！𩐁萬物而不爲義，澤及萬世而不爲仁，【注】皆自爾耳，亦無愛爲於其間也，安所寄其仁義！【疏】「吾師乎」者，至道也。然至道不可心知，爲汝略言其要，即吾師是也。𩐁，碎也。至如素秋霜降，碎落萬物，豈有情斷割而爲義哉？青春和氣，生育萬物，豈有情恩愛而爲仁哉？蓋不然而然也。而許由師於至道，至道既其如是，汝何得躬服仁義耶？此略爲意而說息黥補劓之方也。【釋文】𩐁子兮反。司馬云：碎也。長於上古而不爲老，【注】日新也。【釋文】長於丁丈反。覆載天地、刻彫衆形而不爲巧。【注】自然，故非巧也。【疏】萬象之前，先有此道，智德具足，故義説爲長而實無長也。長既無矣，老豈有耶？欲明不長而長，老而不老，故長於上古而不爲老也。雖復天覆地載，而以道爲源，衆形彫刻，咸資造化，同稟自然，故巧名斯滅。既其無老無巧，無是無非，汝何所明言耶？此所遊已。」【注】游於不爲，而師於無師也。【疏】吾師之所遊心，止如此説而已。此則總結以前吾師之義是也。

顔回曰：「回益矣。」【注】以損之爲益也。【疏】顔子稟教孔氏，服膺問道，覺己進益，呈解於師。損有益空，故以損爲益也。仲尼曰：「何謂也？」【疏】既言益矣，有何意謂？曰：「回忘仁義矣。」【疏】忘兼愛之仁，遺裁非之義。所言益者，此之謂乎！○典案：淮南子道應篇「仁義」作「禮樂」，下「禮樂」作「仁義」，當從之。禮樂有形，固當先忘；仁義無形，次之，坐忘最上。今「仁義」、「禮樂」互倒，非道家之指矣。曰：「可矣，猶未也。」【注】仁者兼愛之迹，義者成物之功。愛之非仁，仁迹行焉；成之非義，義功見焉。存夫仁義，不足以知愛利之由無心，故忘之可也。但忘功迹，故猶未玄達也。【疏】仁義已忘，於理漸可。解心尚淺，所以猶未。【釋文】功見賢遍反。下文同。他日復見，曰：「回益矣。」【疏】他日，猶異日也。空解日新，時更復見，所言進益，列在下文。【釋文】他日崔本作「異日」。下亦然。復見扶又反。下同。曰：「何謂也？」【疏】所言益者，是何意謂也？曰：「回忘禮樂矣。」【疏】禮者荒亂之首，樂者淫蕩之具。爲累更重，次忘之也。**曰：「可矣，猶未也。」**【注】禮者形體之用，樂者樂生之具。忘其具，未若忘其所以具也。【疏】虛心漸可，猶未至極也。【釋文】樂生音洛。又音嶽。**他日復見，曰：「回益矣。」曰：「何謂也？」**【疏】並不異前解也。○典案：葉大慶考古質疑引「曰何謂也」上有「仲尼」二字。**曰：「回坐忘矣。」**【疏】虛心無著，故能端坐而忘。坐忘之義，具列在下文。○郭慶藩曰：文選賈長沙鵩鳥賦注引司馬云：坐而自忘其身。釋文闕。○典案：淮南子道應篇許眘注：言坐自忘其身以至道也。司馬疑本此。**仲尼蹴然曰：「何謂坐忘？」**【疏】蹴然，驚悚貌也。忘遺既深，故悚然驚歎，坐忘之謂，厥義云何也？【釋文】蹵然子六反。崔云：變色貌。○典案：御覽四百九十引「蹴」作「踧」。**顏回曰：「墮肢體，黜聰明，**【疏】墮，毀廢也。黜，退除也。雖聰屬於耳，明關於目，而聰明之用，本乎心靈。既悟一身非有，萬境皆空，故能毀廢四肢百體，屏黜聰明心智者也。○典案：「肢」，文選鵩鳥賦注、御覽四百九十引作「支」。【釋文】墮許見反，徐又待果反。○典案：「墮」，御覽四百九十引作「隳」，淮南子道應篇同。「墮」、「隳」古亦通用。**離形去知，同於大通，此謂坐忘。」**

【注】夫坐忘者，奚所不忘哉！既忘其迹，又忘其所以迹者，內不覺其身，外不識有天地，然後曠然與變化爲體，而無不通也。【疏】大通，猶大道也。道能通生萬物，故謂道爲大通也。外則離析於形體，一一虛假，此解墮肢體也；內則除去心識，悗然無知，此解黜聰明也。既而枯木死灰，冥同大道，如此之益，謂之坐忘也。○典案：文選鵩鳥賦注、御覽四百九十、葉大慶考古質疑引「知」作「智」。「大通」，鵩鳥賦注、御覽引作「大道」。【釋

文】去起呂反。知音智。坐忘崔云：端坐而忘。仲尼曰：「同則無好也，【注】無物不同，則未嘗不適，未嘗不適，何好何惡哉！○典案：淮南子道應篇作「洞則無善也」。【釋文】無好呼報反。注同。何惡烏路反。化則無常也。【注】同於化者，唯化所適，故無常也。【疏】既同於大道，則無是非好惡；冥於變化，故不執滯守常也。而果其賢乎！丘也請從而後也。」【疏】果，決也。而，汝也。忘遺如此，定是大賢，丘雖汝師，遂落汝後，從而學之，是丘所願。撝謙退己，以進顏回者也。

子輿與子桑友，而霖雨十日。子輿曰：「子桑殆病矣！」裹飯而往食之。【注】此二人相爲於無相爲者也。今裹飯而相食者，乃任之天理而自爾耳，非相爲而後往者也。【疏】雨經三日已上爲霖。殆，近也。子桑家貧，屬斯霖雨，近於餓病。此事不疑於方外之交，任理而往，雖復裹飯，非有相爲之情者也。【釋文】霖雨本又作「淋」，音林。左傳云：雨三日以往爲霖。裹音果。食音嗣。注同。至子桑之門，則若歌若哭，鼓琴曰：「父邪！母邪！天乎！人乎！」有不任其聲而趨舉其詩焉。【疏】任，堪也。趨，卒疾也。子桑既遭飢餒，故發琴聲，問此飢貧，從誰而得。爲關父母？爲是人天？此則歌哭之辭也。不堪此舉，又卒爾詩詠也。【釋文】有不任音壬。其聲而趨七住反。舉其詩焉崔云：不任其聲，憊也。趨舉其詩，無音曲也。子輿入，曰：「子之歌詩，何故若是？」【注】嫌其有情，所以趨出遠理也。【疏】一於死生，忘於哀樂，於無相與，方外之交。今子歌詩，似有怨望，故入門驚怪，問其所由也。曰：「吾思夫使我至此極者而弗得也。父母豈欲吾貧哉？天無私覆，地無私載，天地豈私貧我哉？求其爲之者而不得也。然而至此極者，命也夫！」【注】言物皆自然，無爲之者也。【疏】夫父母慈造，不欲飢凍；天地無私，豈獨貧我！思量主宰，皆是自然；尋求來由，竟無兆朕。而使我至此窮極者，皆我之賦命也，亦何惜之有哉！

莊子補正卷三下

内篇　應帝王第七

【注】夫無心而任乎自化者，應爲帝王也。【釋文】崔云：行不言之教，使天下自以爲牛馬，應爲帝王者也。

齧缺問於王倪，四問而四不知。【疏】四問而四不知，則齊物篇中四問也。夫帝王之道，莫若忘知，故以此義而爲篇首。老子云：「不以智治國，國之德者也。」【釋文】齧缺五結反。下丘悦反。王倪五兮反。四問而四不知向云：事在齊物論中。齧缺因躍而大喜，行以告蒲衣子。蒲衣子曰：「而乃今知之乎？【疏】蒲衣子，堯時賢人。年八歲，舜師之，讓位不受，即被衣子也。齧缺得不知之妙旨，仍踴躍而喜歡，走以告於蒲衣子，述王倪之深義。蒲衣是方外之大賢，達忘言之至道，理無知而固久，汝今日乃知也。【釋文】蒲衣子尸子云：蒲衣八歲，舜讓以天下。崔云：即被衣，王倪之師也。淮南子曰：齧缺問道於被衣。有虞氏不及泰氏。【注】夫有虞氏之與泰氏，皆世事之迹耳，非所以迹者也。所以迹者無迹也，世孰名之哉！未之嘗名，何勝負之有耶！然無迹者，乘羣變，履萬世，世有夷險，故迹有不及也。【疏】有虞氏，舜也。泰氏，即太昊伏羲也。三皇之世，其俗淳和；五帝之時，其風澆競。澆競則運知而養物，淳和則任真而馭宇。「不及」之義，驗此可知也。【釋文】泰氏司馬云：上古帝王也。崔云：帝王也。李云：大庭氏。又云：無名之君也。

有虞氏，其猶藏仁以要人。亦得人矣，而未始出於非人。【注】夫以所好爲是人、所惡爲非人者，唯以是非爲域者也。夫能出於非人之域者，必入於無非人之境矣。故無得無失，無可無不可，豈直藏仁而要人也！【疏】夫舜包藏仁義，要求士庶，以得百姓之心，未是忘懷，自合天下，故未出於是非之域。亦有作「臧」字者，臧，善也。善於仁義，要求人心者也。【釋文】藏仁才剛反。崔云：懷仁心以結人也。本亦作「臧」，作剛反，善也。簡文同。以要一遥反。注同。所好呼報反。所惡烏路反。之竟音境。

泰氏，其卧徐徐，其覺于于，【疏】徐徐，寬緩之貌；于于，自得之貌。伏羲之時，淳風尚在，故卧則安閑而徐緩，覺則歡娱而自得也。【釋文】徐徐如字。崔本作「袪袪」。其覺古孝反。于于如字。司馬云：徐徐，安穩貌；于于，無所知貌。簡文云：徐徐、于于，寐之狀也。一以己爲馬，一以己爲牛。【注】夫如是，又奚是人非人之有哉！斯可謂出於非人之域。【疏】忘物我，遺是非，或馬或牛，隨人呼召。人獸尚且無主，何是非之有哉！其知情信，【注】任其自知，故情信。【疏】率其真知，情無虚矯，故實信也。其德甚真，【注】任其自得，故無僞。【疏】以不德爲德，德無所德，故不僞者也。而未始入於非人。」【注】不入乎是非之域，所以絶於有虞之世。【疏】既率其情，其德不僞，故能超出心知之境，不入是非之域者也。

肩吾見狂接輿，狂接輿曰：「日中始何以語女？」【疏】肩吾、接輿，已具前解。日中始，賢人姓名，即肩吾之師也。既是女師，有何告示？此是接輿發語以問故也。【釋文】日人實反。中音仲。亦如字。始李云：日中始，人姓名，賢者也。崔本無「日」字，云：中始，賢人也。○俞樾曰：釋文引李云：日中始，人姓名，賢者也。此恐不然。中始人名，「日」，猶云日者也，謂日者中始何以語女也。文七年左傳「日衛不睦」，襄二十六年傳「日其過此也」，昭七年傳「日君以夫公孫段爲能任其事」，十六年傳「日起請夫環」，並與此「日」字同義。李以「日中始」三字爲人姓名，失之矣。崔本無「日」字。以語魚據反。女音汝。後皆同。肩吾曰：「告我君人者以己出經式義，度人孰敢不聽而化諸！」【疏】式，用也。教我爲君之道，化物之方，必須己出智以經綸，用仁義以導俗，則四方氓庶，誰不聽從，遐遠黎元，敢不歸化耶！【釋文】出經絶句。司馬云：出，行也。經，常也。崔云：出，典法也。式義度人絶句。式，法也。崔云：式，用也。用仁義，以法度人也。○王念孫曰：釋文曰：「出經」絶句，「式義度人」絶句。引諸説皆未協。案：此當以「以己出經式義度」爲句，「人孰敢不聽而化諸」爲句。義，讀爲「儀」，「義」、「儀」古字通（説文：義，己之威儀也。文侯之命「父義和」，鄭注：義，讀爲「儀」。周官肆師「治其禮儀」，鄭注：故書「儀」爲「義」，鄭司農云：義，讀爲「儀」。古者書「儀」但爲「義」，今時所爲「義」爲「誼」。小雅楚茨篇「禮儀卒度」，韓詩作「義」，周官大行人「大客之儀」，大戴禮朝事篇作「義」，樂記「制之禮義」，漢書禮樂志作「儀」，周語「示民軌儀」，大射儀注引作「義」）。

儀，法也。（見周語注、淮南精神篇注、楚詞九歎注。）「經式儀度」，皆謂法度也。解者失之。○典案：釋文以「出經」絶句，「式義度人」絶句，竝非。王讀亦未審。此當以「出經式義」絶句。「度」當爲「庶」，形近而誤也。「人」當爲「民」，唐人避太宗諱改之耳。碧虛子校引張君房本正作「庶民孰敢不聽而化諸」。疏「必須己出智以經綸，用仁義以導俗，則四方氓庶，誰不聽從」，是成所見本亦正作「庶民」，與張本合。御覽九百四十五引「人」亦作「民」，可爲旁證。「庶」譌爲「度」，「民」字改爲「人」，義不可通，諸家乃失其讀矣。

狂接輿曰：「是欺德也。【注】以己制物，則物失其真。【疏】夫以己制物，物喪其真，欺誑之德非實道。【釋文】欺德簡文云：欺，忘也。其於治天下也，猶涉海鑿河，而使蚉負山也。【注】夫寄當於萬物，則無事而自成；以一身制天下，則功莫就而任不勝也。【疏】夫溟海宏博，深廣難窮，而穿之爲河，必無成理。猶大道遐曠，玄絶難知，而鑿之爲義，其功難克。又蚉蟲至小，山岳極高，令其負荷，無由勝任。以智經綸，用仁理物，能小謀大，其義亦然。【釋文】涉海鑿待洛反。下同。郭粗鶴反。河李云：涉海必陷波，鑿河無成也。蚉音文。本亦作「蟁」，同。○典案：御覽六十引「蚉」作「蚊」。不勝音升。夫聖人之治也，治外乎？【注】全其性分之内而已。【疏】隨其分内而治之，必不分外治物。治乎外者，言不治之者也。正而後行，【注】各正性命之分也。【疏】順其正性，而後行化。確乎能其事者而已矣。【注】不爲其所不能。【疏】確，實也。順其實性，於事有能者，因而任之，止於分内，不論於外者也。【釋文】確乎苦學反。李云：堅貌。崔本作「橐」，音託。○郭慶藩曰：文選劉孝標辯命論注引司馬云：確乎，不移易。釋文闕。

且鳥高飛以避矰弋之害，鼷鼠深穴乎神丘之下，以避熏鑿之患，【注】禽獸猶各有以自存。故帝王任之而不爲，則自成也。【疏】矰，網也。弋，以繩繫箭而射之也。鼷鼠，小鼠也。神丘，社壇也。鳥則高飛而逃網，鼠則深穴而避熏，斯皆率性自然，豈待教而遠害者也？鳥鼠既爾，在人亦然。故知式義出經，誣罔之甚矣。○典案：御覽九百十一引「且」作「百」，「害」作「患」。又案：古書於鼠多言薰灌，罕言熏鑿，「鑿」字疑涉上文「涉海鑿河」而誤。御覽九百十一引正作「薰灌」。【釋文】矰則能反。李云：罔也。之害崔本作「菑」。鼷音兮。熏香云反。而曾二蟲之無知？」【注】言汝曾不知此二蟲之各存而不待教乎？【疏】而，汝也。汝不曾知此二蟲不待教令而解避害全身者乎？既深穴高飛，豈無知耶？況在人倫，而欲出經式義，欺矯治物，不亦妄哉！

天根遊於殷陽，至蓼水之上，適遭無名人而問焉，曰：「請問爲天下。」【疏】天根、無名，並爲姓字。寓言問答也。殷陽，殷山之陽。蓼水，在趙國界内。遭，遇也。天根遨遊於山水之側，適遇無名人而問之，請問之意，在乎天下。【釋文】天根崔本云：人姓名也。遊於殷陽李云：殷，山名。陽，山之陽。崔云：殷陽，地名。司馬云：殷，衆也。言向南遊也。或作「殷湯」。蓼水音了。李云：水名也。無名人曰：「去！汝鄙人也，何問之不豫也！【注】問爲天下，則非起於太初，止於玄冥也。【疏】汝是鄙陋之人，宜其速去，所問之旨，甚不悦豫我心。【釋文】不豫司馬云：嫌不漸豫，太倉卒也。簡文云：豫，悦也。○俞樾曰：爾雅釋詁：豫，厭也。楚詞惜誦篇「行婞直而不豫兮」，王逸注亦曰：豫，厭也。是豫之訓厭，乃是古義。無名人深怪天根之多問，故曰「何問之不豫」，猶云「何許子之不憚煩也」。簡文云：豫，悦也。殊失其義。大初音泰。**予方將與造物者爲人，**【注】任人之自爲。【疏】夫造物爲人，素分各足，何勞作法，措意治之？既同於大通，故任而不助也。**厭，則又乘夫莽眇之鳥，以出六極之外，而遊無何有之鄉，以處壙埌之野。**【注】莽眇，羣碎之謂耳。乘羣碎，馳萬物，故能出處常通，而無狹滯之地。【疏】莽眇，深遠之謂。壙埌，宏博之名，鳥則取其無迹輕昇。六極，猶六合也。夫聖人馭世，恬淡無爲，大順物情，有同造化。若其息用歸本，厭離世間，則乘深遠之大道，凌虚空而滅迹，超六合以放任，遊無有以逍遥，凝神智於射山，處清虚於曠野。如是，則何天下之可爲哉！蓋無爲者也。【釋文】乘夫音符。莽莫蕩反。崔本作「猛」。眇妙小反。莽眇，輕虚之狀也。崔云：猛眇之鳥首也，取其行而無迹。壙徐苦廣反。埌徐力黨反。李音浪。壙埌，無滯爲名也。崔云：猶曠蕩也。**無狹**户夾反。**汝又何帠以治天下感予之心爲？」**【注】言皆放之自得之場，則不治而自治也。【疏】夫放而任之，則物皆自化。有何帠術，輒欲治之？感動我心，何爲如此？【釋文】帠徐音藝，又魚例反。司馬云：法也。一本作「寱」，牛世反。崔本作「爲」。○俞樾曰：「帠」未詳何字，以諸説參考之，疑「帠」乃「臬」字之誤，故有魚例反之音。而司馬訓「法」，亦即「臬」之義也。然字雖是「臬」，而義則非。「臬」當讀爲「寱」，「寱」本從「臬」聲，古文以聲爲主，故或止作「臯」也。一本作「寱」者，破叚字而爲正字耳。一切經音義引通俗文曰：夢語謂之寱。無名人蓋謂天根所問皆夢語也，故曰「汝又何寱以治天下感予之心爲」。而自治直吏反。下文同。

又復問。【疏】天根未達，更請決疑。【釋文】又復扶又反。無名人曰：「汝遊心於淡，【注】其任性而無所飾焉，則淡矣。【釋文】於淡徒暫反。徐大敢反。合氣於漠，【注】漠然靜於性而止。【疏】可遊汝心神於恬淡之域，合汝形氣於寂寞之鄉。唯形與神，二皆虛靜，如是則天下不待治而自化者耳。【釋文】於漠音莫。順物自然而無容私焉，而天下治矣。」【注】任性自生，公也；心欲益之，私也。容私果不足以生生，而順公乃全也。【疏】隨造化之物情，順自然之本性，無容私作法術，措意治之，放而任之，則物我全之矣。

陽子居見老聃，曰：「有人於此，嚮疾强梁，物徹疏明，學道不勸。如是者，可比明王乎？」【疏】姓陽，名朱，字子居。問老子明王之道：假且有人，素性聰達，神智捷疾，猶如嚮應，涉事理務，强幹果決，鑒物洞徹，疏通明敏，學道精勤，曾無懈倦，如是之人，可得將明王聖帝比德否乎？【釋文】陽子居李云：居，名也。子，男子通稱。嚮許亮反。李許兩反。疾强梁崔云：所在疾强梁之人也。李云：敏疾如嚮也。簡文云：如嚮應聲之疾，故是强梁之貌。物徹疏明司馬云：物，事也。徹，通也。事能通而開明也。崔云：無物不達，無物不明。不勸其眷反。老聃曰：「是於聖人也，胥易技繫，勞形怵心者也。【注】言此功夫，容身不得，不足以比聖王。【疏】若將彼人比聖王，無異胥徒勞苦，改易形容〔一〕。技術工巧，神慮劬勞，故形容變改；係累，故心靈怵惕也。【釋文】胥如字。司馬云：疏也。簡文云：相也。易音亦。崔以豉反，云：相輕易也。簡文同。技徐其綺反。簡文云：藝也。係如字。崔本作「繫」。或作「毄」。簡文云：音繫。怵心勑律反。且曰，虎豹之文來田，猨狙之便執，斄之狗來藉。如是者，可比明王乎？」【注】此皆以其文章技能係累其身，非涉虛以御乎無方也。【疏】藉，繩也。猨狙，獮猴也。虎豹之皮有文章，故來田獵；獮猴以跳躍便捷，恒被繩拘；狗以執捉狐狸，每遭係頸。若以嚮疾之人類於聖帝，則此之三物，可比明王乎？○典案：文有敚誤，未詳所當作。淮南子繆稱篇作「虎豹之文來射，猨狖之捷來措」，許眘注：措，刺也。說林篇作「虎豹之文來射，猨狖之捷來乍」。此文「猨狙之便」下疑敚「來」字，天地篇「執留之狗成思，猿狙之便，自山林來」。「藉」疑「措」字之誤。【釋文】來田李云：虎豹以皮有文章見獵也。田，獵也。猨音袁。狙七餘反。之便毗肩反。舊扶面反。斄音來。李音狸。崔云：旄牛也。來藉司馬云：藉，繩也。由捷見結縛也。崔云：藉，繫也。

陽子居蹵然曰：「敢問明王之治。」【疏】既其失問，故驚悚變容，重請明王爲政，其義安在。【釋文】蹵然子六反。改容之貌。之治直吏反。下同。老聃曰：「明王之治，功蓋天下而似不

〔一〕改 原作「故」，形近而誤。

自己，【注】天下若無明王，則莫能自得。令之自得，實明王之功也。然功在無爲而還任天下，天下皆得自任，故似非明王之功。【疏】夫聖人爲政，功侔造化，覆等玄天，載周厚地，而功成不處，故非己爲之也。化貸萬物而民弗恃，【注】夫明王皆就足物性，故人人皆云「我自爾」，而莫知恃賴於明王。【疏】誘化蒼生，令其去惡；貸借萬物，與其福善；而玄功潛被，日用不知。百姓謂「我自然」，不賴君之能。【釋文】貸吐代反。有莫舉名，使物自喜，【注】雖有蓋天下之功，而不舉以爲己名，故物皆自以爲得而喜。【疏】莫，無也。舉，顯也。推功於物，不顯其名，使物各自得，而懽喜適悅者也。立乎不測，【注】居變化之塗，日新而無方者也。而遊於無有者也。」【注】與萬物爲體，則所遊者虛也。不能冥物，則迕物不暇，何暇遊虛哉！【疏】無有，妙本也。樹得立功，神妙不測，而即迹即本，故常遊心於至極也。

鄭有神巫曰季咸，【疏】鄭國有神異之巫，甚有靈驗，從齊而至，姓季名咸也。【釋文】神巫曰季咸李云：女曰巫，男曰覡。季咸，名。知人之死生、存亡，禍福、壽夭，期以歲月旬日，若神。鄭人見之，皆棄而走。【注】不喜自聞死日也。【疏】占候吉凶，必無差失，剋定時日，驗若鬼神。不喜預聞凶禍，是以棄而走避也。【釋文】不憙許忌反。列子見之而心醉，歸以告壺子，【疏】列子事迹具逍遥篇，今不重解。壺子，鄭之得道人也，號壺子，名林，即列子之師也。列子見季咸小術，驗若鬼神，中心羨仰，恍然如醉，既而歸反，具告其師。【釋文】心醉向云：迷惑於其道也。壺子司馬云：名林，鄭人，列子師。曰：「始吾以夫子之道爲至矣，則又有至焉者矣。」【注】謂季咸之至，又過於夫子。【疏】夫子，壺子也。至，極也。初始禀學，先生之道爲至；今見季咸，其道又極於夫子。此是禦寇心醉之言也。

壺子曰：「吾與汝既其文，未既其實，而固得道與？【疏】與，授也。既，盡也。吾比授汝，始盡文言，於其妙理，余未造實。汝固執文字，謂言得道，豈知筌蹄異於魚兔耶？○典案：上「既」字當爲「無」。碧虚子校引江南古藏本作「吾與汝無其文，未既其實」，列子黄帝篇亦正作「無其文」，是其證也。【釋文】既其文李云：既，盡也。得道與音餘。衆雌而無雄，而又奚卵焉？【注】言列子之未懷道也。【疏】夫衆雌無雄，無由得卵；既文無實，亦何道之有哉！【釋文】衆雌而無雄而又奚卵焉司馬云：言汝受訓未熟，故未成，若衆雌無雄，則無卵也。而以道與世亢，必信，夫故使人得而相女。【注】未懷道則有心，有心而亢其一方，以必信於世，故可得而相之。【疏】女用文言之道，而與世間亢對，既無大智，必信彼小巫，是故季咸得而相女者也。○典案：列子黄帝篇「亢」作「抗」，「必信夫」作「必信矣夫」。【釋文】世亢若浪反。必信崔云：絶句。相女息亮反。注、下同。嘗試與來，以予示之。」【疏】夫至人凝遠，神妙難知，本迹寂動，非凡能測。故召令至，以我示之也。○典案：御覽八百七十一引「予」作「吾」。【釋文】示之本亦作「視」，崔云：視，示之也。

明日，列子與之見壺子。出而謂列子曰：「嘻！子之先生死矣！弗活矣！不以旬數矣！吾見怪焉，見濕灰焉。」【疏】嘻，歎聲也。子林示其寂泊之容，季咸謂其將死，先怪已彰，不過十日，弗活之兆，類彼濕灰也。○典案：御覽八百七十一引「謂列子曰」上有「咸」字。又御覽八百七十一引「弗」作「不」，又「不以旬數矣」作「不可以旬數矣」，與列子黃帝篇同。【釋文】嘻徐音熙。郭許意反。旬數所主反。列子入，泣涕沾襟，以告壺子。壺子曰：「鄉吾示之以地文，萌乎不震不正。【注】萌然不動，亦不自正，與枯木同其不華，濕灰均於寂魄。此乃至人無感之時也。夫至人，其動也天，其靜也地，其行也水流，其止也淵默。淵默之與水流，天行之與地止，其於不爲而自爾，一也。今季咸見其尸居而坐忘，即謂之將死，覩其神動而天隨，因謂之有生。誠應不以心而理自玄符，與變化升降而以世爲量，然後足爲物主而順時無極，故非相者所測耳。此應帝王之大意也。【疏】文，象也。震，動也。地以無心而甯静，故以不動爲地文也。萌然寂泊，曾不震動，無心自正，文類傾頽，此是大聖無感之時，小巫謂之弗活也。而壺丘示見，義有四重：第一，示妙本虛凝，寂而不動；第二，示垂迹應感，動而不寂；第三，本迹相即，動寂一時；第四，本迹兩忘，動寂雙遺。此則第一，妙本虛凝，寂而不動也。○典案：碧虛子校云：「震」舊作「正」，江南古藏本作「震」。又案：御覽八百七十一引注「魄」下有「化」

字。【釋文】鄉吾許亮反。本作「嚮」，亦作「向」，同。崔本作「康」，云：向也。地文與土同也。崔云：文，猶理也。不震不正並如字。崔本作「不誫不止」，云：如動不動也。○俞樾曰：列子黄帝篇作「罪乎不誫不止」，當從之。「罪」讀爲「⿱山非」，説文山部作「⿱山辠」，云：山貌。是也。「誫」即「震」之異文，「不誫不止」者，不動不止也，故以「⿱山非乎」形容之，言與山同也。今「罪」誤作「萌」，「正」誤作「止」〔一〕，失其義矣。據釋文，則崔本作「不誫不止」，與列子同，可據以訂正。誠應應對之應。後同。是殆見吾杜德機也。【注】德機不發曰杜。【疏】殆，近也。杜，塞也。機，動也。至德之機，開而不發，示其凝淡，便爲濕灰。小巫庸瑣，近見於此矣。【釋文】杜德機崔云：塞吾德之機。嘗又與來。」【疏】前者伊妄言我死，今時重命，令遣更來也。

明日，又與之見壺子。出而謂列子曰：「幸矣子之先生遇我也！有瘳矣，全然有生矣！【疏】此即第二，垂迹應感，動而不寂，示以應容，神氣微動，既殊槁木，全似生平。而濫以聖功，用爲己力，謬言遇我，幸矣有瘳也。【釋文】有瘳丑留反。吾見其杜權矣。」【注】權，機也。今乃自覺昨日之所見，見其杜權，故謂之將死也。【疏】權，機也。前時一覩，有類濕灰，杜塞機權，全無應動。今日遇我，方得全生，小巫寡識，有玆叨濫者也。列子入，以告壺子。壺子曰：「鄉吾示之以天

〔一〕正誤作止　當爲「止誤作正」。

壤，【注】天壤之中，覆載之功見矣，比之地文，不猶外乎！此應感之容也。【疏】壤，地也。「示之以天壤」，謂示以應動之容也。譬彼兩儀，覆載萬物，至人應感，其義亦然。【釋文】功見賢遍反。○郭慶藩曰：文選陸士衡演連珠注引司馬云：壤，地也。釋文闕。名實不入，【注】任自然而覆載，則天機玄應，而名利之飾皆爲棄物矣。【疏】雖復降迹同塵，和光利物，而名譽真實，曾不入於靈府也。而機發於踵。【注】常在極上起。【疏】踵，本也。雖復物感而動，不失時宜，而此之神機，發乎妙本，動而常寂。是殆見吾善者機也。【注】機發而善於彼，彼乃見之。【疏】示其善機，應此兩儀。季咸見此形容，所以謂之爲善。全然有生，則是見善之謂也。嘗又與來。」

明日，又與之見壺子。出而謂列子曰：「子之先生不齊，吾無得而相焉。試齊，且復相之。」【疏】此是第三，示本迹相即，動寂一時。夫至人德滿智圓，虛心凝照，本迹無別，動靜不殊，其道深玄，豈小巫能測耶？謂齊其心迹，試相之焉。不敢的定吉凶，故言且復相者耳。【釋文】不齊側皆反。本又作「齋」。下同。且復扶又反。列子入，以告壺子。壺子曰：「吾鄉示之以太沖莫勝。【注】居太沖之極，浩然泊心而玄同萬方，故勝負莫得厝其間也。【疏】沖，虛也。莫，無也。夫聖照玄凝，與太虛等量，本迹相即，動寂一時，初無優劣，有何勝負哉！○典案：「莫勝」義不可通，且與「太沖」不協。列子黃帝篇

「勝」作「朕」，義較長。【釋文】泊心白博反。又音魄。得厝七故反。字又作「措」，同。是殆見吾衡氣機也。【注】無往不平，混然一之。以管闚天者，莫見其涯，故似不齊。【疏】衡，平也。即迹即本，無優無劣，神氣平等，以此應機。小巫近見，不能遠測，心中迷亂，所以請齊耳。【釋文】管闚去規反。鯢桓之審爲淵，止水之審爲淵，流水之審爲淵。淵有九名，此處三焉。【注】淵者，靜默之謂耳。夫水常無心，委順外物，故雖流之與止，鯢桓之與龍躍，常淵然自若，未始失其靜默也。夫至人用之則行，捨之則止，行止雖異，而玄默一焉，故略舉三異以明之。雖波流九變，治亂紛如，居其極者，常淡然自得，泊乎忘爲也。【疏】此舉譬也。鯢，大魚也。桓，盤也。審，聚也。夫水體無心，動止隨物。或鯨鯢盤桓，或螭龍騰躍，或凝湛止住，或波流湍激，雖復漣漪清淡，多種不同，而玄默無心，其致一也。故鯢桓以方衡氣，止水以譬地文，流水以喻天壤，雖復三異，而虛照一焉。而言「淵有九名」者，謂鯢桓、止水、流水、汎水〔一〕、濫水、沃水、雍水、文水〔二〕、肥水，故謂之九也。並出列子，彼文具載，此略叙有此三焉也。【釋文】鯢五兮反。桓司馬云：鯢桓，二魚名也。簡文云：鯢，鯨魚也。桓，盤桓也。崔本作「鯢拒」，云：魚所處之方穴也。又云：

〔一〕汎水　列子黄帝篇作「氿水」。
〔二〕文水　列子黄帝篇作「汧水」。

「拒」或作「桓」。之審郭如字。簡文云：處也。司馬云「審」當爲「蟠」，蟠，聚也。崔本作「潘」，云：回流所鍾之域也。○俞樾曰：「審」，司馬云當爲「蟠」，蟠，聚也。崔本作「潘」，云：回流所鍾之域也。今以字義求之，則實當爲「瀿」。說文水部：瀿，大波也，從水旛聲。作「潘」者，字之省。司馬彪讀爲「蟠」，誤也。郭本作「審」，則失其字矣。又案：列子黃帝篇云「鯢旋之潘爲淵，止水之潘爲淵，流水之潘爲淵，濫水之潘爲淵，沃水之潘爲淵，氿水之潘爲淵，雍水之潘爲淵，汧水之潘爲淵，肥水之潘爲淵，是爲九淵焉」，九淵全列，然於上下文殊不相屬，疑爲它處之錯簡，莊子所見已然。雖不敢徑去，而實非本篇文義所繫，故聊舉其三耳。淵有九名淮南子云：有九旋之淵。許慎注云：至深也。治亂直吏反。

嘗又與來。」【疏】欲示極玄，應須更召。

明日，又與之見壺子。立未定，自失而走。【疏】季咸前後虞度來相，未呈玄遠，猶有近見。今者第四，其道極深，本迹兩忘，動寂雙遣。聖心行虛，非凡所測，遂使立未安定，奔逸而走也。【釋文】失而走如字。徐音逸。壺子曰：「追之！」【疏】既見奔逃，命令捉取。列子追之不及，反以報壺子，曰：「已滅矣，已失矣，吾弗及已。」【疏】驚迫已甚，奔馳亦速，滅矣失矣，莫知所之也。【釋文】已滅崔云：滅，不見也。壺子曰：「鄉吾示之以未始出吾宗。【注】雖變化無常，而常深根冥極也。【疏】夫妙本玄源，窈冥恍惚，超茲四句，離彼百非。不可以心慮知，安得以形名取？既絕言象，無的宗塗，不測所由，故失而走。吾與之虛而委蛇，【注】無心而隨物化。【釋文】委於危反。蛇以支反。委蛇，至順之貌。**不知其誰何，**【注】汎然無所係也。【疏】委蛇，隨順之貌也。至人應物，虛己忘懷，隨順逗機，不執宗本。既不可名目，故不知的是何誰也。**因以爲弟靡，因以爲波流，故逃也。」**【注】變化頽靡，世事波流，無往而不因也。夫至人一耳，然應世變而時動，故相者無所措其目，自失而走。此明應帝王者無方也。【疏】頽者，放任。靡者，順從。夫上德無心，有感斯應，放任不務，順從於物，而揚波塵俗，隨流世間，因任前機，曾無執滯。千變萬化，非相者所知，是故季咸宜其逃逸也。【釋文】爲弟徐音頽，丈回反。靡弟靡，不窮之貌。崔云：猶遜伏也。波流如字。崔本作「波隨」，云：常隨從之。○王念孫曰：郭象曰「變化頽靡，世事波流，無往而不因」，釋文曰：「波流」，崔本作「波隨」，云：常隨從之。案：作「波隨」者是也，「蛇」、「何」、「靡」、「隨」爲韻。蛇，古音徒禾反。靡，古音摩。隨，古亦音徒禾反。

然後列子自以爲未始學而歸，【疏】季咸逃逸之後，列子方悟己迷，始覺壺丘道深，神巫術淺。自知未學，請乞其退歸，習尚無爲，伏膺玄業也。**三年不出。爲其妻爨，食豕如食人。**【注】忘貴賤也。【疏】不出三年，屏於俗務，爲妻爨火，忘於榮辱，食豕如人，净穢均等。【釋文】爲其于僞反。妻爨七判反。食豕音嗣。下同。**於事無與親，**【注】唯所遇耳。【疏】悟於至理，故均彼我；涉於世事，無親疏也。**彫琢復樸，**【注】去華取實。【疏】彫琢華飾之務，悉皆棄除，直置任真，復於樸素之道者也。【釋文】彫琢竹角反。去華羌呂反。**塊然獨以其形立。**【注】外飾去也。【疏】塊然，無情之貌也。外除彫飾，內遺心智，槁木之形，塊然無偶也。【釋文】塊然徐苦怪反，又苦對反。紛而封哉，【注】雖動而真不散也。【疏】封，守也。雖復涉世紛擾，和光接物，而守於真本，確爾不移。○典案：碧虛子校引張君房本「紛」下有「然」字，是也。列子黃帝篇作「忿然而封戎」，文雖異，「忿」下有「然」字。【釋文】紛而芳云反。崔云：亂貌。封哉崔本作「戎」，云：封戎，散亂也。○李楨曰：「紛而封哉」，列子黃帝篇作「忿然而封戎」，按「封戎」是也。六句並韻語。「食豕」二句，「人」、「親」爲韻；「彫琢」二句，「樸」、「立」爲韻；「紛而」二句，「戎」、「終」爲韻。「哉」字傳寫之譌。下四亦韻語，惟崔本不誤，與列子同。尚書「公無困哉」，漢書兩引作「公無困我」，此以「我」譌「哉」，亦是一證。一以是終。【注】使物各自終。【疏】動不乖寂，雖紛擾而封哉，應不離真，常抱一以終始。

無爲名尸，【注】因物，則物各自當其名也。【疏】尸，主也。身尚忘遺，名將安寄？故無復爲名譽之主也。無爲謀府，【注】使物各自謀也。【疏】虛淡無心，忘懷任物，故無復運爲謀慮於靈府耳。無爲事任，【注】付物使各自任。【疏】各率素分，恣物自爲，不復於事，任用於己。無爲知主，【注】無心，則物各自主其知也。【疏】忘心絕慮，大順羣生，終不運知，以主於物。【釋文】知主音智。注同。體盡無窮，【注】因天下之自爲，故馳萬物而無窮也。【疏】體悟真源，故能以智境冥會，故曰皆無窮也。而遊無朕，【注】任物，故無迹。【疏】朕，迹也。雖遨遊天下，接濟蒼生，而晦迹韜光，故無朕也。【釋文】無朕直忍反。崔云：兆也。盡其所受乎天，【注】足，則止也。【疏】所稟天性，物物不同，各盡其能，未爲不足者也。而無見得，【注】見得，則不知止。【疏】夫目視之所見，雖見不見；得於分内之得，雖得不得。既不造意於見得，故雖見得而無見得也。亦虛而已。【注】不虛，則不能任羣實。【疏】所以盡於分内而無見得者，自直虛心忘淡而已。至人之用心若鏡，【注】鑒物而無情。【疏】夫懸鏡高堂，物來斯照，至人虛應，其義亦然。不將不迎，應而不藏，【注】來即應，去即止。【疏】將，送也。夫物有去來，而鏡無迎送，來者即照，必不隱藏。亦猶聖智虛凝，無幽不燭，物感斯應，應不以心。既無將迎，豈有情於隱匿哉？【釋文】應而不藏如字。本又作「臧」〔一〕，亦依字讀。故能勝物而不傷。【注】物來乃鑒，鑒不以心，故雖天下來照，而無勞神之累。【疏】夫物有生滅，而鏡無隱顯，故常能照物，而物不能傷。亦由聖人德合二儀，明齊三景，鑒照遐廣，覆載無偏。用心不勞，故無損害；爲其勝物，是以不傷。

南海之帝爲儵，北海之帝爲忽，中央之帝爲渾沌。【疏】南海是顯明之方，故以儵爲有。北是幽闇之域，故以忽爲無。中央既非北非南，故以渾沌爲非無非有者也。【釋文】儵音叔。李云：喻有象也。忽李云：喻無形也。渾胡本反。沌徒本反。崔云：渾沌，無孔竅也。李云：清濁未分也。此喻自然。簡文云：儵、忽取神速爲名，渾沌以合和爲貌。神速譬有爲，合和譬無爲。儵與忽時相與遇於渾沌之地，渾沌待之

〔一〕本　原作「木」，形近而誤。

甚善。【疏】有無二心，會於非無非有之境，和二偏之心，執爲一中之志，故云「待之甚善」也。○典案：御覽六十引「善」作「厚」。儵與忽謀報渾沌之德，曰：「人皆有七竅，以視聽食息。此獨無有，嘗試鑿之。」【疏】儵、忽二人，由懷偏滯，未能和會，尚起學心。妄嫌渾沌之無心，而謂穿鑿之有益也。日鑿一竅，七日而渾沌死。【注】爲者敗之。【疏】夫運四肢以滯境，鑿七竅以染塵，乘渾沌之至淳，順有無之取舍，是以不終天年，中塗夭折。勗哉學者，幸勉之焉！故郭注云「爲者敗之」也。○典案：御覽六十引「日」上有「一」字。【釋文】七竅苦叫反。說文云：孔也。七日而渾沌死崔云：言不順自然，强開耳目也。

莊子補正卷四上

外篇　駢拇第八

【釋文】舉事以名篇。

駢拇枝指，出乎性哉，而侈於德。【疏】駢，合也；（拇，足）大（指）也；謂足大拇指與第二指相連，合爲一指也。枝指者，謂手大拇指傍枝生一指，成六指也。出乎性者，謂此駢枝二指，並稟自然，性命生分中有之。侈，多也。德，謂仁義禮智信五德也。言曾、史稟性有五德，蘊之五藏，於性中非剩也。【釋文】駢步田反。廣雅云：並也。李云：併也。**拇**音母，足大指也。司馬云：駢拇，謂足拇指連第二指也。崔云：諸指連大指也。**枝指**如字。三蒼云：枝指，手有六指也。崔云：音歧，謂指有歧也。**而侈**昌是反。徐處豉反。郭云：多貌。司馬云：溢也。崔云：過也。**於德**崔云：德，猶容也。**附贅縣疣，出乎形哉，而侈於性。**【注】夫長者不爲有餘，短者不爲不足，此則駢贅皆出於形性，非假物也。然駢與不駢，其性各足，而此獨駢枝，則於衆以爲多，故曰侈耳。而惑者或云非性，因欲割而棄之，是道有所不存，德有所不載，而人有棄才，物有棄用也，豈是至治之意哉！夫物有小大，能有少多，所大即駢，所多即贅。駢贅之分，物皆有之，若莫之任，是都棄萬物之性也。【疏】附生之贅肉，縣係之小疣，並稟形以後方有，故出乎形哉，而侈性者。譬離、曠稟性聰明，列之藏府，非關假學，故無侈性也。【釋文】附贅章鋭反。廣雅云：疣也。釋名云：横生一肉，屬著體也。一云：瘤結也。縣音玄。疣音尤。而侈於性司馬云：性，人之本體也。駢拇枝指，附贅縣疣，此四者各出於形性，而非形性之正，於衆人爲侈耳。於形爲侈，於性爲多，故在手爲莫用之肉，於足爲無施之指也。王云：性者受生之質，德者全生之本。駢枝受生而有，不可多於德；贅疣形後而生，不可多於性。此四者以況才智德行。○俞樾曰：「性」之言「生」也。駢拇枝指，生而已然者也，故曰「出乎性」；附贅縣疣，成形之後而始有者也，故曰「出乎形」。德者，所以生者也，天地篇曰「物得以生謂之德」是也。駢拇枝指出乎性，而以德言之則侈矣；附贅縣疣出乎形，而以性言之則侈矣。崔云：德，猶容也。司馬云：性，人之本體也。混性與德與形而一之，殊失其旨。夫音符。發句之端放此。至治直吏反。之分符問反。後可以意求。物皆有之「之」或作「定」。多方乎仁義而用之者，列於五藏哉，而非道德之正也。【注】夫與物冥者，無多也。故多方於仁義者，雖列於五藏，然自一家之正耳，未能與物無方而各正性命，故曰非道德之正。夫方之少多，天下未之有限。然少多之差，各有定分，毫芒之際，即不可以相跂，故各守其方，則少多無不自得。而惑者聞多之不足以正少，因欲棄多而任少，是舉天下而棄之，不亦妄乎！【疏】方，道術也。言曾、史之德，性多仁義，羅列藏府而施用之，此直一家之知，未能大冥萬物。夫能與物冥者，故當非仁非義而應夫仁義，不多不少而應夫多少，千變萬化，與物無窮，無所偏執，故是道德之正言。【釋文】五藏才浪反，後皆同。黃帝素問云：肝、心、脾、肺、腎爲五藏。

是故駢於足者，連無用之肉也；枝於手者，樹無用之指也；【注】直自性命，不得不然，非以有用故然也。【疏】夫駢合之拇，無益於行步，故雖有此連，終成無用之肉。枝生於手指者，既不益操捉，故雖樹立此肉，終是無用之指也。欲明稟自然天性有之，非關助用而生也。

多方駢枝於五藏之情者，淫僻於仁義之行，【注】五藏之情，直自多方耳，而少者橫復尚之，以至淫僻，而失至當於體中也。【疏】夫曾、史之徒，性多仁義，以此情性，駢於藏府。性少之類，矯情慕之，務此爲行，求於天理。既非率性，遂成淫僻。淫者，耽滯；僻者，不正之貌。【釋文】淫僻本又作「辟」，匹亦反。徐敷赤反。注及篇末同。 於仁義之行下孟反。崔云：駢枝贅疣，雖非性之正，亦出於形，不可去也。五藏之情，雖非道德之正，亦列於性，不可治也。今設仁義之教，以治五藏之情，猶削駢枝贅疣也，既傷自然之理，更益其疾也。 橫復扶又反。（徐）〔除〕篇末注皆同。 至當丁浪反。後皆倣此。

而多方於聰明之用也。【注】聰明之用，各有本分，故多方不爲有餘，少方不爲不足。然情欲之所蕩，未嘗不賤少而貴多也，見夫可貴而矯以尚之，則自多於本用而困其自然之性。若乃忘其所貴而保其素分，則與性無多，而異方俱全矣。【疏】言離、曠素分，足於聰明，性少之徒，矯情爲尚，以此爲用，不亦謬乎？○典案：碧虛子校引張君房本「而多方於聰明之用也」作「而多□於聰明之用也」。

是故駢於明者，亂五色，淫文章，青黄黼黻之煌煌非乎？而離朱是已。【疏】斧形謂之黼。兩己相背謂之黻。五色，青、黄、赤、白、黑也。青與赤爲文，赤與白爲章。煌煌，眩目貌也。豈非離朱乎？是也。已，助聲也。離朱，一名離婁，黄帝時明目人，百里察毫毛也。【釋文】黼黻音甫。下音弗。周禮云：白與黑謂之黼，黑與青謂之黻。煌煌音皇。廣雅云：光也。向、崔本作「韹」，向云：馬氏音煌。毛詩傳云：皇皇，猶煌煌也。煌，又音晃。非乎向云：非乎，言是也。離朱司馬云：黄帝時人，百步見秋毫之末。一云：見千里針鋒。孟子作「離婁」。是已向云：猶是也。多於聰者，亂五聲，淫六律，金石絲竹黄鐘大吕之聲非乎？而師曠是已。【注】夫有耳目者，未嘗以慕聾盲自困也，所困常在於希離慕曠，則離、曠雖性聰明，乃是亂耳目之主也。【疏】五聲，謂宫、商、角、徵、羽也。六律，黄鐘、大吕、姑洗、蕤賓、無射、夾鐘之徒是也。六律陽，六吕陰，總十二也。金、石、絲、竹、匏、土、革、木，此八音也。非乎，言滯著此聲音，豈非是師曠乎。師曠，字子野，晉平公樂師，極知音律。言離、曠二子，素分聰明，庸昧之徒，横生希慕，既失本性，寧不困乎？然則離、曠聰明，乃是亂耳目之主也。【釋文】五聲本亦作「五音」。師曠司馬云：晉賢大夫也。善音律，能致鬼神。史記云：冀州南和人，生而無目。枝於仁者，擢德塞性，以收名聲，使天下簧鼓以奉不及之法非乎？而曾、史是已。【注】夫曾、史性長於仁耳，而性不長者横復慕之。慕之而仁，仁已僞矣。天下未嘗慕桀、跖而必慕曾、史，則曾、史之簧鼓天下，使失其真性，甚於桀、跖也。【疏】枝於仁者，謂素分枝多仁義，由如生分中枝生一指也。擢用五德，既偏滯邪淫，仍閉塞正性。用斯接物，以收聚名聲，遂使蒼生馳動奔競，由如笙簧鼓吹，能感動於物欣企也。然曾、史性長於仁義，而不長者橫復慕之，捨短效長，故言奉不及之法也。擢，拔。謂拔擢僞德，塞其真性也。曾者，姓曾，名參，字子輿，仲尼之弟子。史者，姓史，名鰌，字子魚，衛靈公臣。此二人並稟性仁孝，故舉之。【釋文】擢德音濯。司馬云：拔也。○王念孫曰：「塞」與「擢」義不相類，「塞」當爲「搴」，「擢」、「搴」皆謂拔取之也。廣雅云：搴，取也，拔也。此言世之人皆擢其德，搴其性，務爲仁義，以收名聲，非謂塞其性也。淮南俶真篇曰「俗世之學，擢德攓性，内愁五藏，外勞耳目，乃始招蟯振繾物之毫芒，搖消掉捎仁義禮樂，暴行越智於天下，以招號名聲於世」；又曰「今萬物之來，擢拔吾性，攓取吾情」，皆其證也。隸書「手」字或作「扌」，故「搴」字或作「搴」，形與「塞」相似，因譌而爲「塞」矣。簧鼓音黄。謂笙簧也。鼓，動也。曾史曾參、史鰌也。曾參行仁，史鰌行義。跖之石反。

駢於辯者，纍瓦結繩竄句，遊心於堅白同異之間，而敝跬譽無用之言非乎？而楊、墨是已。【注】夫騁其奇辯，致其危辭者，未曾容思於檮杌之口，而必競辯於楊、墨之間，則楊、墨乃亂羣言之主也。【疏】楊者，姓楊，名朱，字子居，宋人也。墨者，姓墨，名翟，亦宋人也，爲宋大夫，以其行墨之道，故稱爲墨。此二人並墨之徒，稟性多辯，咸能致高談危險之辭，鼓動物性，固執是非，由如緘結，藏匿文句，使人難解。其游心學處，惟在堅執守白之論，是非同異之間，未始出非人之域也。蹩躠，由自持也，亦用力之貌。譽，光贊也。楊、墨之徒，並矜其小學，炫耀衆人，誇無用之言，惑於羣物。然則楊、墨豈非亂羣之師乎？言即此楊、墨而已也。【釋文】纍劣彼反。瓦危委反。向同。崔如字。一云：「瓦」當作「丸」。結繩〔本〕〔李〕云：言小辯危詞，若結繩之纍瓦也。崔云：聚無用之語，如瓦之纍、繩之結也。竄七亂反。爾雅云：微也。一云：藏也。句紀具反。司馬云：竄句，謂邪説微隱，穿鑿文句也。一音鉤。敝本亦作「蹩」。徐音婢。郭父結反。李步計反。司馬云：罷也。跬徐丘婢反。郭音屑。向、崔本作「趌」，向丘氏反，云：近也。司馬同。李却垂反。一云：敝跬，分外用力之貌。譽音餘。楊墨崔、李云：楊朱、墨翟也。容思息嗣反。檮杌上徒刀反，下音兀。

故此皆多駢旁枝之道，非天下之至正也。【注】此數子皆師其天性，直自多駢旁枝，各自是一家之正耳。然以一正萬，則萬不正矣，故至正者不以己正天下，使天下各得其正而已。【疏】言此數子，皆自天然聰明仁辯，由如合駢之拇，傍生枝指，稟之素分，豈由人爲。故知率性多仁，乃是多駢傍枝之道也。而愚惑之徒，捨己效物，求之分外，由而不已。然搖動物性，由此數人，以一正萬，故非天下至道正理也。【釋文】此數色主反。下文「此數」音同。

彼正正者，不失其性命之情。【注】物各任性，乃正正也。自此已下觀之，至正可見矣。【疏】以自然之正理，正蒼生之性命，故言「正」也。物各自得，故言「不失」也。言自然者，即我之自然，所言性命者，亦我之性命也，豈遠哉！故言正正者，以不正而正，正而不正之無言也〔一〕。自此以上，明矯性之失；自此以下，

〔一〕無　原作「而」，據集釋等改。

顯率性之得也。○俞樾曰：上「正」字乃「至」字之誤。上文云「故此皆多駢旁枝之道，非天下之至正也」，此云「彼至正者，不失其性命之情」，兩文相承。今誤作「正正」，義不可通。郭曲爲之説，非是。故合者不爲駢，【注】以枝正合，乃謂合爲駢。而枝者不爲跂；【注】以合正枝，乃謂枝爲跂。【疏】以枝正合，乃謂合爲駢，而合實非駢；以合正枝，乃謂枝爲跂，而枝實非跂也。○典案：碧虚子校引江南古藏本「跂」作「岐」，義較長。【釋文】不爲跂其知反。崔本作「枝」，音同。或渠支反。長者不爲有餘，【注】以短正長，乃謂長有餘。短者不爲不足。【注】以長正短，乃謂短不足。【疏】長者，謂曾、史、離、曠、楊、墨，並稟之天性，蘊蓄仁義，聰明俊辯。比之羣小，故謂之長；率性而動，故非有餘。短者，衆人，比曾、史等不及，故謂之短。然亦天機自張，故非爲不足。是故鳧脛雖短，續之則憂；鶴脛雖長，斷之則悲。【注】各自有正，不可以此正彼而損益之。【疏】鳧，小鴨也。鶴，鵠之類也。脛，脚也。自然之理，亭毒衆形，雖復脩短不同，而形體各足稱事，咸得逍遥。而惑者方欲截鶴之長，續鳧之短，以爲齊，深乖造化，違失本性，所以憂悲。○典案：御覽九百十六引「脛」作「頸」。【釋文】鳧音符。脛形定反。釋名云：莖也。直而長，如物莖也。本又作「踁」。鶴户各反。斷之丁管反。下及注同。故性長非所斷，性短非所續，無所去憂也。【注】知其性分非所斷續而任之，則無所去憂而憂自去也。【疏】夫稟性受形，僉有崖量，脩短明暗，素分不同，此如鳧鶴，非所斷續。如此即各守分内，雖爲無勞去憂，憂自去也。【釋文】去憂起吕反。注「去憂」、「去也」同。意仁義其非人情乎，【注】夫仁義自是人之情性，但當任之耳。【釋文】意如字。下同。亦作「醫」。彼仁人何其多憂也？【注】恐仁義非人情而憂之者，真可謂多憂也。【疏】噫，嗟歎之聲也。夫仁義之情，出自天理，率性有之，非由放效。彼仁人者，則是曾、史之徒，不體真趣，横生勸獎，謂仁義之道可學而成。莊生深嗟此迷，故發噫歎。分外引物，故謂「多憂」也。「非其人情乎」者，是人之情性者也。

且夫駢於拇者，決之則泣；枝於手者，齕之則啼。二者或有餘於數，或不足於數，其於憂一也。【注】謂之不足，故泣而決之；以爲有餘，故啼而齕之。夫如此，雖羣品萬殊，無釋憂之地矣。唯各安其天性，不決駢而齕枝，則曲成而無傷，又何憂哉？【疏】齕者，齧斷也。決者，離析也。有餘於數，謂枝生六指也。不足於數，謂駢爲四指也。夫駢枝二物，自出天然，但當任置，未爲多少。而惑者不能忘淡，固執是非，謂枝爲有餘，駢爲不足。横欲決駢齕枝，成於五數，既傷造化，所以泣啼。故決齕雖殊，其憂一也。【釋文】齕李音紇，恨發反。齒斷也。徐胡勿反。郭又胡突反。啼音提。崔本作「諦」。今世之仁人，蒿目而憂世之患；【注】兼愛之迹可尚，則天下之目亂矣。以可尚之迹，蒿令有患，而遂憂之，此爲陷人於難而後拯之也。然今世正謂此爲仁也。【疏】蒿目，亂也。仁，兼愛之迹也。今世，猶末代。言曾、史之徒，行此兼愛，遂令惑者捨己效人。希幸之路既開，耳目之用亂矣。耳目亂則患難生，於是憂其紛擾，還救以仁義。不知患難之所興，興乎聖迹也。【釋文】蒿目好羔反。司馬云：亂也。李云：蒿目，快性之貌。○俞樾曰：司馬與郭注共以「蒿目」二字爲句，解爲亂天下之目，義殊未安。「蒿」乃「睢」之叚字。玉篇目部「睢，庚鞠切，目明，又望也」，是「睢」爲望視之貌。仁人之憂天下，必爲之睢然遠望，故曰「睢目而憂世之患」。「睢」與「蒿」古音相近，故得通用。詩靈臺篇「白鳥翯翯」，孟子梁惠王篇作「鶴鶴」，文選景福殿賦作「皠皠」，然則「蒿」之通作「睢」，猶「翯」之通作「鶴」與「皠」矣。周易文言傳「確乎其不可拔」，説文土部曰「塙堅不可拔也」，即本易義，是「確」與「塙」通，亦其例也。　蒿令力呈反。下同。　於難乃旦反。　後拯拯救之拯。

不仁之人，決性命之情而饕貴富。【注】夫貴富所以可饕，由有蒿之者也。若乃無可尚之迹，則人安其分，將量力受任，豈有決己效彼以饕竊非望哉！【疏】饕，貪財也。素分不懷仁義者，謂之不仁之人也。意在貪求利祿，偷竊貴富，故絶己之天性，亡失分命真情，而矯性僞情，舍我逐物。良由聖迹可尚，故有斯弊者也。是知抱樸還淳，必須絶仁棄義。【釋文】饕吐刀反。杜預注左傳云：貪財曰饕。

故意仁義其非人情乎，【疏】此重結前旨也。

自三代以下者，天下何其囂囂也？【注】夫仁義自是人情也。而三代以下，横共囂囂，棄情逐迹，如將不及，不亦多憂乎！【疏】自，從也。三代，夏、殷、周也。囂囂，猶讙聒也。夫仁義者，出自性情，而三代以下，棄情徇迹，囂囂競逐，何愚之甚！是以夏行仁，殷行義，周行禮，即此囂囂之狀也。【釋文】囂囂許橋反，又五羔反。字林云：聲也。崔云：憂世之貌。

且夫待鉤繩規矩而正者，是削其性者也；【疏】鉤，曲；繩，直；規，圓；矩，方也。夫物賴鉤繩規矩而後曲直方圓也，此非天性也；諭人待教迹而後仁義者，非真性也。夫真率性而動，非假學也。故矯性僞情，舍己效物而行仁義者，是減削毁損於天性也。待繩約膠漆而固者，是侵其德者也；【疏】約，束縛也。固，牢也。侵，傷也。德，真智也。夫待繩索約束、膠漆堅固者，斯假外物，非真牢者也。喻學曾、史而行仁者，此矯僞，非實性也。既乖本性，所以侵傷其德也。屈折禮樂，呴俞仁義，以慰天下之心者，此失其常然也。【疏】屈，曲也。折，截也。呴俞，猶嫗撫也。揉直爲曲，施節文之禮，折長就短，行漫澶之樂，嫗撫偏愛之仁，呴俞執迹之義，以此僞真，以慰物心，遂使物喪其真，人亡其本。既而棄本逐末，故失其真常自然之性者也。此則總結前文之失，以生後文之得也。【釋文】屈崔本作「詘」。折之熱反，謂屈折支體爲禮樂也。呴況於反。李況付反。本又作「傴」，於禹反。俞音臾。李音喻。本又作「呴」，音詡，謂呴喻顔色爲仁義之貌。天下有常然，常然者，曲者不以鉤，直者不以繩，圓者不以規，方者不以矩，附離不以膠漆，約束不以纆索。【疏】夫天下萬物，各有常分。至如蓬曲麻直，首圓足方也，水則冬凝而夏釋，魚則春聚而秋散，斯出自天然，非假諸物，豈有鉤繩規矩、膠漆纆索之可加乎！在形既然，於性亦爾。故知禮樂仁義者，亂天之經者也。又解：附離，離，依也。故漢書云「哀帝時附離董氏者，皆起家至二千石」，注云：離，依之也。【釋文】纆音墨。廣雅云：索也。索悉各反。下同。故天下誘然皆生，而不知其所以生；同焉皆得，而不知其所以得。

【注】夫物有常然，任而不助，則泯然自得而不自覺也。【疏】誘然生物，稟氣受形，或方或圓，乍曲乍直，

亭之毒之，各足於性，悉莫辨其然，皆不知所以生，豈措意於緣慮、情係於得失者乎！是知屈折呴俞，失其常也。故古今不二，不可虧也。【注】同物，故與物無二而常全。【疏】夫見始終以不一者，凡情之闇惑也；覩古今之不二者，聖智之明照也。是以不生而生，不知所以生，不得而得，不知所以得，雖復時有古今，而法無虧損，千變萬化，常唯一也。則仁義又奚連連如膠漆纆索，而遊乎道德之間爲哉？【注】任道而得，則抱樸獨往，連連假物，無爲其間也。【疏】奚，何也。連連，猶接續也。夫道德者，非有非無，不生不滅，不可以聖智求，安得以形名取。而曾、史之類，性多於仁，以己率物，滯於名教，束縛既似纆繩，執固又如膠漆，心心相續，連連不斷。懷挾此行，遨遊道德之鄉者，譬猶以圓學方，以魚慕鳥，徒希企尚之名，終無功用之實。筌蹄不忘，魚兔又喪，已陳芻狗，貴此何爲也？【釋文】連連司馬云：謂連續仁義，遊道德間也。使天下惑也。【注】仁義連連，祇足以惑物使喪其真。【疏】仁義之教，聰明之迹，乖自然之道，亂天下之心。【釋文】祇足音支。使喪息浪反。下「已喪」同。

夫小惑易方，大惑易性。【注】夫東西易方，於體未虧。矜仁尚義，失其常然，以之死地，乃大惑也。【疏】夫指南爲北，其迷尚小；滯迹喪真，爲惑更大。何以知其然邪？【疏】然，如是也。此即假設疑問，以出後文。自虞氏招仁義以撓天下也，天下莫不奔命於仁義，【注】夫與物無傷者，非爲仁也，而仁迹行焉；令萬理皆當者，非爲義也，而義功見焉。故當而無傷者，非仁義之招也。然而天下奔馳，棄我徇彼，以失其常然。故亂心不由於醜，而恒在美色；撓世不由於惡，而恒由仁義。則仁義者，撓天下之具也。【疏】虞氏，舜也。招，取也。撓，亂也。自唐堯以前，猶懷質樸，虞舜以後，淳風漸散。故以仁義聖迹招慰蒼生，遂使宇宙黎元荒迷奔走，喪於性命，逐於聖迹。【釋文】以撓而小反。郭呼堯反，又許羔反。廣雅云：亂也。又奴爪反。○俞樾曰：國語周語「好盡言以招人過」，韋注曰：招，舉也。舊音曰招，音翹。漢書陳勝傳贊「招八州而朝同列」，鄧展曰：招，舉也。蘇林曰：招，音翹。此文「招」字亦當訓「舉」而讀爲「翹」，言舉仁義以撓天下也。郭注曰「故當而無傷者，非仁義之招也。然而天下奔馳，棄我殉彼，以失其常然」，是讀如本字。然以仁義招人，不得反云招仁義，可知其非矣。功見賢遍反。是非以仁義易其性與？【注】雖虞氏無易之情，而天下之性固以易矣。【疏】由是觀之，豈非用仁義聖迹撓亂天下，使天下蒼生棄本逐末而改其天性耶？【釋文】性與音餘。此可以意消息。後皆倣此。故嘗試論之。自三代以下者，天下莫不以物易其性矣。【注】自三代以上，實有無爲之迹。無爲之迹，亦有爲者之所尚也，尚之則失其自然之素。故雖聖人有不得已，或以槃夷之事易垂拱之性，而況悠悠者哉？【疏】五帝以上，猶扇無爲之風；三代以下，漸興有爲之教。澆淳異世，步驟殊時〔一〕，遂使捨己効

〔一〕驟　原作「聚」，據集釋等改。

人，易奪真性，殉物不反，不亦悲乎！注云「或以槃夷之事易垂拱之性」者，槃夷，猶創傷也。言夏禹以風櫛雨沐，手足胼胝，以此辛苦之事，易於無爲之業。居上既爾，下民亦然也。【釋文】三代夏、殷、周也。以上時掌反。槃夷並如字。謂創傷也。依字應作「瘢痍」。

小人則以身殉利，士則以身殉名，大夫則以身殉家，聖人則以身殉天下。【注】夫鶉居而鷇食，鳥行而無章者，何惜而不殉哉！故與世常冥，唯變所適，其迹則殉世之迹也。所遇者或時有槃夷禿脛之變，其迹則傷性之迹也。然而雖揮斥八極，而神氣無變，手足槃夷，而居形者不擾，則奚殉哉！無殉也。故乃不殉其所殉，而迹與世同殉也。【疏】殉，從也，營也，求也，逐也。謂身所以從之也。夫小人貪利，廉士重名，大夫殉爲一家，帝王營於四海。所殉雖異，易性則同。然聖人與世常冥，其迹則殉，故有瘢痍禿脛之變，而未始累其神者也。【釋文】殉辭俊反。徐辭倫反。司馬云：營也。崔云：殺身從之曰殉。鶉音純，又音敦。鷇口豆反。禿吐木反。揮斥上音揮，下音赤。

故此數子者，事業不同，名聲異號，其於傷性，以身爲殉，一也。【疏】數子者，則前之三世以下四人也。事業者，謂利、名、天下不同也。名聲者，謂小人、士大夫、聖人異號也。言此四人，事業雖復不同，名聲異號也〔一〕，其於殘生，以身逐物，未始不均也。

〔一〕原本此下有「言四人雖復不同」七字，據集釋等刪。

臧與穀，二人相與牧羊，而俱亡其羊。【疏】此仍前舉譬，以生後文也。孟子云：臧，善學人。穀，孺子也。揚雄云：男壻婢曰臧。穀，良家子也。牧，養也。亡，失也。言此二人各耽事業，俱失其羊也。【釋文】臧作郎反。崔云：好書曰臧。方言云：齊之北鄙，燕之北郊，凡民男而壻婢謂之臧，女而婦奴謂之獲。張揖云：壻婢之子謂之臧，婦奴之子謂之獲。與穀如字。爾雅云：善也。崔本作「㝅」，云：孺子曰㝅。牧羊牧養之牧。問臧奚事，則挾筴讀書；問穀奚事，則博塞以遊。二人者，事業不同，其於亡羊均也。【疏】奚，何也。冊，簡也。古人無紙，皆以簡冊寫書。行五道而投瓊曰博，不投瓊曰塞。問臧問穀，乃有書塞之殊，牧羊亡羊，實無復異也。【釋文】挾音協。筴字又作「策」，初革反。李云：竹簡也。古以寫書，長二尺四寸。博塞悉代反。塞，博之類也。漢書云：吾丘壽王以善格五待詔，謂博塞也。伯夷死名於首陽之下，盜跖死利於東陵之上，【疏】此下合譬也。伯夷、叔齊，並孤竹君之子也。孤竹，神農氏之後也，姜姓。伯夷，名允，字公信。叔齊，名致，字公遠。夷長而庶，齊幼而嫡。父常愛齊，數稱之於夷。及其父薨，兄弟相讓，不襲先封。聞文王有德，乃往於周，遇武王伐紂，扣馬而諫。諫不從，走入首陽山，採薇爲糧，不食周粟，遂餓死首陽山。山在蒲州河東縣。蒲州城南三十里，見有夷、齊廟墓，林木森竦。盜跖者，柳下惠之從弟，名跖。徒卒九千，常爲巨盜，故以盜爲名。東陵者，山名。又云：即太山也，在齊州界，去東平十五里，跖死其上也。【釋文】首陽山名，在河東蒲坂縣。死，謂餓而死。東陵李云：謂泰山也。一云：陵名，今名東平陵，屬濟南郡。○郭慶藩曰：文選任彥昇王文憲集序注引司馬云：東陵，陵名，今屬濟南也。釋文闕。二人者，所死不同，其於殘生傷性均也，【疏】伯夷殉名，死於首陽之下；盜跖貪利，殞於東陵之上，乃名利所殉不同，其於殘傷，未能相異也。奚必伯夷之是而盜跖之非乎？【注】天下之所惜者，生也。今殉之太甚，俱殘其生，則所殉是非，不足復論。【疏】據俗而言，有美有惡；以道觀者，何是何非？故盜跖不必非，伯夷豈獨是？○郭慶藩曰：慧琳一切經音義卷八十九〔一〕、梁高僧傳四引司馬云：盜跖，凶惡人也。釋文闕。天下盡殉也。彼其所殉仁義也，則俗謂之君子；其所殉貨財也，則俗謂之小人。【疏】此總結前文，以成後義。但道喪日久，並非適當。今俗中盡殉，豈獨夷、跖？從於仁義，未始離名；逐於貨財，固當走利。唯名與利，殘生之本，即非天理，近出俗情，君子小人，未可正據也。其殉一也，則有君子焉，有小人焉。若其殘生損性，則盜跖亦伯夷已，又惡取君子小人於其間哉！【注】天下皆以不殘爲善，今均於殘生，則雖所殉不同，不足復計也。夫生奚爲殘，性奚爲易哉？皆由乎尚無爲之迹也。若知迹之由乎無爲而成，則絕尚去甚，而反冥我極矣。堯、桀將均於自得，君子小人奚辯哉？【疏】惡，何也。其所殉名利，則有君子、小人之殊；若殘生損性，曾無盜跖、伯夷之異。此蓋俗中倒置，非關真極，於何而取君子，於何而辨小人哉？言無別也。

〔一〕慧琳一切經音義　原作「慧林一切音義」。

【釋文】又惡音烏。取君子小人於其間哉崔本無「小人於」三字。

且夫屬其性乎仁義者，雖通如曾、史，非吾所謂臧也；【注】以此係彼爲屬。屬性於仁，殉仁者耳，故不善也。【疏】屬，係也。臧，善也。吾，莊生自稱也。夫捨己効人，得物喪我者，流俗之僞情也。故係我天性，學彼仁義，雖通達聖迹，如曾參、史魚，乖於本性，故非論生之所善也。【釋文】屬其郭時欲反，謂係屬也。徐音燭。屬，著也。下皆同。

屬其性於五味，雖通如俞兒，非吾所謂臧也；【注】率性通味乃善。【疏】孟子云：俞兒，齊之識味人也。尸子云：俞兒和薑桂，爲人主上食。夫自無天素，効物得知，假令通似俞兒，非其善故也。【釋文】雖通如楊墨一本無此句。俞兒音榆。李式榆反。司馬云：古之善識味人也。崔云：尸子曰：膳俞兒和之以薑桂，爲人主上食。淮南云：俞兒、狄牙嘗淄、澠之水而别之。一云：俞兒，黄帝時人。狄牙則易牙，齊桓公時識味人也。一云：俞兒亦齊人。淮南子一本作「申兒」，疑「申」當爲「臾」。

屬其性乎五聲，雖通如師曠，非吾所謂聰也；屬其性乎五色，雖通如離朱，非吾所謂明也。【注】不付之於我，而屬之於彼，則雖通之如彼，而我已喪矣。故各任其耳目之用，而不係於離、曠，乃聰明也。【疏】夫離朱、師曠，稟分聰明，率性而能，非關學致。今乃矯性僞情，捨己効物，雖然通達，未足稱善也。

吾所謂臧者，非仁義之謂也，臧於其德而已矣；【注】善於自得，忘仁而仁。【疏】德，得也。夫達於玄道者，不易性以殉者也，豈復執已陳之芻狗，滯先王之蘧廬者哉？故當知其自知，得其自得，以斯爲善，不亦宜乎！　吾所謂臧者，非所謂仁義之謂也，任其性命之情而已矣；【注】謂仁義爲善，則損身以殉之，此於性命，還自不仁也。身且不仁，其如人何？故任其性命，乃能及人。及人而不累於己，彼我同於自得，斯可謂善也。【疏】夫曾參、史魚、楊朱、墨翟，此四子行仁義者，蓋率性任情，稟之天命，譬彼駢枝，非由學得。而惑者覩曾、史之仁義，言放效之可成；聞離、曠之聰明，謂庶幾之必致，豈知造物而亭毒之乎？故王弼注易云：不性其情，焉能久行其致？斯之謂也。【釋文】不累劣僞反。後皆倣此。吾所謂聰者，非謂其聞彼也，自聞而已矣；吾所謂明者，非謂其見彼也，自見而已矣。【注】夫絶離棄曠，自任聞見，則萬方之聰明莫不皆全也。【疏】夫希離慕曠，見彼聞他，心神馳奔，耳目竭喪，此乃愚闇，豈曰聰明？若聽耳之所聞，視目之所見，保分任真，不蕩於外者，即物皆聰明也。夫不自見而見彼，不自得而得彼者，是得人之得，而不自得其得者也，適人之適，而不自適其適者也。【注】此舍己効人者也。雖効之若人，而己已亡矣。【疏】夫不能視見之所見，而見目以求離朱之明，不能知知之所知，而役知以慕史魚之義者，斯乃僞情學人之得，非謂率性自得己得也。既而僞學外顯，効彼悦人，作僞心勞，故不自適其適也。【釋文】舍己音捨。夫適人之適，而不自適其適，雖盜跖與伯夷，是同爲淫僻也。【注】苟以失性爲淫僻，則雖所失之塗異，其於失之，一也。【疏】淫，滯也。僻，邪也。夫保分率性，正道也；尚名好勝，邪淫也。是以捨己逐物，開希幸之路者，雖伯夷之善，盜跖之惡，亦同爲邪僻也。重舉適人之適者，此疊前生後，以起文勢故也。余愧乎道德，是以上不敢爲仁義之操，而下不敢爲淫僻之行也。【注】愧道德之不爲，謝冥復之無迹，故絶操行，忘名利，從容吹累，遺我忘彼，若斯而已矣。【疏】夫虚通之道，至忘之德，絶仁絶義，無利無名。而莊生妙體環中，游心物表，志操絶乎仁義，心行忘乎是非，體自然之無有，愧道德之不爲。而言「上下」者，顯仁義淫僻之優劣也。而云「余愧不敢」者，示謙也。郭注云「從容吹累」者，從容，猶閑放；而吹累，動而無心也。吹，風也；累，塵。猶清風之動，微塵輕舉也。【釋文】愧乎崔本作「聭」，云：聭、愧同。之行下孟反。注同。冥復音服。從容七容反。吹如字。又昌僞反。字亦作「炊」。

莊子補正卷四中

外篇　馬蹄第九

【釋文】舉事以名篇。

馬，蹄可以踐霜雪，毛可以禦風寒，齕草飲水，翹足而陸，此馬之真性也。【注】駑驥各適於身而足。【疏】齕，齧也。踐，履。禦，捍。翹，舉也。夫蹄踐霜雪，毛禦風寒，飢即齕草，渴即飲水，逸豫適性，即舉足而跳躑，求稟乎造物，故真性豈願羈馽皁棧而爲服養之乎？並萬有參差，咸資素分，安排任性，各得逍遥，不矜不企，即生涯可保。【釋文】馬釋名云：武也。王弼注易云：在下而行者也。蹄音提。司馬云：馬足甲也。禦魚吕反。廣雅云：敵也。崔本作「辟」。齕恨發反。又胡切反。翹祁饒反。足崔本作「尾」。而陸司馬云：陸，跳也。字書作「踛」。踛，馬健也。駑音奴。惡馬也。驥音冀。千里善馬也。雖有義臺路寢，無所用之。【注】馬之真性，非辭鞍而惡乘，但無羨於榮華。【疏】義，養也，謂是貴人養衛之臺觀也。亦言：義臺，猶靈臺也。路，大也，正也，即正寢之大殿也。言馬之爲性，欣於原野，雖有高臺大殿，無所用之。況清虚之士，淳樸之民，樂彼茅茨，安兹甕牖，假使丹楹刻桷，於我何爲？【釋文】義許宜反，又如字。徐音儀，崔本同。一本作「羲」。

臺崔云：義臺，猶靈臺也。路寢路，正也，大也。崔云：路寢，正室。○郭慶藩曰：史記魏世家索隱引司馬云：義臺，臺名。釋文闕。○俞樾曰：「義」，徐音儀，當從之。周官肆師職鄭注曰：故書「儀」爲「義」。是「義」即古「儀」字也。「儀臺」猶言容臺。淮南子覽冥篇「容臺振而掩覆」，高注曰：容臺，行禮容之臺。「儀」與「容」異名同實，蓋是行禮儀之臺，故曰「儀臺」也。○典案：俞說是也。藝文類聚九十三、御覽八百九十六引並作「儀臺」，是其證。而惡烏路反。

及至伯樂，曰：「我善治馬。」燒之，剔之，刻之，雒之，連之以羈馽〔一〕，編之以皁棧，馬之死者十二三矣；【注】有意治之，則不治矣；治之爲善，斯不善也。【疏】列子云：姓孫，名陽，字伯樂。秦穆公時善治馬人。燒，鐵炙之也。剔，謂翦其毛。刻，謂削其蹄。雒，謂著籠頭也。羈，謂連枝絆也。馽，謂約前兩脚也。皁，謂槽櫪也。棧，編木爲椗，安馬脚下，以去其濕，所謂馬床也。夫不能任馬真性，而橫見燒剔，既乖天理，而死者已多。況無心徇物，性命所以安全；有意治之，天年於焉夭折。○典案：碧虚子校引江南古藏本「雒」作「絡」，御覽八百九十六引同。【釋文】伯樂音洛。下同。伯樂，姓孫，名陽，善馭馬。石氏星經云：伯樂，天星名。主典天馬。孫陽善馭，故以爲名。剔之敕歷反。字林云：剃也。徐詩赤反。向、崔本作「鬄」。向音郝。雒之音洛。司馬云：燒，謂燒鐵以爍之。剔，謂翦其毛。刻，謂削其甲。雒，謂羈雒其頭也。○王念孫曰：司馬彪曰：雒，謂羈絡其頭也。案「雒」讀爲「絡」（音落），字或作「[各刂]」，通作「雒」，又通作「落」。「絡」之言落也，剔去毛鬣、爪甲謂之絡。說文曰：絡，鬄也。廣雅

〔一〕馽　或作「馵」。

曰：雒，剔也。吴子治兵篇説畜馬之法云：刻剔毛鬣，謹落四下。此云「燒之、剔之、刻之、雒之」，語意略相似。司馬以「鉻」爲羈絡，非也。下文「連之以羈馽」，乃始言羈絡耳。○俞樾曰：司馬彪解「雒之」曰：謂羈雒其頭也。是以「雒」爲「絡」之叚字。然下文「連之以羈馽」，乃始言羈雒之事，此恐非也。「雒」疑當爲「烙」，説文火部新附有「烙」字，曰：灼也。今官馬以火烙其皮毛爲識，即其事矣。羈居宜反。廣雅云：勒也。馽丁邑反。徐丁立反，絆也。李音述。本或作「羿」，非也。羿音之樹反。司馬、向、崔本並作「縶」。向云：馬氏音竦。崔云：絆前兩足也。○典案：御覽八百九十六引「馽」作「絆」。編之必然反。皁才老反。櫪也。一云：槽也。崔云：馬閑也。棧士板反。徐在簡反，又士諫反。編木作靈似牀曰棧，以禦濕也。崔云：木棚也。○郭慶藩曰：文選顏延年赭白馬賦注、潘安仁馬汧督誄注引司馬云：皁，櫪也。棧，若櫺牀，施之溼地也。釋文闕。不治直吏反。

飢之，渴之，馳之，驟之，整之，齊之，前有橛飾之患，而後有便筴之威，而馬之死者已過半矣。【注】夫善御者，將以盡其能也。盡能在於自任，而乃走作馳步，求其過能之用，故有不堪而多死焉。若乃任駑驥之力，適遲疾之分，雖則足迹接乎八荒之表，而衆馬之性全矣。而惑者聞任馬之性，乃謂放而不乘，聞無爲之風，遂云行不如卧，何其往而不返哉！斯失乎莊生之旨遠矣。【疏】橛，銜也，謂以寶物飾於鑣也。帶皮曰鞭，無皮曰筴，俱是馬杖也。夫馳驟過分，飢渴失常，整之以衡扼，齊之以鑣轡，威之以鞭筴，而求其以分外之能，故駑駘不堪，而死已過半。聖智治物，其損亦然。【釋文】驟士救反。橛向、徐其月反。司馬云：銜也。崔云：鑣也。飾徐音式。司馬云：排銜也，謂加飾於馬鑣也。○典案：御覽八百九十六引「飾」作「飭」，三百五十九引「橛飾」作「撅角」。鞭必然反。莢初革反。杜注左傳云：馬檛也。檛，音竹瓜反。〇典案：「便莢」，文選司馬相如上書諫獵注、御覽三百五十九、八百九十六引並作「鞭策」。陶者曰：「我善治埴，圓者中規，方者中矩。」【疏】範土曰陶。陶，化也，亦窑也。埴，黏也，亦土也。謂陶者善能調和水土而爲瓦器，運用方圓，必中規矩也。【釋文】陶道刀反，謂窑也。窑音弋消反。埴徐時力反。崔云：土也。司馬云：埴土可以爲陶器。尚書傳云：土黏曰埴。釋名云：埴，膱也。膱，音之食反。中規丁仲反。下皆同。匠人曰：「我善治木，曲者中鉤，直者應繩。」【疏】鉤，曲也。繩，直也。謂匠人機巧，善能治木，木之曲直，必中鉤繩。【釋文】應繩應對之應。後不音者倣此。夫埴、木之性，豈欲中規矩鉤繩哉？【疏】土木之性，禀之造物，不求曲直，豈慕方圓？陶者匠人，浪爲臧否。然且世世稱之曰「伯樂善治馬，而陶、匠善治埴、木」，此亦治天下者之過也。【注】世以任自然而不加巧者爲不善於治也，揉曲爲直，厲駑習驥，能爲規矩，以矯拂其性，使死而後已，乃謂之善治也，不亦過乎！【疏】此總舉前文，以合其譬。然世情愚惑，以治爲善，不治之爲僞，僞莫大焉。【釋文】揉曲汝久反。矯居兆反。拂房弗反。

吾意善治天下者不然。【注】以不治治之，乃善治也。【疏】然，猶如此也。莊子云：我意謂善治天下不如向來陶匠等也。善治之術，列在下文。彼民有常性，織而衣，耕而食，是謂同德；

【注】夫民之德，小異而大同。故性之不可去者，衣食也；事之不可廢者，耕織也。此天下之所同，而爲本者也。守斯道者，無爲之至也。【疏】彼民，黎首也。言蒼生皆有真常之性，而不假於物也。德者，得也。率其真常之性，物各自足，故同德。郭象云：「性之不可去者，衣食；事之不可廢者，耕織。此天下之所同，而爲本也。守斯道也，無爲至矣。」【釋文】去者羌吕反。

一而不黨，命曰天放。【注】放之而自一耳，非黨也，故謂之天放。【疏】黨，偏也。命，名也。天，自然也。夫虚通一道，亭毒羣生，長之育之，無偏無黨。若有心治物，則乖彼天然；直置放任，則物皆自足，故名曰「天放」也。【釋文】天放如字。崔本作「牧」，云：養也。

故至德之世，其行填填，其視顛顛。【注】此自足於内，無所求及之貌。【疏】填填，滿足之心。顛顛，高直之貌。夫太上淳和之世，遂初至德之時，心既遺於是非，行亦忘乎物我。所以守真内足，填填而處無爲；自不外求，顛顛而游於虚淡。○典案：御覽九百二十八引「世」作「君」。【釋文】填填徐音田，又徒偃反，質重貌。崔云：重遲也。一云：詳徐貌。淮南作「莫莫」。顛顛丁田反。崔云：專一也。淮南作「瞑瞑」。

當是時也，山無蹊隧，澤無舟梁，【注】不求非望之利，故止於一家而足。【疏】蹊，徑。隧，道也。舟，船也。「當是時」，即至德之世也。人知守分，物皆淳樸。不伐不奪，徑道所以可遺；莫往莫來，船橋於是乎廢。【釋文】蹊徐音兮。李云：徑也。隧徐音遂。崔云：道也。

萬物羣生，連屬其鄉，【注】混茫而同得也，則與一世而淡漠焉，豈國異而家殊哉！【疏】夫混茫之世，淳和淡漠。故無情萬物，連接而共里閭，有識羣生，係屬而同鄉縣。豈國異政而家殊俗哉？【釋文】連屬其鄉王云：既無國異家殊，故其鄉連屬。混胡本反。茫莫剛反。淡徒暫反。漠音莫。禽獸成羣，草木遂長。【注】足性而止，無吞夷之欲，故物全。【疏】飛禽走獸，不害所以成羣；蔬草果木，不伐遂其盛茂。【釋文】遂長丁丈反。又直良反。無吞敦恩反。又音天。是故禽獸可繫羈而遊，鳥鵲之巢可攀援而闚。【注】與物無害，故物馴也。【疏】人無害物之心，物無畏人之慮。故山禽野獸，可羈係而遨遊；鳥鵲巢窠，可攀援而窺望也。○典案：「可攀援而闚」，御覽九百二十八引「可」作「而」。【釋文】攀本又作「扳」，普班反。援音袁。廣雅云：牽也，引也。闚去規反。物馴似遵反。或音純。

夫至德之世，同與禽獸居，族與萬物並，惡乎知君子小人哉！【疏】夫殉物邪僻爲小人，履道方正爲君子。既而巢居穴處，將鳥獸而不分，含哺鼓腹，混羣物而無異，於何而知君子，於何而辨小人哉？【釋文】惡乎音烏。同乎無知，其德不離；【注】知，則離道以善也。【疏】既無分別之心，故同乎無知之理。又不以險德以求行，故抱一而不離也。【釋文】不離力智反。注皆同。同乎無欲，是謂素樸，【注】欲，則離性以飾也。【疏】同遂初之無欲，物各清廉；異末代之浮華，人皆淳樸。【釋文】素樸普剝反。素樸而民性得矣。【注】無煩乎知、欲也。【疏】夫蒼生所以失性者，皆由滯欲故也。既而無欲素樸，真性不喪，故稱「得」也。此一句總結以前至德之美者也。及至聖人，【注】聖人者，民得性之迹耳，非所以迹也。此云「及至聖人」，猶云及至其迹也。蹩躠爲仁，踶跂爲義，而天下始疑矣；澶漫爲樂，摘僻爲禮，而天下始分矣。【注】夫聖迹既彰，則仁義不真，而禮樂離性，徒得形表而已矣。有聖人即有斯弊，吾若是何哉？【疏】自此以上，明淳素之德；自此以下，斥聖迹之失。「及至聖人」，即五帝已下行聖迹之人也。蹩躠，用力之貌。踶跂，矜恃之容。澶漫是縱逸之心，摘僻是曲拳之行。夫淳素道消，澆僞斯起。踶跂恃裁非之義，蹩躠夸偏愛之仁，澶漫貴奢淫之樂〔一〕，摘僻尚浮華之禮。於是宇内分離，蒼生疑惑，亂天之經，自斯而始矣。【釋文】蹩步結反。向、崔本作「弊」，音同。躠本又作「薛」，悉結反。向、崔本作「殺」，音同。一音素葛反。踶直氏反。向同。崔音緹。跂丘氏反。一音吕氏反。崔音技。李云：蹩躠、踶跂，皆用心爲仁義之貌。澶本又作「儃」，徒旦反，又吐旦反。向、崔本作「但」，音燀。漫武半反。向、崔本作「曼」，音同。李云：澶漫，猶縱逸也。崔云：但曼，淫衍也。一云：澶漫，牽引也。摘敕歷反，又涉革反。辟匹壁反。向音檗。徐敷歷反。李父歷反。本或作「僻」，音同。李云：糾擿邪辟而爲禮也。一音婦赤反，法也。崔云：擿辟，多節。始分如字。下「分」皆同。故純樸不殘，孰爲犧尊？白玉不毁，孰爲珪璋？【疏】純樸，全木也。不殘，未彫也。孰，誰也。犧尊，酒器，刻爲牛首，以祭宗廟也。上鋭下方曰珪，半珪曰璋。此略舉譬喻，以明澆競之治也。

〔一〕澶漫　「澶」上原衍一「爲」字，據集釋等删。

【釋文】犧尊音義。「尊」或作「樽」。司馬云：畫犧牛象以飾樽也。王肅云：刻爲牛頭。鄭玄云：畫鳳皇羽飾尊，婆娑然也。音先河反。珪璋音章。李云：皆器名也。鋭上方下曰珪，半珪曰璋。道德不廢，安取仁義？【疏】此合譬也。夫大道之世，不辨是非；至德之時，未論憎愛。無愛則人心自息，無非則本迹斯忘，故老經云「大道廢，有仁義」矣。性情不離，安用禮樂？【疏】禮以檢迹，樂以和心。情苟不散，安用和心？性苟不離，何勞檢迹？是知和心檢迹，由乎道喪也。【釋文】情性不離如字。别離也。五色不亂，孰爲文采？五聲不亂，孰應六律？【注】凡此皆變樸爲華，棄本崇末，於其天素，有殘廢矣。世雖貴之，非其貴也。【疏】夫文采本由相間，音樂貴在相和。若各色各聲不相顯發，則宫商黼黻無由成用。此重起譬，卻證前旨。夫殘樸以爲器，工匠之罪也；毁道德以爲仁義，聖人之過也。【注】工匠則有規矩之制，聖人則有可尚之迹。【疏】此總結前義。夫工匠以犧尊之器殘淳樸之木，聖人以仁義之迹毁無爲之道。爲弊既一，獲罪宜均〔一〕。

夫馬，陸居則食草飲水，喜則交頸相靡，怒則分背相踶，馬知已此矣。【注】御其真知，乘其自陸，則萬里之路可致，而羣馬之性不失。【疏】靡，摩也，順也。踶，蹈也。已，止也。

〔一〕爲弊既一，獲罪宜均　原誤作「爲弊罪一，獲既宜均」，係所排雙行夾注中「既」、「罪」二字偶倒所致。

夫物之喜怒，禀自天然；率性而動，非由矯僞。故喜則交頸而摩順，怒則分背而踶蹈，而馬之知解，適盡於此，食草飲水，樂在其中矣。【釋文】交頸頸，領也。居郢反。又祁盈反。相靡如字。李云：摩也。一云：愛也。相踶大計反，又徒兮反，又徒祁反。李云：踶，蹋也。廣雅、字韻、聲類並同。通俗文云：小蹋謂之踶。馬知李音智。下同。夫加之以衡扼，齊之以月題，而馬知介倪、闉扼、鷙曼、詭銜、竊轡。【疏】衡，轅前横木也。扼，叉馬頸木也。月題，額上當顱，形似月者也。介，獨也。倪，睥睨也。闉，曲也。鷙，抵也。曼，突也。詭，詐也。竊，盜也。夫馬之真知，唯欣放逸，不求服飾，豈慕榮華？既而加以月題，齊以衡扼，乖乎天性，不任困苦，是以譎詐萌出，睥睨曲頭綟扼，抵突御人。竊轡，即盜脱籠頭。詭銜，乃吐出其勒。良由乖損真性，所以矯僞百端者矣。【釋文】衡扼於革反。衡，轅前横木，縛軛者也。扼，叉馬頸者也。月題徒兮反。司馬、崔云：馬額上當顱如月形者也。介徐古八反。倪徐五圭反。郭五第反。李云：介倪，猶睥睨也。崔云：介出俾倪也。闉音因。鷙徐敕二反。郭音躓。曼武半反。郭武諫反。李云：闉，曲也。鷙，抵也。曼，突也。崔云：闉扼鷙曼，距扼頓遲也。司馬云：言曲頸於扼，以抵突也。一云：鷙曼，旁出也。詭九彼反。銜口中勒也。或云：詭銜，吐出銜也。竊轡齧轡也。崔云：詭銜竊轡，戾銜橛、盜韁轡也。

故馬之知而態至盜者，伯樂之罪也。【注】馬性不同，而齊求其用，故有力竭而態作者。【疏】態，姦詐也。夫馬之真知，適於原野，馳驟過分，即矯詐心生。詭竊之態，罪歸伯樂也。【釋文】態作吐代反。

夫赫胥氏之時，民居不知所爲，行不知所之，含哺而熙，鼓腹而遊，民能以此矣。【注】此民之真能也。【疏】之，適也。赫胥，上古帝王也。亦言：有赫然之德，使民胥附，故曰赫胥，蓋炎帝也。夫行道之時，無爲之世，心絶緣慮，安居而無所爲；率性而動，遊行而無所往。既而含哺而熙戲，與嬰兒而不殊；鼓腹而遨遊，將童子而無別。此至淳之世，民能如此也。○典案：「民能以此矣」，文不成義，且與下文「而民乃始踶跂好知，争歸於利，不可止也」之義不相應。御覽七十六引此文作「民能止此矣」，疑當從之。【釋文】赫本或作「赤」，呼白反。胥氏司馬云：赫胥氏，上古帝王也。一云：有赫然之德，使民胥附，故曰赫胥，蓋炎帝也。○俞樾曰：釋文引司馬云：「赫胥氏，上古帝王也」，此爲允當。又曰「一云有赫然之德，使民胥附，故曰赫胥，蓋炎帝也」，此望文生訓，殊不足據。炎帝即神農也。胠篋篇既云赫胥氏，又云神農氏，其非一人，明矣。赫胥疑即列子書所稱華胥氏，「華」與「赫」一聲之轉耳。廣雅釋器：「赫，赤也。」而古人名赤者多字華，羊舌赤字伯華，公西赤字子華是也。是「華」亦「赤」也。「赤」謂之「赫」，亦謂之「華」，可證赫胥之即華胥矣。含哺音步。

及至聖人，屈折禮樂，以匡天下之形，縣跂仁義，以慰天下之心，而民乃始踶跂好知，争歸於利，不可止也。此亦聖人之過也。【注】其過皆由乎迹之可尚也。【疏】夫屈曲折旋，行禮樂以正形體；高縣仁義，令企慕以慰心靈；於是始踶跂自矜，好知而興矯詐；經營利禄，争歸而不知止。噫！聖迹之過者也。【釋文】縣企音玄。○郭慶藩曰：文選傅長虞贈何劭王濟詩注引司馬云：企，望也。釋文闕。踶直氏反。跂丘氏反。好知呼報反。下音智。

外篇　胠篋第十

【釋文】舉事以名篇。

將爲胠篋、探囊、發匱之盜而爲守備，則必攝緘縢，固扃鐍，此世俗之所謂知也。【疏】胠，開。篋，箱。囊，袋。攝，收。緘，結。縢，繩也。扃，關鈕也。鐍，鎖鑰也。夫將爲開箱探囊之竊，發匱取財之盜，此蓋小賊，非巨盜者也。欲爲守備，其法如何？必須收攝箱囊，緘結繩約，堅固扃鐍，使不慢藏，此世俗之淺知也。【釋文】胠李起居反。史記作「𢱧」。徐起法反，一音虛乏反。司馬云：從旁開爲胠。一云：發也。篋苦協反。探吐南反。囊乃剛反。匱其位反，櫃也。必攝如字。李云：結也。崔云：收也。緘古減反。縢向、崔本作「幐」，同，徒登反。崔云：約也。案廣雅云：緘、縢，皆繩也。扃古熒反。崔、李云：關也。鐍古穴反。李云：紐也。崔云：環舌也。知也如字。又音智。下同。**然而巨盜至，則負匱、揭篋、擔囊而趨，唯恐緘縢扃鐍之不固也。然則鄉之所謂知者，不乃爲大盜積者也？**【注】知之不足恃也如此。【疏】夫攝緘縢，固扃鐍者，以備小賊。然大盜既至，負揭而趨，更恐繩約關紐之不牢。向之守備，翻爲盜資，是故俗知不足可恃。○典案：此疑問之詞「也」當爲「乎」。後漢書光武紀注、御覽四百九十九引「也」並作「乎」，是其證。【釋文】揭徐其謁反，又音桀。三蒼云：舉也，擔也，負也。擔丁甘反。而趨七須反。李云：走也。唯恐丘用反。鄉之本又作「向」。亦作「曏」，同。許亮反。爲大盜于僞反。下及下注「而爲」同。積者如字。李子賜反。

故嘗試論之。世俗之所謂知者，有不爲大盜積者乎？所謂聖者，有不爲大盜守者乎？【疏】夫體道大賢，言無的當，將欲顯忘言之理，故曰試論之。曰：夫世俗之人，知謨淺近，顯迹之聖，於理未深。既而意在防閑，更爲賊之聚積，雖欲官世，翻爲盜之守備。而（信）〔言〕「有不爲者」，欲明豈有不爲大盜積守乎？言其必爲盜積也。何以知其然邪？【疏】假設疑問，發明義旨。昔者齊國鄰邑相望，雞狗之音相聞，罔罟之所布，耒耨之所刺，方二千餘里。【疏】齊，即太公之後，封於營丘之地。逮桓公九合諸侯，一匡天下，百姓殷實，無出三齊。是以雞犬（即）鳴吠相聞，鄰邑（即）棟宇相望，罔罟布以事畋漁，耒耨刺以修農業。境土寬大，二千餘里，論其盛美，實冠諸侯。耒，犂也。耨，耡也。【釋文】罔罟音古。罔之通名。耒力對反。徐力猥反。郭呂匱反。李云：犂也。一云：耜柄也。耨乃豆反。李云：鋤也。或云：以木爲鋤柄。所刺徐七智反。闔四竟之內，所以立宗廟社稷，治邑屋州閭鄉曲者，曷嘗不法聖人哉！【疏】夫人非土不立，非穀不食，故邑封土祠曰社，封稷祠曰稷。稷，五穀之長也。社，吐也，言能吐生萬物也。司馬法：六尺爲步，步百爲畝，畝百爲夫，夫三爲屋，屋三爲井，井四爲邑。又云：五家爲比，五比爲閭，五閭爲族，五族爲黨，五黨爲州，五州爲鄉。鄭玄云：二十五家爲閭，二千五百家爲州，萬二千五百家爲鄉也。闔，合也。曷，何也。闔四境之內，三齊之中，置此宗廟等事者，皆放效堯、舜以下聖人〔一〕，立邦國之法則也。○典

〔一〕下　原作「辯」，據集釋等改。

案：碧虛子校引張君房本「聖人」作「聖智」。【釋文】闔户臘反。四竟音境。下「之竟」同。治邑直吏反。屋周禮：夫三爲屋。州五黨爲州，二千五百家也。閭五比爲閭，二十五家也。鄉五州爲鄉，萬二千五百家也。然而田成子一旦殺齊君而盜其國。【注】法聖人者，法其迹耳。夫迹者已去之物，非應變之具也，奚足尚而執之哉？執成迹以御乎無方，無方至而迹滯矣，所以守國而爲人守之也。【疏】田成子，齊大夫陳恒也，是敬仲七世孫。初，敬仲適齊，食菜於田，故改爲田氏。魯哀公十四年，陳恒弑其君，君即簡公也。割安平至于郎邪，自爲封邑。至恒曾孫太公和，遷齊康公於海上，乃自立爲齊侯。自敬仲至莊公，凡九世知齊政；自太公至威王，三世爲齊侯；通計爲十二世。莊子，宣王時人，今不數宣王，故言十二世也。【釋文】田成子齊大夫陳恒也。一旦宋元嘉中本作「一日」。殺音試。齊君簡公也。春秋哀公十四年，陳恒殺之于舒州。而盜其國司馬云：謂割安邑以東至郎邪，自爲封邑也。所盜者豈獨其國邪？並與其聖知之法而盜之。【注】不盜其聖法，乃無以取其國也。【疏】田恒所盜，豈唯齊國？先盜聖智，故得諸侯。是知仁義陳迹，適爲盜本也。【釋文】聖知音智。下同。故田成子有乎盜賊之名，而身處堯舜之安，【疏】田恒篡竊齊國，故有巨盜之聲名。而位忝諸侯，身處唐、虞之安樂。小國不敢非，大國不敢誅，十二世有齊國。【疏】子男之邦，不敢非毁，伯侯之國，詎能征伐？遂胤胄相繫，宗廟遐延，世歷十二，俱如前解。【釋文】十二世有齊國自敬仲至莊子，九世知齊政，自太公和至威王，三世爲齊侯，故云十二世也。○俞樾曰：釋文曰：自敬仲至莊子，九世知齊政，自太公和至威王，三世爲齊侯，故云十二世。此說非也。本文是說田成子，不當追從敬仲數起。疑莊子原文，本作「世世有齊國」，言自田成子之後，世有齊國也。古書遇重字，止於字下作「二」字以識之，應作「世二有齊國」，傳寫者誤倒之，則爲「二世有齊國」，於是其文不可通，而從田成子追數至敬仲，適得十二世，遂臆加「十」字於其上耳。則是不乃竊齊國並與其聖知之法以守其盜賊之身乎？【注】言聖法唯人所用，未足以爲全當之具。【疏】揭仁義以竊國，盜聖智以保身。此則重舉前文，以結其義也。【釋文】以守如字。舊音狩。

嘗試論之。世俗之所謂至知者，有不爲大盜積者乎？所謂至聖者，有不爲大盜守者乎？【疏】重結前義，以發後文也。何以知其然邪？【疏】假設疑問，以暢其旨也。昔者龍逢斬，比干剖，萇弘胣，子胥靡，故四子之賢而身不免乎戮。【注】言暴亂之君，亦得據君人之威以戮賢人，而莫之敢亢者，皆聖法之由也。向無聖法，則桀、紂焉得守斯位而放其毒，使天下側目哉？【疏】龍逢，姓關，夏桀之賢臣，爲桀所殺。比干，王子也，諫紂，紂剖其心而視之。萇弘，周靈王賢臣。說苑云：晉叔向之殺萇弘也，萇弘數見於周，因羣遺書〔一〕，萇弘謂叔向曰：「子起晉國之兵

〔一〕羣　說苑權謀作「佯」。

以攻周，以廢劉氏，以立單氏〔一〕。」劉氏謂君曰：「此萇弘也。」乃殺之。胣，裂也。亦言：胣，刳腸。靡，爛也，碎也。言子胥遭戮，浮尸於江，令靡爛也。言此四子，共有忠賢之行，而不免于戮刑者，爲無道之人，恃君人之勢，賴聖迹之威，故得躓頓忠良，肆其毒害。【釋文】比干剖普口反。謂割心也。崔本作「節」，云：支解也。萇直良反。弘胣本又作「胣」。徐勑紙反。郭詩氏反。崔云：讀若拖。或作「施」字。胣，裂也。淮南子曰：萇弘鈹裂而死。司馬云：施，剔也。萇弘，周靈王賢臣也。案左傳，是周景王、敬王之大夫，魯哀公三年六月，周人殺萇弘。一云：刳腸曰胣。子胥靡密池反。司馬如字，云：縻也。崔云：爛之於江中也。案子胥，伍員也。諫夫差，夫差不從，賜之屬鏤以死，投之江也。焉得於虔反。

故跖之徒問於跖曰：「盜亦有道乎？」【疏】假設跖之徒類，以發問之端。【釋文】故跖之石反。

跖曰：「何適而無有道邪！【疏】此即答前問意。道無不在，何往非道？道之所在，具列下文。

夫妄意室中之藏，聖也；入先，勇也；出後，義也；知可否，知也；分均，仁也。五者不備，而能成大盜者，天下未之有也。」【注】五者所以禁盜，而反爲盜資也。【疏】室中庫藏，以貯財寶，賊起妄心，斟量商度，有無必中，其驗若神，故言聖也。戮力同心，不避强禦，並争先入，豈非勇也？矢石相交，不顧性命，出競居後，豈非義也？知可則爲，不可則止，識其安危，審其吉凶，往必克捷，是其智

〔一〕立　說苑權謀作「而」。

也。輕財重義，取少讓多，分物均平，是其仁也。五者，則向之聖、勇、義、智、仁也。夫爲一盜，必資五德，五德不備，盜則不成，是知無聖智而成巨盜者，天下未之有也。【釋文】之藏才浪反，又如字。知可如字。本或作「知可否」。○盧文弨曰：今本有「否」字。分均符問反，又如字。由是觀之，善人不得聖人之道不立，跖不得聖人之道不行；【疏】聖人之道，謂五德也。以向如是，以理觀之，爲善之徒，不履五德，則無由立身行道；盜跖之類，不資聖智，豈得行其盜竊乎？天下之善人少，而不善人多，則聖人之利天下也少，而害天下也多。【注】信哉斯言！斯言雖信，而猶不可亡聖者，猶天下之知未能都亡，故須聖道以鎮之也。羣知不亡而獨亡於聖知，則天下之害又多於有聖矣。然則有聖之害雖多，猶愈於亡聖之無治也。雖愈於亡聖，故未若都亡之無害也。甚矣，天下莫不求利，而不能一亡其知，何其迷而失致哉！【疏】夫善惡二途，皆由聖智者也。伯夷守廉絜著名，盜跖恣貪殘取利。然盜跖之徒甚衆，伯夷之類蓋寡，故知聖迹利益天下也少，而損害天下也多。【釋文】無治直吏反。下文「始治」同。故曰：脣竭則齒寒，魯酒薄而邯鄲圍，聖人生而大盜起。【注】夫竭脣非以寒齒，而齒寒；魯酒薄非以圍邯鄲，而邯鄲圍；聖人生非以起大盜，而大盜起。此自然相生，必至之勢也。夫聖人雖不立尚於物，而亦不能使物不尚也。故人無貴賤，事無真僞，苟效聖法，則天下吞聲而闇服之，斯乃盜跖之所至賴，而以成其大盜者也。【疏】春秋左傳云：「脣亡齒寒，虞、虢之謂也。」邯鄲，趙城也。昔楚宣王朝會諸侯，魯恭公後至而酒薄，宣王怒，將辱之。恭公曰：「我，周公之胤，行天子禮樂，勳在周室。今送酒已失禮，方責其薄，無乃太甚乎！」遂不辭而還。宣王怒，興兵伐魯。梁惠王恒欲伐趙，畏魯救之，今楚、魯有事，梁遂伐趙而邯鄲圍。亦由聖人生，非欲起大盜而大盜起，勢使之然也。【釋文】**魯酒薄而邯**音寒。**鄲**音丹。邯鄲，趙國都也。**圍**楚宣王朝諸侯，魯恭公後至而酒薄，宣王怒，欲辱之。恭公不受命，乃曰：「我，周公之胤，長於諸侯，行天子禮樂，勳在周室。我送酒已失禮，方責其薄，無乃太甚！」遂不辭而還。宣王怒，乃發兵與齊攻魯。梁惠王常欲擊趙而畏楚救，楚以魯爲事，故梁得圍邯鄲。言事相由也，亦是感應。宣王，名熊良夫，悼王之子。恭公，名奮，穆公之子。許慎注淮南云：楚會諸侯，魯、趙俱獻酒於楚王。魯酒薄而趙酒厚，楚之主酒吏求酒於趙，趙不與。吏怒，乃以趙厚酒易魯薄酒，奏之。楚王以趙酒薄，故圍邯鄲也。○俞樾曰：此「竭」字當讀爲「竭其尾」之「竭」。説文「豖」篆説解曰「竭其尾，故謂之豖」是也。蓋「竭」之本義爲負舉，「竭其尾」，即舉其尾也。此云「脣竭」者，謂反舉其脣以向上〔一〕。

掊擊聖人，縱舍盜賊，而天下始治矣。【注】夫聖人者，天下之所尚也。若乃絶其所尚而守其素樸，棄其禁令而代以寡欲，此所以掊擊聖人而我素樸自全，縱舍盜賊而彼姦自息也。故古人有言曰：閑邪存誠，不在善察；息淫去華，不在嚴刑。此之謂也。【疏】掊，打也。聖人，猶聖迹也。夫聖人者，智周萬物，道濟天下。今言掊擊者，亦示貶斥仁義、絶聖棄智之意也。不貴難得

〔一〕「俞樾曰」至「其脣以向上」五十九字，原在疏下，今依體例移至釋文之後。

之貨，故縱舍盜賊，不假嚴刑，而天下太平也。【釋文】掊普口反。擊徐古歷反。縱舍音捨。注同。閑邪似嗟反。去華起呂反。下注「去欲」、「去其」皆同。**夫川竭而谷虛，丘夷而淵實。聖人已死，則大盜不起，**【注】竭川非以虛谷而谷虛，夷丘非以實淵而淵實，絶聖非以止盜而盜止。故止盜在去欲，不在彰聖知。【疏】夫智惠出則姦僞生，聖迹亡則大盜息，猶如川竭谷虛，丘夷淵實，豈得措意，必至之宜。死，息也。【釋文】聖人已死則大盜不起向云：事業日新，新者爲生，故者爲死，故曰「聖人已死」也。乘天地之正，御日新之變，得實而損其名，歸真而忘其塗，則大盜息矣。**天下平而無故矣。**【注】非唯息盜，爭尚之迹，故都去矣。【疏】故，事也。絶聖棄智，天下太平，人歌擊壤，故無有爲之事。【釋文】爭尚急鬭之爭。後皆同。**聖人不死，大盜不止，雖重聖人而治天下，則是重利盜跖也。**【注】將重聖人，以治天下，而桀、跖之徒，亦資其法。所資者重，故所利不得輕也。【疏】若夫淳樸之世，恬淡無爲，物各歸根，人皆復命，豈待教迹而後冥乎？及至聖智不忘，大盜斯起，雖復貴聖法，治天下，無異重利盜跖。何者？所以夏桀肆其害毒，盜跖肆其貪殘者，由資乎聖迹故也。向無聖迹，夏桀豈得居其九五，毒流黎庶？盜跖何能擁卒數千，横行天下？所資既重，所利不輕，以此而推，過由聖智也。【釋文】聖人不死大盜不止向云：聖人不死，言守故而不日新，牽名而不造實也。大盜不止，不亦宜乎！**爲之斗斛以量之，則並與斗斛而竊之；爲之權衡以稱之，則並與權衡而竊之；爲之符璽以信之，則並與符璽而竊之；爲之**

仁義以矯之，則並與仁義而竊之。【注】小盜之所困，乃大盜之所資而利也。【疏】斛者，今之函，所以量物之多少。權，稱鎚也；衡，稱梁也；所以平物之輕重也。符者，分爲兩片，合而成一，即今之銅魚、木契也。璽者是王者之玉印，握之所以攝召天下也。仁，恩也；義，宜也；王者恩被蒼生，循宜作則，所以育養黔黎也。此八者，天下之利器也，不可相無也。夫聖人立教，以正邦家，田成用之，以竊齊國，豈非害於小賊而利大盜者乎？【釋文】爲之斗斛以量之 向云：自此以下，皆所以明苟非其人，雖法無益。權衡 李云：權，稱鎚。衡，稱衡也。鎚，音直僞反。符璽 音徙。矯之 居表反。

何以知其然邪？彼竊鉤者誅，竊國者爲諸侯，諸侯之門，而仁義存焉，則是非竊仁義聖知邪？【疏】鉤者，腰帶鉤也。夫聖迹之興，本懲惡勸善。今私竊鉤帶，必遭刑戮；公劫齊國，翻獲諸侯；仁義不存，無由率衆。以此而言，豈非竊聖迹而盜國邪？「何以知其然」者，假問也；「彼竊」以下，假答也。【釋文】竊鉤 鉤，謂帶也。○王引之曰：「存焉」，當爲「焉存」。「焉」，於是也，言仁義於是乎存也。呂氏春秋季春篇注曰：焉，猶於此也。聘禮記曰「及享發氣焉盈容」，言發氣於是盈容也。月令曰「天子焉始乘舟（今本「焉」字在上句「乃告舟備具於天子」之下，此後人不曉文義而妄改之。今據呂氏春秋季春篇、淮南時則篇訂正）」，言天子於是始乘舟也。晉語曰「焉始爲令」，言於是始爲令也。三年問曰「故先王焉爲之立中制節」，言先王於是爲之立中制節也（荀子禮論篇「焉」作「安」，楊倞曰：「安」，語助。或作「安」，或作「案」，荀子多用此字。「焉」、「安」、「案」三字同義，詳見釋詞）。大荒南經曰「雲雨之山有木名曰欒，羣帝焉取藥」，言羣帝於是取藥也。管子揆度篇曰「民財足，則君賦斂焉不窮」，言賦斂於是不窮也。墨子非攻篇曰「天乃命湯於鑣宮，用受夏之大命，湯焉敢奉率其衆，以鄉有夏之境」，言湯於是敢伐夏也。楚辭九章曰「焉洋洋而爲客」，又曰「焉舒情而抽信兮」，言於是洋洋而爲客，於是舒情而抽信也。又僖十五年左傳「晉於是乎作爰田」、「晉於是乎作州兵」，晉語作「焉作轅田」、「焉作州兵」。西周策「君何患焉」，史記周本紀作「君何患於是」。是「焉」與「於是」同義。莊八年公羊傳「吾將以甲午之日然後祠兵於是」，管子小問篇「且臣觀小國諸侯之不服者唯莒於是」，是「於是」與「焉」同義。此四句以「誅」、「侯」爲韻，「門」、「存」爲韻，其韻皆在句末。史記游俠傳作「竊鉤者誅，竊國者侯，侯之門，仁義存」，是其明證也。故逐於大盜，揭諸侯，竊仁義並斗斛、權衡、符璽之利者，雖有軒冕之賞弗能勸，斧鉞之威弗能禁。【注】夫軒冕、斧鉞，賞罰之重者也。重賞罰以禁盜，然大盜者又逐而竊之，則反爲盜用矣。所用者重，乃所以成其大盜也。大盜也者，必行以仁義，平以權衡，信以符璽，勸以軒冕，威以斧鉞，盜此公器，然後諸侯可得而揭也。是故仁義、賞罰者，適足以誅竊鉤者也。【疏】逐，隨也。勸，勉也。禁，止也。軒，車也。冕，冠也。夫聖迹之設，本息姦宄，而田恒遂用其道，而竊齊國，權衡、符璽，悉共有之，誓揭諸侯，安然南面。胡可勸之以軒冕、威之以斧鉞者哉？小曰斧，大曰鉞。又曰：黄金飾斧鉞。【釋文】揭其謁、其例二反。斧鉞音越。○郭慶藩曰：慧琳一切經音義卷九十五正誣論三引司馬云：夏執黄戉，殷執白戚，周左仗黄戉，右秉白旄。釋文闕。能禁音今，又居鴆反。下「不可禁」同。此重利盜跖而使不可禁者，是乃聖人之過也。【注】夫跖之不可禁，由所盜之利重也。利之所以重，由聖人之不輕也。故絶盜在賤貨，不在重聖也。【疏】盜跖所以擁卒九千，横行天下者，亦賴於五德故也。向無聖智，豈得爾乎？是知驅馬掠人，不可禁制者，原乎聖人作法之過也。

故曰：「魚不可脱於淵，國之利器不可以示人。」【注】魚失淵則爲人禽，利器明則爲盜資，故不可示人。【疏】脱，失也。利器，聖迹也。示，明也。魚失水則爲物所禽，利器明則爲人所執，故不可也。彼聖人者，天下之利器也；【注】夫聖人者誠能絶聖棄知而反冥物極，物極各冥，則其迹利物之迹也。器，猶迹耳，可執而用曰器也。【疏】聖人則堯、舜、文、武等是也。非所以明天下也。【注】示利器於天下，所以資其盜賊。【疏】夫聖人馭世，應物隨時，揖讓干戈，行藏匪一，不可執固，明示天下。若執而行者，必致其弊，即燕噲、白公之類是也。故絶聖棄知，大盜乃止；【注】去其所資，則未施禁而自止也。【疏】棄絶聖知，天下之物各守其分，則盜自息。擿玉毁珠，小盜不起；【注】賤其所寶，則不加刑而自息也。【疏】藏玉於山，藏珠於川，不貴珠寶，豈有盜濫？【釋文】擿玉持赤反。義與「擲」字同。崔云：猶投棄之也。郭都革反。李云：刻也。焚符破璽，而民樸鄙；【注】除矯詐之所賴者，則無以行其姦巧。【疏】符璽者，表誠信也。矯詐之徒，賴而用之，故焚燒毁破，可以反樸還淳，而歸鄙野矣。掊斗折衡，而民不争；【注】夫小平乃大不平之所用也。【疏】斗衡者，所以量多少、稱輕重也。既遭〔斗〕〔盜〕竊，翻爲盜資，掊擊破壞，合於古人之智守，故無忿爭。○典案：御覽七百六十五引「掊」作「剖」。殫殘天下之聖法，而民始可與論議。【注】外無所矯，則内全我樸，而無自失之言也。【疏】殫，盡也。殘，毁也。聖法，謂五德也。既殘三王，又毁五帝，蘧廬咸盡，芻狗不陳，忘筌忘蹄，物我冥極，然後始可與論重妙之境，議道德之遐也。【釋文】殫音丹。盡也。擢亂六律，鑠絶竽瑟，塞瞽曠之耳，而天下始人含其聰矣；滅文章，散五采，膠離朱之目，而天下始人含其明矣；【注】夫聲色離、曠，有耳目者之所貴也。受生有分，而以所貴引之，則性命喪矣。若乃毁其所貴，棄彼任我，則聰明各全，人含其真也。【疏】擢，拔也。鑠，消也。竽，形與笙相似，並布管於匏内，施簧於管端。瑟，長八尺一寸，闊一尺八寸，二十七絃，伏犧造也。夫耳淫宫徵，慕師曠之聽，目滯玄黄，希離朱之視，所以心神奔馳，耳目竭喪。既而拔管絶絃，銷經絶緯，毁黄華之曲，棄白雪之歌，滅黼黻之文，散紅紫之采。故膠離朱之目，除矯効之端；塞瞽曠之耳，去亂羣之帥，然後人皆自得，物無喪我，極耳之所聽，而反聽無聲，恣目之能視，而内視無色，天機自張，無爲之至也，豈有明暗優劣於其間哉？是以天下和平，萬物同德，率己聞見，故人含其聰明。含，懷養也。【釋文】鑠絶郭、李詩灼反。向、徐音藥。崔云：燒斷之也。竽徐音于。瑟本亦作「笙」。塞瞽曠崔本「塞」作「杜」，云：塞也。膠音交。徐古孝反。喪矣息浪反。毁絶鉤繩，而棄規矩，攦工倕之指，而天下始人有其巧矣。故曰：「大巧若拙。」【注】夫以蜘蛛蛣蜣之陋，而布網轉丸，不求之於工匠，則萬物各有能也。所能雖不同，而所習不敢異，則若巧而拙矣。故善用人者，使能方者爲方，能圓者爲圓，各任其所能，人安其性，不責萬民以工倕之巧，故衆技以不相能似拙，而天下皆自能，則大巧矣。夫用其自能，則規矩可棄，而妙匠之指可攦也。【疏】鉤，曲；繩，直；規，圓；矩，方。工倕是堯工人，作規矩之法；亦云：舜臣也。攦，折也，割也。工倕稟性機巧，運用鉤繩，割刻異端，述作規矩，遂令天下黔黎，誘然放效，舍己逐物，實此之由。若使棄規矩，絶鉤繩，攦割倕指，則人師分內，咸有其巧。譬猶蜘網蜣丸，豈關工匠人事，若天機巧也。事出老經。【釋文】攦郭呂係反，又力結反。徐所綺反。李云：折也。崔云：撕之也。工倕音垂。堯時巧者也。一音睡。蜘音知。蛛音誅。蛣起一反。蜣音羌。削曾、史之行，鉗楊、墨之口，攘棄仁義，而天下之德始玄同矣。【注】去其亂羣之率，則天下各復其樸，而同於玄德也。【疏】削，除也。鉗，閉也。攘，卻也。玄，原也，道也。曾參至孝，史魚忠直，楊朱、墨翟稟性宏辯。彼四子者，素分天然，遂使天下學人捨己効物，由此亂羣，失其本性。則削除忠信之行，鉗閉浮辯之口，攘去蹩躠之仁，棄擲踶跂之義，於是物不喪真，人皆自得，率性全理，故與玄道混同也。【釋文】之行下孟反。鉗李巨炎反，又其嚴反。攘如羊反。之帥本又作「率」，同。所類反。彼人含其明，則天下不鑠矣；人含其聰，則天下不累矣；【疏】鑠，消散也。累，憂患也。只爲自衒聰明，故憂患斯集，彼蒼生顛仆而銷散也。若能含抱聰明於內府，而不衒於外者，則物皆適樂，而無憂患也。【釋文】不鑠朱灼反。崔云：不消壞也。向音燿。人含其知，則天下不惑矣；人含其德，則天下不僻矣。【疏】若能知於分內，養德而不蕩者，固當履環中之正道，游寓內而不惑，豈有倒置邪僻於其間哉？【釋文】不僻匹亦反。彼曾、史、楊、墨、師曠、工倕、離朱，皆外立其德，而以爚亂天下者也，【注】此數人者，所稟多方，故使天下躍而効之。効之則失我，我失由彼，則彼爲亂主矣。夫天下之大患者，失我也。【疏】以前數子，皆稟分過人，不能韜光匿耀，而揚波激俗，標名於表，立德於外，引物從己，炫燿羣生。天下亡德而不反本，失我之原，斯之由也。【釋文】爚徐音藥。三蒼云：火光銷也。司馬、崔云：散也。此數所主反。法之所無用也。【注】若夫法之所用者，視不過於所見，故衆目無不明；聽不過於所聞，故衆耳無不聰；事不過於所能，故衆技無不巧；知不過於所知，故羣性無不適；德不過於所得，故羣德無不當。安用立所不逮於性分之表，使天下奔馳而不能自反哉！【疏】夫率性而動，動必由性，此法之妙也。而曾、史之徒，以己引物，既無益於當世，翻有損於將來，雖設此法，終無所用也。

子獨不知至德之世乎？昔者容成氏、大庭氏、伯皇氏、中央氏、栗陸氏、驪畜氏、軒轅氏、赫胥氏、尊盧氏、祝融氏、伏犧氏、神農氏，當是時也，民結繩而用之，【注】足以紀要而已。【疏】已上十二氏，並上古帝王也。當時既未有史籍，亦不知其次第前後。刻木爲契，結繩表信，上下和平，人心淳樸。故易云：「上古結繩而治，後世聖人易之以書契。」○典案：「當是時也」，治要引作

「當是之時」。【釋文】容成氏司馬云：此十二氏皆古帝王。驪徐力池反。李音犂。畜徐敕六反。○典案：御覽七十六引「畜」作「連」。伏戲音義。○典案：治要引作「戲」，與釋文同。甘其食，美其服，【注】適，故常甘；當，故常美。若思失侈靡，則無時慊矣。○典案：注「若思失侈靡」不辭。治要、御覽七十六引「失」並作「夫」。「慊」下治要引有「意」字，義較完。【釋文】慊口簟反。樂其俗，安其居，【疏】止分故甘，去華故美，混同故樂，恬淡故安居也。【釋文】樂其音洛。鄰國相望，雞狗之音相聞，民至老死而不相往來。

【注】無求之至。【疏】境邑相比，相去不遠，雞犬吠聲，相聞相接。而性各自足，無求於世，卒於天命，不相往來，無爲之至。○典案：「狗」，治要引作「犬」，老子同。【釋文】而不相往來一本作「不相與往來」。檢元嘉中郭注本及崔、向永和中本，並無「與」字。○典案：治要引無「與」字，與元嘉本及崔、向本合。若此之時，則至治已。

【疏】無欲無求，懷道抱德，如此時也，豈非至哉！○典案：御覽七十六引「至治」下有「也」字。【釋文】至治直吏反。注同。今遂至使民延頸舉踵曰「某所有賢者」，贏糧而趣之，則内棄其親，而外去其主之事，足迹接乎諸侯之境，車軌結乎千里之外，【注】至治之迹，猶致斯弊。

【疏】贏，裹也。亦是至理之風，播而爲教，貴此文迹，使物學之。尚賢路開，尋師訪道，引頸舉足，遠適他方，軌轍交行，足迹所接，裹糧負戴，不憚千里，内則棄親而不孝，外則去主而不忠。至治之迹，遂致斯弊也。○典案：治要引「去」作「弃」，上「棄」字亦作「弃」。「内弃其親」與「外弃其主之事」，文義正相對。又案：御覽七百七十五引「車軌結乎千里之外」作「軌結于千里之外輪不迹乎他」，疑今本此句下有敓文。【釋文】頸如字。李巨盈反。鸁音盈。崔云：裹也。廣雅云：負也。糧音良。而趣七于反。徐七喻反。則是上好知之過也。【注】上，謂好知之君。知而好之，則有斯過矣。【疏】尚至治之迹，好治物之智，故致斯也。○典案：「則是上好知之過也」，「之」，本亦作「也」，不辭。羣書治要引此文作「之」，唐寫本同，今正。又案：注「好知之君」，治要引「好知」作「至治」。【釋文】上好呼報反。注、下皆同。

上誠好知而無道，則天下大亂矣。【疏】在上君王，不能無爲恬淡，清虛合道，而以知能治物，物必弊之，故大亂也。老君云：「以知治國，國之賊也。」何以知其然邪？【疏】假設疑問，出其所由。夫弓弩、畢弋、機變之知多，則鳥亂於上矣；鉤餌、罔罟、罾笱之知多，則魚亂於水矣；削格、羅落、罝罘之知多，則獸亂於澤矣；【注】攻之愈密，避之愈巧，則雖禽獸，猶不可圖之以知，而況人哉！故治天下者，唯不任知，任知無妙也。【疏】網小而柄，形似畢星，故名爲畢。以繩繫箭射，謂之弋。罟、罾，皆網也。笱，曲梁也，亦筌也。削格爲之，即今之鹿角馬槍，以繩木羅落而取獸也。罝罘，兔網也。既以智治於物，寧無沸騰之患？故治國者必不可用智也。○典案：注「無妙」上治要引有「則」字，今本敓。【釋文】弩音怒。畢弋機變李云：兔網曰畢。繳射曰弋。弩牙曰機。之知音智。下及注並下「知詐」皆同。鉤餌如志反。罔罟罾音曾。○馬叙倫云：治要引「罔罟」作「罟管」者，「管」蓋是「笪」之譌耳。說文曰：笪，罟也。○典案：馬說是也。**笱**音鉤。釣，鉤也。餌，魚餌也。廣雅云：罟謂之罔。罾，魚網也。爾雅云：嫠婦之笱謂之罶。○王念孫曰：「鉤」，本作「釣」，「釣」即鉤也，今本作「鉤」者，後人但知釣爲釣魚之釣，而不知其又爲鉤之異名，故以意改之耳。今案：廣雅曰：釣，鉤也。田子方篇曰「文王觀於臧，見一丈夫釣，而其釣莫釣，非持其釣，有釣者也，常釣也」（以上六「釣」字，惟「其釣」與「持其釣」兩「釣」字指鉤而言，餘四釣字皆讀爲釣魚之釣），鬼谷子摩篇曰「如操釣而臨深淵」，淮南說山篇曰「操釣上山，揭斧入淵」，說林篇曰「一目之羅，不可以得鳥；無餌之釣，不可以得魚」，東方朔七諫曰「以直鍼而爲釣兮，又何魚之能得」，是古人謂鉤爲「釣」也。又案：釋文云「餌，如志反」，「罾，音曾」，「笱，音苟」，此是釋「餌」、「罾」、「笱」三字之音。下又云「釣，鉤也」，「餌，魚餌也。廣雅云：罟謂之網。罾，魚網也。爾雅云：嫠婦之笱謂之罶」，此是釋「釣」、「餌」、「網」、「罟」、「罾」、「笱」六字之義。後人既改正文「釣」字爲「鉤」，又改釋文「笱，音苟。釣，鉤也」六字爲「笱，音鉤。釣，鉤也」，其失甚矣。又外物篇「任公子爲大鉤巨緇」，釋文：鉤，本亦作「釣」，亦當以作「釣」者爲是。文選七啓注、傅咸贈何劭王濟詩注、謝靈運七里瀨詩注及太平御覽資產部十四引此並作「釣」也。又列子湯問篇「詹何以芒鍼爲釣」，後人改「釣」爲「鉤」，不知御覽引此正作「釣」也。又下文「投綸沈釣」，今本「釣」作「鉤」，亦是後人所改，韻府羣玉「釣」字下引列子「投綸沈釣」，則所見本尚作「釣」也。又齊策「君不聞海大魚乎？網不能止，釣不能牽」，後人改「釣」爲「鉤」，不知御覽鱗介部七引此正作「釣」，淮南人間篇亦作「釣」也。又淮南說山篇「人不愛江、漢之珠，而愛己之釣」，高注云：釣，鉤也。後人既改正文「釣」字爲「鉤」，又改注文爲「鉤，釣也」，其謬滋甚。蓋後人不知「釣」爲鉤之異名，故以其所知改其所不知，古義寖亡矣。**削**七妙反。**格**古百反。李云：削格，所以施羅網也。**羅落罝**子斜反。**罘**本又作「罦」，音浮。爾雅云：鳥罟謂之羅，兔罟謂之罝，罬謂之罦，罦，覆車也。郭璞云：今翻車也。**知詐漸毒、頡滑堅**

白、解垢同異之變多，則俗惑於辯矣。【注】上之所多者，下不能安其少也。性少而以逐多則迷也。【疏】智數詐僞，漸漬毒害於物也。頡滑，滑稽也，亦姦黠也。解垢，詐僞也。夫滑稽堅白之智，譎詭同異之談，諒有虧於真理，無益於世教，故遠觀譬於若訥，愚俗惑於小辯。○典案：治要引無「漸毒」以下八字。注「迷也」作「迷矣」。【釋文】漸毒李云：漸漬之毒，不覺深也。崔云：漸毒，猶深害。頡户結反。滑干八反。頡滑，謂難料理也。崔云：纏屈也。李音骨，滑稽也。一云：頡滑，不正之語也。解苦懈反。垢苦豆反。司馬、崔云：解垢，隔角也。或云：詭曲之辭。故天下每每大亂，罪在於好知。【疏】每每，昏昏貌也。夫忘懷任物，則宇内清夷；執迹用智，則天下大亂。故知上下昏昏，由乎好智。【釋文】每每李云：猶昏昏也。

故天下皆知求其所不知，而莫知求其所已知者，【注】不求所知而求所不知，此乃舍己效人，而不止其分也。【疏】所以知者，分内也。所不知者，分外也。舍内求外，非惑如何也？【釋文】舍己音捨。下文同。皆知非其所不善，而莫知非其所以善者，【注】善其所善，争尚之所由生也。【疏】所不善者，桀、跖也。所以善者，聖迹也。盜跖行不善以據東陵，田恒行聖迹以竊齊國。故臧、穀業異，亡羊趣同，或夷、跖行殊，損性均也。愚俗之徒，妄生臧否，善與不善，誠未足定也。是以大亂。故上悖日月之明，下爍山川之精，中墮四時之施，惴耎之蟲，肖翹之物，莫不失其性。甚矣夫好知之亂天下也！【注】夫吉凶悔吝，生於動者也。而知之所動，誠能搖蕩天地，運御羣生，故君人者胡可以不忘其知哉！【疏】是以，仍上辭也。只爲上來用智執迹，故天下大亂。悖，亂也。爍，銷也。墮，壞也。附地之徒曰喘耎，飛空之類曰肖翹，皆輕小物也。夫執迹用智，爲害必甚，故能鼓動陰陽，摇蕩天地，日月爲之薄蝕，山川爲之崩竭，炎凉爲之愆叙，風雨所以不時，飛走水陸，失其本性，好知毒物，一至於此也。【釋文】上悖李、郭云：必内反，又音佩。司馬云：薄食也。下爍失約反。崔云：消也。司馬云：崩竭也。崔、向本作「爍」，同。徐音藥。中墮許規反，毁也。之施始豉反。惴本亦作「蝙」，又作「喘」，川兖反。向音揣。耎耳轉反。崔云：蠉蝙，動蟲也。一云：惴耎，謂無足蟲。肖翹音消。下音祁饒反。崔云：肖翹，植物也。李云：翾飛之屬也。

自三代以下者是已，舍夫種種之民，而悦夫役役之佞，釋夫恬淡無爲，而悦夫哼哼之意，哼哼已亂天下矣！【注】哼哼，以己誨人也。【疏】自，從也。三代，謂夏、殷、周也。種種，淳樸之人。役役，輕黠之貌。釋，廢也。哼哼，以己誨人也。夫上古至淳之世，素樸之時，像圜天而清虚，法方地而安静，並萬物而爲族，同禽獸之無知。逮乎散澆去淳，離道背德，而五帝聖迹已彰，三代用知更甚，舍淳樸之素士，愛輕黠之佞夫，廢無欲之自安，悦有心之誨物，已亂天下，可不悲乎！【釋文】種種向章勇反。李云：謹慤貌。一云：淳厚也。而説音悦。下同。役役李云：鬼黠貌。一云：有爲人也。恬徒謙反。淡徒暫反。徐大敢反。哼哼李之閏反，又之純反。郭音惇，以己誨人之貌。下同。司馬云：少智貌。徐許彭反，又許剛反。向本作「哼」，音亨。崔本上句作「哼哼」，少知而芒也。一云：哼哼，壯健之貌。

莊子補正卷四下

外篇　在宥第十一

【釋文】以義名篇。○郭慶藩曰：文選謝靈運九日從宋公戲馬臺集送孔令詩注引司馬云：在，察也。宥，寬也。釋文闕。○典案：宋陳景元南華真經章句餘事本列此篇於盜跖篇下、天道篇上，其目次與今本殊。

聞在宥天下，不聞治天下也。【注】宥使自在則治，治之則亂也。人之生也直，莫之蕩，則性命不過，欲惡不爽。在上者不能無爲，上之所爲而民皆赴之，故有誘慕好欲而民性淫矣。故所貴聖王者，非貴其能治也。貴其無爲而任物之自爲也。【疏】宥，寬也。在，自在也。治，統馭也。寓言云：聞諸賢聖任物，自在寬宥，即天下清謐。若立教以馭蒼生，物失其性，如伯樂治馬也。○典案：文選謝靈運九日從宋公戲馬臺集送孔令詩注引「治」上有「在」字。御覽六百五十二引注作「宥使自新則治，法治之則亂」。【釋文】聞在宥音又，寬也。則治直吏反。下「治亂」同。欲惡烏路反。好欲呼報反。在之也者，恐天下之淫其性也；宥之也者，恐天下之遷其德也。【疏】性者，稟生之理。德者，功行之名。故致在宥之言，以防遷淫之過。若不任性自在，恐物淫僻喪性也。若不宥之，復恐效他，其德遷改也。天下不淫其性，不遷其德，有治天下者哉！【注】無治乃不遷淫。【疏】性正德定，何勞布政治之哉！有政不及無政，有爲不及無爲。○典案：御覽六百二十四引「有」上有「豈」字。又引注云「不淫不遷，無爲守分，性既正矣，德久定焉，人皆治道，何勞布政以治天下者哉」，疑是逸疏。【釋文】有治天下者哉崔本作「有治天下者材失」，云：强治之，是材之失也。昔堯之治天下也，使天下欣欣焉人樂其性，是不恬也；桀之治天下也，使天下瘁瘁焉人苦其性，是不愉也。【注】夫堯雖在宥天下，其迹則治也。治亂雖殊，其於失後世之恬愉，使物爭尚畏鄙而不自得則同耳。故譽堯而非桀，不如兩忘也。【疏】恬，静也。愉，樂也。瘁，憂也。堯以德臨人，人歌擊壤，乖其静性也。桀以殘害於物，物遭憂瘁，乖其愉樂也。堯、桀政代斯異，使物失性均也。○典案：御覽八十引「欣欣」上有「人」字。八十二引「瘁瘁」上有「人」字。古書罕以「天下人」連文者，疑御覽引文衍。【釋文】人樂音洛。恬徒謙反。瘁瘁在季反，病也。廣雅云：憂也。崔本作「醉」。愉音瑜。徐音喻。故譽音餘。夫不恬不愉，非德也。非德也而可長久者，天下無之。【注】恬愉自得，乃可長久。【疏】堯以不恬泣人，桀以不愉取物，不合淳和之性〔一〕，欲得長久，天下

〔一〕此下原衍「淳和之性」四字，據集釋等删。

未之有也。○典案：御覽六百二十四引「可」作「求」。人大喜邪？毗於陽；大怒邪？毗於陰。陰陽並毗，四時不至，寒暑之和不成，其反傷人之形乎！使人喜怒失位，居處無常，【疏】毗，助也。喜出於魂，怒出於魄，人禀陰陽，與二儀同氣。堯令百姓喜，毗陽暄舒；桀使人怒，助陰慘肅。人喜怒過分，則天失常，盛夏不暑，隆冬無霜。既失和氣，加之天災，人多疾病，豈非反傷形乎？不可有爲，作法必致殘傷也。【釋文】毗於如字。司馬云：助也。一云：並也。○俞樾曰：釋文：毗，如字。司馬云：助也。一云：並也。然下文云「陰陽並毗，四時不至，寒暑之和不成」，則訓爲助已不可通，若訓並，更爲失之矣。案：此「毗」字當讀爲「毗劉暴樂」之「毗」，爾雅釋詁云：「毗劉，暴樂也。」合言之則曰「毗劉」，分言之則或止曰「劉」，詩桑柔篇「捋采其劉」是也；或止曰「毗」，此言「毗於陽」、「毗於陰」是也。「暴樂」，毛公傳作「爆爍」，鄭氏箋云：「捋采之則爆爍而疏。」然則「爆爍」猶「剝落」也。喜屬陽，怒屬陰，故大喜則傷陽，大怒則傷陰。「毗陰」、「毗陽」，言傷陰陽之和也，故「四時不至，寒暑之和不成」。若從司馬訓「毗」爲助，則下三句不貫矣。淮南子原道篇「人大怒破陰，大喜墜陽」，正與此同義。思慮不自得，中道不成章，【注】此皆堯、桀之流，使物喜怒太過，以致斯患也。人在天地之中，最能以靈知喜怒，擾亂羣生，而振蕩陰陽也。故得失之間，喜怒集乎百姓之懷，則寒暑之和敗，四時之節差，百度昏亡，萬事失落也。【疏】爲滯喜怒，遂使百姓謀慮失真，既乖憲章之法，斯敗也已。【釋文】思慮息嗣反。大過音泰。於是乎天下始喬詰卓鷙，而後有盜跖、曾、史之行。故舉天下以賞其善者不足，【注】慕賞乃善，故賞不能供。【釋文】喬向欽消反。或去夭反。郭音矯。李音驕。詰李去吉反。徐起列反。崔云：喬詰，意不平也。卓敕角反。郭下角反。向音罩。鷙敕二反。李猪栗反。向猪立反，又敕栗反。崔云：卓鷙，行不平也。之行下孟反。舉天下以罰其惡者不給，【注】畏罰乃止，故罰不能勝。【疏】喬，詐譌也。詰，責問也。卓，獨也。鷙，猛也。於是喬僞詰責，卓爾不羣，獨懷鷙猛，輕陵於物。自堯爲始，次後有盜跖之惡，曾、史之善。善惡既著，賞罰係焉，慕賞行善，懼罰止惡，舉天下斧鉞不足以罰惡，傾宇宙之藏不足以賞善。給，猶足也。【釋文】能勝音升。故天下之大，不足以賞罰。【疏】若忘賞罰，任真乃在足也。自三代以下者，匈匈焉終以賞罰爲事，彼何暇安其性命之情哉！【注】忘賞罰而自善，性命乃大足耳。夫賞罰者，聖王之所以當功過，非以著勸畏也，故理至則遺之，然後至一可反也。而三代以下，遂尋其事迹，故匈匈焉與迹競逐，終以所寄爲事，性命之情何暇而安哉！【疏】匈匈，讙譁也，競逐之謂也。人懼斧鉞之誅，又慕軒冕之賞，心懷百慮，事出萬端，匈匈競逐，而不知止。夏、殷已來，其風漸扇，賞罰攖擾，終日荒忙，有何容暇，安其性命？【釋文】匈匈音凶。

而且說明邪？是淫於色也；說聰邪？是淫於聲也；【疏】說，愛染也。淫，耽滯也。希離慕曠，爲滯聲色。【釋文】而且如字。徐子餘反。說明音悅。下同。說仁邪？是亂於德也；說義邪？是悖於理也；【疏】德無憎愛，偏愛故亂德；理無是非，裁非故逆理。悖，逆也。【釋文】是悖必内反。徐蒲没反。 **說禮邪？是相於技也；說樂邪？是相於淫也；**【疏】禮者，擎跽曲拳，節文隆殺。樂者，咸池、大夏，律吕八音。說禮乃助浮華技能，愛樂更助宫商淫聲。【釋文】是相息亮反，助也。下及注皆同。 於技其綺反。李音歧，崔同，云：不端也。 **說聖邪？是相於藝也；說知邪？是相於疵也。**【注】當理無說，說之則致淫悖之患矣。相，助也。【疏】說聖迹，助世間之藝術；愛智計，益是非之疵病也。【釋文】說知音智。 於疵疾斯反。 **天下將安其性命之情，之八者存可也，亡可也；**【注】存亡無所在，任其所受之分，則性命安矣。【疏】八者，聰、明、仁、義、禮、樂、聖、智是也。言人稟分不同，性情各異，離、曠、曾、史，素分有者，存之可也，衆人性分本無，企慕乖真，亡之可也。 **天下將不安其性命之情，之八者乃始臠卷獊囊而亂天下也。**【注】必存此八者，則不能縱任自然，故爲臠卷獊囊也。【疏】臠卷，不舒放之容也。獊囊，悤遽之貌也。天下羣生，唯知分外，不能安任，臠卷自拘，誇華人事，獊囊悤速，爭馳逐物。由八者不忘，致斯弊者也。【釋文】臠力轉反。崔本作「欒」。 卷卷勉反。徐居阮反。司馬云：臠卷，不申舒之狀也。崔同。一云：相牽引也。 獊音倉。崔本作「戕」。 囊如字。崔云：戕囊，猶搶攘。 **而天下乃始尊之惜之，甚矣天下之惑也！**【注】不能遺之，已爲誤矣，而乃復尊之以爲貴，豈不甚惑哉！【疏】前八者，亂天下之經，不能忘遺，已是大惑，方復尊敬，用爲楷模，痛惜甚也。【釋文】乃復扶又反。豈直過也而去之邪！乃齊戒以言之，跪坐以進之，鼓歌以儛之，吾若是何哉！【注】非直由寄而過去也，乃珍貴之如此。【疏】八條之義，事同芻狗，過去之後，不合更收。誡禁致齊，明言執禮，君臣跪坐，更相進獻，鼓九韶之歌，舞大章之曲，珍重蘧廬，一至於此。莊生目擊，無奈之何也。【釋文】而去起慮反。之邪崔本唯此一字作「邪」，餘皆作「耶」。齊戒本又作「齋」，同。側皆反。跪其詭反。郭音危。

故君子不得已而臨莅天下，莫若無爲。無爲也而後安其性命之情。【注】無爲者，非拱默之謂也，直各任其自爲，則性命安矣。不得已者，非迫於威刑也，直抱道懷樸，任乎必然之極，而天下自賓也。【疏】君子，聖人也。不得已臨莅天下，恒自無爲。雖復無爲，非關拱默，動寂無心，而性命之情未始不安也。【釋文】莅音利，又音類。故貴以身於爲天下，則可以託天下；愛以身於爲天下，則可以寄天下。【注】若夫輕身以赴利，棄我而殉物，則身且不能安，其如天下何！【疏】貴身賤利，內我外物，保愛精神，不蕩於世者，故可寄坐萬物之上，託化於天下也。○王念孫曰：老子作「故貴以身爲天下」，「愛以身爲天下」，此衍「爲」字。蓋莊子本作「故貴以身於天下」、「愛以身於天下」，「於」猶爲也。後人依老子傍記「爲」字，而寫者因譌入正文。老子釋文「爲，于僞反」，此釋文不出「爲」字，以是明之。典案：王說是也。淮南子道應篇作「貴以身爲天下，焉可以託天下；愛以身爲天下，焉可以寄天下矣」，亦不以「於爲」二字連用，可證必衍其一也。故君子苟能無解其五藏，無擢其聰明，【注】解擢則傷也。【疏】五藏，精靈之宅。聰明，耳目之用。若分辨五藏情識，顯擢聰明之用，則精神奔馳於內，耳目竭喪於外矣。【釋文】無解如字。一音蟹，散也。尸居而龍見，淵默而雷聲，【注】出處默語，常無其心而付之自然。【疏】聖人寂同死尸寂泊，動類飛龍在天，豈有寂動理教之異哉！故寂而動，尸居而龍見，淵默而雷聲。欲明寂動動寂，理教教理，不一異也。【釋文】龍見賢遍反。向、崔本作「晛」。向音見。崔音晛。神動而天隨，【注】神順物而動，天隨理而行。【疏】神者，妙萬物而爲言也。即動即寂，德同蒼昊，隨順生物也。從容無爲而萬物炊累焉。【注】若遊塵之自動。【疏】累，塵也。從容自在，無爲虛淡，若風動細塵，類空中浮物，陽氣飄飖，任運去留而已。【釋文】從容七容反。炊昌睡反，又昌規反。本或作「吹」，同。累劣僞反。司馬云：炊累，猶動升也。向、郭云：如埃塵之自動也。吾又何暇治天下哉！【注】任其自然而已。【疏】物我齊混，俱合自然，何勞功暇，更爲治法也。

崔瞿問於老聃曰：「不治天下，安藏人心？」老聃曰：「女慎無攖人心。【注】攖之則傷其自善也。【疏】姓崔，名瞿，不知何許人也。既問在宥不治，人心何以履善？答曰：宥之放之，自合其理，作法理物，則攖撓人心。列下文云。【釋文】崔瞿向、崔本作「臞」。向求朱反。崔瞿，人姓名也。老聃吐藍反。女慎音汝。攖於營反，又於盈反。司馬云：引也。崔云：羈落也。人心排下而進上，【注】排之則下，進之則上，言其易摇蕩也。【疏】人心排他居下，進己在上，皆常情也。【釋文】排皮皆反。崔本作「俳」。進上時掌反。注及下同。其易以豉反。上下囚殺，【注】無所排進，乃安全耳。【疏】溺心上下，爲境所牽，如禁之囚，攖煩困苦。【釋文】囚殺如字。徐所例反。言囚殺萬物也。淖約柔乎剛彊。【注】言能淖約，則剛彊者柔矣。【疏】淖約，柔弱也。矯情行於柔弱，欲制服於剛彊。【釋文】淖昌略反，又直角反。廉劌彫琢，其熱焦火，其寒凝冰，【注】夫焦火之熱，凝冰之寒，皆喜怒並積之所生。若乃不彫不琢，各全其樸，則何冰炭之有哉！【疏】廉，務名也。劌，傷也。彫琢名行，欲在物前。若違情起怒，寒甚凝冰；順心生喜，熱踰焦火。【釋文】廉劌居衛反。司馬云：傷也。廣雅云：利也。琢丁角反。其疾俛仰之間，而再撫四海之外，【注】風俗之所動也。【疏】逐境之心，一念之頃，已遍十方，況俛仰之間，不再臨四海哉？其居也淵而静，其動也縣而天。【注】静之可使如淵，動之則係天而踊躍也。【疏】有欲之心，去無定準。偶爾而静，如流水之遇淵潭；觸境而動，類高天之縣不息。動之，則係天踊躍。【釋文】縣而天音玄。向本無「而」字，云：希高慕遠，故曰縣天。僨驕而不可係者，其唯人心乎！【注】人心之變，靡所不爲。順而放之，則静而自通；治而係之，則跂而僨驕。僨驕者，不可禁之勢也。【疏】排下進上，美惡喜怒，僨發驕矜，不可禁制者，其在人心乎？【釋文】僨向粉問反。廣雅云：僵也。郭音奔。

驕如字，又居表反。郭云：僨驕者，不可禁之勢。

昔者黄帝始以仁義攖人之心，【注】夫黄帝非爲仁義也，真與物冥則仁義之迹自見。迹自見，則後世之心必自殉之，是亦黄帝之迹使物攖也。【疏】黄帝因宜作則，慈愛養民，實異偏尚之仁，裁非之義。後代之王，執其軌轍，蒼生名之爲聖，攖人之心，自此始也。弊起後王，釁非黄帝。【釋文】自見賢遍反。下同。　堯、舜於是乎股無胈、脛無毛，以養天下之形，愁其五藏以爲仁義，矜其血氣以規法度。然猶有不勝也，【疏】胈，白肉也。堯、舜行黄帝之迹，心形瘦弊，股瘦無白肉，脛禿無細毛，養天下形容，安萬物情性，五藏憂愁於内，血氣矜莊於外，行仁義以爲規矩，立法度以爲楷模，尚不免流放凶族，則有不勝。【釋文】股音古。脛本曰股。胈畔末反。向父末反。李扶蓋反，云：白肉也。或云：字當作「紱」。紱，蔽膝也。崔云：胈，厎也。　脛刑定反。　堯於是放讙兜於崇山，投三苗於三峗，流共工於幽都〔一〕，此不勝天下也。【疏】昔帝鴻氏有不才子，天下謂之渾沌，即讙兜也，爲黨共工，放南裔也。縉雲氏有不才子，天下謂之饕餮，即三苗也，爲堯諸侯，封三苗之國。國在左洞庭，右彭蠡，居豫章，近南岳。三峗，山名，在西裔，即秦州西羌地。少昊氏有不才子，天下謂之窮奇，即共工也，爲堯水官。幽都在北方，即幽州之地。尚書有「殛鯀」，此文不備也。四

〔一〕共工　原作「共於」，疑誤植。

人皆包藏凶惡，不遵堯化，故投諸四裔，是堯不勝天下之事。放四凶由舜，今稱堯者，其時舜攝堯位故耳。【釋文】讙音歡。兜下侯反。崇山南裔也。堯六十年，放讙兜於崇山。投三苗崔本「投」作「殺」。尚書作「竄」。三苗者，縉雲氏之子，即饕餮也。三峗音危。本亦作「危」。三危，西裔之山也，今屬天水。堯六十六年，竄三苗於三危。共工音恭。共工，官名，即窮奇也。幽都李云：即幽州也。尚書作「幽州」。北裔也。堯六十四年，流共工於幽州。夫施及三王，而天下大駭矣。【注】夫堯、舜帝王之名，皆其迹耳。我寄斯迹而迹非我也，故駭者自世。世彌駭，其迹愈粗，粗之與妙，自途之夷險耳，遊者豈常改其足哉！故聖人一也，而有堯、舜、湯、武之異。明斯異者，時世之名耳，未足以名聖人之實也。故夫堯、舜者，豈直一堯、舜而已哉！是以雖有矜愁之貌，仁義之迹，而所以迹者故全也。【疏】施，延也。自黄帝逮乎堯、舜，聖迹滯，物擾亂，延及三王，驚駭更甚。【釋文】施及以智反。崔云：延也。大駭駭，驚也。愈粗音麤。下同。下有桀、跖，上有曾、史，【疏】桀、跖行小人之行，爲下；曾、史行君子之行，爲上。而儒墨畢起。【疏】謂儒墨守迹，是非因之而起也。於是乎喜怒相疑，【疏】喜是怒非，更相疑貳。愚知相欺，【疏】飾智驚愚，互爲欺侮。【釋文】愚知音智。下及注同。善否相非，【疏】善與不善，彼此相非。誕信相譏，【疏】誕虚信實，自相譏誚。而天下衰矣。【注】莫能齊於自得。【疏】相仍糾紛，宇宙衰也。大德不同，而性命爛漫矣。【注】立小異而不止於分。【疏】喜怒是非，熾然大盛，故天年夭枉，性命爛漫。爛漫，散亂也。天下好知，而百姓求竭矣。【注】知無涯而好之，故無以供其求。【疏】聖人窮無涯之知，百姓焉不竭哉？【釋文】好知呼報反。注同。於是乎釿鋸制焉，繩墨殺焉，椎鑿決焉。【注】彫琢性命，遂至於此。【疏】繩墨正木之曲直，禮義示人之隆殺，椎鑿穿木之孔竅，刑法決人之身首。工匠運斤鋸以殘木，聖人用禮法以傷道。【釋文】釿音斤。本亦作「斤」。鋸音據。制焉釿鋸制，謂如肉刑也。繩墨殺焉並如字。崔云：謂彈正殺之。椎直追反。鑿在洛反。決焉古穴反，又苦穴反。崔云：肉刑，故用椎鑿。天下脊脊大亂，罪在攖人心。故賢者伏處大山嵁巖之下，而萬乘之君憂慄乎廟堂之上。【注】若夫任自然而居當，則賢愚襲情而貴賤履位，君臣上下，莫匪爾極，而天下無患矣。斯迹也，遂攖天下之心，使奔馳而不可止。故中知以下，莫不外飾其性，以眩惑衆人，惡直醜正，蕃徒相引。是以任真者失其據，而崇僞者竊其柄，於是主憂於上，民困於下矣。【疏】脊脊，相踐籍也。一云：亂。宇宙大亂，罪由聖知。君子道消，晦迹林藪。人君雖在廟堂，心恒憂慄，既無良輔，恐國傾危也。【釋文】脊脊音藉，在亦反。相踐藉也。本亦作「肴肴」。廣雅云：肴，亂也。大山音泰。亦如字。嵁苦巖反。一音苦咸反，又苦嚴反。巖音嚴，語銜反。一音喦，語咸反。〇俞樾曰：釋文：「大山，音泰。亦如字。」當以讀如字爲是。此泛言山之大者，不必東嶽泰山也。「嵁」當爲「湛」，文選封禪文「湛恩厖鴻」，李注曰：湛，深也。

湛巖，猶深巖，因其以山巖言，故變從水者而從山耳。山言其大，巖言其深，義正相應。學者不達其義，而音「大」爲「泰」，失之矣。田子方篇「其神經乎大山而無介，入乎淵泉而不濡」，釋文：大音泰。失與此同。文選風賦「緣泰山之阿」，古詩「冄冄孤生竹，結根泰山阿」，夫風之所緣，竹之所生，非必泰山也，其原文應並作「大山」，泛言山之大者。後人誤讀爲「泰」，並改作「泰」耳。以眩玄遍反。惡直烏路反。蕃徒音煩。

今世殊死者相枕也，桁楊者相推也，刑戮者相望也，【疏】殊者，決定當死也。桁楊者，械也，夾脚及頸，皆名桁楊。六國之時，及衰周之世，良由聖迹，黥劓五刑，遂使桁楊者盈衢，殊死者相枕，殘兀滿路。相推、相望，明其多也。【釋文】殊死如字。廣雅云：殊，斷也。司馬云：決也。一云：誅也。字林云：死也。説文同。又云：漢令曰：蠻夷長有罪，當殊之。崔本作「殀死」。相枕之鴆反。桁户剛反。司馬云：脚長械也。楊向音陽。崔云：械夾頸及脛者，皆曰桁楊。而儒墨乃始離跂攘臂乎桎梏之間。意！甚矣哉其無愧而不知耻也，甚矣！【注】由腐儒守迹，故致斯禍。不思捐迹反一，而方復攘臂用迹以治迹，可謂無愧而不知耻之甚也。【疏】離跂，用力貌也。聖迹爲害物之具，而儒墨方復攘臂分外，用力於桎梏之間，執迹封教，救當世之弊，何荒亂之能極哉？故發噫歎息，傷固陋不已，無愧而不知耻也。【釋文】離力氏反，又力智反。跂丘氏反，又丘豉反。攘如羊反。桎之實反。梏古毒反。意如字，又音醫。章太炎先生曰：「意」字斷。詩釋文「噫嘻」作「意嘻」。文典謹案：章先生説是也。文選舞賦「意，可以進乎」，李注引孔安國尚書傳曰：噫，恨辭也。

鄭玄注禮記曰：噫，弗寤之聲。釋文又音醫，亦以爲發聲歎詞。無愧崔本作「魄」。腐音輔。方復扶又反。吾未知聖知之不爲桁楊椄槢也，仁義之不爲桎梏鑿枘也，【注】桁楊以椄槢爲管，而桎梏以鑿枘爲用。聖知仁義者，遠於罪之迹也。迹遠罪則民斯尚之，尚之則矯詐生焉，矯詐生而禦姦之器不具者，未之有也。故棄所尚則矯詐不作，矯詐不作則桁楊桎梏廢矣，何鑿枘椄槢之爲哉！【疏】椄槢，械楔也。鑿，孔也。以物内孔中曰枘。械不楔不牢，梏無孔無用。亦猶憲章非聖迹不立，桀、跖無仁義不行。聖迹是攖擾之原，仁義是殘害之本。【釋文】椄李如字。向、徐音燮，郭慈接反。槢郭、李音習。向、徐徒燮反。司馬云：椄槢，械楔。音息節反。崔本作「熠」，云：讀爲牒。或作「謵」字。椄槢，桎梏梁也。淮南曰：大者爲柱梁，小者爲椄槢也。鑿在洛反，又在報反。枘人鋭反。向本作「内」，音同。三蒼云：柱頭枘也。鑿頭厠木，如柱頭枘。遠於于萬反。下同。而禦魚呂反。本又作「御」，音同。焉知曾、史之不爲桀、跖嚆矢也！【注】嚆矢，矢之猛者，言曾、史爲桀、跖之利用也。【疏】嚆，箭鏃有吼猛聲也。聖智是竊國之具，仁義爲凶暴之資，曾、史爲桀、跖利用猛箭，故云然也。【釋文】焉知於虔反。嚆矢許交反。本亦作「嗃」。向云：嚆矢，矢之鳴者。郭云：矢之猛者。字林云：嚆，大呼也。崔本作「蒿」，云：蕭蒿可以爲箭。或作「矯」，矯，梟也。崔本此下更有「有無之相生也則甚，曾、史與桀、跖生有無也，又惡得無相轂也」，凡二十四字。故曰：絶聖棄知，而天下大治。【注】去其所以攖也。【疏】絶竊國之具，棄凶暴之資，即宇内清平。言大治也。【釋文】大治直吏反。去其起吕反。

黄帝立爲天子十九年，令行天下，【疏】德化詔令，寓内大行。聞廣成子在於空同之上，故往見之，【疏】空桐山，凉州北界。廣成即老子別號也。○典案：御覽六百二十四引「空同」作「崆峒」。又碧虚子校引張君房本「上」作「山」。疏「空桐山，凉州北界」，是成本字亦作「山」。【釋文】廣成子或云：即老子也。空同司馬云：當北斗之下山也。爾雅云：北戴斗極爲空同。一曰：在梁國虞城東三十里。曰：「我聞吾子達於至道，敢問至道之精。吾欲取天地之精，以佐五穀，以養民人，【疏】五穀，黍、稷、菽、麻、麥也。欲取窈冥之理，天地陰陽精氣，助成五穀，以養蒼生也。吾又欲官陰陽以遂羣生，爲之柰何？」【疏】遂，順也。欲象陰陽，設官分職，順羣生之性，問其所以。

廣成子曰：「而所欲問者，物之質也；【注】問至道之精，可謂質也。【疏】而，汝也。欲播植五穀，官府二儀，所問粗淺，不過形質，乖深玄之致。是詆訶也。【釋文】質也廣雅云：質，正也。而所欲官者，物之殘也。【注】不任其自爾而欲官之，故殘也。【疏】苟欲設官分職，引物從己，既乖造化，必致傷殘。自而治天下，雲氣不待族而雨，草木不待黄而落，日月之光，益以荒矣。【疏】族，聚也。分百官於陰陽，有心治萬物，必致凶災。風雨不調，炎凉失節，雲未聚而雨降，木尚青而葉落。欃槍薄蝕，三光昏晦，人心遭擾，玄象荒殆。【釋文】雲氣不待族而雨司馬云：族，聚也。未聚而雨，言澤少。草木不待黄而落司馬云：言殺氣多也。爾雅云：落，死也。益以崔本作「蓋以」。而佞人之心翦翦者，又奚足以語至道！」【疏】翦翦，狹劣之貌也。汝是諂佞之人，心甚狹劣，何能語至道也？○典案：御覽六百二十四引「者」作「焉」，「至道」下有「哉」字。此慨歎之詞，御覽有「哉」字是。【釋文】佞人如字。郭音甯。翦翦如字。郭、司馬云：善辯也。一曰：佞貌。李云：淺知貌。或云：狹小之貌。

黄帝退，捐天下，築特室，席白茅，閒居三月，復往邀之。【疏】黄帝退，清齊一心，舍九五尊位，築特室，避讙囂，藉白茅以絜浄，閒居經時，重往請道。邀，遇也。【釋文】捐悦全反。閒居音閑。下注同。復往扶又反。邀之古堯反。要也。廣成子南首而卧，黄帝順下風膝行而進，再拜稽首而問曰：「聞吾子達於至道，敢問治身，奈何而可以長久？」

廣成子蹶然而起，曰：「善哉問乎！【注】人皆自修而不治天下，則天下治矣，故善之也。【疏】使人治物，物必攖煩，各各治身，天下清正，故善之。蹶然，疾起。【釋文】南首音狩。蹶其月反。又音厥。驚而起也。○郭慶藩曰：文選張景陽七命注引司馬云：蹶，疾起貌。釋文闕。天下治直吏反。來！吾語女至道。至道之精，窈窈冥冥；至道之極，昏昏默默。【注】窈冥昏默，皆了無也。夫莊、老之所以屢稱無者何哉？明生物者無物，而物自生耳。自生耳，非爲生也，又何有爲於已生乎？【疏】至道精微，心靈不測，故寄窈冥深遠，昏默玄絶。【釋文】吾語魚據反。下同。女音汝。後倣此。窈窈烏了反。無視無聽，抱神以静，形將自正。【注】忘視而自見，忘聽而自聞，則神不擾而形不邪也。【疏】耳目無外視聽，抱守精神，境不能亂，心與形合，自冥正道。【釋文】不邪似嗟反。必静必清，無勞女形，無摇女精，乃可以長生。【注】任其自動，故閒静而不夭也。【疏】清神静慮，體無所勞，不緣外境，精神常寂，心閒形逸，長生久視。目無所見，耳無所聞，心無所知，女神將守形，形乃長生。【注】此皆率性而動，故長生也。【疏】任視聽而無所見聞，根塵既空，心亦安静，照無知慮，應機常寂，神淡守形，可長生久視也。慎女内，【注】全其真也。【疏】忘心，全漠也〔一〕。閉女外，【注】守其分也。【疏】絶視聽，守分也。多知爲敗。【注】知無崖，故敗。【疏】不慎智慮，心神既困，耳目竭於外，何不敗哉！我爲女遂於大明之上矣，至彼至陽之原也；爲女入於窈冥之門矣，至彼至陰之原也。【注】夫極陰陽之原，乃遂於大明之上，入於窈冥

〔一〕漠　依注文當作「真」。

之門也。【疏】陽，動也。陰，寂也。遂，出也。至人應動之時，智照如日月，名大明也。至陽之原，表從本降迹，故言出也。無感之時，深根寂然凝湛也。至陰之原，示攝迹歸本，故曰入窈冥之門。廣成示黄帝動寂兩義，故託陰陽二門也。

【釋文】我爲于僞反。下同。天地有官，陰陽有藏，【注】但當任之。慎守女身，物將自壯。【疏】天官，謂日月星辰。能照臨四方，綱維萬物，故稱官也。地官，謂金木水火土。能維持動植，運載羣品，亦稱官也。陰陽二氣，春夏秋冬，各有司存，如藏府也。咸得隨任，無不稱適，何違造化，更立官府也！女但無爲，慎守女身，一切萬物，自然昌盛，何勞措心，自貽伊慼哉？【釋文】物將自壯側亮反。謂不治天下，則衆物皆自任，自任而壯也。我守其一以處其和，故我修身千二百歲矣，吾形未常衰。」【注】取於盡性命之極，極長生之致耳。身不夭乃能及物也。【疏】保恬淡一心，處中和妙道，攝衛修身，雖有壽考之年，終無衰老之日。

黄帝再拜稽首，曰：「廣成子之謂天矣！」【注】天，無爲也。【疏】歎聖道之清高，可與玄天合德也。廣成子曰：「來！余語女。彼其物無窮，而人皆以爲有終；【疏】死生變化，物理無窮。俗人愚惑，謂有終始。彼其物無測，而人皆以爲有極。【注】徒見其一變也。【疏】萬物不測，千變萬化。愚人迷執，謂有限極。得吾道者，上爲皇而下爲王；【注】皇、王之稱，隨世之上下耳。其於得通變之道以應無窮，一也。【疏】得自然之道，上逢淳樸之世，則作羲、農；下遇澆季之時，應爲湯、武。皇、王迹自夷險，道則一也。【釋文】之稱尺證反。失吾道者，上見光而下爲土。【注】失無窮之道，則自信於一變，而不能均同上下，故俯仰異心。【疏】喪無爲之道，滯有欲之心，生則覩於光明，死則便爲土壤。迷執生死，不能均同上下，故有兩名也。○典案：御覽七十六引郭注「上下」下有「矣」字，「異心」下有「也」字。今夫百昌皆生於土而反於土，故余將去女，【注】土，無心者也。生於無心，故當反守無心而獨往也。【疏】夫百物昌盛，皆生於地；及其彫落，還歸於土。世間萬物，從無而生，死歸空寂，生死不二。不滯一方，今將去女任適也。【釋文】百昌司馬云：猶百物也。入無窮之門，以遊無極之野。【注】與化俱也。【疏】反歸冥寂之本，入無窮之門；應變天地之間，遊無極之野。吾與日月參光，吾與天地爲常。【注】都任之也。【疏】參，同也。與三景齊明，將二儀同久，豈千二百歲哉！當我，緡乎！遠我，昏乎！【注】物之去來，皆不覺也。【疏】聖人無心若鏡，機當感發，即應機冥符；若前機不感，即昏然晦迹也。【釋文】當我如字。緡乎武巾反。郭音泯。泯，合也。遠我于萬反。昏乎如字。暗也。司馬云：緡、昏並無心之謂也。人其盡死，而我獨存乎！」【注】以死生爲一體，則無往而非存。【疏】一死生，明變化，未始非我，無去無來，我獨存也。人執生死，故憂患之。

雲將東遊，過扶搖之枝而適遭鴻蒙。鴻蒙方將拊脾雀躍而遊。【疏】雲將，雲主將也。鴻蒙，元氣也。扶搖，（木）神〔木〕，生東海也；亦云風。遭，遇也。拊，拍也。雀躍，跳躍也。寓言也。夫氣是生物之元也，雲爲雨澤之本也，木是春陽之鄉〔一〕，東爲仁惠之方。舉此四事，示君王御物，以德澤爲先也。【釋文】雲將子匠反。下同。李云：雲主帥也。扶搖「扶」亦作「夫」，音符。李云：扶搖，神木也，生東海。一云：風也。郭慶藩曰：初學記一、御覽八引司馬云：雲將，雲之主（師）〔帥〕也。釋文闕。○典案：御覽三百六十四引注云：雲將，雲之主（師）〔帥〕也。扶搖，木名，生東海。鴻蒙，自然元氣。鴻蒙如字。司馬云：自然元氣也。一云：海上氣也。拊孚甫反。一音甫。脾本又作「髀」，音陛。徐甫婢反，又甫娣反。雀本又作「爵」，同。將略反。躍司馬云：雀躍，若雀浴也。一云：如雀之跳躍也。

雲將見之，【疏】怪其容儀殊俗，動止異凡，故問行李也。由庶爲理物之道也。倘然止，贄然立，曰：「叟何人邪？叟何爲此？」【疏】倘，驚疑貌。贄，不動也。叟，長老名也。【釋文】倘尺掌反。一音吐郎反。李吐黨反。司馬云：欲止貌。李云：自失貌。贄之二反，又豬立反，又魚列反。李云：不動貌。叟本又作「傁」，素口反。郭疏走反。司馬云：長者稱。

鴻蒙拊脾雀躍不輟，對雲將曰：「遊！」【疏】乘自然變化遨遊也。【釋文】不輟丁劣反。李云：止也。

雲將曰：「朕願有問也。」鴻蒙仰而視雲將曰：「吁！」雲將曰：「天氣不和，地氣鬱結，【疏】二氣不降不升。鬱，結也。【釋文】曰吁況于反。亦作「呼」。鬱結如字。崔本作「絹」，音結。六氣不調，【疏】陰、陽、

〔一〕木　原作「本」，形近而誤。

風、雨、晦、明，此六氣也。四時不節。【疏】春夏秋冬，節令愆滯其序。今我願合六氣之精，以育羣生，爲之柰何？」【疏】我欲合六氣精華，以養萬物，故問也。鴻蒙拊脾雀躍掉頭曰：「吾弗知！吾弗知！」【疏】萬物咸禀自然，若措意治之，必乖造化，故掉頭不答。○典案：御覽三百六十四引「雀」作「爵」。【釋文】掉徒弔反。

雲將不得問。又三年，東遊，過有宋之野而適遭鴻蒙。雲將大喜，行趨而進曰：「天忘朕邪？天忘朕邪？」再拜稽首，願聞於鴻蒙。【疏】（故）〔敬〕如上天，再言忘朕，幸憶往事也。【釋文】有宋如字，國名也。本作「宗」者非。鴻蒙曰：「浮遊不知所求，【注】而自得所求也。【疏】浮遊處世，無貪取也。猖狂不知所往，【注】而自得所往也。【疏】無心妄行，無的當也。遊者鞅掌，以觀無妄。【注】夫内足者，舉目皆自正也。【疏】鴻蒙遊心之處寬大，涉見之物衆多，能觀之智，知所觀之境無妄也。鞅掌，衆多也。【釋文】鞅掌於丈反。毛詩傳云：鞅掌，失容也。今此言自得而正也。朕又何知？」【注】以斯而已矣。【疏】浮遊猖狂，虚心任物，物各自正，我復何知？

雲將曰：「朕也自以爲猖狂，而民隨予所往。朕也不得已於民，今則民之放也。【注】夫乘物非爲迹而迹自彰，猖狂非招民而民自往，故爲民所放效而不得已也。【疏】我同鴻蒙，無心馭世，不得已臨人，人則隨我，迹便爲物放效也。【釋文】之放方往反，效也。注同。願聞一方。」【疏】願聞要旨，庶決深疑。鴻蒙曰：「亂天之經，逆物之情，玄天弗成；【注】若夫順物性而治，則情不逆而經不亂，玄默成而自然得也。【疏】亂天然常道，逆物真性，即譎詐方起，自然之化不成也。解獸之羣，而鳥皆夜鳴；【注】離其所以静也。【疏】放效迹彰，害物災起，獸則驚羣散起，鳥則駭飛夜鳴。災及草木，禍及止蟲。【注】皆坐而受害也。【疏】草木未霜零落，災禍及昆蟲。昆，明也，向陽啓蟄。【釋文】止蟲如字。本亦作「昆蟲」。崔本作「正蟲」。皆坐才卧反。意！治人之過也。」【注】夫有治之迹，亂之所由生也。【疏】天治斯滅，治人過也。【釋文】意音醫。本又作「噫」。下皆同。雲將曰：「然則吾柰何？」【疏】欲請不治之術。鴻蒙曰：「意，毒哉！【注】言治人之過深。【疏】重傷禍敗，屢歎。噫，歎聲。僊僊乎歸矣。」【注】僊僊，坐起之貌。嫌不能隤然通放，故遣使歸。【疏】僊僊，輕舉之貌。嫌雲將治物爲禍，故示輕舉，勸令息迹歸本。【釋文】僊僊音仙。

雲將曰：「吾遇天難，願聞一言。」鴻蒙曰：「意！心養。【注】夫心以用傷，則養心者，其唯不用心乎！【疏】養心之術，列在下文。汝徒處無爲，而物自化。【疏】徒，但也。但處心無爲，而物自化。墮爾形體，吐爾聰明，倫與物忘；【注】理與物皆不以存懷，而闇付自然，則無爲而自化矣。【疏】倫，理也。墮形體，忘身也。吐聰明，忘心也。身心兩忘，物我雙遣，是養心也。【釋文】墮許規反。○王引之曰：「吐」當爲「咄」。「咄」與「黜」同（徐无鬼篇「黜耆欲」，司馬本作「咄」）。韋昭注周語曰：黜，廢也。「黜」與「墮」義相近，大宗師篇「墮枝體，黜聰明」，即其證也。隸書「出」字或省作「土」（若「敳」省作「敖」，「賣」省作「賣」，「款」省作「款」之類），故「咄」字或作「吐」，形與「吐」相似，因譌爲「吐」矣（「咄」之譌作「吐」，猶「吐」之譌作「咄」。漢書外戚傳「必畏惡吐棄我」，漢紀「吐」譌作「咄」）。○俞樾曰：「吐」當作「杜」，言杜塞其聰明也。○典案：「吐爾聰明」，文不成義，「吐」疑「絀」字之壞。淮南子覽冥篇「隳肢體，絀聰明」，即襲用此文，字正作「絀」，是其塙證。大宗師篇作「墮枝體，黜聰明」，「黜」「絀」音義同。王氏引之謂「吐」當爲「咄」，失之迂曲。俞先生謂當爲「杜」，亦無據。皆失之矣。**大同乎涬溟，**【注】與物無際。【疏】溟涬，自然之氣也。茫蕩身心大同，自然合體也。【釋文】涬户頂反，又音幸。溟亡頂反。司馬云：涬溟，自然氣也。**解心釋神，莫然無魂。**【注】坐忘任獨。【疏】魂，好知爲也。解、釋，遺蕩也。莫然無知，滌蕩心靈，同死灰枯木，無知魂也。**萬物云云，各復其根，各復其根而不知；**【注】不知而復，乃真復也。【疏】云云，衆多也。衆多往來生滅，不離自然，歸根明矣。豈得用知，然後復根矣哉？**渾渾沌沌，終身不離；**【注】渾沌無知，而任其自復，乃能終身不離其本也。【疏】渾沌無知而任獨，千變萬化，不離自然。【釋文】渾渾户本反。沌沌徒本反。不離力智反。下及注皆同。**若彼知之，乃是離之。**【注】知而復之，與復乖矣。【疏】用知慕至本，乃離自然之性。**無問其**

名，無闚其情，物固自生。」【注】闚問則失其自生也。【疏】道離名言，理絶情慮。若以名問道，以情闚理，不亦遠哉！ 能遣情忘名，任于獨化，物得生理也。

雲將曰：「天降朕以德，示朕以默，躬身求之，乃今也得。」【注】知而不默，常自失也。【疏】降道德之言，示玄默之行，立身以來，方今始悟。再拜稽首，起辭而行。

世俗之人，皆喜人之同乎己，而惡人之異於己也。【疏】染習之人，迷執日久，同己喜懽，異己嫌惡也。【釋文】而惡烏路反。同於己而欲之，異於己而不欲者，以出乎衆爲心也。【注】心欲出羣，爲衆隽也。【疏】夫是我而非彼，喜同而惡異者，必欲顯己功名，超出羣衆。夫以出乎衆爲心者，曷常出乎衆哉！【注】衆皆以出衆爲心，故所以爲衆人也。若我亦欲出乎衆，則與衆無異而不能相出矣。夫衆皆以相出爲心，而我獨無往而不同，乃大殊於衆而爲衆主也。【疏】人以競先出乎衆爲心，此是恒物鄙情，何能獨超羣外？同其光塵，方大殊於衆而爲衆傑。因衆以寧所聞，不如衆技衆矣。【注】吾一人之所聞，不如衆技多，故因衆則寧也。若不因衆，則衆之千萬皆我敵也。【疏】用衆人技能，因衆人聞見，即無忿競。所謂明者爲之視，智者爲之謀也。【釋文】因衆以寧所聞因衆人之所聞見，委而任之，則自寧安。不如衆技其綺反。衆矣若役我之知達衆人，衆人之技多於我矣，安得而不自困哉？　而欲爲人之國者，此攬乎三王之利而不見其患者也。【注】夫欲爲人之國者，不因衆之自爲，而以己爲之者，此爲徒求三王主物之利，而不見己爲之患也。然則三王之所以利，豈爲之哉？因天下之自爲而任耳。【疏】用一己偏執爲國者，徒求三王主物之利，不知爲喪身之大患也。【釋文】此攬音覽。本亦作「覽」。　此以人之國僥倖也，幾何僥倖而不喪人之國乎！【疏】僥，要也。以皇王之國利要求非分，爲一身之幸會者，未嘗不身遭殞敗，萬不存一，故云幾何也。○典案：「此以人之國僥倖也」，碧虚子校引江南古藏本作「以此因人之國僥倖也」。【釋文】僥古堯反。徐古了反。字或作「儌」。倖音幸。一云：僥倖，求利不止之貌。幾何居豈反。郭巨機反。不喪息浪反。下及注同。　其存人之國也，無萬分之一；而喪人之國也，一不成而萬有餘喪矣。【注】己與天下，相因而成者也。今以一己而專制天下，則天下塞矣，己豈通哉？故一身既不成，而萬方有餘喪矣。【疏】以僥倖之心，爲帝王之主，論存則固無一成，語亡則有餘敗也。【釋文】萬分如字，又扶問反。　悲夫，有土者之不知也！【疏】此一句傷歎君王不知僥倖爲弊矣。

夫有土者，有大物也。【疏】九五尊高，四海宏巨，是稱大物也。有大物者，不可以物物，【注】不能用物而爲物用，即是物耳，豈能物物哉？不能物物，則不足以有大物矣。【疏】苟求三王之國，不能任物自爲，翻爲物用，己自是物，焉能物物？斷不可也。而不物故能物物。【注】夫用物者，不爲物用也；不爲物用，斯不物矣；不物，故物天下之物，使各自得也。【疏】不爲物用，而用於物者也。○俞樾曰：郭斷「不可以物物」五字爲句，失其讀矣。此當讀「不可以物」爲句，「物而不物」爲句。明乎物物者之非物也，豈獨治天下百姓而已哉！出入六合，遊乎九州，【注】用天下之自爲，故馳萬物而不窮。【疏】聖人通自然，達造化，運百姓心知，用羣生耳目，是知物物非物也。豈獨戴黄屋，坐汾陽，佩玉璽，治天下哉？固當排六合，陵太清，超九州，遊姑射矣。獨往獨來，是謂獨有。【注】人皆自異而己獨羣遊，斯乃獨往獨來者也。獨有斯獨，可謂獨有矣。【疏】有注釋也。獨有之人，是謂至貴。【注】夫與衆玄同，非求貴於衆，而衆人不能不貴，斯至貴也。若乃信其偏見而以獨異爲心，則雖同於一致，故是俗中之一物耳，非獨有者也。未能獨有，而欲饕竊軒冕，冒取非分，衆豈歸之哉？故非至貴也。【疏】人皆自異而己獨與羣遊，斯乃獨往獨來者也。獨有斯獨，可謂獨有矣。人欲出衆而己獨遊，衆無此能，故名獨有。獨有之人，蒼生樂推，百姓荷戴，以斯爲主，可謂至尊至貴也。【釋文】饕吐刀反。冒亡北反，又亡報反。

大人之教，若形之於影，聲之於響。【注】百姓之心，形聲也；大人之教，影響也。大人之於天下何心哉？猶影響之隨形聲耳。【疏】大人，聖人也。無心感應，應不以心，故百姓之心形聲也，大人之教影響也。【釋文】於響許丈反。本又作「嚮」。注及下同。有問而應之，盡其所懷，

【注】使物之所懷各得自盡也。【疏】聖人心隨物感，感又稱機，盡物懷抱。爲天下配。【注】問者爲主，應故爲配。【疏】配，匹也。先感爲主，應者爲匹也。處乎無響，【注】寂以待物。【疏】處，寂也。無感之時，心如枯木，寂無影響也。行乎無方。【注】隨物轉化。【疏】行，應機也。逗機不定方所也。挈汝適復之撓撓【注】撓撓，自動也。提挈萬物，使復歸自動之性，即無爲之至也。【疏】撓撓，自動也。逗機無方，還欲提挈汝等羣品，令歸自本性，則無爲至也。【釋文】挈苦結反。廣雅云：持（包）〔也〕。撓撓而小反。○俞樾曰：郭注未得其解。爾雅釋詁：適，往也。然則「適復」猶往復也。撓撓，亂也。廣雅釋詁：撓，亂也。重言之，則爲撓撓矣。適復之撓撓，此世俗之人所以不能獨往獨來也。惟大人則提挈其適復之撓撓者，而與之共遊於無端，故曰「挈汝適復之撓撓以遊無端」。二句本止一句，郭失其解，並失其讀矣。以遊無端；【注】與化俱，故無端。【疏】遊，心與自然俱遊，故無朕迹之端崖。出入無旁，【注】玄同無表。【疏】出入塵埃生死之中，玄同造物，無邊可見。與日無始；【注】與日新俱，故無始也。【疏】與日俱新，故無終始。頌論形軀，合乎大同，【注】其形容與天地無異。【疏】（贊）頌，〔贊〕。論，語。聖人盛德軀貌，與二儀大道合同，外不闕乎宇宙，內不有其己身也。大同而無己。【注】有己，則不能大同也。【疏】合二儀，同大道，則物我俱忘也。無己，惡乎得有有！【注】天下之難無者，己也。己既無矣，則羣有不足復有之。【疏】己

既無矣，物焉有哉！【釋文】惡音烏。足復扶又反。親有者，昔之君子；【注】能美其名者耳。【疏】行仁義，禮君臣者，不離有爲君子也。親無者，天地之友。【注】親無，則任其獨生也。【疏】親無爲之妙理，見自然之正性，二儀非有，萬物盡空，翻有入無，故稱爲友矣。

賤而不可不任者，物也；卑而不可不因者，民也；【注】因其性而任之則治，反其性而淩之則亂。夫民物之所以卑而賤者，不能因任故也。是以任賤者貴，因卑者尊，此必然之符也。【疏】民雖居下，各有功能；物雖輕賤，咸負材用。物無棄材，人無棄用，庶咸亨也。【釋文】則治直吏反。匿而不可不爲者，事也；【注】夫事藏於彼，故匿也。彼各自爲，故不可不爲。但當因任耳。【疏】匿，藏也。事有隱顯，性有工拙，或顯於此，或隱於彼，或工於此，或拙於彼，但當任之，悉事濟也。【釋文】匿而女力反。麤而不可不陳者，法也；【注】法者，妙事之迹也，安可以迹麤而不陳妙事哉？【疏】法，言教也。以教望理，理妙法粗，取諭筌蹄，故須陳説故也。遠而不可不居者，義也；【注】當乃居之，所以爲遠。【疏】義雖去道疏遠，苟其合理，應須取斷。親而不可不廣者，仁也；【注】親則苦偏，故廣乃仁耳。【疏】親則偏愛狹劣〔一〕，周普

〔一〕則　原作「雖」，據注文改。

廣愛，乃大仁也。**節而不可不積者，禮也；**【注】夫禮節者，患於係一，故物物體之，則積而周矣。【疏】積，厚也。節，文也。夫禮貴尚往來，人情乖薄，故外示折旋，内敦積厚，此真禮也。**中而不可不高者，德也；**【注】事之下者，雖中非德。【疏】中，順也。修道之人，和光處世，卑順於物，而志行清高，涅而不緇其德也。【釋文】中而不可不高者德也中者，順也。順其性而高也。**一而不可不易者，道也；**【注】事之難者，雖一非道，況不一哉？【疏】妙本一氣，通生萬物，甚自簡易，其唯道乎！【釋文】不易以豉反。下注同。**神而不可不爲者，天也。**【注】執意不爲，雖神非天，況不神哉？【疏】神功不測，顯晦無方，逗機無滯，合天然也。**故聖人觀於天而不助，**【注】順其自爲而已。【疏】聖人觀自然妙理，大順羣物，而不助其性分。此下釋前文。**成於德而不累，**【注】自然與高會也。【疏】能使境智冥會，上德既成，自無瑕累也。**出於道而不謀，**【注】不謀而一，所以爲易。【疏】顯出妙一之道，豈得待顯謀而後説？**會於仁而不恃，**【注】恃則不廣。【疏】老經云：「爲而不恃。」仁慈博愛，貴在合宜，故無恃賴。**薄於義而不積，**【注】率性居遠，非積也。【疏】先王蘧廬，非可賓重；已陳芻狗，豈積而留！**應於禮而不諱，**【注】自然應禮，非由忌諱。【疏】妙本湛然，迹應於禮，豈拘忌諱！○俞樾曰：「諱」讀爲「違」，「違」、「諱」並從「韋」聲，故廣雅釋詁曰：諱，避也。韋昭注周語晉語並曰：違，避也。是二字聲近義通。「應於禮而不諱」，即「不違」

也。郭注曰「自然應禮，非由忌諱」，則失之迂曲矣。**接於事而不辭，**【注】事以禮接〔一〕，能否自任，應動而動，無所辭讓。【疏】混俗揚波，因事接物，應機不取，亦無辭讓。【釋文】應動憶升反。**齊於法而不亂，**【注】御粗以妙，故不亂也。【疏】因於物性，以法齊之，故不亂也。**恃於民而不輕，**【注】恃其自爲耳，不輕用也。【疏】民惟邦本，本固而邦寧，故恃藉不敢輕用也。**因於物而不去。**【注】因而就任之，不去其本也。【疏】順黔黎之心，因庶物之性，雖施於法教，不令離於性本。**物者莫足爲也，而不可不爲。**【注】夫爲者，豈以足爲故爲哉？自體此爲，故不可得而止也。【疏】物之稟性，功用萬殊〔二〕，如蜣蜋轉丸，蜘蛛結網，出自天然，非關假學。故素無之而不可强爲，性中有者，不可不爲也。【釋文】物者莫足爲也分外也。而不可不爲分內也。**不明於天者，不純於德；**【注】不明自然則有爲，有爲而德不純也。【疏】闇自然之理，則澆薄之德不純也。**不通於道者，無自而可；**【注】不能虛己以待物，則事事失會。【疏】滯虛玄道性，故觸事面牆，諒無從而可也。**不明於道者，悲夫！**【疏】闇天人之理，惑君臣之義，所作顛蹶，深可悲傷。

〔一〕禮　世德堂本作「理」，當是。

〔二〕功　原作「乃」，據集釋等改。

何謂道？有天道，有人道。無爲而尊者，天道也。【注】在上而任萬物之自爲也。【疏】無事無爲，尊高在上者，合自然天道也。有爲而累者，人道也。【注】以有爲爲累者，不能率其自得也。【疏】司職有爲，事累繁擾者，人倫之道。主者，天道也。【注】同乎天之任物，則自然居物上。【疏】君在上任物，合天道無爲也。臣者，人道也。【注】各當所任。天道之與人道也，相去遠矣。【注】君位無爲而委百官，百官有所司而君不與焉。二者俱以不爲而自得，則君道逸，臣道勞，勞逸之際，不可同日而論之也。【疏】君位尊高，委之宰牧；臣道卑下，竭誠奉上。故君道逸，臣道勞，不可同日而語也。【釋文】不與音豫。不可不察也。【注】不察，則君臣之位亂矣。【疏】天道君而無爲，人道臣而有事，尊卑有隔，勞逸不同，各守其分，則君臣咸無爲也。必不能鑒理，即勞逸失宜，君臣亂矣。夫二儀生育，變化無窮，形質之中，最爲廣大，而新新變化，念念推遷，實爲等均，所謂亭之毒之也〔一〕。

〔一〕「夫二儀」以下三十七字，爲天地篇首二句疏文羼入，當删。

莊子補正卷五上

外篇 天地第十二

【釋文】以事名篇。

天地雖大，其化均也；【注】均於不爲而自化也。【疏】夫二儀生育，覆載無窮，形質之中，最爲廣大，而新新變化，其狀不殊，念念遷謝，實惟均等，所謂亭之也。故云「天地與我並生」。【釋文】天地釋名云：天，顯也，高顯在上也；又坦也，坦然高遠也。地，底也，其體底下，載萬物也。禮統云：天地者，元氣之所生，萬物之祖也。易說云：元氣初分，清輕上爲天，濁重下爲地。萬物雖多，其治一也；【注】一以自得爲治。【疏】夫四生萬物，其類最繁，至於率性自得，斯理唯一，所謂毒之也。故又云「萬物與我爲一」。【釋文】其治直吏反。注同。下「官治」並注亦同。人卒雖衆，其主君也。【注】天下異心，無心者主也。【疏】黔首卒隸，其數雖多，主而君者，一人而已。無心因任，允當斯位。【釋文】人卒尊忽反。君原於德而成於天。【注】以德爲原，無物不得。得者自得，故得而不謝，所以成天也。【疏】原，本也。夫君主人物，必須以德爲宗；物各自得，故全成自然之性。【釋文】君原原，本也。

故曰：玄古之君天下，無爲也，天德而已矣。【注】任自然之運動。【疏】玄，遠也。古之君，謂三皇已前帝王也。言玄古聖君，無爲而治天下也，蓋何爲哉！此引古證今，成天德之義也。以道觀言，而天下之君正；【注】無爲者，自然爲君，非邪也。【疏】以虛通之理，觀應物之數，而無爲因任之君，不用邪僻之言者，故理當於正道。【釋文】非邪也似嗟反。本又作「爲」。以道觀分，而君臣之義明；【注】各當其分，則無爲位上，有爲位下也。【疏】夫君道無爲，而臣道有事，尊卑勞逸，理固不同。譬如首自居上，足自居下，用道觀察，分義分明。以道觀能，而天下之官治；【注】官各當其所能則治矣。【疏】夫官有高卑，能有優劣，能受職則物無私得，是故天下之官治也。以道汎觀，而萬物之應備。【注】無爲也，則天下各以其無爲應之。【疏】夫大道生物，性情不同；率己所以，悉皆備足；或走或飛，咸應其用；不知所以，豈復措心！故以理偏觀，則庶物之應備。

故通於天地者，德也；【注】萬物莫不皆得，則天地通。【疏】通，同也。同兩儀之覆載，與天地而俱生者，德也。行於萬物者，道也；【注】道不塞其所由，則萬物自得其行矣。【疏】至理無塞，恣物往來，同行萬物，故曰道也。○碧虛子校引江南古藏本作「故通於天者道也，順於地者德也，行於萬物者義也」。典案：江南古藏本是也。下文「事兼於義，義兼於德，德兼於道」，即承上道、德、義而言。今本敓一句，「義」譌爲「道」，則與下文不相應矣。王懋竑曰：此下當脱「□□□者義也」一句。其説是也。上治人者，事也；【注】使人人自得其事。【疏】雖則治人，因其本性，物各率能，咸自稱適，故事事有宜，而天下治也。能有所藝者，技也。【注】技者，萬物之末用也。【疏】率其本性，自有藝能，非假外爲，故真技術也。【釋文】技也其綺反。注、下同。技兼於事，事兼於義，義兼於德，德兼於道，道兼於天。【注】夫本末之相兼，猶手臂之相包，故一身和則百節皆適，天道順則本末俱暢。【疏】兼，帶也，濟也，歸也。夫藝能之技，必須帶事。不帶於事，技術何施也？事苟失宜，事便無用，難行於義，不可乖德；雖有此德，理須法道虛通；（故）〔雖〕曰虛通，終歸自然之術。斯乃理事相包，用不同耳。是故示本能攝末，自淺之深之義。

故曰：古之畜天下者，無欲而天下足，無爲而萬物化，【疏】夫兼天所以無爲，兼道所以無欲。故古之帝王養畜羣庶者何爲哉？蓋無欲而蒼生各足，無爲而萬物自化也。淵靜而百姓定。【疏】一人垂拱而玄默，百姓則比屋而可封。故老經云：「我好靜而民自正。」記曰：「通於一而萬事畢，【疏】一，道也。夫事從理生，理必包事，本能攝末，故知一萬事畢。語在西升經，莊子引以爲證。【釋文】記曰書名也。云老子所作。無心得而鬼神服。」【注】一無爲而羣理都舉。【疏】夫迹混人間之事，心證自然之理，而窮原徹際，妙極重玄者，故在於顯則爲人物之所歸，處於幽則爲鬼神之所服。

夫子曰：「夫道，覆載萬物者也。洋洋乎大哉！君子不可以不刳心焉。

【注】有心則累其自然，故當刳而去之。【疏】夫子者，老子也。莊子師老君，故曰夫子也。刳，去也，灑也。虚通之道，包羅無外，二儀待之以覆載，萬物得之以化生，何莫由斯，最爲物本。歎洋洋之美大，以勖當世之君王，可不法道之無爲，洗去有心之累者邪？【釋文】夫子司馬云：莊子也。一云：老子也。此兩「夫子曰」，元嘉本皆爲別章，崔本亦爾。覆載芳富反。洋洋音羊，又音詳。不刳口吳反，又口侯反。崔本作「軒」，云：寬悦之貌。而去起吕反。

無爲爲之之謂天，【注】不爲此爲而此爲自爲，乃天道。【疏】無爲爲之，率性而動也。天機自張，故謂之天。此不爲爲也。無爲言之之謂德，【注】不爲此言而此言自言，乃真德。【疏】寂然無説而應答無方，譬縣鏡高堂，物來斯照。語默不殊，故謂之德也。此不言而言者也。愛人利物之謂仁，【注】此任其性命之情也。【疏】玆若雲行，愛如雨施，心無偏執，德澤弘普，惜其性命，故謂之仁也。不同同之之謂大，【注】萬物萬形，各止其分，不引彼以同我，乃成大耳。【疏】夫刻彫衆形，而性情各異，率其素分，僉合自然，任而不割，故謂之大也。行不崖異之謂寬，【注】玄同彼我，則萬物自容，故有餘。【疏】夫韜光晦迹，而混俗揚波，若樹德不異於人，立行豈殊於物？而心無崖際，若萬頃之波，林藪蒼生，可謂寬容矣。有萬不同之謂富。【注】我無不同，故能獨有斯萬。【疏】位居九五，威誇萬乘，任庶物之不同，順蒼生之爲異，而羣性咸得，故能富有天下也。故執德之謂紀，【注】德者，人之綱要。【疏】能持已前之德行者，可謂羣物之綱紀也。德成之謂立，【注】非德而成者，不可謂立。【疏】德行既成，方可立功而濟物也。循於道之謂備，【注】夫道非偏物也。【疏】循，順也。能順於虛通，德行方足。【釋文】循音旬。或作「脩」。不以物挫志之謂完。【注】內自得也。【疏】挫，屈也。一毁譽，混榮辱，不以世物屈節，其德完全。【釋文】挫作卧反。君子明於此十者，則韜乎其事心之大也，【注】心大，故事無不容也。【疏】韜，包容也。君子賢人，肆於已前十事，則能包容物務，心性寬大也。【釋文】韜吐刀反。廣雅云：藏也。○俞樾曰：郭注未得「事」字之義。「事心」，猶立心也，言其立心之大也。禮記郊特牲篇鄭注曰：事，猶立也。釋名曰：事，傳也；傳，立也。並其證也。如郭注，則是心足以容事，而非「事心」矣。呂氏春秋論人篇「事心乎自然之塗」，亦以「事心」連文，義與此同，足證郭注之誤。沛乎其爲萬物逝也。【注】德澤滂沛，任萬物之自往也。【疏】逝，往也。心性寬閑，德澤滂沛，故爲羣生之所歸往也。【釋文】沛普貝反。字林云：流也。物逝崔本「逝」作「啓」，云：開也。滂沛普旁反。若然者，藏金於山，藏珠於淵，【注】不貴難得之物。【疏】若如前行，便是無爲。既不羨於榮華，故不貴於寶貨。是以珠生於水，不索，故藏之於淵；金出於山，不求，故韜之於岳也。○典案：二「藏」字於詞爲複。碧虛子校引張本下「藏」字作「沈」。班固東都賦「捐金於山，沈珠於淵」，與張本合。惟淮南子原道篇作「藏珠於淵」，疑後人依莊子改之也。不利貨財，【注】乃能忘我，況貨財乎！【疏】雖得珠玉，尚不貪以資身；常用貨財，豈復將爲利也？不近貴富，【注】自來寄耳，心常去之遠也。【疏】寄去寄來，不哀不樂，故外疏遠乎軒冕，內不近乎富貴也。○典案：「不近貴富」，淮南子原道篇作「不貪勢名」，文選東都賦注引作「不尚富貴」，張平子東京賦「藏金於山，抵璧於谷」注引與今本同，蓋所據本各異耳。【釋文】不近附近之近。不樂壽，不哀夭，【注】所謂縣解。【疏】假令壽年延永，不以爲樂；性命夭促，不以爲哀。【釋文】不樂音洛。縣解上音玄。下音蟹。不榮通，不醜窮，【注】忘壽夭於胸中，況窮通之間哉！【疏】富貴榮達，不以爲榮華；貧賤窒塞，不以爲醜辱。壽夭當不以措意，榮辱之情，豈容介懷！不拘一世之利以爲己私分，【注】皆委之萬物也。【疏】光臨宇宙，統御天下，四海珍寶，總繫一人，而行不利貨財，委之萬國，豈容拘束入己，用爲私分也？不以王天下爲己處顯。【注】忽然不覺榮之在身。【疏】覆育黔黎，王領天下，而推功於物，忘其富貴，故不以己大而榮顯也。【釋文】不以王于況反。下「王德」並同。顯則明，【注】不顯則默而已。【疏】明，彰也。雖坐汾陽，喪其天下，必也顯智，豈曰韜光也？萬物一府，死生同狀。」【注】蛻然無所在也。【疏】忘於物我，故萬物可以爲一府；冥於變化，故死生同其形狀。死生無變於己，況窮通夭壽之間乎！【釋文】蛻然始銳反，又音悅。

夫子曰：「夫道，淵乎其居也，漻乎其清也。【疏】至理深玄，譬猶淵海，漻然清絜，明燭鬚眉。淵則歎其居寂以深澄，漻則歎其雖動而恒絜也。本亦作「君」字者。【釋文】漻李良由反。徐力蕭反。廣雅下巧反，云：清貌。金石不得無以鳴，【注】聲由寂彰。鳴由寂彰，應由真起也。故金石有聲，不考不鳴。【注】因以喻體道者物感而後應也。【疏】考，擊也。夫金石之内，素蘊宫商，若不考擊，終無聲響。亦由至人之心，實懷聖德，物若不感，無由顯應。前託淵水以明至道，此寄金石以顯聖心。萬物孰能定之？【注】應感無方。【疏】喻彼明鏡，方兹虚谷，物來斯應，應而無心。物既脩短無窮，應亦方圓無定。夫王德之人，素逝而耻通於事，【注】任素而往耳，非好通於事也。【疏】素，真也。逝，往也。王德不驕不矜，任真而往，既抱樸以清高，故羞通於物務。【釋文】非好呼報反。立之本原而知通於神。【注】本立而知不逆。【疏】神者，不測之用也，常在理上，往而應物也。不測之神，知通於物，此之妙用，必資於本。欲示本能起用，用不乖本義也。【釋文】而知音智。注同。故其德廣，【注】任素通神而後彌廣。【疏】夫清素無爲，任真而往，神知通物，而恒立本原。用不乖體，動不傷寂，德行如是，豈非大中之道耶？其心之出，有物採之。【注】物採之而後出耳，非先物而唱也。【疏】採，求也。夫至聖虚懷，而物我斯應，自非物求聖德，無由顯出聖心。聖心之出，良由物採。欲和而不唱，不爲物先。故形非道不生，生非德不明。【疏】形者，七尺之身。生者，百齡之命。德者，能澄之智。道者，可通之境也。道能通生萬物，故非道不生；德能鑒照理原，故非德不明。老經云「道生之，德畜之」也。存形窮生，立德明道，非王德者邪？【疏】存，任也。窮，盡也。任形容之妍醜，盡生齡之夭壽，立盛德以匡時，用至道以通物。能如是者，其唯王德乎！蕩蕩乎！忽然出，勃然動，而萬物從之乎！此謂王德之人。【注】忽、勃皆無心而應之貌。動出無心，故萬物從之，斯蕩蕩矣。故能存形窮生，立德明道，而成王德也。【疏】蕩蕩，寬平之名。忽、勃，無心之貌。物感而動，逗機而出，因循任物，物則從之。猶具衆美，故爲王德也。視乎冥冥，聽乎無聲。【疏】至道深玄，聖心凝寂，非色不可以目視，絶聲不可以耳聽。冥冥之中，獨見曉焉；無聲之中，獨聞和焉。【注】若夫視聽而不寄之於寂，則有闇昧而不和也。【疏】雖復冥冥非色，而能陶甄萬象；乃云寂寂無響，故能諧韻八音。欲明從體起用，功能如是者也。○典案：呂氏春秋離謂篇「故惑惑之中有曉焉，冥冥之中有昭焉」，淮南子俶真篇「冥冥之中，獨見曉焉；寂寞之中，獨有照焉」，文義並與此略同，蓋道家之恒言也。故深之又深，而能物焉；【注】窮其原而後能物物。【疏】即有即無，即寂即應，遣之又遣，故深之又深。既而窮理盡性，故能物衆物也。神之又神，而能精焉。【注】極至順而後能盡妙。【疏】神者不測之名，應寂相即，有無洞遣。既而非測非不測，亦不非測，乃是神之精妙。故其與萬物接也，至無而供其求，【注】我確斯而都任彼，則彼求自供。【疏】遣之又遣，乃曰至無，而接物無方，隨機稱適，千差萬品，求者即供。若縣鏡高堂，物來斯照也。【釋文】而供音恭，本亦作「恭」。確苦學反。斯音賜，又如字。時騁而要其宿，大小，長短，修遠。」【注】皆恣而任之，會其所極而已。【疏】騁，縱也。宿，會也。若夫體故至無，所以隨求稱適，故能順時因任，應物多方。要在會歸，而不滯一，故或大或小，乍短乍長，乃至脩遠，恣其來者，隨彼機務，悉供其求，應病以藥，理無不當。

黃帝遊乎赤水之北，登乎崑崙之丘而南望，還歸，遺其玄珠。【注】此寄明得真之所由。【疏】赤是南方之色，心是南方之藏。水性流動，位在北方。譬迷心緣鏡，闇無所照，故言赤水北也。崑丘，身也。南是顯明之方，望是觀見之義，玄則疏遠之目，珠乃珍貴之寶。欲明世間羣品，莫不身心迷妄，馳騁耽著，無所覺知，闇似北方，動如流水，迷真喪道，實此之由。今欲返本還源，祈真訪道，是以南望示其照察，還歸表其復命。故先明失真之處，後乃顯得道之方。所顯方法，列在下文。【釋文】赤水李云：水出崑崙山下。還歸音旋。玄珠司馬云：道真也。使知索之而不得，【注】言用知不足以得真。【疏】索，求也。故絕慮不可以心求也。【釋文】使知音智。注及下皆同。索之所白反。下同。使離朱索之而不得，【疏】非色，不可以目取也。使喫詬索之而不得也。【注】聰明喫詬，失真愈遠。【疏】喫詬，言辨也。離言不可以辨索。【釋文】喫口懈反。詬口豆反。司馬云：喫詬，多力也。○典案：「喫詬」無多力義。淮南子人間篇「故黃帝亡其玄珠，使離朱、捷剟索之，而弗能得之也」，許注：捷剟，疾利搏，善拾於物。脩務篇「離朱之明，攫掇之捷」，高注：攫掇，亦黃帝時捷疾者也。莊子此文之「喫詬」，疑是「捷剟」、「攫掇」之聲轉。「捷剟」、「攫掇」，皆疾利、捷疾之義。司馬注非。乃使象罔，象罔得之。【疏】罔象，無心之謂。離聲色，絕思慮，故知與離朱自涯而反。喫詬言辨，用力失真。唯罔象無心，獨得玄珠也。○典案：「象罔」當爲「罔象」。文選舞賦注、御覽八百三引並作「罔象」，是其證。疏亦作「罔象」，是成所見本未倒。文選廣絕交論注引作「乃使象罔，求而得之」，當是異本。黄帝曰：「異哉！象罔乃可以得之乎？」【注】明得真者非用心也，象罔然即真也。【疏】離婁迷性，恃明目而喪道；軒轅悟理，歎罔象而得珠。勗諸學生，故可以不離形去智，黜聰隳體也？

堯之師曰許由，許由之師曰齧缺，齧缺之師曰王倪，王倪之師曰被衣。【疏】已上四人，並是堯時隱士。厭穢風塵，懷道抱德，清廉潔己，不同人世。堯知其賢，欲讓天下。莊生示有承禀，故具列其師資也。【釋文】王倪徐五兮反。被衣音披。

堯問於許由曰：「齧缺可以配天乎？【注】謂爲天子。吾藉王倪以要之。」【注】欲因其師以要而使之。【疏】配，合也。藉，因也。堯云：齧缺之賢者，有合天位之德，庶因王倪，遥能屈致。情事不決，故問許由。【釋文】要之一遥反。注同。

許由曰：「殆哉圾乎天下！【注】圾，危也。【疏】殆，近也。圾，危也。若要齧缺，讓萬乘，危亡之徵，其則不遠也。【釋文】圾本又作「岌」，五急反，又五合反。郭、李云：危也。齧缺之爲人也，聰明叡知，給數以敏，其性過人，【注】聰敏過人，則使人跂之，屢傷於民也。【疏】叡，聖也。給，捷也。敏，遠也。夫聖人治天下也，冕旒垂目，黈纊塞耳，所以杜聰明，不欲多聞多見。今齧缺乃內懷聖知，外眩聰明，詞鋒捷辯，計數宏遠，德行性識，所作過人，其迹既彰，必以爲患。危亡之狀，列在已下。【釋文】給數音朔。而又乃以人受天。【注】用知以求復其自然。【疏】物之喪真，其日已外，乃以心智之術，令復其初，故自然之性，失之遠矣。彼審乎禁過，而不知過之所由生。【注】夫過生於聰知，而又役知以禁之，其過彌甚矣。故曰無過在去知，不在於强禁。【疏】過之所由生者，知也。言齧缺但知審禁蒼生之過患，而不知患生之由智也。【釋文】在去起吕反。於强其丈反。與之配天乎？彼且乘人而無天，【注】若與之天下，彼且遂使後世任知而失真。【疏】若與天位，令御羣生，必運乎心智，伐乎天理，則物皆喪己，無復自然之性也。方且本身而異形，【注】夫以萬物爲本，則羣變可一，而異形可同。斯迹也，將遂使後世由己以制物，則萬物乖矣。【疏】方，將也。夫聖人無心，因循任務。今齧缺以己身爲本，引物使歸，令天下異形，從我之化，物之失性，實此之由，後世之患，自斯而始也。【釋文】方且如字。凡言「方且」者，言方將有所爲也。方且尊知而火馳，【注】賢者當位於前，則知見尊於後，奔競而火馳也。【疏】夫不能忘智以任物，而尊知以御世，遂將徇迹，捨己効人，馳驟奔逐，其速如火矣。方且爲緒使，【注】將興後世事役之端。【疏】緒，端也。使，役也。不能無爲而任知御物，後世勞役，自此爲端。方且爲物絯，【注】將遂使後世拘牽而制物。【疏】絯，礙也。不能用道以通人，方復任智以礙物也。【釋文】物絯徐户隔反。廣雅公才反，云：束也。與郭義同。今用廣雅音。方且四顧而物應，【注】將遂使後世指麾以動物，令應工務〔一〕。【疏】方將顧盼四方，撫安萬國，令彼之氓黎，應我之化法。【釋文】令應力呈反。方且應衆宜，【注】將遂使後世不能忘善，而利仁以應宜也。【疏】用一己之知，應衆物之宜，既非無心，未免危殆矣。方且與物化，【注】將遂使後世與物相逐，而不能自得於内。【疏】將我己知，施與物衆，令庶物從化。物既失之，我亦未得也。而未始有恒。【注】此皆盡當時之宜也。然今日受其德，而明日承其弊矣，故曰未始有恒。【疏】以智理物，政出多門，前荷其德，後遭其弊，既乖淳古，所以無恒。夫何足以配天乎？雖然，有族，有祖，【注】其事類可得而祖效。【疏】族，藪也。夫齧缺隱居山藪，高尚其志，不能混迹，未足配天。而流俗之中，罕其輩類，故志尚清遐，良可效耳。可以爲衆父，而不可以爲衆父父。【注】衆父父者，所以迹也。【疏】父，君也。言齧缺高尚無爲，不夷乎俗，雖其道可述，適可爲衆人之父，而未可爲父父也。父父者，堯也。夫堯寄坐萬物之上，而心馳乎姑射之山，往見四子之時，即在汾陽之地，是以即寂而動，即動而寂，無爲有爲，爲無爲有，有無一時，動寂相即，故可爲君中之君，父中之父。所爲窮理盡性，玄之又玄，而爲衆父之父，故其宜矣。故郭注云：「衆父父者，所以迹也。」治，亂之

〔一〕工　影宋本作「上」，當是。

率也，【注】言非但治主，乃爲亂率。【疏】率，主也。若用智理物，當時雖治，於後必亂。二塗皆以智爲率。【釋文】治亂直吏反。注同。之率色類反。注同。又色律反。北面之禍也，【注】夫桀、紂非能殺賢臣，乃賴聖知之迹以禍之。【疏】桀、紂賴聖知以殺賢臣，故聖智是北面之禍也。南面之賊也。」【注】田桓非能殺君，乃資仁義以賊之。【疏】田桓資仁義以殺主，故仁義南面之賊。注云：「田桓非能殺君，乃資仁義以賊之。」【釋文】殺君音試。本又作「弑」。音同。

堯觀乎華。華封人曰：「嘻，聖人！請祝聖人，【疏】華，地名也，今華州也。封人者，謂華地守封疆之人也。嘻，歎聲也。封人見堯有聖人之德，光臨天下，請祝願壽富，多其男子。【釋文】華胡化反，又胡花反。司馬云：地名也。封人司馬云：守封疆人也。曰嘻音熙。請祝之又反，又州六反。使聖人壽。」堯曰：「辭。」「使聖人富。」堯曰：「辭。」「使聖人多男子。」堯曰：「辭。」【疏】夫富、壽、多男子，實爲繁擾，而能體之者，不廢無爲。故寄彼二人，明茲三患。辭讓之旨，列在下文。

封人曰：「壽、富、多男子，人之所欲也，女獨不欲，何邪？」【疏】前之三事，人之大欲存焉，女獨致辭，有何意謂？○典案：「女獨不欲，何邪」，治要引作「汝獨不用何」。【釋文】女獨音汝。後同。

堯曰：「多男子則多懼，富則多事，壽則多辱。是三者非所以養德也，故辭。」【疏】夫子嗣扶疏，憂懼斯重；財貨殷盛，則事業實繁；命壽延長，則貽困辱。三者未足養無爲之德，適可以益有爲之累，所以並辭。○典案：御覽八十引作「多富則多事，多壽則多辱」。治要引「是三者」下有「皆」字，「德」作「意」，無「也」字。

封人曰：「始也我以女爲聖人邪，今然君子也。【疏】我始言女有無雙照，便爲體道聖人。今既舍有趣無，適是賢人君子也。○典案：治要引「邪」作「也」。天生萬民，必授之職。多男子而授之職，則何懼之有！【注】物皆得所而志定也。【疏】天地造化爲萬物，各有才能，量才授官，有何憂懼！○典案：治要引「萬」作「烝」。富而使人分之，則何事之有！【注】寄之天下，故無事也。【疏】百姓豐饒，四海殷實，寄之羣有而不以私焉，斯事無爲也。○典案：治要引無「人」字。夫聖人鶉居，【注】無意而期安也。○典案：治要引「意」字、「期」字作「事」字、「斯」字。【釋文】鶉音淳。居鶉居，謂無常處也。又云：如鶉之居，猶言野處。而鷇食，【注】仰物而足。【疏】鶉，鶴鶉也，野居而無常處。鷇者，鳥之子，食必仰母而足。聖人寢處儉薄，譬彼鶴鶉；供膳裁充，方茲鷇鳥。既無心於侈靡，豈有情於滋味乎？【釋文】鷇口豆反。○典案：御覽四百一引「鷇」下有音云「若侯反」。「若」疑「苦」之譌。食爾雅云：生哺，鷇。鷇食者，言仰物而足也。鳥行而無彰，【注】率性而動，非常迹也。【疏】彰，文迹也。夫聖人灰心滅智，而與物俱冥，猶如鳥之飛行，無踪迹而可見也。○典案：「彰」當爲「章」。御覽八、八十、四百一引並作「章」，八又引注云：章，迹。天下有道，則與物皆昌；【注】猖狂妄行而自蹈大方也。【疏】運屬清夷，則撫臨億兆；物來感我，則應時昌盛。郭注云「猖狂妄行」，恐乖文旨。天下無道，則脩德就閒。【注】雖湯、武之事，苟順天應人，未爲不閒也。故無爲而無不爲者，非不閒也。【疏】閒，音閑。時逢擾亂，則混俗韜光，脩德隱迹，全我生道，嘉遁閒居，逍遥遁世。所謂隱顯自在，用捨隨時。【釋文】就閒音閑。注同。千歲厭世，去而上僊，【注】夫至人極壽命之長，任窮理之變，其生也天行，其死也物化，故云厭世而上僊也。【疏】夫聖人達生死之不二，通變化之爲一，故能盡天年之脩短，厭囂俗以消升。何必鼎湖之舉，獨爲上僊，安期之壽，方稱千歲？○典案：治要引注「理」作「通」，是也。【釋文】上僊音仙。乘彼白雲，至於帝鄉。【注】氣之散，無不之。【疏】精靈上升，與太一而冥合，乘雲御氣，屆於天地之鄉。○典案：治要引注「無不」下有「至」字。三患莫至，身常無殃，則何辱之有！」【疏】三患，前富、壽、多男子也。夫駕造物而來往，乘變化而遨遊，三患本自虛無，七尺來從非有，殃辱之事，曾何足云！

封人去之，堯隨之曰：「請問。」【疏】請言既訖，封人於是去之。堯方悟其非，所以請問。封人曰：「退已！」【疏】所疑已決，宜速退歸。

堯治天下，伯成子高立爲諸侯。堯授舜，舜授禹，伯成子高辭爲諸侯而耕。【疏】伯成子高，不知何許人也。蓋有道之士。○典案：御覽八十引「堯」上有「及」字。【釋文】伯成子高通變經云：老子從此天地開闢以來，吾身一千二百變，後世得道，伯成子高是也。禹往見之，則耕在野。禹趨就下風，立而問焉，曰：「昔堯治天下，吾子立爲諸侯。堯授舜，舜授予，而吾子辭爲諸侯而耕，敢問其故何也？」【疏】唐、虞之世，南面稱孤，逮乎有夏，退耕於野，出處頓殊，有何意謂？

子高曰：「昔堯治天下，不賞而民勸，不罰而民畏。【疏】夫賞罰者，所以著勸畏也。而堯以無爲爲治，物物從其化，故百姓不待其褒賞而自勉行善，無勞刑罰而畏惡不爲。此顯堯之聖明，其德如是。今子賞罰而民且不仁，德自此衰，刑自此立，後世之亂自此始矣。【疏】盛行賞罰，百姓猶不仁，至德既衰，是以刑書滋起。故知將來之亂，從此始矣。○典案：「不賞而民勸，不罰而民畏。今子賞罰而民且不仁」，御覽八十引「民」並作「人」。夫子闔行邪？無落吾事。」俋俋乎耕而不顧。【注】夫禹時三聖相承，治成德備，功美漸去，故史籍無所載，仲尼不能間，是以雖有天下而不與焉，斯乃有而無之也。故考其時而禹爲最優，計其人，則雖三聖，故一堯耳。時無聖人，故天下之心俄然歸啓。夫至公而居當者，付天下於百姓，取與之非已，故失之不求，得之不辭，忽然而往，侗然而來，是以受非毁於廉節之士，而名列於三王，未足怪也。莊子因斯以明堯之弊。弊起於堯，而釁成於禹，況後世之無聖乎！寄遠迹于子高，便棄而不治，將以絶聖而反一，遺知而寧極耳。其實則未聞也。夫莊子之言，不可以一途詰，或以黄帝之迹，秃堯、舜之脛，豈獨貴堯而賤禹哉！故當遺其所寄，而録其絶聖棄智之意焉。【疏】闔，何不也。落，廢也。俋俋，耕地之貌。伯成謂禹爲夫子。夫子何不行去耶！莫廢我農事。於是用力而耕，不復顧盼也。夫三聖相承，蓋無優劣，但澆淳異世，故其迹不同。郭注云「弊起於堯而釁成於禹」者，欲明有聖不如無聖，有爲不及無爲，故尚遠迹以明絶聖棄智者耳。○典案：吕氏春秋長利篇作「無慮吾農事」，新序節士篇作「無留吾事」，「落」、「慮」、「留」皆聲之轉。【釋文】闔本亦作「盍」，胡臘反。無落落，猶廢也。俋俋徐於執反，又直立反。李云：耕貌。一云：耕人行貌。又音秩，又於十反。字林云：勇壯貌。○典案：御覽八十引注云：「音蟄。」治成直吏反。能問間厠之間。不與音豫。侗音洞，又音同。

泰初有無無，有無名。【注】無有，故無所名。【疏】泰，太。初，始也。元氣始萌，謂之太初，言其氣廣大，能爲萬物之始本，故名太初。太初之時，惟有此無，未有於有。有既未有，名將安寄？故無有無名。○典案：此當以「泰初有無無」爲句，「有無名」爲句。本書知北遊篇「予能有無矣，而未能無無也，及爲無無矣（下「無無」，今本作「無有」，非是。今依淮南子俶真篇引改），何從至此哉」，「無無」之義本此。老子道經「無名天地之始」，「泰初」即「天地之始」也。注「無有，故無所名」，疏「太初之時，惟有此無」，又「故無有無名」，皆失其讀，而曲爲之解，非莊生之指也。御覽四引亦以「泰初有無」句絶，「無有無名」句絶，又引注云「言太古之初，上下未形，所有者無」，又「既無有形，又無有名」，皆不得其讀，而曲爲之説。【釋文】泰初易説云：氣之始也。

一之所起，有一而未形。【注】一者，有之初，至妙者也。至妙，故未有物理之形耳。夫一之所起，起於至一，非起於無也。然莊子之所以屢稱無於初者，何哉？初者未生而得生，得生之難，而猶上不資於無，下不待於知，突然而自得此生矣，又何營生於已生，以失其自生哉！【疏】一應道也。有一之名，而無萬物之狀。○典案：疏「一應道也」，不詞。御覽天部引「應」作「謂」，疑當從之。

物得以生，謂之德。【注】夫無不能生物，而云物得以生，乃所以明物生之自得。任其自得，斯可謂德也。【疏】德者，得也，謂得此也。夫物得以生者，外不資乎物，內不由乎我，非無非有，不自不他，不知所以生，故謂之德也。

未形者有分，且然無間，謂之命。【疏】雖未有形質，而受氣以有素分，然且此分脩短，慇乎更無間隙，故謂之命。【釋文】有分符問反。無間如字。

留動而生物，物成生理，謂之形。【疏】留，静也。陽動陰静，氤氳升降，分布三才，化生萬物。物得成就，生理具足，謂之形也。【釋文】留動「留」或作「流」。

形體保神，各有儀則，謂之性。【注】夫德、形、性、命，因變立名，其於自爾，一也。【疏】體，質。保，守也。稟受形質，保守精神。形則有醜有妍，神則有愚有智。既而宜循軌則，各自不同，素分一定，更無改易，故謂之性也。

性修反德，德

至同於初。【注】恒以不爲而自得之。【疏】率此所稟之性，脩復生初之德，故至其德處，同於太初。同乃虛，虛乃大。【注】不同於初而中道有爲，則其懷中故爲有物也，有物而容養之德小矣。【疏】同於太初，心乃虛豁，心既虛空，故能包容廣大。合喙鳴，【注】無心於言，而自言者，合於喙鳴。【疏】喙，鳥口也。心既虛空，迹復冥物，故其説合彼鳥鳴。鳥鳴既無心於是非，聖言豈有情於憎愛？【釋文】喙丁豆反，又充芮、喜穢二反。喙鳴合，與天地爲合。【注】天地亦無心而自動。【疏】言既合於鳥鳴，德亦合於天地。天地無心於覆載，聖人無心於言説，故與天地合也。其合緡緡，若愚若昏，【注】坐忘而自合耳，非照察以合之。【疏】緡，合也。聖人内符至理，外順羣生，唯迹與本，罄無不合，故曰緡緡。是混俗揚波，同塵萬物，既若愚迷，又如昏暗。又解：既合喙鳴，又合天地，亦是緡緡。【釋文】緡緡武巾反。是謂玄德，同乎大順。【注】德玄而所順者大矣。【疏】總結已前，歎其美盛。如是之人，可謂深玄之德，故同乎太初，大順天下也。

夫子問於老聃曰：「有人治道若相放，可不可，然不然。【注】若相放效，强以不可爲可，不然爲然，斯矯其性情也。【疏】師於老聃，所以每事請答。汎論無的，故曰有人。布行政化，使人效放，以己制物，物失其性。故己之可者，物或不可；己之然者，物或不然。物之可然，於己亦爾也。【釋文】夫子仲尼也。相方如字，又甫往反。本亦作「放」，甫往反。注同。强以其兩反。辯者有言曰：『離堅白，若縣寓。』【注】言其高顯易見。【疏】堅白，公孫龍守白論也。孔穿之徒，堅執此論，當時獨步，天下無敵。今辯者云：我能離析堅白之論，不以爲辯，雄辯分明，如縣日月於區宇。故郭注云「言其高顯易見」也。【釋文】縣音玄。寓音宇。司馬云：辯明白若縣室在人前也。易見以豉反。若是則可謂聖人乎？」【疏】結前問意。如是之人，得爲聖否？

老聃曰：「是胥易技繫，勞形怵心者也。【疏】胥，相也。言以是非，更相易奪，用此技藝，繫縛其身，所以疲勞形體，怵惕心慮也。此答前問意。技，有本或作「枝」字者，言是非易奪，枝分葉派也。【釋文】技繫其綺反。執留之狗成思，猿狙之便，自山林來。【注】言此皆失其常然也。【疏】猿狙，獼猴也。執捉狐狸之狗，多遭係頸而獵，既不自在，故成愁思。猿猴本居山林，逶迤放曠，爲挑攫便捷，故失其常處。狸，有本作「⿰犭留」者，竹鼠也。【釋文】執留如字。本又作「⿰犭留」，音同。一本作「狸」，亦如字。司馬云：⿰犭留，竹鼠也。一云：執留之狗，謂有能故被留係，成愁思也。猿音袁。狙七徐反。之便婢面反。徐扶面反。司馬云：言便捷見捕。丘，予告若，而所不能聞與而所不能言。凡有首有趾、無心無耳者衆，【注】首、趾，猶始終也。無心無耳，言其自化。【疏】若、而，皆汝也。首、趾，終始也。理絶言辯，故不能聞言也。又不可以心慮知，耳根聽，故言無心無耳也。凡有識無情，皆曰終始，故言衆也。咸不能以言説，悉不可以心知，汝何多設猿狙之能，高張懸寓之辯，令物效己，豈非過乎！有形者與無形無狀而皆存者盡無。【注】言有形者善變，不能與無形無狀者並存也。故善治道者，不以故自持也，將順日新之化而已。【疏】有形者，身也。無形者，心也。汝言心與身悉存，我以理觀照，盡見是空也。其動，止也；其死，生也；其廢，起也。此又非其所以也。【注】此言動止死生，盛衰廢興，未始有恒，皆自然而然，非其所用而然，故放之而自得也。【疏】時有動静，物有死生，事有興廢，此六者，自然之理，不知所以然也。豈關人情思慮，倣效能致哉！但任而順之，物之自當也。有治在人，【注】不在乎主自用。【疏】人各有率性而動，天機自張，非猶主教。忘乎物，忘乎天，其名爲忘己。【注】天物皆忘，非獨忘己，復何所有哉！【疏】豈惟物務是空，抑亦天理非有。唯事與理，二種皆忘，故能造乎非有非無之至也。【釋文】復何扶又反。忘己之人，是之謂入於天。」【注】人之所不能忘者，己也。己猶忘之，又奚識哉！斯乃不識不知，而冥於自然。【疏】入，會也。凡天下難忘者，己也。而己尚能忘，則天下有何物足存哉？是知物我兼忘者，故冥會自然之道也。

將閭葂見季徹曰：「魯君謂葂也曰：『請受教。』辭不獲命，既已告矣，未知中否，請嘗薦之。【疏】薦，獻也。蔣閭及季，姓也。葂、徹，名也。此二賢未知何許人也，未詳所據。魯君，魯侯也，伯禽之後，未知的是何公。魯公見葂，請受治國之術。雖復辭，不得免君之命，遂告魯君爲政之道。當時率爾，恐不折中，敢陳所告，試獻吾賢。必不合宜，幸希鍼艾。【釋文】將一本作「蔣」。閭力於反。菟字亦作「莵」，音免，又音晚。郭音問。將閭菟，人姓名也。一云：姓將閭，名菟。或云：姓蔣，名閭菟也。季徹人姓名也。蓋季氏之族。魯君或云：定公。知中丁仲反。吾謂魯君曰：『必服恭儉，拔出公忠之屬而無阿私，民孰敢不輯？』」【疏】輯，音集。阿，曲也。孰，誰也。輯，和也。夫爲政之道，先須躬服恭敬，儉素清約，然後拔擢公平忠節之人，銓衡質直無私之士，獻可替否，共治百姓，則蕃境無虞，域中清謐，民歌擊壤，誰敢不和？【釋文】不輯音集。爾雅云：和也。又側立反。郭思魚反。

季徹局局然笑曰：「若夫子之言，於帝王之德，猶螳螂之怒臂以當車軼，則必不勝任矣。【注】必服恭儉，非忘儉而儉也；拔出公忠，非忘忠而忠也。故雖無阿私，而不足以勝矯詐之任也。【疏】局局，俛身而笑也。夫必能恭儉，拔出公忠，此皆僞情，非忘淡者也。故以此言爲南面之德，何異乎螳蜋怒臂以敵車轍？用小擬大，故不能任也。【釋文】局局其玉反。一云：大笑之貌。螳螂音堂郎。車軼音轍。不勝音升，注同。且若是，則其自爲處危其觀臺，【注】此皆自處高顯，若臺觀之可覩也。【疏】夫恭儉公忠，非能忘淡，適自顯耀以炫衆。人既高危，必遭隳敗，猶如臺觀峻聳，處置危縣，雖復行李觀見，而崩毁非久。【釋文】自爲遽其據反。本又作「處」。觀臺古亂反。注同。多物將往，【注】將使物不止於本性之分，而矯跂自多以附之。【疏】觀臺高迥，人競觀之；立行自多，物爭歸湊。

投迹者衆。」【注】亢足投迹，不安其本步也。【疏】顯耀動物，物不安分，故舉足投迹，企踵者多也。

將閭葂覤覤然驚曰：「葂也汒若於夫子之所言矣。【疏】覤覤，驚貌也。汒，無所見也。乍聞高議，率爾驚曰，思量不悟，所以汒然矣。【釋文】覤覤許逆反，又生責反。或云：驚懼之貌。汒若本或作「芒」，武剛反。郭武蕩反。雖然，願先生之言其風也。」【疏】風，教也。我前所陳，深爲乖理，所願一言，庶爲法教。○俞樾曰：「風」當讀爲「凡」，猶云言其大凡也。「風」本從「凡」聲，故得通用。

季徹曰：「大聖之治天下也，摇蕩民心，使之成教易俗，舉滅其賊心，而皆進其獨志，若性之自爲，而民不知其所由然。【注】夫志各有趣，不可相效也。故因其自摇而摇之，則雖摇而非爲也；因其自蕩而蕩之，則雖蕩而非動也。故其賊心自滅，獨志自進，教成俗易，悶然無迹，履性自爲而不知所由，皆云「我自然」矣。舉，皆也。【疏】夫聖治天下，大順羣生，乘其自摇而作法，因其自蕩而成教。是以教成而迹不顯，俗易而物不知，皆除滅其賊害之心，而進脩獨化之志。不動於物，故若性之自爲；率性而動，故不知其所由然也。舉，皆也。【釋文】舉滅舉，皆也。悶然音門。

若然者，豈兄堯、舜之教民，溟涬然弟之哉？【注】溟涬，甚貴之謂也。不肯多謝堯、舜，而推之爲兄也。【疏】溟涬，甚貴之謂也。若前方法，以教蒼生，則治合淳古，物皆得性，詎須獨貴堯、舜，而推之爲兄邪？此意揖讓之風，不謝唐、虞矣。【釋文】豈兄元嘉本作「豈足」。溟亡頂反。涬户頂反。欲同乎德而心居矣。」【注】居者，不逐於外也。心不居，則德不同也。【疏】居，安定之謂也。夫心馳分外，則觸物參差；虛夷静定，則萬境唯一。故境之異同，在心之静亂耳。是以欲將堯、舜同德者，必須定居其心也。

子貢南遊於楚，反於晉，過漢陰，見一丈人，方將爲圃畦，鑿隧而入井，抱甕而出灌，搰搰然用力甚多而見功寡。【疏】水南曰陰。種蔬曰圃。埒中曰畦。隧，地道也。搰滑，用力貌也。丈人，長者之稱也。子貢南遊荆楚之地，塗經漢水之陰，遂與丈人，更相汎答。其抑揚詞調，具在文中。莊子因託二賢，以明稱混沌。【釋文】圃布户反，又音布。園也。李云：菜蔬曰圃。畦户圭反〔一〕。李云：埒中曰畦。説文云：五十畝曰畦。隧音遂。李云：道也。甕烏送反。字亦作「瓮」。搰搰苦骨反。徐、李苦滑反。郭忽滑反。用力貌。一音胡没反。

子貢曰：「有械於此，一日浸百畦，用力甚寡而見功多，夫子不欲乎？」【疏】械，機器也。子貢既見丈人力多而功少，是以教其機器，庶力少功多。輒進愚誠，未知欲否。○典案：碧虚子校引張君房本「械」上有「機」字。又御覽百九十七引「不欲」下有「爲」字。【釋文】有械户戒反，字林作「械」。李云：器械也。浸子鴆反。司馬云：灌也。爲圃者卬而視之曰：「柰何？」【疏】柰何，猶如何，謂其方法也。【釋文】卬

〔一〕户圭反　原作「口圭反」，據釋文及世德堂本改。

而音仰。本又作「仰」。曰：「鑿木爲機，後重前輕，挈水若抽，數如泆湯，其名爲橰。」【疏】機，關也。提挈其水，灌若抽引，欲論數疾，似泆湯之騰沸，前輕後重，即今之所用桔橰也。【釋文】挈水口節反。若抽敕留反。李云：引也。司馬、崔本作「流」。數如所角反。徐所錄反。泆湯音逸。本或作「溢」。李云：疾速如湯沸溢也。司馬本作「佚蕩」，亦言其往來數疾，如佚蕩。佚蕩，唐佚也。橰本又作「橋」，或作「皋」，同。音羔。徐居橋反。司馬、李云：桔橰也。○典案：碧虚子校引張本「爲橰」作「桔橰」，文選江文通雜體詩注、御覽七百六十五、八百二十四引亦並作「桔橰，」與張本合。說苑反質篇字正作「橋」，與釋文一本合。

爲圃者忿然作色而笑曰：「吾聞之吾師，有機械者必有機事，有機事者必有機心。機心存於胸中，則純白不備；純白不備，則神生不定；神生不定者，道之所不載也。吾非不知，羞而不爲也。」【注】夫用時之所用者，乃純備也。斯人欲脩純備而抱一守古，失其旨也。【疏】夫有機關之器者，必有機動之務；有機動之務者，必有機變之心。機變存乎胸府，則純粹素白不圓備矣。純粹素白不圓備，則精神縣境，生滅不定，不定者，至道不載也，是以羞而不爲。此未體真脩，故抱一守白者也。【釋文】吾師謂老子也。

子貢瞞然慙，俯而不對。【疏】瞞，羞怍之貌也。既失所方，故不知何答也。【釋文】瞞武版反，又亡安反。字林云：目眥平貌。李天典反，慙貌。一音門，又亡干反。司馬本作「憮」，音武。崔本作「撫」。有間，爲圃者曰：「子奚爲者邪？」【疏】有閒，俄頃也。奚，何也。問子貢：汝是誰門徒，作何學業？曰：「孔丘之徒也。」【疏】答：宣尼之弟子也。○郭慶藩曰：一切經音義二十五引司馬云：徒，弟子也。釋文闕。爲圃者曰：「子非夫博學以擬聖，於于以蓋衆，獨弦哀歌以賣名聲於天下者乎？」【疏】於于，佞媚之謂也。言汝博學瞻聞，擬似聖人，諂曲佞媚，以蓋羣物；獨坐弦歌，抑揚哀歎，執斯聖迹，賣彼名聲，歷聘諸國，偏行天下。【釋文】於于並如字。本或作「唹吁」，音同。司馬云：夸誕貌。一云：行仁恩之貌。○典案：文子上禮篇作「狙學以擬聖，華誣以脅衆」，淮南子俶真篇作「於是博學以疑聖，華誣以脅衆」，高注：博學楊、墨之道，以疑孔子之術，設虛華之言，以誣聖人，劫脅徒衆也。漢儒舊說，最得其誼，疑莊子此文有誤。司馬注、成疏皆望文生訓，非篤詁也。以蓋衆司馬本「蓋」作「善」。汝方將忘汝神氣，墮汝形骸，而庶幾乎！【注】不忘不墮，則無庶幾之道。【疏】幾，近也。汝忘遺神氣，墮壞形骸，身心既忘，而後庶近於道。【釋文】墮許規反。而身之不能治，而何暇治天下乎？子往矣，無乏無事！」【疏】而，汝也。乏，闕也。夫物各自治，則天下理矣。以己理物，則大亂矣。如子貢之德，未足以治身，何容應聘天下？理宜速往，無廢吾業。【釋文】無乏乏，廢也。

子貢卑陬失色，項項然不自得，行三十里而後愈。【疏】卑陬，慙怍之貌。項項，自失之貌。既被詆訶，顏色自失，行三十里，方得復常。【釋文】卑陬走侯反。徐側留反。李云：卑陬，愧懼貌。一云：顏色不自得也。項項本又作「旭旭」，許玉反。李云：自失貌。

其弟子曰：「向之人何爲者邪？夫子何故見之變容失色，終日不自反邪？」【疏】反，復也。子貢之門人謂賜爲夫子也。向見之人，脩何藝業，遂使先生一覩，容色失常，竟日崇朝，神氣不復？門人怪之，所以致問。【釋文】向之許亮反。本又作「鄉」，音同。後倣此。

曰：「始吾以爲天下一人耳，【注】謂孔丘也。不知復有夫人也。【疏】昔來禀學，字内唯夫子一人，今逢丈人，道德又更深遠，所以卑慙不能自得也。既未體乎真假，實謂賢乎仲尼也。【釋文】復有扶又反。夫人音符。下「夫人」同。吾聞之夫子，事求可，功求成，用力少，見功多者，聖人之道。【注】聖人之道，即用百姓之心耳。【疏】夫事以適時爲可，功以能遂爲成。故力少而見功多者，則是適時能遂之機。子貢述昔時所聞，以爲聖人之道。今徒不然。執道者德全，德全者形全，形全者神全。神全者，聖人之道也。託生與民並行而不知其所之，汒乎淳備哉！功利機巧必忘夫人之心。【注】此乃聖王之道，非夫人道也。子貢聞其假修之說而服之，未知純白者之同乎世也。【疏】今丈人問余，則不如此。言執持道者則德行無虧，德全者則形不虧損，形全者則精神專一，神全者則寄迹人間，託生同世，雖與羣物並行，而不知所往，芒昧深遠，不可測量。故其操行淳和，道德圓備，不可以此功利機巧語其心也。斯乃聖人之道，非假修之術。子貢未悟，妄致斯談。【釋文】汒乎莫剛反。之心心，或作「道」。若夫人者，非其志不之，非其心不爲。雖以天下譽之，得其所謂，謷然不顧；以天下非之，失其所謂，儻然不受。天下之非譽無益損焉，是謂全德之人哉！我之謂風波之民。」【注】此宋榮子之徒，未足以爲全德。子貢之迷没於此人，即若列子之心醉於季咸也。【疏】謷，誕慢之容。儻是無心之貌。丈人志氣淳素，不任機巧；心懷寡欲，不務有爲。縱令舉世贊譽，稱爲斯德，知爲無益，曾不顧盼；舉世非毀，聲名喪失，達其無損，都不領受。既毁譽不動，可謂全德之人。夫水性雖澄，逢風波起，我心不定，類彼波瀾，故謂之風波之民也。郭注云：「此宋榮子之徒，未足以爲全德。子貢之迷没於此人，即若列子之心醉於季咸。」【釋文】譽之音餘。下同。謷然五羔反。司馬本作「警」。儻然本亦作「黨」。司馬本作「儻」，同。敕蕩反。郭吐更反。

反於魯，以告孔子。孔子曰：「彼假脩混沌氏之術者也。【注】以其背今向古，羞爲世事，故知其非真渾沌也。【疏】子貢自魯適楚，反歸於魯，以其情事，咨告孔子。夫渾沌者，無分别之謂也。既背今向古，所以知其不真渾沌氏之術也。【釋文】渾胡本反。沌徒本反。背今音佩。識其一，不知其二；【注】徒識脩古抱灌之樸，而不知因時任物之易也。【疏】識其一，謂古而不移也；不知其二，謂不能順今而適變。【釋文】之易以豉反。治其内，而不治其外。【注】夫真渾沌，都不治也，豈以其外内爲異而偏有所治哉！【疏】抱道守素，治内也；不能隨時應變，不治外也。夫明白入素，無爲復樸，體性抱神，以遊世俗之間者，汝將固驚邪？【注】此真渾沌也，故與世同波而不自失，則雖遊於世俗而泯然無迹，豈必使汝驚哉！【疏】夫心智明白，會於質素之本；無爲虚淡，復於淳樸之原。悟真性而抱精淳，混囂塵而遊世俗者，固當江海蒼生，林藪萬物，鳥獸不駭，人豈驚哉？而言汝將固驚者，明其必不驚也。○俞樾曰：「固」讀爲「胡」，「胡」、「固」皆從「古」聲，故得通用。「汝將胡驚邪」，言汝與真渾沌遇則不驚也。郭注曰：「故與世同波而不自失，則雖遊於世俗而泯然無迹，豈必使汝驚哉！」正得其意。古書「胡」字或以「故」字爲之。管子侈靡篇「公將有行，故不送公」，墨子尚賢中篇「故不察尚賢爲政之本也」，皆以「故」爲「胡」之證。禮記哀公問篇鄭注曰：固，猶故也。是以「固」爲「胡」，猶以「故」爲「胡」矣。且渾沌氏之術，予與汝何足以識之哉！」【注】在彼爲彼，在此爲此，渾沌玄同，孰識之哉？所識者常識其迹耳。【疏】夫渾沌無心，妙絶智慮，假令聖賢特達，亦何足識哉？明恍惚深玄，故推之於情意之表者也。

諄芒將東之大壑，適遇苑風於東海之濱。【疏】諄，淳也。苑，小風也；亦言是扶摇大風也。濱，涯。大壑，海也。諄芒、苑風，皆寓言也。莊生寄此二人，明於大道，故假爲賓主，相值海涯。【釋文】諄郭之倫反，又述倫反。芒本或作「汒」，武剛反。李云：望之諄諄，察之芒芒，故曰諄芒。一云：姓名也。或云：霧氣也。大壑火各反。李云：大壑，東海也。苑風本亦作「宛」，徐於阮反。李云：小貌。謂遊世俗也。一云：苑風，人姓名。一云：

扶搖大風也。之濱音賓。苑風曰：「子將奚之？」【疏】奚，何也。之，往也。借問諄芒，有何游往？曰：「將之大壑。」【疏】欲往東海。曰：「奚爲焉？」【疏】又問：何所求訪？曰：「夫大壑之爲物也，注焉而不滿，酌焉而不竭，吾將遊焉。」【疏】夫大海泓宏，深遠難測，百川注之而不溢，尾閭泄之而不乾。以譬至理，而其義亦然。故雖寄往滄溟，實乃游心大道也。【釋文】酌焉一本作「取焉」。○典案：御覽六十七引作「取焉」，與釋文一本合。

苑風曰：「夫子無意於横目之民乎？願聞聖治。」【疏】五行之内，唯民横目，故謂之横目之民。且諄芒東游，臨於大壑，觀其深遠，而爲治方。苑風既察此情，因發斯問：夫子豈無意於黔首？願聞聖化之法也。【釋文】横目之民李云：倮蟲之屬。欲令其治之也。願聞本或依司馬本作「問」。下同。聖治直吏反。下皆同。諄芒曰：「聖治乎？官施而不失其宜，拔舉而不失其能，【疏】施令設官，取得宜便；拔擢薦舉，不失才能。如此則天下太平，彝倫攸叙，聖治之術，在乎兹也。【釋文】官施始支反，又始智反。司馬云：施政布教，各得其宜。畢見其情事而行其所爲，【注】皆因而任之。【疏】夫所乖舛，事業多端，是以步驟殊時，澆淳異世。故治之者，莫先任物，必須覩見其情事，而察其所爲，然後順物而行，則無不當也。行言自爲而天下化，【注】使物爲之，則不化也。【疏】所有施行之事，教令之言，咸任物自爲，而不使物從己。如此，則宇内蒼生自然從化。手撓顧指，四方之民莫不俱至，此之謂聖治。」【注】言其指麾顧眄，而民各至其性也，任其自爲故。【疏】撓，動也。言動手指揮，舉目顧眄，則四方款附，萬國來朝，聖治功能，其義如是。有本作「頤」字者，言用頤指揮，四方皆服。此中凡有三人：一聖，二德，三神。以上聖治，以下次列德、神二人。【釋文】手撓而小反，又而了反。司馬云：動也。一云：謂指麾四方也。顧指如字。向云：顧指者，言指麾顧眄而治也。或音頤，本亦作「頤」，以之反。謂舉頤指揮也。

「願聞德人。」【疏】前之聖治，已蒙敷釋，德人之義，深所願聞。曰：「德人者，居無思，行無慮，【注】率自然耳。【疏】妙契道境，得無所得，故曰德人。德人凝神端拱，寂爾無思，假令應物行化，曾無謀慮。不藏是非美惡。【注】無是非於胸中，而任之天下。【疏】懷道抱德，物我俱忘，豈容蘊蓄是非，包藏善惡邪！【釋文】美惡烏路反。四海之内共利之，之謂悅；共給之，之爲安。【注】無自私之懷也。【疏】夫德人惠澤宏博，徧覃羣品。故貨財將四海共同，資給與萬民無別，是普天慶悅，率土安寧。怊乎若嬰兒之失其母也，儻乎若行而失其道也。【疏】夫嬰兒失母，心怊悵而無所依；行李迷途，神儻莽而無所據。用斯二事，以況德人也。【釋文】怊乎音超。字林云：悵也。徐尺遥反。郭音條。儻乎敕黨反。司馬本作「㑪」。財用有餘，而不知其所自來，飲食取足，而不知其所從，此謂德人之容。」【注】德者，神人迹也，故曰容。【疏】寡欲止分，故財用有餘；不貪滋味，故飲食取足；性命無求，故不知所從來也。總結前義，故云德人之容。【釋文】德人之容羊凶反。或云：依注當作「客」。

「願聞神人。」【注】願聞所以迹也。【疏】德者，神人之迹耳。願聞所以迹也。曰：「上神乘光，與形滅亡，【注】乘光者乃無光。【疏】乘，用也。光，智也。上品神人，用知照物，雖復光如日月，即照而亡。隳體黜聰，心形俱遣，是故與形滅亡者也。此謂照曠。【注】無我而任物，空虛無所懷者，非闇塞也。【疏】智周萬物，明逾三景，無幽不燭，豈非曠遠！致命盡情，天地樂而萬事銷亡，【注】情盡命至，天地樂矣；事不妨樂，斯無事矣。【疏】窮性命之致，盡生化之情，故寄天地之間，而未嘗不逍遥快樂。既達物我虛幻，是以萬事銷亡。【釋文】天地樂音洛。注同。銷亡徐音消。萬物復情，此之謂混冥。」【注】情復而混冥無迹也。【疏】夫忘照而照，照與三景高明；忘生而生，生將二儀並樂。故能視萬物之還原，覩四生之復命。是以混沌無分，而冥同一道也。【釋文】混冥胡本反。

門无鬼與赤張滿稽觀於武王之師。【疏】門與赤張，姓也。无鬼、滿稽，名也。二千五百人爲師，師，衆也。武王伐紂，兵渡孟津，時則二人共觀。【釋文】門无鬼司馬本作「無畏」，云：門，姓；無畏，字也。赤張滿本或作「蒲」。稽古兮反。李云：門、赤張，氏也。無鬼、滿稽，名也。赤張滿稽曰：「不及有虞氏乎！故離此患也。」【疏】離，遭也。虞舜以揖讓御時，武王以干戈濟世。而揖讓、干戈，優劣懸隔，以斯商度，至有不及之言。而兵者不祥之器，故遭殘殺之禍也。門无鬼曰：「天下均治而有虞氏治之邪？

其亂而後治之與？」【注】言二聖俱以亂故治之，則揖讓之與用師，直是時異耳，未有勝負於其間也。【疏】均，平也。若天下太平，物皆得理，則何勞虞舜作法治之？良由堯年將滅，其德日衰，故讓重華，令其緝理也。【釋文】均治直吏反。下及注「均治」並同。之與音餘。本又作「邪」。復何扶又反。下章注同。

赤張滿稽曰：「天下均治之爲願，而何計以有虞氏爲！【注】均治則願各足矣，復何爲計有虞氏之德，而推以爲君哉？許無鬼之言是也。【疏】宇内清夷，志願各足，則何須計有虞氏之德，而推之爲君？此領悟無鬼之言，許其有理也。有虞氏之藥瘍也，【注】天下皆患創亂，故求虞氏之藥。【疏】瘍，頭瘡也。夫身上患創，故求醫療，亦猶世逢紛擾，須聖人治之。是以不病則無醫，不亂則無聖。【釋文】瘍音羊。李云：頭創也。言創以喻亂，求虞氏藥治之。司馬云：疕瘍也。○王引之曰：「藥」，古讀曜（説見唐韻正），聲與「療」相近。方言「愮，療治也。江、湘郊會謂醫治之曰愮，或曰療」，注：愮，音曜。與「藥」古字通，故申鑒俗嫌篇云：藥者，療也。襄三十一年左傳「不如吾聞而藥之也」，家語正論篇同，王肅注：藥，療也。詩大雅板篇「不可救藥」，韓詩外傳「藥」作「療」，「藥」、「療」字古同義通用。患創初良反。禿而施髢，病而求醫。【疏】鬢髮如雲，不勞施髢；幸無疾恙，豈假醫人？是知天下清平，無煩大聖。此之二句，總結前旨也。【釋文】禿吐木反。髢大細反。司馬云：髲也。又吐帝反。郭音毛。李云：髦髮也。孝子操藥，以脩慈父，其色燋然，聖人羞之。【注】明治天下者，非以爲榮。【疏】操，執也。脩，理也。燋然，憔悴貌。夫孝子之治慈父，既不伐其功績；聖人之救禍亂，豈務矜以榮顯？事不得已，是故羞之。○典案：碧虛子校引張君房本作「聖人所羞也」。【釋文】操藥七刀反。燋然將遙反，又音樵。

至德之世，不尚賢，【注】賢當其位，非尚之也。【疏】夫不肖與賢，各當其分，非尚之以別賢。不使能，【注】能者自爲，非使之也。【疏】巧拙習性，不相夸企，非尚而使之。上如標枝，【注】出物上而不自高也。【疏】君居民上，恬淡虛忘，猶如高樹之枝，無心榮貴也。【釋文】如標方小反。徐方遙反，又方妙反。言樹杪之枝，無心在上也。校胡孝反。李音較。一本作「枝」。民如野鹿。【注】放而自得也。【疏】上既無爲，下亦淳樸，譬彼野鹿，絕君王之禮也。端正而不知以爲義，相愛而不知以爲仁，【疏】端直其心，不爲邪惡，豈識裁非之義？率乎天理，更相親附，寧知偏愛之仁者也！實而不知以爲忠，當而不知以爲信，【注】率性自然，非由知也。【疏】率性成實，不知此實爲忠；任真當理，豈將此當爲信？蠢動而相使，不以爲賜。【注】用其自動，故動而不謝。【疏】賜，蒙賴也。蠢動之物，既是精爽之類，更相驅使，理固自然。譬彼股肱，方茲耳目，既無心於爲造，豈有情於蒙賴！無爲理物，其義亦然。【釋文】蠢郭處允反，動也。是故行而無迹，【注】王能任其自行〔一〕，故無迹也。【疏】君民淳樸，上下和平，率性而動，故無

〔一〕王　道藏本作「主」。

迹之可記。事而無專。」【注】各止其分，故不傳教於彼也。【疏】方之首足，各有職司，止其分内，不相傳習。迹既昧矣，事亦滅焉。【釋文】無傳丈專反。

孝子不諛其親，忠臣不諂其君，臣子之盛也。【疏】善事父母爲孝。諛，僞也。諂，欺也。不以正求人謂之諂。爲臣爲子，事父事君，不諂不諛，盡忠盡孝，此乃臣子之盛德也。【釋文】不諛羊朱反。郭貽附反。不諂敕檢反。親之所言而然，所行而善，則世俗謂之不肖子。君之所言而然，所行而善，則世俗謂之不肖臣。而未知此其必然邪？【注】此直違俗而從君親，故俗謂不肖耳，未知至當，正在何許。【疏】不肖，猶不似也。君父言行，不擇善惡，直致隨時，曾無諫争之心，故世俗之中，實爲不肖，未知正理的在何許也。【釋文】不肖音笑。世俗之所謂然而然之，所謂善而善之，則不謂之道諛之人也，然則俗故嚴於親而尊於君邪？【注】言俗不爲尊嚴於君親而從俗，俗不謂之諂，明尊嚴不足以服物，則服物者更在於從俗也。是以聖人未嘗獨異於世，必與時消息，故在皇爲皇，在王爲王，豈有背俗而用我哉！【疏】嚴，敬也。此明違從不定也。世俗然善，則諫争是也。夫違俗從親，謂之道諛，而違親從俗，豈非諂佞耶？且有逆有順，故見是見非，而違順既空，未知正在何處，又違親從俗，豈謂尊嚴君父？【釋文】之道音導。下同。豈有背音佩。謂己道人，則勃然作色，謂己諛人，則佛然作色。【注】世俗遂以多同爲正，故謂之道諛則作色不受。【釋文】則勃步忽反。謂己諛人本又作「衆人」，下同。司馬云：衆人，凡人也。則佛符弗反。郭敷謂反。而終身道人也，終身諛人也。【注】亦不問道理，期於相善耳。【疏】勃、佛，皆嗔貌也。道，達也，謂其諂佞以媚君親也。言世俗之人，謂己諂佞，即作色而怒，不受其名，而終身道諛，舉世皆爾。合譬飾辭聚衆也，是終始本末不相罪坐。【注】夫合譬飾辭，應受道諛之罪，而世復以此得人、以此聚衆，亦爲從俗者，恒不見罪坐也。【疏】夫合於譬喻，飾於浮詞，人皆競趨，故以聚衆，能保其終始，合其本末。衆既從之，故不相罪坐也。譬，本有作「璧」字者，言合珪璧也。○「坐」上「罪」字舊敚。碧虛子校引張本「坐」上有「罪」字。典案：張本是也。注「應受道諛之罪，恒不見罪坐也」，是郭所見本亦有「罪」字。今據補。【釋文】相坐才卧反。注同。垂衣裳，設采色，動容貌，以媚一世，而不自謂道諛；與夫人之爲徒，通是非，而不自謂衆人，愚之至也。【注】世皆至愚，乃更不可不從。【疏】黄帝垂衣裳而天下治，上衣下裳，以象天地，紅紫之色，間而爲彩，用此華飾，改動容貌，以媚一世。浮僞之人，不謂道諛，翻且從君諂佞，此乃與夫流俗之人而徒黨，更相彼此通用是非，自謂殊於衆人，可謂愚癡之至。【釋文】與夫音符。知其愚者，非大愚也；知其惑者，非大惑也。大惑者終身不解，大愚者終身不靈。【注】夫聖人道同而帝王殊迹者，誠世俗之惑不可解，故隨而任之。【疏】解，悟也。靈，知也。知其愚惑者，聖人也。隨而任之，故非愚惑也。大愚惑者，凡俗也。心識闇鄙，觸境生迷，所以竟世終身不覺悟也。【釋文】不解音蟹，又佳買反。不靈本又作「無靈」。司馬云：靈，曉也。三人行而一人惑，所適者猶可致也，惑者少也；二人惑則勞而不至，惑者勝也。而今也以天下惑，予雖有祈嚮，不可得也，不亦悲乎！【注】天下都惑，雖我有求嚮至道之情而終不可得。故堯、舜、湯、武，隨時而已。【疏】適，往也。致，至也。惑，迷也。祈，求也。夫三人同行，一人迷路，所往之方，猶自可至，惑少解多故也。二人迷，則神勞而不至，迷勝悟劣故也。今宇内皆惑，莊子雖求向至道之情，無由能致，故可悲傷也。【釋文】祈嚮許亮反。司馬云：「祈，求也。」○俞樾曰：「祈」字無義。司馬云「祈，求也」，則但云「予雖祈嚮」足矣。郭注云「雖我有求嚮至道之情」，則又增出「情」字。殆皆非也。「祈」疑「所」字之誤，言天下皆惑，予雖有所嚮往〔一〕，不可得也。「祈」、「所」字形相似，故誤耳。下同。

大聲不入於里耳，【注】非委巷之所尚也。【釋文】大聲司馬云：謂咸池、六英之樂也。折楊、皇荂，則嗑然而笑。【注】俗人得嘖曲，則同聲動笑也。【疏】大聲，謂咸池、大韶之樂也，非下里、委巷之所聞。折楊、皇華，蓋古之俗中小曲也，玩狎鄙野，故嗑然動容，同聲大笑也。昔魏文侯聽於古樂，悅焉而睡，

〔一〕予　原作「子」，形近而誤。下逕改。

聞鄭、衛新聲，欣然而喜，即其事也。【釋文】折楊之列反。皇荂況于反，又撫于反。本又作「華」，音花。司馬本作「里華」。嗑然許甲反。李云：折楊、皇華，皆古歌曲也。嗑，笑聲也。本又作「嗌」，烏邈反。司馬本作「榼」。嘖曲仕責反。本又作「嗑」。是故高言不止於衆人之心，【注】不以存懷。【疏】至妙之談，超出俗表，故謂之高言。適可藴羣聖之靈府，豈容止於衆人之智乎？大聲不入於里耳，高言固不止於衆心。至言不出，俗言勝也。【注】此天下所以未曾用聖，而常自用也。【疏】出，顯也。至道之言，淡而無味，不入委巷之耳，豈止衆人之心！而流俗之言，飾詞浮僞，猶如折楊之曲，喜聽者多，俗説既其當塗，至言於乎隱蔽。故齊物云：「言隱於榮華。」以二缶鍾惑，而所適不得矣。【注】各自信據，故不知所之。【疏】踵，足也。夫迷方之士，指北爲南，而二惑既生，垂脚不行，一人亦無由獨進，欲達前所，其可得乎？此復釋前惑者也。【釋文】以二缶鍾「缶」應作「垂」，「鍾」應作「踵」，言垂脚空中，必不得有之適也。司馬本作「二垂鍾」，云：鍾，注意也。所適司馬云：至也。○俞樾曰：「二缶鍾」之文，未知何義。釋文云：「『缶』應作『垂』，『鍾』應作『踵』，言垂脚空中，必不得有之適也。」此於莊子之意不合。「所適」，謂所之也。郭注曰「各自信據，故不知所之」，是也。如陸氏説，則以「適」爲適意之「適」，當云「不得其適」，不當云「所適不得」也。今案「鍾」當作「踵」，而「二」則「一」字之誤，「缶」則「企」字之誤。「企」下從止，「缶」字俗作「缶」，其下亦從止，兩形相似，因致誤耳。文選歎逝賦注引字林曰：企，舉踵也。一切經音義十五引通俗文曰：舉踵曰企。然則「企踵」猶「舉踵」也。人一企踵，不過步武之間耳，然以「一企踵惑」，則已不得其所適矣，故下云「而今也以天下惑，予雖有所嚮，其庸可得邪」。「以天下惑」，極言其地之大；「以一企踵惑」，極言其地之小也。上文「二人惑則勞而不至，惑者勝也。而今也以天下惑，予雖有所嚮，不可得也」，以「天下」對「二人」言，則以人之多寡言；此以「天下」對「一企踵」言，則以地之廣狹言。「一企踵」誤爲「二缶鍾」，則不得其義矣。〇典案：道藏注疏本、白文本字並作「垂踵」，與釋文合。疏「踵，足也」，「垂脚不行」，是成本亦作「垂踵」。

而今也以天下惑，予雖有祈嚮，其庸可得邪？【疏】夫二人垂踵，所適尚難，況天下皆迷，如何得正？故雖有求向之心，其用固不可得。此釋前「不亦悲乎」。傷歎既深，所以鄭重。

知其不可得也而强之，又一惑也，故莫若釋之而不推。【注】即而同之。【疏】釋，放也。迷惑既深，造次難解，而强欲正者，又是一愚。莫若放而不推，則物我安矣。【釋文】而强其丈反。下注同。

不推，誰其比憂？【注】趣令得當時之適，不强推之令解也，則相與無憂於一世矣。【疏】比，與也。若任物解惑，棄而不推，則彼此逍遥，憂患誰與也？【釋文】比憂毗志反。司馬本作「鼻」，云：始也。趣令力呈反。下同。令解音蟹。

厲之人夜半生其子，遽取火而視之，汲汲然唯恐其似己也。【注】厲，惡人也。言天下皆不願爲惡，及其爲惡，或迫於苛役，或迷而失性耳。然迷者自思復，而厲者自思善，故我無爲而天下自化。【疏】厲，醜病人。遽，速也。汲汲，匆迫貌。言醜人半夜生子，速取火而看之，情意匆忙，恐其似己。而厲醜惡之甚，尚希改醜以從妍，欲明愚惑之徒，豈不厭迷以思悟耶？釋之不推，自無憂患。〇典案：釋僧順釋三破論云：「是以厲婦夕産，急求火照，唯恐似己，復更爲厲。」疑其所見本作「厲婦」。御覽三百八十二引作「厲人夜半生子，其父取火視之，恐其似己也」，字雖亦作「厲人」，然既言「其父取火視之」，則是謂「厲婦」也。御覽又引注云：厲人，醜人也。三百六十一引無「人」字，餘與今本同。【釋文】厲音賴，又如字。遽巨據反。本或作「蘧」，音同。汲汲音急。苛役音河。

百年之木，破爲犧尊，青黄而文之，其斷在溝中。比犧尊於溝中之斷，則美惡有間矣，其於失性一也。【疏】犧，刻作犧牛之形，以爲祭器，名曰犧尊也。間，别。既削刻爲牛，又加青黄文飾，其一斷棄之溝瀆，不被收用。若將此兩斷相比，則美惡有殊，其於失喪木性一也。此且起譬也。○典案：御覽七百六十一引作「其一斷在溝中」，文義較順。【釋文】犧音羲，又素河反。其斷徒亂反。下同。本或作「故」。跖與曾、史，行義有間矣，然其失性均也。【疏】此合譬也。桀、跖之縱凶殘，曾、史之行仁義，雖復善惡之迹有别，而喪真之處實同。○典案：劉申叔先生云：「跖」上敚「桀」字。成疏「桀、跖之蹤凶殘」，則成本亦作「桀、跖」。在宥篇正桀、跖與曾、史連詞。典謹案：劉先生説是也。御覽七百六十一引正作「桀、跖與曾、史行義有間矣」，是其碻證。

且夫失性有五：【疏】迷情失性，抑乃多端，要且而言，其數有五。一曰五色亂目，使目不明；【疏】五色者，青、黄、赤、白、黑也。流俗躭貪，以此亂目，不能見理，故曰不明也。二曰五聲亂耳，使耳不聰；【疏】五聲，謂宮、商、角、徵、羽也。淫滯俗聲，不能聞道，故曰不聰。三曰五臭薰鼻，困惾中顙；【疏】五臭，謂羶、薫、香、鯹、腐。惾，塞也，謂刻賊不通也。言鼻躭五臭，故壅塞不通，而中傷顙額也。外書呼香爲臭也。

故易云「其臭如蘭」。道經謂五香，故西升經云香味是寃也。【釋文】困如字。本或作「悃」，音同。惾子公反。郭音俊，又素奉反。李云：困惾，猶刻賊不通也。中丁仲反。顙桑蕩反。**四曰五味濁口，使口厲爽；**【疏】五味，謂酸、辛、甘、苦、鹹也。厲，病。爽，失也。令人著五味，穢濁口根，遂使鹹苦成痾，舌失其味，故言厲爽也。【釋文】濁口本又作「噣」，音同。**五曰趣舍滑心，使性飛揚。**【疏】趣，取也。滑，亂也。順心則取，違情則舍，撓亂其心，使自然之性馳競不息，輕浮躁動，故曰飛揚也。【釋文】滑心李音骨。本亦作「噣」。**此五者，皆生之害也。**【疏】總結前之五事，皆是伐命之刀，害生之斧，是生民之巨害也。**而楊、墨乃始離跂自以爲得，非吾所謂得也。**【疏】離跂，用力貌也。言楊朱、墨翟各擅己能，失性害生，以此爲得。既乖自然之理，故非莊生之所得也。【釋文】離力智反。跂丘豉反。**夫得者困，可以爲得乎？則鳩鴞之在於籠也，亦可以爲得矣。**【疏】夫仁義禮法，約束其心者，非真性者也。既僞其性，則遭困苦。若以此困而爲得者，則何異乎鳩鴞之鳥，在樊籠之中，偁其自得者也？**且夫趣舍聲色，以柴其內，皮弁鷸冠、搢笏紳修，以約其外，**【疏】皮弁者，以皮爲冠也。鷸者，鳥名也，似鶩，紺色，出鬱林；取其翠羽飾冠，故謂之鷸冠。此鳥知天文者爲之冠也。搢，插也。笏，猶珪。謂插笏也。紳，大帶也。脩，長裙也。此皆以飾朝服也。夫浮僞之徒，以取舍爲業。故聲色諸塵，柴塞其內府；衣冠搢笏，約束其外形。背無爲之道，乖自然之性，以此爲得，何異鳩鴞也！【釋文】鷸尹必反。徐音述。本又作「鷸」，音同。鳥名也。一名翠，似燕，紺色，出鬱林。取其羽毛以飾冠。笏音忽。紳音申。帶也。內支盈於柴柵，外重纆繳，睆睆然在纆繳之中，而自以爲得，則是罪人交臂歷指，而虎豹在於囊檻，亦可以爲得矣。【疏】支，塞也。盈，滿也。柵，籠也。纆繳，繩也。睆睆，視貌也。夫以取舍塞滿於內府，故方柴柵；搢紳約束於外形，取譬繳繩。既外內困弊如斯，而自以爲得者，則何異有罪之人，交臂歷指，以繩反縛也！又類乎虎豹遭陷，困於囊檻之中，憂危困苦，莫斯之甚。自以爲得，何異此乎！【釋文】柴柵楚格反。郭音策。外重直龍反。纆音墨。繳音灼。郭古弔反。睆睆環版反，又户鰥反。李云：窮視貌。一云：眠目貌。交臂歷指司馬云：交臂，反縛也。歷指，猶歷樓貌。檻户覽反。

莊子補正卷五中

外篇　天道第十三【釋文】以義名篇。

天道運而無所積，故萬物成；【疏】運，動也，轉也。積，滯也，蓄也。言天道運轉，覆育蒼生，照之以日月，潤之以雨露，鼓動陶鑄，曾無滯積，是以四序回轉，萬物生成也。【釋文】無所積積，謂滯積不通。帝道運而無所積，故天下歸；【疏】王者法天象地，運御羣品，散而不積，施化無方，所以六合同歸，八方款附。聖道運而無所積，故海内服。【注】三者，皆恣物之性，而無所牽滯也。【疏】聖道者，玄聖素王之道也。隨應垂迹，制法立教，舟航有識，拯濟無窮，道合於天，德同於帝，出處不一，故有帝聖二道也。而運智救時，亦無滯蓄，慈造弘博，故海内服也。明於天，通於聖，六通四辟於帝王之德者，其自爲也，昧然無不靜者矣。【注】任其自爲，故雖六通四辟而無傷於静也。【疏】六通，謂四方、上下也。四辟者，謂春、秋、冬、夏也。夫唯照天道之無爲，洞聖情之絶慮，通六合以生化，順四序以施爲，以此而總萬乘，可謂帝王之德也。任物自動，故曰自爲；晦迹韜光，其猶昧闇；動不傷寂，故無不静也。○碧虛子校引張君房本「自」下無「爲」字。典案：「其自也」不詞，張本非。【釋文】六通謂六氣，陰、陽、風、雨、晦、明。四辟毗赤反。謂四方開也。眛音妹。

聖人之静也，非曰静也善故静也；【注】善之乃静，則有時而動也。【疏】夫聖人以所以虛静者〔一〕，直形同槁木，心若死灰，亦不知静之故静也。若以静爲善美而有情於爲静者，斯則有時而動矣。萬物無足以鐃心者，故静也。【注】斯乃自得也。【疏】妙體二儀非有，萬境皆空，是以參變同塵而無喧撓，非由飭勵而得静也。【釋文】鐃心乃孝反，又女交反。一音而小反。水静則明燭鬚眉，平中準，大匠取法焉。【疏】夫水動則波流，止便澄静，懸鑒洞照，與物無私，故能明燭鬚眉，清而中正，治諸邪枉，可爲準的，縱使工倕之巧，猶須倣水取平。故老經云：「上善若水。」此舉喻言之義。【釋文】中準丁仲反。大匠或云：天子也。水静猶明，而況精神！聖人之心静乎！天地之鑑也，萬物之鏡也。【注】夫有其具而任其自爲，故所照無不洞明。【疏】夫聖人德合二儀，智周萬物，豈與夫無情之水同日論邪？水静猶明燭鬚眉，況精神聖人之心静乎！是以鑒天地之精微、鏡萬物之玄賾者，固其宜矣。此合譬也。

夫虛静、恬淡、寂漠、無爲者，天地之平而道德之至也，【注】凡不平不至者，生

〔一〕以所以　集釋中華本作「之所以」，是。

於有爲。【疏】虛静、恬淡、寂漠、無爲，四者異名同實者也。歎無爲之美，故具此四名，而天地以此爲平，道德用茲爲至也。○「也」字舊敚。碧虛子校引張君房本「至」下有「也」字。典案：文選江文通雜體詩注引「至」下有「也」字。刻意篇「夫恬惔、寂漠、虛無、無爲，此天地之平，而道德之質也」文義與此正同。今據張本增「也」字。【釋文】淡徒暫反。

故帝王聖人休焉。【注】未嘗動也。【疏】息慮，故平至也。休則虛，虛則實，實者倫矣。【注】倫，理也。【疏】既休慮息心，乃與虛空合德。與虛空合德，則會於真實之道。真實之道，則自然之理也。○碧虛子校引江南古藏本「倫」作「備」。典案：江南古藏本是也。「備」，古音鼻墨反（詳吳棫韻補），「實者備矣」與下「動則得矣」爲韻。荀子勸學篇「積善成德，而神明自得，聖心備焉」，淮南子原道篇「不在於人，而在於我身，身得則萬物備矣」，文子九守篇同，並以「得」、「備」爲韻，與此文一例。「備」以形近譌爲「倫」，既非其指，又失其韻。郭注：倫，理也。蓋不知「倫」爲誤字，望文生訓，不可從也。虛則静，静則動，動則得矣。【注】不失其所以動。【疏】理虛静寂，寂而能動，斯得之矣。静則無爲，無爲也則任事者責矣。【注】夫無爲也，則羣才萬品各任其事，而自當其責矣。故曰「巍巍乎舜、禹之有天下而不與焉」，此之謂也。【疏】任事，臣也，言臣下各有任職之事也。夫帝王任智，安静無爲，則臣下職任，各司憂責。斯則主上無爲而臣下有事，故冕旒垂目而不與焉。【釋文】巍巍魚歸反。不與音預。無爲則俞俞，俞俞者憂患不能處，年壽長矣。【注】俞俞然，從容自得之貌。【疏】俞俞，從容和樂之貌也。夫有爲滯境，塵累所以攖其心；無爲自得，憂患不能處其慮。俞俞和樂，故年壽長矣。【釋文】俞俞羊朱反。廣雅云：喜也。又音喻。從容七容反。**夫虛靜恬淡，寂漠無爲者，萬物之本也。**【注】尋其本，皆在不爲中來。【疏】此四句萬物根源，故重舉前言，結成其美也。**明此以南鄉，堯之爲君也；明此以北面，舜之爲臣也。**【疏】夫揖讓之美，無出唐、虞；君臣之盛，莫先堯、舜。故舉二君以明四德，雖南面北面，而平至一焉。【釋文】南鄉許亮反。本亦作「嚮」。**以此處上，帝王天子之德也；以此處下，玄聖素王之道也。**【注】此皆無爲之至也。有其道，爲天下所歸，而無其爵者，所謂素王自貴也。【疏】用此無爲而處物上者，天子帝堯之德也；用此虛淡而居臣下者，玄聖素王之道也。夫有其道而無其爵者，所謂玄聖素王自貴者也，即老君、尼父是也。【釋文】素王往況反。注同。**以此退居而閒游，江海山林之士服；**【疏】退居，謂晦迹隱處也。用此道而退居，故能游玩山水，從容閒樂，是以天下隱士無不服從，即巢、許之流是也。【釋文】而閒音閑。**以此進爲而撫世，則功大名顯而天下一也。**【注】此又其次也。故退則巢、許之流，進則伊、望之倫也。夫無爲之體大矣，天下何所不無爲哉！故主上不爲冢宰之任，則伊、吕靜而司尹矣；冢宰不爲百官之所執，則百官靜而御事矣；百官不爲萬民之所務，則萬民靜而安其業矣；萬民不易彼我之所能，則天下之彼我靜而自得矣。故自天子以下至於庶人，下及昆蟲，孰能有爲而成哉！是故彌無爲而彌尊也。【疏】進爲，謂顯迹出仕也。夫妙體無爲而同塵降迹者，故能撫蒼生於仁壽，宏至德於聖朝，著莫測之功名，顯阿衡之政績。是以天下大同，車書共軌，盡善盡美，其唯伊、望之倫乎！**靜而聖，動而王，**【注】時行則行，時止則止。**無爲也而尊，**【注】自然爲物所尊奉。【疏】其應靜也，玄聖素王之尊；其應動也，九五萬乘之貴；無爲也而尊，出則天子，處則素王。是知道之所在，孰敢不貴也！**樸素而天下莫能與之爭美。**【注】夫美配天者，唯樸素也。【疏】夫淳樸素質，無爲虛靜者，實萬物之根本也。故所尊貴，孰能與之爭美也！**夫明白於天地之德者，此之謂大本大宗，與天和者也；**【注】天地以無爲爲德，故明其宗本，則與天地無逆也。【疏】夫靈府明靜，神照絜白，而德合於二儀者，固可以宗匠蒼生，根本萬有，冥合自然之道，與天和也。**所以均調天下，與人和者也。**【注】夫順天所以應人也，故天和至而人和盡也。【疏】均，平也。調，順也。且應感無心，方之影響，均平萬有，大順物情，而混迹同塵，故與人和也。**與人和者，謂之人樂；與天和者，謂之天樂。**【注】天樂適則人樂足矣。【疏】俯同塵俗，且適人世之懽；仰合自然，方欣天道之樂也。【釋文】人樂音洛。下同。

莊子曰：「吾師乎！吾師乎！齏萬物而不爲戾，【注】變而相雜，故曰齏。自齏耳，非吾師之暴戾。【疏】齏，碎也。戾，暴也。莊子以自然至道爲師，再稱之者，歎美其德。言我所師大道，亭毒生靈，假令齏萬物，亦無心暴怒，故素秋搖落而彫零者不怨。此明雖復斷裁而非義也。【釋文】齏子兮反。爲戾力計反。暴也。**澤及萬世而不爲仁，**【注】仁者，兼愛之名耳。無愛，故無所稱仁。【疏】仁者，偏愛之迹也。言大道開闔天地，造化蒼生，慈澤無窮，而不偏愛，故不爲仁。長於上古而不爲壽，【注】壽者，期之遠耳。無期，故無所稱壽。【疏】豈但長於上古，抑乃象帝之先。既其不滅不生，復有何夭何壽也！郭注云：「壽者，期之遠耳。」【釋文】長於丁丈反。章末同。覆載天地、刻彫衆形而不爲巧，【注】巧者，爲之妙耳。皆自爾，故無所稱巧。【疏】乘二儀以覆載，取萬物以刻彫，而二儀以生爲巧，萬物以自然爲用。生化既不假物，彫刻豈假他人？是以物各任能，人皆率性，則工拙之名，於斯滅矣。郭注云：「巧者，爲之妙耳。」此之謂天樂。【注】忘樂而樂足。【疏】所在任適，結成天樂。【釋文】天樂音洛。章内同。故曰：知天樂者，其生也天行，其死也物化。【疏】既知天樂非哀樂，即知生死無生死。故其生也，同天道之運行；其死也，混萬物之變化也。靜而與陰同德，動而與陽同波。【疏】妙本虚凝，將至陰均其寂泊；應迹同世，與太陽合其波流。故知天樂者，無天怨，無人非，無物累，無鬼責。【疏】德合於天，故無天怨；行順於世，故無人非；我冥於物，故物不累我；我不負幽顯，有何鬼責也？故曰：其動也天，其靜也地，【注】動靜雖殊，無心一也。【疏】天地，以結動靜無心之義也。一心定而王天下；其鬼不祟，其魂不疲，【注】常無心，故王天下而不疲病。【疏】境智冥合，謂之爲一；物不能撓，謂之爲定。祇爲定於一心，故能王於萬國。既無鬼責，有何禍祟？動而常寂，故魂不疲勞。【釋文】而王往況反。注及下「王天同。祟雖遂反。徐息類反。李云：禍也。一心定而萬物服。【疏】一心凝寂者類死灰，而静爲躁君，故萬物歸服。言以虚静推於天地，通於萬物，此之謂天樂。【注】我心常静，則萬物之心通矣。通則服，不通則叛。【疏】所以一心定而萬物服者，祇言用虚静之智，推尋二儀之理，通達萬物之情，隨物變轉而未嘗不適，故謂之天樂也。天樂者，聖人之心，以畜天下也。」【注】聖人之心所以畜天下者奚爲哉？天樂而已。【疏】夫聖人之所以降迹同凡，合天地之至樂者，方欲畜養蒼生，亭毒羣品也。【釋文】畜天許六反。注同。

夫帝王之德，以天地爲宗，以道德爲主，以無爲爲常。【疏】王者宗本於天地，故覆載無心；君主於道德，故生而不有。雖復千變萬化，而常自無爲。盛德如此，堯之爲君也。無爲也，則用天下而有餘；【注】有餘者，閒暇之謂也。有爲也，則爲天下用而不足。【注】不足者，汲汲然欲爲物用也。欲爲物用，故可得而臣也，及其爲臣，亦有餘也。【疏】不足者，汲汲之辭；有餘者，閒暇之謂。言君上無爲，智照寬曠，御用區宇，而閒暇有餘。臣下有爲，情慮狹劣，各有職司，爲君所用，匪懈在公，猶恐不足。是知無爲有事，勞逸殊塗。故古之人貴夫無爲也。上無爲也，下亦無爲也，是下與上同德，下與上同德則不臣；下有爲也，上亦有爲也，是上與下同道，上與下同道則不主。【注】夫工人無爲於刻木，而有爲於用斧；主上無爲於親事，而有爲於用臣。臣能親事，主能用臣，斧能刻木，而工能用斧，各當其能，則天理自然，非有爲也。若乃主代臣事，則非主矣；臣秉主用，則非臣矣。故各司其任，則上下咸得，而無爲之理至矣。【疏】無爲者，君德也；有爲者，臣道也。若上下無爲，則臣僭君德；上下有爲，則君濫臣道。君濫臣道，則非主矣；臣僭君德，豈曰臣哉？於是上下相混，君臣冒亂，既乖天然，必招危禍。故無爲之言，不可不察。無爲，君也。古之人貴夫無爲。郭注此文，甚有辭理。○典案：「是下與上同德」、「是上與下同道」〔一〕，治要引「德」下「道」下並有「也」字。

上必無爲而用天下，下必有爲爲天下用，此不易之道也。【注】無爲之言，不可不察也。夫用天下者，亦有用之爲耳。然自得此爲，率性而動〔二〕，故謂之無爲也。今之爲天下用者，亦自得耳。但居下者親事，故雖舜、禹爲臣，猶稱有爲。故對上下，則君静而臣動；比古今，則堯、舜無爲而湯、武有事。然各用其性而天機玄發，則古今上下無爲，誰有爲也？【疏】夫處上爲君，則必須無爲任物，用天下之才能；居下爲臣，亦當親事有爲，稱所司之職任，則天下化矣。

〔一〕是上與下同道　原作「是下與上同道」，據正文改。
〔二〕率性　原作「性率」，據集釋等改。

斯乃百王不易之道。**故古之王天下者，知雖落天地，不自慮也；**【疏】謂三皇、五帝淳古之君也，知照明達，籠落二儀，而垂拱無爲，委之臣下，知者爲謀，故不自慮也。○典案：「落」，御覽四百六十四引作「絡」。「天地」，御覽七十六引作「天下」。淮南子俶真篇「智終天地」即本此文，「終」蓋「絡」字之壞。説詳淮南鴻烈集解。【釋文】知雖音智。下「愚知」同。**辯雖彫萬物，不自説也；**【疏】宏辯如流，彫飾萬物，而付之司牧，終不自言也。【釋文】自説音悦。**能雖窮海内，不自爲也。**【注】夫在上者，患於不能無爲，而代人臣之所司，使咎繇不得行其明斷，后稷不得施其播殖，則羣才失其任，而主上困於役矣。故冕旒垂目而付之天下，天下皆得其自爲，斯乃無爲而無不爲者也，故上下皆無爲矣。但上之無爲則用下，下之無爲則自用也。【疏】藝術才能，冠乎海内，任之良佐，而不與焉，夫何爲焉哉？玄默而已。故老經云：「是謂用人之力。」【釋文】咎音羔。繇音遥。明斷丁亂反。**天不産而萬物化，地不長而萬物育，**【注】所謂自爾。【疏】天無情於生産，而萬物化生；地無心於長成，而萬物成育。故郭注云「所謂自然也」。**帝王無爲而天下功。**【注】功自彼成。【疏】王者同兩儀之含育，順四序以施生，任萬物之自爲，故天下之功成矣。○王念孫曰：案如郭解，則「功」下須加「成」字，而其義始明，不知「功」即「成」也，言無爲而天下成也（中庸曰「無爲而成」）。爾雅曰：功，成也。大戴禮盛德篇曰「能成德法者爲有功」。周官稾人「乃入功於司弓矢及繕人」，鄭注曰：功，成也。管子五輔篇曰「大夫任官辯事，官長任事守職，士脩身功材」，「功材」，謂成材也。荀子富國篇曰「百姓之力待之而後功」，謂待之而後成也。「萬物化」、「萬物育」、「天下功」相對爲文，是「功」爲「成」也。○典案：王校是也。治要引「功」下有「成」字，疑涉注衍。**故曰：莫神於天，莫富於地，莫大於帝王。**【疏】夫日月明晦，雲雷風雨，而蔭覆不測，故莫神於天；囊括川原，包容岳瀆，運載無窮，故莫富於地；位居九五，威跨萬乘，日月照臨，一人總統，功德之大，莫先王者。故老經云：「域中四大，王居其一焉。」

故曰：帝王之德配天地。【注】同乎天地之無爲也。【疏】配，合也。言聖人之德，合天地之無爲。**此乘天地，馳萬物，而用人羣之道也。**【疏】達覆載之無主，是以乘馭兩儀；循變化之往來，故能驅馳萬物；任黔黎之才，用人羣之道也。○典案：御覽七十六引「羣」作「君」。**本在於上，末在於下；**【疏】本，道德也。末，仁義也。言道德淳樸，治之根本，行於上古；仁義澆薄，治之末藝，行於下代。故云「本在於上，末在於下」也。【釋文】本在於上末在於下 李云：本，天道。末，人道也。**要在於主，詳在於臣。**【疏】要，簡省也。詳，繁多也。主道逸而簡要，臣道勞而繁冗。繁冗，故有爲而奉上；簡要，故無爲而御下也。**三軍五兵之運，德之末也；**【疏】五兵者，一弓，二殳，三矛，四戈，五戟也。運，動也。夫聖明之世，則偃武修文；逮德下衰，則偃文修武。偃文修武，則五兵動亂；偃武修文，則四民安業。德之本末，自此可知也。**賞罰利害，五刑之辟，教之末也；**【疏】賞者，軒冕榮華，故利也。罰者，誅殘戮辱，故害也。辟，法也。五刑者，一劓，二墨，三刖，四宮，五大辟。夫道喪德衰，浮僞日甚，故設刑辟，以被黎元。既虧理本，適爲教末也。【釋文】之辟 毗赤反。**禮法度**

數，形名比詳，治之末也；【疏】禮法者，五禮之法也。數者，計算。度，丈尺。形者，容儀。名者，字諱。比者，校當。詳者，定審。用此等法，以養蒼生，治乖淳古，故爲治末也。○典案：「形」，碧虛子校引張君房本作「刑」，下同。治要引並作「刑」，與張本合。「形」、「刑」古亦通用。【釋文】比詳毗志反。下同。一音如字。云：比，校。詳，審。治之直吏反。下「治之至」，注「至治之道」同。鐘鼓之音，羽旄之容，樂之末也；【疏】樂者，和也。羽者，鳥羽。旄者，獸毛。言采鳥獸之羽毛，以飾其器也。夫帝王之所以作樂者，欲上調陰陽，下和時俗也。古人聞樂，即知國之興亡，治世亂世，其音各異。是知大樂與天地同和，非羽毛鐘鼓者也。自三代以下，澆浪薦興，賞鄭、衛之淫聲，棄雲、韶之雅韻，遂使羽毛文采，盛飾容儀，既非咸池之本，適是濮水之末。哭泣衰絰，隆殺之服，哀之末也。【疏】絰者，實也。衰，摧也。上曰（衰）〔服〕，下曰裳。在首在腰，二俱有絰。隆殺者，言禮有斬衰、齊衰、大功、小功、緦麻五等，哭泣衣裳，各有差降。此是教迹外儀，非情發於衷，故哀之末也。○典案：治要引「隆」作「降」，古「隆」、「降」亦通用。【釋文】衰音崔。絰田結反。隆殺所界反。此五末者，須精神之運，心術之動，然後從之者也。【注】夫精神心術者，五末之本也。任自然而運動，則五事之末不振而自舉也。【疏】術，能也。心之所能，謂之心術也。精神心術者，五末之本也。言此之五末，必須精神心智，率性而動，然後從於五事，即非矜矯者也。

末學者古人有之，而非所以先也。【注】所以先者，本也。【疏】古之人，謂中古人也。

先，本也。五末之學，中古有之，事涉澆僞，終非根本也。○典案：治要引「古」下有「之」字。君先而臣從，父先而子從，兄先而弟從，長先而少從，男先而女從，夫先而婦從。【疏】夫尊卑先後，天地之行也。【釋文】長先而少詩照反。夫尊卑先後，天地之行也，故聖人取象焉。【注】言此先後雖是人事，然皆在至理中來，非聖人之所作也。【疏】天地之行者，謂春夏先，秋冬後，四時行也。夫天地雖大，尚有尊卑，況在人倫，而無先後？是以聖人象二儀之造化，觀四序之自然，故能篤君臣之大義，正父子之要道也。天尊，地卑，神明之位也；春夏先，秋冬後，四時之序也。【疏】天尊地卑，不刊之位也。春夏先，秋冬後，次序愍乎。舉此二條，足明萬物。萬物化作，萌區有狀；【疏】夫萬物變化，未始暫停，或起或伏，乍生乍死，千族萬種，色類不同，而萌兆區分，各有形狀。【釋文】萌區曲俱反。盛衰之殺，變化之流也。【疏】夫春夏盛長，秋冬衰殺，或變生作死，或化故成新，物理自然，非關措意。故隨流任物，而所造皆適。夫天地至神矣，而有尊卑先後之序，而況人道乎！【注】明夫尊卑先後之序，固有物之所不能無也。【疏】二儀生育，有不測之功，萬物之中，最爲神化，尚有尊卑先後，況人倫之道乎！○典案：「矣」字舊敚，今依碧虛子校引張本增。宗廟尚親，朝廷尚尊，鄉黨尚齒，行事尚賢，大道之序也。【注】言非但人倫所尚也。【疏】宗廟事重，必據昭穆，以嫡相承，故尚親也。朝廷以官爵爲尊卑，鄉黨以年齒爲次第，行事擇賢能用之，此理之必然，故云「大道之序」。【釋文】朝廷直遥反。語道而非其序者，非其道也；【疏】議論道理，而不知次第者，雖有語言，終非道語。既失其序，不堪治物也。語道而非其道者，安取道哉！【注】所以取道，爲有序。【疏】既不識次第，雖語非道，於何取道而行理之耶？○「哉」字舊敚。碧虚子校云：「安取道」下文本有「哉」字。典案：文本是也。「語道而非其道者，安取道哉」，與上「語道而非其序者，非其道也」義正相應，無「哉」字則不相應矣。今依文本補。

是故古之明大道者，先明天而道德次之，【注】天者自然也。自然既明，則物得其道也。【疏】此重開大道次序之義。言古之明開大道之人〔一〕，先明自然之理。爲自然是道德之本，故道德次之。道德已明而仁義次之，【注】物得其道而和，理自適也。【疏】先德後仁，先仁後義，故仁義次之。仁義已明而分守次之，【注】理適而不失其分也。【疏】既行兼愛之仁，又明裁非之義，次令各守其分，不相争奪也。分守已明而形名次之，【注】得分而物物之名各當其形也。【疏】形，身也。各守其分，不相傾奪，次勸修身，致其名譽也。形名已明而因任次之，【注】無所復改。【疏】雖復勸令修身，以致名譽，而皆須因其素分，任其天然，不可矯性僞情，以要令聞也。因任已明而原省次之，【注】物各自任，

〔一〕開　原誤作「閑」，形近而譌。

則罪責除也。【疏】原者，恕免。省者，除廢。雖復因任其本性，而不無其僭過，故宜布之愷澤，宥免其辜也。【釋文】原省所景反。原，除。省，廢也。原省已明而是非次之，【注】各以得性爲是，失性爲非。【疏】雖復赦過宥罪，而人心漸薄，次須示其是非，以爲鑒誡也。是非已明而賞罰次之，【注】賞罰者，失得之報也。夫至治之道，本在於天而末極於斯。【疏】是非既明，臧否斯見，故賞善罰惡，以勗黎元也。賞罰已明，而愚知處宜，貴賤履位，【注】官各當其才也。【疏】用此賞罰，以次前序而爲治方者，智之明暗，安處各得其宜，才之高下，貴賤咸履其位也。仁賢不肖襲情，【注】各自行其所能之情。【疏】仁賢，智也。不肖，愚也。襲，用也。主上聖明，化導得所，雖復賢愚各異，而咸用本情。終不舍己効人，矜夸炫物也。必分其能，【注】無相易業。【疏】夫性性不同，物物各異。藝能固別，才用必分，使之如器，無不調適也。【釋文】必分方云反。必由其名。【注】名當其實，故由名而實不濫也。【疏】夫名以召實，而由實故名。若使實不當名，則名過其實。今明名實相稱，故云必由其名也。以此事上，以此畜下，以此治物，以此修身，【疏】以，用也。言用以前九法，可以爲臣事上，爲君畜下，外以治物，内以脩身也。知謀不用，必歸其天，此之謂大平，治之至也。【疏】至默無爲，委之羣下，塞聰閉智，歸之自然，可謂太平之君，至治之美也。【釋文】知謀音智。大平音泰。

故書曰：「有形有名。」形名者，古人有之，而非所以先也。【疏】先，本也。言形名等法，蓋聖人之應迹耳。不得已而用之，非所以迹也。書者，道家之書，既遭秦世焚燒，今檢亦無的據。古之語大道者，五變而形名可舉，九變而賞罰可言也。【注】自先明天以下至形名而五，至賞罰而九，此自然先後之序也。【疏】夫爲治之體，必隨世污隆。世有澆淳，故治亦有寬急。是以五變九變，可舉可言。苟其不失次序，則是太平至治也。驟而語形名，不知其本也；【疏】驟，數也，速也。季世之人，不知倫序，數語形名，以爲治術，而未體九變以自然爲宗，但識其末，不知其本也。驟而語賞罰，不知其始也。【疏】速論賞罰，以此馭時，唯見枝條，未知根本。始，猶本也，互其名耳。倒道而言、迕道而說者，人之所治也，安能治人！【注】治人者必順序。【疏】迕，逆也。不識治方，不知次序，顛倒道理，迕逆物情，適可爲物所治，豈能治物也！【釋文】迕道音悟。司馬云：横也。而説徐音悦，又如字。驟而語形名賞罰，此有知治之具，非知治之道者也；【注】治道先明天，不爲棄賞罰也，但當不失其先後之序耳。【疏】夫形名賞罰，此乃知治之具度，非知治之要道也。○「者也」二字舊敚。碧虚子校引江南古藏本有「者也」二字，今據補。可用於天下，不足以用天下，此之謂辯士，一曲之人也。【注】夫用天下者，必大通順序之道。【疏】若以形名賞罰可施用於天下者，不足以用於天下也。斯乃苟飾華辭，浮游之士，一節曲見，偏執之人，未可以識通方，悟於大道者也。禮法數度，形名比詳，古人有之，此下之所以事上，非上之所以畜下也。【注】寄此事於羣才，斯乃畜下也。【疏】重疊前語。古人有之，但寄羣才而不親預，故是臣下之術，非主上養民之道。總結一章之意，以明本末之旨歸也。

昔者舜問於堯曰：「天王之用心何如？」【疏】天王，猶天子也。舜問於堯爲帝王之法，若爲用心以合大道也。堯曰：「吾不敖無告，【注】無告者，所謂頑民也。【疏】敖，侮慢也。無告，謂頑愚之甚，無堪告示也。堯答舜云：縱有頑愚之民，不堪告示，我亦殷勤教誨，不敖慢棄舍也。故老經云：「不善者吾亦善之。」「敖」亦有作「教」字者，今不用也。【釋文】不敖五報反。不廢窮民，【注】恒加恩也。【疏】百姓之中，有貧窮者，每加拯恤，此心不替也。苦死者，嘉孺子而哀婦人，【疏】孺子，猶稚子也。哀，憐也。民有死者，輒悲苦而慰之；稚子小兒，婦人孤寡，並皆矜愍，善嘉養恤也。此吾所以用心已。」【疏】已，止也。總結以前，用答舜問。我之用心，止盡於此。舜曰：「美則美矣，而未大也。」【疏】用心爲治，美則美矣；其道狹劣，未足稱大。既領堯答，因發此譏。堯曰：「然則何如？」【疏】堯既被譏，因茲請益：治道之大，其術如何？舜曰：「天德而出寧，【注】與天合德，則雖出而静也。【疏】化育之方，與玄天合德，迹雖顯著，心恒寧静。日月照而四時行，若晝夜之有經，雲行而雨施矣。」【注】此皆不爲而自然也。

【疏】經，常也。夫日月盛明，六合俱照；春秋凉暑，四序運行；晝夜昏明，雲行雨施，皆天地之大德，自然之常道者也。既無心於偏愛，豈有情於養育？帝王之道，其義亦然。【釋文】雨施始豉反。堯曰：「膠膠、擾擾乎！【注】自嫌有事。【疏】膠膠、擾擾，皆擾亂之貌也。領悟此言，自嫌多事；更相發起，聊此撝謙。【釋文】膠膠交卯反。司馬云：和也。擾擾而小反。司馬云：柔也。案如注意，膠膠擾擾，動亂之貌。子，天之合也；我，人之合也。」【疏】堯自謙光，推讓於舜，故言子之盛德，遠合上天；我之用心，近符人事。夫堯、舜二君，德無優劣，故寄此兩聖，以顯方治耳。

夫天地者，古之所大也，【疏】自此已下，莊生之辭也。夫天覆地載，生育羣品，域中四大，此當一焉。故引古證今，歎美其德。而黄帝、堯、舜之所共美也。【疏】唯天爲大，唯堯則之。故知軒、頊、唐、虞，皆以德合天地爲其美也。故古之王天下者奚爲哉？天地而已矣。【疏】言古之懷道帝王何爲者哉？蓋無心順物，德合二儀而已矣。【釋文】之王往况反。

孔子西藏書於周室，子路謀曰：「由聞周之徵藏史有老聃者，免而歸居，夫子欲藏書，則試往因焉。」【疏】姓仲，名由，字子路，宣尼弟子也。宣尼覩周德已衰，不可匡輔，故將已所修之書，欲藏於周之府藏，庶爲將來君王治化之術，故與門人謀議，詳其可否。老君姓李，名聃，爲周徵藏史，猶今之秘書官。職典墳籍，見周室版蕩，所以解免其官，歸休静處，故子路咨勸孔子，何不暫試過往，因而問焉？【釋文】藏書司馬云：藏其所著書也。○典案：「則試往因焉」，御覽六百十八引作「則當試焉」。又引注云：藏其所著書於周者。與司馬注異。徵藏才浪反。司馬云：徵藏，藏名也。一云：徵，典也。史藏府之史。老聃吐甘反。或云：老聃是孔子時老子號也。免而歸言老子見周之末不復可匡，所以辭去也。

孔子曰：「善。」往見老聃，而老聃不許，【疏】老子知欲藏之書，是先聖之已陳芻狗，不可久留，恐亂後人，故云不許。○典案：「孔子曰善，往見老聃」，御覽六百十八引作「孔子至老聃之門」。

於是繙十二經以說。【疏】孔子刪詩、書，定禮、樂，修春秋，贊易道，此六經也。又加六緯，合爲十二經也。委曲敷演，故繙覆說之。【釋文】繙敷袁反，徐又音盤，又音煩。司馬：煩，冤也。○典案：御覽六百八引注云：繙，堆聚之貌。十二經說者云：詩、書、禮、樂、易、春秋六經，又加六緯，合爲十二經也。一說云：易上、下經並十翼爲十二。又一云：春秋十二公經也。以說如字，又始鋭反。絶句。

老聃中其說，曰：「大謾。願聞其要。」【疏】中其說者，許其有理也。大謾者，嫌其繁謾太多，請簡要之術也。【釋文】老聃中丁仲反。其說如字。絶句。曰大音泰。徐敕佐反。謾末旦反。郭武諫反。

孔子曰：「要在仁義。」【疏】經有十二，乃得繁盈；切要而論，莫先仁義也。

老聃曰：「請問仁義，人之性邪？」【疏】問此仁義率性不乎？

孔子曰：「然。君子不仁則不成，不義則不生。仁義，真人之性也，又將奚爲矣？」【疏】然，猶如此。言仁義是人之天性也。賢人君子，若不仁則名行不成，不義則生道不立，故知仁義是人之真性，又將何爲是疑之也耶？

老聃曰：「請問何謂仁義？」【疏】前言仁義是人之真性，今之重問，請解所由也。孔子曰：「中心物愷，兼愛無私，此仁義之情也。」【注】此常人之所謂仁義者也，故寄孔、老以正之。【疏】愷，樂也。忠誠之心，願物安樂，慈愛平等，兼濟無私，允合人情，可爲世教也。【釋文】中心物本亦作「勿」。愷開待反。司馬云：樂也。

老聃曰：「意，幾乎後言！夫兼愛，不亦迂乎！【注】夫至仁者，無愛而直前也。【疏】意，不平之聲也。幾，近也。迂，曲也。後發之言，近乎浮僞，故興意歎，以長不平。夫至人推理直前，無心思慮，而汝存情兼愛，不乃私曲乎？【釋文】曰意於其反。司馬云：不平聲也。下同。幾乎音機。司馬本作「頎」，云：頎，長也，後言長也。迂乎音于。無私焉，乃私也。【注】世所謂無私者，釋己而愛人。夫愛人者，欲人之愛己，此乃甚私，非忘公而公也。【疏】夫兼愛於人，欲人之愛己也，此乃甚私，何公之有耶？夫子若欲使天下無失其牧乎？【疏】牧，養也。欲使天下蒼生咸得本性者，莫若上下各各守分，自全恬養，則大治矣。「牧」有本作「放」字者，言君王但放任羣生，則天下太平也。【釋文】牧乎司馬云：牧，養也。則天地固有常矣，日月固有明矣，星辰固有列矣，【疏】夫天地覆載，日月照臨，星辰羅列，此並自然之理也，非關人事。豈唯三種，萬物悉然。但當任之，莫不備足，何勞措意，妄爲矜矯也！禽獸固有羣矣，樹木固有立矣。【注】皆已自足。【疏】有識禽獸，無情草木，各得生立，各有羣分，豈資仁義，方獲如此？夫子亦放德而行，循道而趨，已至矣；【注】不待於兼愛也。【疏】循，順也。放任己德而逍遥行世，順於天道而趨步人間，人間至極妙行，莫過於此也。【釋文】放德方往反。又何偈偈乎揭仁義，若擊鼓而求亡子焉？【注】無由得之。【疏】偈偈，勵力貌也。揭，擔負也。亡子，逃人也。言孔丘勉勵身心，擔負仁義，强行於世，以教蒼生，何異乎打擊大鼓而求覓亡子？是以鼓聲愈大，而亡者愈離，仁義彌彰，而去道彌遠，故無由得之。【釋文】偈偈居謁反，又臣謁反。或云：用力之貌。揭仁其謁反，又音桀。意，夫子亂人之性也！」【注】事至而愛，當義而止，斯忘仁義者也，常念之則亂真矣。【疏】亡子不獲，罪在鳴鼓；真性不明，過由仁義。故發噫歎，總結之也。

士成綺見老子而問曰：「吾聞夫子聖人也，吾固不辭遠道而來願見，百舍重趼而不敢息。【疏】姓士，字成綺，不知何許人。舍，逆旅也。趼，脚生泡漿創也。成綺素聞老子有神聖之德，故不辭艱苦，慕義遠來，百經旅舍，一不敢息，塗路既遥，足生重趼。【釋文】士成綺如字，又魚紙反。士成綺，人姓名也。願見賢遍反。下同。百舍司馬云：百日止宿也。重直龍反。趼古顯反。司馬云：胝也。胝，音陟其反。許慎云：足指約中斷傷爲趼。今吾觀子，非聖人也。鼠壤有餘蔬，【注】言其不惜物也。【疏】昔時藉甚，謂是至人；今日親觀，知無聖德。見其鼠穴土中有餘殘蔬菜，嫌其穢惡，故發此譏也。【釋文】餘蔬所居反，又音所。司馬云：蔬，讀曰糈。糈，粒也。鼠壤内有遺餘之粒，穢惡過甚也。一云：如鼠之堆壤，餘益蔬外也。**而棄妹之者，不仁也，**【注】無近恩，故曰棄。【疏】妹，猶昧也。闇昧之徒，應須誘進，棄而不教，豈曰仁慈也？【釋文】棄妹一本作「妹之老」。不仁釋名云：妹，末也。謂末學之徒，須慈誘之，乃見棄薄，不仁之甚也。**生熟不盡於前，**【注】至足，故恒有餘。【疏】生，謂粟帛。熟，謂飲食。充足之外，不復概懷，所以飲食資財，目前狼藉。且大聖寬弘而不拘小節，士成庸瑣，以此爲非。細碎之間，格量真聖，可謂以螺酌海，焉測淺深也。【釋文】生熟司馬云：生，膾也。一云：生熟，謂好惡也。**而積斂無崖。」**【注】萬物歸懷，來者受之，不小立界畔也。【疏】既有聖德，爲物所歸，故供給聚斂，略無涯峙，浩然無心，積散任物也。【釋文】而積子亦反。李子賜反。斂力檢反。李狸豔反。**老子漠然不應。**【注】不以其言概意。【疏】塵垢之言，豈曾入耳？漠然虚淡，何足介懷！

士成綺明日復見，曰：「昔者吾有刺於子，今吾心正郤矣，何故也？」【注】自怪刺譏之心，所以懷也。【疏】郤，空也，息也。昨日初來，妄生譏刺，今時思省，方覺己非。所以引過責躬，深懷慚竦。心之空矣，不識何耶。【釋文】復見扶又反。有刺千賜反。正郤去逆反。或云：息也。

老子曰：「夫巧知神聖之人，吾自以爲脱焉。【注】脱，過去也。【疏】夫巧智神聖之人者，蓋是迹，非所以迹也。汝言我欲於聖人乎？我於此久以免脱，汝何爲乃謂我是聖非聖耶？老君欲抑成綺之譏心，故示以息迹歸本也。郭注云：脱，過去也。謂我於聖，已得過免而去也。【釋文】夫巧苦教反，又如字。知音智。爲脱徒活反。注同。昔者子呼我牛也，而謂之牛；呼我馬也，而謂之馬。【注】隨物所名。苟有其實，人與之名而弗受，【注】有實，故不以毁譽經心也。【釋文】毁譽音餘。下同。再受其殃。【注】一毁一譽，若受之於心，則名實俱累，斯所以再受其殃也。【疏】昨日汝唤我作牛，我即從汝唤作牛；唤我作馬，我亦從汝唤作馬，我終不拒。且有牛馬之實，是一名也。人與之名，諱而不受，是再殃也。譏刺之言，未甚牛馬，是尚不諱，而況非乎？吾服也恒服，【注】服者，容行之謂也。不以毁譽自殃，故能不變其容。【疏】郭注云：「服者，容行之謂也。」老君體道大聖，故能制服身心，行行容受；呼牛呼馬，唯物是從。此乃恒常，非由措意也。【釋文】容行如字。吾非以服有服。」【注】有爲爲之，則不能恒服。【疏】言我率性任真，自然容受，非關有心用意，方得而然。必也用心，便成矯性，既其有作，豈曰無爲？

士成綺雁行避影，履行遂進而問：「修身若何？」【疏】成綺自知失言，身心慙愧，於是雁行斜步，側身避影，隨逐老子之後，不敢履躡其迹，仍徐進問，請修身之道如何。

老子曰：「而容崖然，【注】進趨不安之貌。【疏】而，汝也。言汝莊飾容貌，夸駭於人，自爲崖岸，不能舒適。而目衝然，【注】衝出之貌。【疏】心既不安，目亦馳動，故左盼右睇，睢盱充詘也。而顙頯然，【注】高露發美之貌。【疏】顙頯高亢，顯露華飾，持此容儀，矜敖於物。【釋文】顙頯上息黨反，下去軌反。

本又作「顯」，如字。司馬本作「䫲」。而口闞然，【注】虓豁之貌。【疏】郭注云：「虓豁之貌也。」謂志性强梁，言語雄猛，夸張虓豁，使人可畏也。【釋文】闞郭許覽反，又火斬反，又火暫反。虓火交反。豁火括反。而狀義然，【注】踶跂自持之貌。【疏】義，宜也。踶跂驕豪，實乖典禮，而修飾容狀，自然合宜也。【釋文】踶直氏反。跂去氏反。似繫馬而止也。【注】志在奔馳。【疏】形雖矜莊，而心性諠躁，猶如逸馬被繫，意存奔走。動而持，【注】不能自舒放也。【疏】馳情逐境，觸物而動，不能任適，每事拘持。發也機，【注】趨捨速也。【疏】機，弩牙也。攀緣之心，遇境而發，其發猛速，有類弩牙。察而審，【注】明是非也。【疏】不能虛遣，違順兩忘，而明察是非，域心審定。知巧而覩於泰，【注】泰者，多於本性之謂也。巧於見泰，則拙於抱樸。【疏】泰，多也。不能忘巧忘知，觀無爲之一理，而詐知詐巧，見有爲之多事。凡以爲不信。【注】凡此十事，以爲不信性命而蕩夫毁譽，皆非修身之道也。【疏】信，實也。言此十事，皆是虛詐之行，非真實之德也。邊竟有人焉，其名爲竊。」【注】亦如汝所行，非正人也。【疏】竊，賊也。邊蕃境域，忽有一人，不憚憲章，但行竊盜，内則損傷風化，外則阻隔蕃情，蠹政害物，莫斯之甚。成綺之行，其猥亦然，舉動睢盱，猶如此賊也。【釋文】邊竟音境。有人焉其名爲竊邊垂之人，不聞知禮樂之正，縱有言語，偶會墳典，皆是竊盜所得，其道何足語哉？司馬云：言遠方嘗有是人。

夫子曰：「夫道，於大不終，於小不遺，故萬物備。【疏】莊周師老君，故呼爲夫子也。終，窮也。二儀雖大，猶在道中，不能窮道之量；秋毫雖小，待之成體，此則於小不遺。既其能小能大，故知備在萬物。廣廣乎其無不容也，淵淵乎其不可測也。【疏】既大無不包，細無不入，貫穿萬物，囊括二儀，故廣廣歎其寬博，淵乎美其深遠。○典案：「淵」字舊不重，今依碧虛子校引江南古藏本補。「淵淵乎」與上「廣廣乎」句法一律。形德仁義，神之末也，非至人孰能定之？【疏】夫形德仁義者，精神之末迹耳，非所以迹也。救物之弊，不得已而用之。自非至聖神人，誰能定其粗妙耶？夫至人有世，不亦大乎！而不足以爲之累。【注】用世，故不患其大也。【疏】聖人威跨萬乘，王有世界，位居九五，不亦大乎！而姑射、汾陽，忘物忘己，即動即寂，何四海之能累乎？天下奮棅，而不與之偕，【注】靜而順之。【疏】棅，權也。偕，居也。社稷顛覆，宇内崩離，趨世之人，奮動權棅。必靜而自守，不與並逐也。【釋文】奮棅音柄。司馬云：威權也。李丑倫反。一本作「棟」。審乎無假，而不與利遷，【注】任真而直往也。【疏】志性安靜，委命任真，榮位既不關情，財利豈能遷動也。極物之真，能守其本，【疏】夫聖人靈鑒洞徹，窮理盡性，斯極物之真者也。而應感無方，動不傷寂，能守其本。故外天地，遺萬物，而神未嘗有所困也。【疏】雖復握圖御寓，總統羣方，而忘外二儀，遺棄萬物。是以爲既無爲，事既無事，心閑神王，何困弊之有？通乎道，合乎德，【疏】

淡泊之心，通乎至道；虚忘之智，合乎上德。斯乃境智相會，能斯冥符也。退仁義，【注】進道德也。賓禮樂，【注】以情性爲主也。【疏】退仁義之澆薄，進道德之淳和，擯禮樂之浮華，主無爲之虚淡。○俞樾曰：「賓」當讀爲「擯」，謂擯斥禮樂也。與上句「退仁義」一律。郭注曰「以性情爲主也」，則以本字讀之，其義轉迂。達生篇曰「賓於鄉里，逐於州部」，此即假「賓」爲「擯」之證。至人之心有所定矣。」【注】定於無爲也。【疏】恬淡無爲，而用不乖寂，定矣。

世之所貴道者，書也。【疏】道者，言説。書者，文字。世俗之人，識見浮淺，或託語以通心，或因書以表意，持許往來，以爲貴策，不知無足可言也。書不過語，語有貴也。語之所貴者，意也，【疏】所以致書，貴宣於語。所以宣語，貴表於意也。意有所隨。意之所隨者，不可以言傳也，【疏】隨，從也。意之所出，從道而來。道既非色非聲，故不可以言傳説。【釋文】言傳丈專反。後同。而世因貴言傳書。世雖貴之，我猶不足貴也，爲其貴非其貴也。【注】其貴恒在意言之表。【疏】夫書以載言，言以傳意，而末世之人，心靈暗塞，遂貴言重書，不能忘言求理。故雖貴之，我猶不足貴者，爲言書糟粕，非可貴之物也，故郭注云：「其貴恒在意言之表。」【釋文】爲其于僞反。故視而可見者，形與色也；聽而可聞者，名與聲也。悲夫，世人以形色名聲爲足以得彼之情！夫形色名聲果不足以得彼之情，【注】得彼（之）情，唯忘言遺書者耳。【疏】夫目之所見，莫過形色；耳之所聽，唯在名聲。而世俗之人，不達至理，謂名言聲色，盡道情實。豈知玄極，視聽莫偕。愚惑如此，深可悲歎。郭注云：「得彼之情，唯忘言遺書者耳。」則知者不言，言者不知，而世豈識之哉！【注】此絕學去知之意也。【疏】知道者忘言，貴德者不知，而聾俗愚迷，豈能識悟？唯當達者，方體之矣。【釋文】知者如字。下同。或並音智。去尚起呂反。

桓公讀書於堂上，輪扁斲輪於堂下，釋椎鑿而上，問桓公曰：「敢問公之所讀者何言邪？」【疏】桓公，齊桓公也。輪，車輪也。扁，匠人名也。斲，雕斫也。釋，放也。齊君翫讀，輪扁打車，貴賤不同，事業各異，乃釋放其具，方事質疑。欲明至道深玄，不可傳集，故寄桓公、匠者，略顯忘言之致也。○典案：書鈔一百、一百四十一、御覽四百五十九、七百六十三引「桓公」上並有「齊」字。又御覽六百十六引「敢問公之所讀者何言邪」作「敢問公所讀之書何言也」。【釋文】桓公李云：齊桓公也，名小白。輪扁音篇，又符殄反。司馬云：斲輪人也，名扁。斲陟角反。椎直追反。而上時掌反。公曰：「聖人之言也。」【疏】所謂憲章文、武，祖述堯、舜，是聖人之言。曰：「聖人在乎？」【疏】又問：聖人見在以不？公曰：「已死矣。」【疏】答曰：聖人雖死，厥教尚存焉。曰：「然則君之所讀者，古人之糟魄已夫。」【疏】（夫）酒滓曰糟，漬糟曰粕。夫醇酎比乎道德，糟粕方之仁義，已陳芻狗，曾何足云！○典案：「君」當爲「公」字之誤也。此承上文「敢問公之所讀者何言邪」

而言。書鈔百、御覽六百十六引「君」並作「公」，是其證。【釋文】糟音遭。李云：酒滓也。魄普各反。司馬云：爛食曰魄。一云：糟爛爲魄。本又作「粕」，音同。許慎云：粕，已漉麤糟也。或普白反，謂魂魄也。已夫音符。絶句。或如字。

桓公曰：「寡人讀書，輪人安得議乎？有説則可，無説則死。」【疏】貴賤禮隔，不可輕言，庸委之夫，輒敢議論？説若有理，方可免辜；如其無辭，必獲死罪。

輪扁曰：「臣也以臣之事觀之。斲輪，徐則甘而不固，疾則苦而不入。不徐不疾，得之於手而應於心，口不能言，有數存焉於其間。【疏】甘，緩也。苦，急也。數，術也。夫斲輪失所，則〔不〕牢固；若使得宜，則口不能言也。況之理教，其義亦然。○典案：「而應於心」，御覽七百七十五引作「應之於心」。【釋文】甘如字，又音酣。司馬云：甘者，緩也。苦者，急也。有數李云：色注反。數，術也。臣不能以喻臣之子，○典案：「喻」，淮南子道應篇作「教」。御覽七百七十五引作「傳」。臣之子亦不能受之於臣，是以行年七十而老斲輪。【注】此言物各有性，教學之無益也。【疏】喻，曉也。輪扁之術，不能示其子，輪扁之子，亦不能稟受其教，是以行年至老，不免斤斧之勞。故知物各有性，不可倣效。○典案：文選文賦注引注「教」作「效」。御覽六百十六引注作「古人物各有信，學教之無益也」。古之人與其不可傳也死矣，然則君之所讀者，古人之糟魄已夫。」【注】當古之事，已滅於古矣，雖或傳之，豈能使古在今哉？古不在今，今事已變，故絶學任性，與時變化，而後至焉。【疏】

夫聖人制法，利物隨時。時既不停，法亦隨變。是以古人古法，淪殘於前；今法今人，自興於後，無容執古聖迹，行乎今世，故知所讀之書定是糟粕也。○典案：御覽六百十六、七百七十五引「也」並作「者」，又七百十五引注作「今古不同，變化異時，故宜絶學維之」。【釋文】人與如字，又一音餘。可傳直專反。注同。

莊子補正卷五下

外篇　天運第十四

【釋文】以義名篇。「天運」，司馬作「天員」。

「天其運乎？【注】不運而自行也。【疏】言天稟陽氣，清浮在上，無心運行而自動。【釋文】其運　爾雅云：運，徙也。廣雅云：轉也。地其處乎？【注】不處而自止也。【疏】地稟陰氣，濁沈在下，亦無心寧靜而自止。日月其争於所乎？【注】不争所而自代謝也。【疏】晝夜照臨，出没往來，自然如是。既無情於代謝，豈有心於争處？孰主張是？【疏】孰，誰也。是者，指斥前文也。言四時八節，雲行雨施，覆育蒼生，亭毒羣品，誰爲主宰而施張乎？此一句解天運也。孰維綱是？【注】皆自爾耳。【疏】山岳産育，川源流注，包容萬物，運載無窮，春生夏長，必無差忒。是誰維持綱紀，故得如斯？此一句解地處也。孰居無事，推而行是？【注】無則無所能推，有則各自有事。然則無事而推行是者，誰乎哉？各自行耳。【疏】夫日月代謝，星辰朗耀，各有度數，咸由自然。誰安居無事，推算而行之乎？此一句解日月争所。已前三者，並假設疑問，顯發幽微，故知皆自爾耳，無物使之然也。【釋文】推而如字。一音吐回反。司馬本作「誰」。意者其有機緘而不得已邪？【疏】機，關也。緘，閉也。玄冬肅殺，夜霄暗昧，以意億度，謂有主司關閉，事不得已，致令如此。以理推者，皆自爾也。方地不動，其義亦然也。【釋文】緘古咸反。徐古陷反。司馬本作「咸」，云：引也。意者其運轉而不能自止邪？【注】自爾，故不可知也。【疏】至如青春氣發，萬物皆生，晝夜開明，六合俱照，氣序運轉，致茲生育，尋其理趣，無物使然。圓天運行，其義亦爾也。雲者爲雨乎？雨者爲雲乎？【注】二者俱不能相爲，各自爾也。【疏】夫氣騰而上，所以爲雲；雲散而下，流潤成雨。然推尋始末，皆無攸肇，故知二者，不能相爲。【釋文】爲雨于僞反。下及注同。孰隆施是？【疏】隆，興也。施，廢也。言誰興雲雨，而洪注滂沱；誰廢甘澤，而致茲亢旱也。【釋文】隆施音弛，式氏反。○俞樾曰：此承上雲雨而言。「隆」當作「降」，謂降施此雲雨也。書大傳「隆谷」，鄭注曰：隆，讀如「厖降」之「降」。蓋「隆」從「降」聲，古音本同。荀子天論篇「隆禮尊賢而王」，韓詩外傳「隆」作「降」；齊策「歲八月降雨下」，風俗通義祀典篇「降」作「隆」，是古字通用之證。○碧虛子校引江南李氏本「施」作「弛」。典案：道藏本、唐寫本「施」並作「弛」，與李本合。孰居無事，淫樂而勸是？【疏】誰安居無事，自勵勸彼，作此淫雨而快樂邪？司馬本作「倦」字。【釋文】淫樂音洛，又音嶽。而勸司馬本「勸」作「倦」，云：讀曰隨。言誰無所作，在隨天往來，運轉無已也。風起北方，一西一東，在上彷徨，孰噓吸是？孰居無事，而披拂是？【疏】彷徨，迴轉之貌也。噓吸，猶吐納也。披拂，猶扇動也。北方陰氣，起風之所，故云北方。夫風吹無心，東西任適，或彷徨而居空裏，或噓吸而在山中，拂披升降，略無定準。孰居無事，而爲此乎？蓋自然也。○典案：文選謝靈運石門新營所住四面高山迴溪石瀨脩竹茂林詩「躋險築幽居，披雲臥石門」，李注引「風起北方」上有「雲者」二字。李引此文以釋「披雲」之義，則所見本必有「雲者」二字，非妄增也。又「在」舊作「有」，碧虛子校引張君房本作「在」，唐寫本同。今依張本改。【釋文】有上時掌反。彷薄皇反。徨音皇。司馬本作「旁皇」，云：旁皇，飈風也。噓音虛。吸許急反。披芳皮反。拂芳弗反。郭扶弗反。披拂，風貌。司馬本作「翇」。敢問何故？」【注】設問所以自爾之故也。【疏】此句總問以前有何意故也。

巫咸袑曰：「來！吾語女。天有六極五常，【注】夫物事之近，或知其故，然尋其原以至乎極，則無故而自爾也。自爾則無所稍問其故也，但當順之。【疏】巫咸，神巫也，爲殷中宗相。袑，名也。六極，謂六合，四方、上、下也。五常，謂五行，金、木、水、火、土，人倫之常性也。言自然之理，有此六極、五常，至於日月風雲，例皆如此。但當任之，自然具足，何爲措意於其間哉！【釋文】巫咸袑赤遥反。郭音條，又音紹。李云：巫咸，殷相也。袑，寄名也。吾語魚據反。女音汝。後皆同。六極司馬云：四方、上、下也。○俞樾曰：「六極五常」，疑即洪範之「五福六極」也。「常」與「祥」古字通。儀禮士虞禮記「薦此常事」，鄭注曰：古文「常」爲「祥」。是其證也。說文示部：祥，福也。然則「五常」即「五福」也。下文曰「九洛之事，治成德備」，其即謂禹所受之洛書九類乎？帝王順之則治，逆之則凶。【注】夫假學可變，而天性不可逆也。【疏】夫帝王者，上符天道，下順蒼生，垂拱無爲，因循任物，則天下治矣。而逆萬國之歡心，乖二儀之和氣，所作凶勃，則禍亂生也。九洛之事，治成德備，監照下土，【疏】九洛之事者，九州聚落之事也。言王者應天順物，馭用無心，故致天下太平，人歌擊壤。九州聚落之地，治定功成，八荒夷狄之邦，道圓德備。既合二儀，覆載萬物，又齊三景，照臨下土。天下戴之，此謂上皇。」【注】順其自爾故也。【疏】道合自然，德均造化，故衆生樂推而不厭，百姓荷戴而不辭。可謂返樸還淳，上皇之治也。

商太宰蕩問仁於莊子。【疏】宋承殷後，故商即宋國也。大宰，官號。名盈，字蕩。方欲決己所疑，故問仁於莊子。【釋文】商大音泰。下文「大息」同。宰蕩司馬云：商，宋也。大宰，官也。蕩，字也。莊子曰：「虎狼，仁也。」【疏】仁者，親愛之迹。夫虎狼猛獸，猶解相親，足明萬類皆有仁性也。曰：「何謂也？」【疏】大宰未達深情，重問有何意謂。莊子曰：「父子親愛，何爲不仁？」【疏】父子親愛，出自天然，此乃真仁，何勞再問？曰：「請問至仁。」【疏】虎狼親愛，厥義未宏，故請至仁，庶聞深旨。莊子曰：「至仁無親。」【注】無親者，非薄德之謂也。夫人之一體，非有親也。而首自在上，足自處下，府藏居內，皮毛在外，外內上下，尊卑貴賤，於其體中，各任其極，而未有親愛於其間也。然至仁足矣，故五親六族、賢愚遠近，不失分於天下者，理自然也，又奚取於有親哉！【疏】夫至仁者，忘懷絶慮，與大虚而同體，混萬物而爲一，何親疏之可論乎？泊然無心，而順天下之親疏也。【釋文】府藏才浪反。

大宰曰：「蕩聞之，無親則不愛，不愛則不孝。謂至仁不孝，可乎？」【疏】夫無愛無親，便是不孝，謂至仁不孝，於理可乎？商蕩不悟深旨，遂生淺惑。莊生爲其顯折，義列下文。【釋文】蕩聞之一本「蕩」作「盈」，崔本同。或云：盈，大宰字。

莊子曰：「不然。夫至仁尚矣，孝固不足以言之。【注】必言之於忘仁忘孝之地，然後至耳。【疏】至仁者，忘義忘仁，可貴可尚，豈得將愛敬近迹以語其心哉？固不足以言也。此非過孝之言也，不及孝之言也。【注】凡名生於不及者，故過仁孝之名，而涉乎無名之境，然後至焉。【疏】商蕩之問，近滯域中，莊生之答，遠超方外。故知親愛之旨，非過孝之談，封執名教，不及孝之言也。夫南行者至於郢，北面而不見冥山，是何也？則去之遠也。【注】冥山在乎北極，而南行以觀之；至仁在乎無親，而仁愛以言之。故郢雖見而愈遠冥山，仁孝雖彰，而愈非至理也。【疏】郢地居南，冥山在北，故郭注云：「冥山在乎北極，南行以觀之；至仁在乎無親，而仁愛以言之。故郢雖見而愈遠冥山，仁孝雖彰而愈非至道。」此注甚明，不勞更解。【釋文】郢以井反，又以政反。楚都也，在江陵北。冥山司馬云：北海山名。愈遠于萬反。故曰：以敬孝易，以愛孝難；【疏】夫敬在形迹，愛率本心。心由天性，故難；迹關人情，故易也。【釋文】孝易以豉反。下皆同。以愛孝易，而忘親難；【疏】夫愛孝雖難，猶滯域中，未若忘親，澹然無係。忘既勝愛，有優有劣，以此格量，難易明之矣。忘親易，使親忘我難；【疏】夫騰蝯斷腸，老牛舐犢，恩慈下流，物之恒性。故子忘親易，親忘子難。自非達道，孰能行之？使親忘我易，兼忘天下難；兼忘天下易，使天下兼忘我難。【注】夫至仁者，百節皆適，則終日不自識也。聖人在上，非有爲也，恣之使各自得而已耳。自得其爲，則衆務自適，羣生自足，天下安得不各自忘我哉！各自忘矣，主其安在乎？斯所謂兼忘也。【疏】夫兼忘天下者，棄萬乘如脱屣也。使天下兼忘我者，謂百姓日用而不知也。夫垂拱汾陽，而游心姑射，揖讓之美，貴在虚忘，此兼忘天下者也。方前則難，比後便易，未若忘懷至道，息智自然，將造化而同功，與天地而合德者，故能恣萬物之性分，順百姓之所爲，大小咸得，飛沈不喪，利澤潛被，物皆自然，上如標枝，民如野鹿。當是時也，主其安在乎？此使天下兼忘我者也，可謂軒、頊之前，淳古之君耳。其德不見，故天下忘之。斯則從劣向優，自粗入妙，遣之又遣，玄之又玄也。夫德遺堯、舜而不爲也，【注】遺堯、舜然後堯、舜之德全耳。若係之在心，則非自得者也。【疏】遺，忘棄也。言堯、舜二君，盛德深遠，而又忘其德，任物不爲。斯解兼忘天下難。利澤施於萬世，天下莫知也，【注】泯然常適。【疏】有利益恩澤，惠潤羣生，萬世之後，其德不替，而至德潛被，日用不知。斯解使天下兼忘我難也。豈直太息而言仁孝乎哉？【注】失於江湖，乃思濡沫。【疏】大息，猶嗟歎也。夫盛德同於堯、舜，尚能遺忘而不自顯，豈復太息言於仁孝，嗟歎於陳迹乎？【釋文】濡沫音末。夫孝悌仁義，忠信貞廉，此皆自勉以役其德者也，不足多也。【疏】悌，順也。德者，真性也。以此上八事，皆矯性僞情，勉强勵力，捨己効人，勞役其性，故不足多也。【釋文】孝弟音悌。故曰：至貴，國爵并焉；【注】并者，除棄之謂也。夫貴在於身，身猶忘之，況國爵乎？斯貴之至也。【疏】并者，除棄之謂也。夫貴爵祿者，本爲身也。身猶忘之，況爵祿乎？斯至貴者也。【釋文】并焉必領反，棄除也。注同。至富，國財并焉；【注】至富者，自足而已。故除天下之財者也。【疏】至富者，知足者也。知足之人，以不貪爲寶，縱令傾國資財，亦棄而不用。故老經云「知足者富」，斯之謂也。至願，名譽并焉。【注】所至願者，適也。得適，而仁孝之名都去矣。【疏】夫至願者，莫過適性也。既一毀譽，混榮辱，忘物我，泯是非，故令聞聲名，視之如涕唾也。是以道不渝。」【注】去華取實故也。【疏】渝，變也，薄也。既忘富貴，又遺名譽，是以道德淳厚，不隨物變也。【釋文】去華起呂反。

北門成問於黄帝曰：「帝張咸池之樂於洞庭之野，【疏】姓北門，名成，黄帝臣也。欲明至樂之道，故寄此二人，更相發起也。咸池，樂名。張，施也。咸，和也。洞庭之野，天（地）〔池〕之間，非太湖之洞庭也。

【釋文】北門成人姓名也。洞庭徒送反。吾始聞之懼，復聞之怠，卒聞之而惑，【疏】怠，退息也。卒，終也。復，重也。惑，闇也。不悟至樂，初聞之時，懼然驚悚；再聞其聲，稍悟音旨，故懼心退息；最後聞之，知至樂與二儀合德，視之不見，聽之不聞，故心無分別，有同暗惑者也。○典案：御覽五百六十五引「惑」作「或」。【釋文】之懼如字。或音句。下同。一本作「戄」，音況縛反。案説文，「懼」是正字，「戄」是古文。復聞扶又反，下注同。○典案：御覽五百六十五引「復」作「後」。蕩蕩默默，乃不自得。」【注】不自得，坐忘之謂也。【疏】蕩蕩，平易之容。默默，無知之貌。第三聞之，體悟玄理，故蕩蕩而無偏，默默而無知，芒然坐忘，物我俱喪，乃不自得。○典案：「蕩蕩」，御覽三百九十二引作「藹藹」，五百六十五引與今本同。

帝曰：「汝殆其然哉！吾奏之以人，徵之以天，行之以禮義，建之以太清。【注】由此觀之，知夫至樂者，非音聲之謂也。必先順乎天，應乎人，得於心而適於性，然後發之以聲，奏之以曲耳。故咸池之樂，必待黃帝之化而後成焉。【疏】殆，近也。奏，應也。徵，順也。禮義，五德也。太清，天道也。黃帝既允北門成第三聞樂，體悟玄道，忘知息慮，是以許其所解，故云汝近於自然也。夫至樂者，先應之以人事，順之以天理，行之以五德，應之以自然，然後調理四時，太和萬物。雖復行於禮義之迹，而忘自然之本者也。此是第一奏也。○典案：御覽七十九引注云：「以人奏之，以天徵之，天人合德，爾乃知以春爲禮，以秋爲義，大清乃建。」疑是逸注。又疏「夫至樂者」以下三十五字，宋蘇轍以爲注文，清宣穎南華經解云：俗本雜入；各本多以爲正文。道藏白文本無此文，唐寫郭注本亦無，道藏注疏本正以爲成疏。今從之。【釋文】徵之如字。古本多作「徽」。○典案：道藏白文本、注疏本、唐寫本並作「徽」，與釋文古本合。大清音泰。四時迭起，萬物循生；一盛一衰，文武倫經；【疏】循，順。倫，理。經，常也。言春夏秋冬，更迭而起，一切物類，順序而生。夏盛冬衰，春文秋武，生殺之理，天道之常。但常任之，斯至樂矣。【釋文】迭起大節反。一本作「遞」，大計反。循生似倫反。一清一濁，陰陽調和，流光其聲；【注】自然律呂，以滿天地之間，但當順而不奪，則至樂全矣。【疏】清，天也。濁，地也。陰升陽降，二氣調和，故施生萬物。和氣流布，三光照燭。此謂至樂，無聲之聲。○郭嵩燾曰：「倫經」，猶言「經綸」。典案：郭謂「倫經」猶「經綸」，是也。北堂書鈔百五引正作「經綸」，可證。蟄蟲始作，吾驚之以雷霆；【注】因其自作，而用其所以動。【疏】仲春之月，蟄蟲始啓，自然之理，驚之雷霆。所謂動靜，順時因物，或作至樂，具合斯道也。【釋文】蟄蟲沈執反。郭音執。爾雅云：静也。霆音廷，又音挺，徒佞反。電也。其卒無尾，其始無首；【注】運轉無極。【疏】尋求自然之理，無始無終；討論至樂之聲，無首無尾。故老經云「迎之不見其首，隨之不見其後」也。一死一生，一僨一起；所常無窮，【注】以變化爲常，則所常者無窮也。【疏】僨，仆也。夫盛衰生死，虛盈起僨，變化之道，理之常數。若以變化爲常，則所謂常者無窮也。【釋文】一僨方問反。司馬云：仆也。而一不可待，汝故懼也。【注】初聞無窮之變，不能待之以一，故懼然悚聽也。【疏】至一之理，絕視絕聽，不可待之以聲色，故初聞懼然也。○俞樾曰：「一不可待」者，皆不可待也。大戴記衛將軍文子篇「則一諸侯之相也」，盧注曰：一，皆也。荀子勸學篇「一可以爲法則」、君子篇「一皆善也，謂之聖」，楊注曰：一，皆也。是「一」有「皆」義。郭注曰「不能待之以一」，與語意未合。

「吾又奏之以陰陽之和，燭之以日月之明。【注】所謂用天之道。【疏】言至樂之聲，將陰陽合其序；所通生物，與日月齊其明。此第二奏也。其聲能短能長，能柔能剛；變化齊一，不主故常；【注】齊一於變化，故不主故常。【疏】順羣生之修短，任萬物之柔剛，齊變化之一理，豈守故而執常！在谷滿谷，在阬滿阬；【注】至樂之道，無不周也。【疏】至樂之道，無所不徧，乃谷乃阬，悉皆盈滿，所謂道無不在，所在皆無也。【釋文】在阬苦庚反。爾雅云：虚也。塗郤守神，【注】塞其兑也。【疏】塗，塞也。郤，孔也。閉心知之孔郤，守凝寂之精神。郭注云：「塞其兑也。」【釋文】塗郤去逆反，與「隙」義同。其兑徒外反。以物爲量。【注】大制不割。【疏】量，音亮。大小修短，隨物器量，終不制割而從己也。【釋文】爲量音亮。其聲揮綽，【注】所謂闡諧。【疏】揮，動也。綽，寬也。同雷霆之震動，其聲寬也。其名高明。【注】名當其實，則高明也。【疏】高如上天，明如日月，聲既廣大，名亦高明。是故鬼神守其幽，【注】不離其所。【疏】人物居其顯明，鬼神守其幽昧，各得其所，而不相撓。故老經云「以道利天下，其鬼不神」也。【釋文】不離力智反。日月星辰行其紀。【注】不失其度。【疏】三光朗耀，依分而行；綱紀上玄，必無差忒也。吾止之於有窮，【注】常在極止住也。【疏】止，住也。窮，極也。雖復千變萬化，而常居玄極，不離妙本，動而常寂也。流之於無止。【注】隨變而往也。【疏】流，動也。應感無方，隨時適變，未嘗執宗，故寂而動也。予欲慮之而不能知也，望之而不能見也，逐之而不能及也，【注】故闇然恣使化去也。【疏】夫至樂者，真道也。欲明道非心識，故謀慮而不能知；道非聲色，故瞻望而不能見；道非形質，故追逐而不能逮也。○典案：唐寫本「予」作「子」，世德堂本同。道藏注疏本與今本合。儻然立於四虛之道，【注】弘敞無偏之謂。【疏】儻然，無心貌也。四虛，謂四方空，大道也。言聖人無心，與至樂同體，立志弘敞，接物無偏，包容萬有，與虛空而合德。○典案：御覽三百九十二引「道」作「通」。【釋文】儻敕黨反。一音敞。倚於槁梧而吟。【注】無所復爲也。【疏】弘敞虛容，忘知絶慮，故形同槁木，心若死灰，逍遥無爲，且吟且詠也。【釋文】倚於綺反。槁古老反。目知窮乎所欲見，力屈乎所欲逐，吾既不及已夫！【注】言物之知力，各有所齊限。【疏】夫目知所見，蓋有涯限，所以稱窮，力馳逐亦有分齊，所以稱屈。至樂非心色等法，不可以限窮，故吾知盡其不及，故止而不逐也。心既有限，故知愛無名。此覆前予欲慮之等文也。○典案：唐寫本「夫」作「矣」，道藏注疏本同。【釋文】目知音智。齊限才細反。形充空虛，乃至委蛇。汝委蛇，故怠。【注】夫形充空虛者，無身也。無身，故能委蛇。委蛇任性，而悚懼之情怠也。

【疏】夫形充虛空，則與虛空而等量；委蛇任性，故順萬境而無心。所謂隳體黜聰、離形去智者也。只爲委蛇任性，故悚懼之情怠息。此解第二聞樂也。【釋文】委於危反。徐如字。蛇以支反，又作「施」。徐音絁。

「吾又奏之以無怠之聲〔一〕，【注】意既怠矣，乃復無怠，此其至也。【疏】再聞至樂，任性逶迤，悚懼之心，於焉怠息。雖復賢於初聞，猶自不及後聞，故奏無怠之聲，斯則以無遺怠。故郭注云：「意既怠矣，乃復無怠，此其至者也。」此是第三奏也。調之以自然之命，【注】命之所有者，非爲也，皆自然耳。【疏】調，和也。凡百蒼生，皆以自然爲其性命，所以奏此咸池之樂者，方欲調造化之心靈，和自然之性命也已。故若混逐叢生，【注】混然無繫，隨叢而生。【疏】混，同也。生，出也。同風物之動吹，隨叢林之出聲也。【釋文】叢生才公反。林樂而無形；【注】至樂者，適而已。適在體中，故無別形。【疏】夫叢林地籟之聲，無心而成至樂，適於性命而已，豈復有形也？○典案：「林樂」無義。「林」疑「體」字之誤。注「適在體中，故無別形」，即釋「體樂而無形」之義。若本作「林樂」，則注無緣出「體」字也。疏以「叢林地籟之聲」釋之，是成所見本已誤。【釋文】林樂音洛，亦如字。布揮而不曳，【注】自布耳。【疏】揮動四時，布散萬物，各得其所，非由牽曳。【釋文】布揮音輝。廣雅云：振也。幽昏而無聲。【注】所謂至樂。【疏】言至樂寂寥，超於視聽，故幽冥昏

〔一〕吾　原作「汝」，據上文及集釋等改。

暗，而無聲響矣。動於無方，【注】夫動者，豈有方而後動哉？【疏】夫至樂之本，雖復無聲，而應動隨時，實無方所。斯寂而動之也。居於窈冥；【注】所謂寧極。【疏】雖復應物隨機，千變萬化，而深根寧極，恒處窈冥。斯動而寂也。【釋文】於窈烏了反。或謂之死，或謂之生；或謂之實，或謂之榮；行流散徙，不主常聲。【注】隨物變化。【疏】夫春生冬死，秋實夏榮，雲行雨散，水流風從。自然之理，日新其變，至樂之道，豈主常聲也！世疑之，稽於聖人。【注】明聖人應世非唱也。【疏】稽，留也。夫聖人者，譬幽谷之響，明鏡之象，對之不知其所以來，絶之不知其所以往。物來斯應，應而忘懷，豈預前作法，而留心應世？故行留散徙，不主常聲，而世俗之人，妄生疑惑也。○典案：唐寫本注「唱」下有「之」字。【釋文】稽於古兮反。聖也者，達於情而遂於命也。【注】故有情有命者，莫不資焉。【疏】所言聖者，更無他義也，通有物之情，順自然之命，故謂之聖。天機不張，而五官皆備，此之謂天樂，【注】忘樂而樂足，非張而後備者也。【疏】天機，自然之樞機。五官，五藏也，言五藏各有主司，故謂之官。夫目視耳聽，手把脚行，布網轉丸，飛空走地，非由倣効，稟之造物，豈措意而後能爲？故五藏職司，素分備足，天樂之美，其在兹也。無言而心説。【注】心説在適，不在言也。【疏】體此天和，非由措意，故心靈適悦，而妙絶名言也。【釋文】心説音悦。注同。

故有焱氏爲之頌曰：『聽之不聞其聲，視之不見其形，充滿天地，苞裹六極。』

汝欲聽之而無接焉，而故惑也。【注】此乃無樂之樂，樂之至也。【疏】焱氏，神農也。美此至樂，爲之章頌。大音希聲，故聽之不聞；大象無形，〔故〕視之不見；道無不在，故充滿天地二儀；大無不包，故囊括六極。六極，六合也，假欲留意聽之，亦不可以耳根承接。是故體茲至樂，理趣幽微，心無分別，事同愚惑也。【釋文】焱氏必遥反。本亦作「炎」。苞裹音包。本或作「包」。

「樂也者，始於懼，懼故祟；【注】懼然悚聽，故是祟耳，未大和也。【疏】以下重釋三奏三聽之意，結成至樂之道。初聞至樂，未悟大和，心生悚懼，不能放釋，是故禍祟之也。【釋文】祟雖遂反。吾又次之以怠，怠故遁。【注】迹稍滅也。【疏】再聞之後，情意稍悟，故懼心怠退，其迹遁滅也。卒之於惑，惑故愚，愚故道，道可載而與之俱也。」【注】以無知爲愚，愚乃至也。【疏】最後聞樂，靈府淳和，心無分別，有同闇惑，蕩蕩默默，類彼愚迷，不怠不懼，雅符真道，既而運載無心，與物俱至也。

孔子西遊於衛。顔淵問師金曰：「以夫子之行爲奚如？」【疏】衛本昆吾之邑，又是康叔之封。自魯適衛，故曰西遊。師金，魯太師，名金也。奚，何也。言夫子行仁義之道，以化衛侯，未知此術行用可否耶。【釋文】師金李云：師，魯太師也。金，其名也。之行下孟反。師金曰：「惜乎，而夫子其窮哉！」【疏】言仲尼叡哲明敏，才智可惜，守先王之聖迹，執堯、舜之古道，所以頻遭辛苦，屢致困窮。顔淵曰：「何也？」【疏】問窮之所以也。

師金曰：「夫芻狗之未陳也，盛以篋衍，巾以文繡，尸祝齊戒以將之。【疏】此下譬喻，凡有六條：第一，芻狗；第二，舟車；第三，桔槔；第四，樝梨；第五，猿狙；第六，姸醜。芻（狗），草也，謂結草爲狗，以解除也。衍，笥也。尸祝，巫師也。將，送也。言芻狗未陳，盛以篋笥之器，覆以文繡之巾，致齊絜以表誠，展如在之將送。庶其福祉，貴之如是。【釋文】芻狗李云：結芻爲狗，巫祝用之。盛音成。下同。篋苦牒反。本或作「筐」。衍延善反。郭怡面反。李云：笥也。盛狗之物也。司馬云：合也。齊戒側皆反。本亦作「齋」。及其已陳也，行者踐其首脊，蘇者取而爨之而已。將復取而盛以篋衍，巾以文繡，遊居寢臥其下，彼不得夢，必且數眯焉。【注】廢棄之物，於時無用，則更致他妖也。

【疏】踐，履也。首，頭也。脊，背也。取草曰蘇。爨，炊也。眯，魘也。言芻狗未陳，致斯肅敬；既祭之後，棄之路中。故行人履踐其頭脊，蘇者取供其炊爨。方將復取而貴之，盛於筐衍之中，覆於文繡之下，遨遊居處，寢臥其旁，假令不致惡夢，必當數數遭魘。故郭注云：「廢棄之物，於時無用，則更致他妖也。」〇典案：淮南子齊俗篇「所謂禮義者，五帝、三王之法籍，風俗一世之迹也。譬若芻狗、土龍之始成，文以青黃，絹以綺繡，纏以朱絲，尸祝袀袨，大夫端冕以送迎之；及其已用之後，則壤土草薊而已，夫有孰貴之」，即襲用莊子此文。【釋文】蘇者李云：蘇，草也。取草者得以炊也。案方言云：江淮南楚之間謂之蘇。史記云「樵蘇後爨」，注云：蘇，取草也。爨之七丸反。將復扶又反。必且如字。徐子餘反。數音朔。眯李音米，又音美。字林云：物入眼爲病也。司馬云：厭也，音一琰反。今而夫子亦取先王已陳芻狗，聚弟子游居寢卧其下，故伐樹於宋，削迹於衛，窮於商、周，是非其夢邪？【疏】此合芻狗之譬，並合孔子窮義也。先王，謂堯、舜、禹、湯先代之帝王也。憲章文、武，祖述堯、舜，而爲教迹，故集聚弟子，遨遊於仁義之域，卧寢於禮信之鄉。古法不可執留，事同已陳芻狗。伐樹於宋者，孔子曾遊於宋，與門人講說於大樹之下，司馬桓魋欲殺夫子，夫子去後，桓魋惡其坐處，因伐樹焉。削，剗也。夫子嘗遊於衛，衛人疾之，故剗削其迹，不見用也。商是殷地，周是東周，孔子歷聘，曾困於此。良由執於聖迹，故致斯弊，狼狽如是，豈非惡夢耶？○俞樾曰：上「取」字如字，下「取」字當讀爲「聚」。周易萃象傳「聚以正也」，釋文曰：聚，荀作「取」。漢書五行志「内取茲」，師古曰：「取」讀如禮記「聚麀」之「聚」。是「聚」、「取」古通用。圍於陳、蔡之間，七日不火食，死生相與鄰，是非其眯邪？【注】此皆絶聖棄知之意耳，無所稍嫌也。夫先王典禮，所以適時用也，時過而不棄，即爲民妖，所以興矯效之端也。【疏】當時楚昭王聘夫子，夫子領徒宿於陳、蔡之地。蔡人見徒衆極多，謂之爲賊，故興兵圍繞，經乎七日，糧食罄盡，無復炊爨，從者餓病，莫之能興，憂悲困苦，鄰乎死地，豈非遭於已陳芻狗而魘耶？

「夫水行莫如用舟，而陸行莫如用車。以舟之可行於水也，而求推之於陸，則没世不行尋常。【疏】夫舟行於水，車行於陸，至於千里，未足爲難。若推舟於陸，求其運載，終没一世，不可數尺。【釋文】推之郭吐回反，又如字。下同。古今非水陸與？周、魯非舟車與？今蘄行周於魯，是猶推舟於陸也。【疏】此合諭也。蘄，求也。亦今古代殊，豈異乎水陸？周、魯地異，何異乎舟車？【釋文】陸與音餘。下同。今蘄音祈，求也。勞而無功，身必有殃。彼未知夫無方之傳，應物而不窮者也。【注】時移世異，禮亦宜變，故因物而無所係焉，斯不勞而有功也。【疏】方，猶常也。傳，轉也。言夫子執先王之迹，行衰周之世，徒勞心力，卒不成功，故削迹、伐樹，身遭殃禍也。夫聖人之智，接濟無方，千轉萬變，隨機應物。未知此道，故嬰斯禍也。【釋文】無方之傳直專反。下注同。司馬云：方，常也。

「且子獨不見夫桔槔者乎？引之則俯，舍之則仰。彼人之所引，非引人者也，故俯仰而不得罪於人。【疏】桔槔，挈水木也。人牽引之則俯下，捨放之則仰上，俯仰上下，引捨以人，委順無心，故無罪。夫人能虛己，其義亦然也。○「者」字舊敓。典案：御覽七百六十五「引人」下有「者」字，唐寫本同，今據補。【釋文】桔音结。槔音羔。故夫三皇、五帝之禮義法度，不矜於同，而矜於治。【注】期於合時宜、應治體而已。【疏】矜，美也。夫三皇、五帝，步驟殊時，禮樂威儀，不相沿襲。美在逗機，不治以定，不貴率今以同古。○典案：書鈔八十、類聚八十六、初學記二十一、御覽五百二十三、六百十、九百六十六、九百七十三引「皇」並作「王」。又案：「義」當爲「儀」之壞字。疏「禮樂威儀，不相沿襲」，是成所見本作「儀」。御覽五百二十三、六百十引並作「儀」，唐寫本字亦作「儀」。下同。【釋文】於治直吏反。注同。

「故譬三皇、五帝之禮義法度，其猶柤梨橘柚邪？其味相反，而皆可於口。【疏】夫柤梨橘柚，甘苦味殊，至於噉嚼，而皆可於口。譬三皇、五帝，澆淳異世，至於爲政，咸適機宜也。○典案：「可」下御覽九百六十六、九百六十九引並有「適」字，五百二十三引「柤梨橘柚」下有「菓瓜之屬」四字。御覽引書多刪削，少增益，疑本作「柤梨橘柚果蓏之屬」，而今本敚之。人間世篇「夫柤梨橘柚果蓏之屬，實熟則剝」，可證莊子書每以「柤梨橘柚果蓏之屬」八字連用也。【釋文】柤側加反。○典案：「柤」，初學記二十一、御覽六百十、九百六十六引作「樝」。柚由救反。

「故禮儀法度者，應時而變者也。【注】彼以爲美，而此或以爲惡，故當應時而變，然後皆適也。【疏】帝王之迹，蓋無常準，應時而變，不可執留。豈得膠柱刻船，居今行古也？今取猨狙而衣以周公之服，彼必齕齧挽裂，盡去而後慊。觀古今之異，猶猨狙之異乎周公也。【疏】慊，足也。周公聖人，譬淳古之世；狙猨狡獸，喻澆競之時。是以禮服雖華，猨狙不以爲美；聖迹乃貴，末代不以爲尊。故毀禮服，猨狙始慊其心；棄聖迹，蒼生方適其性。【釋文】猨狙上音袁，下七餘反。而衣於既反。齕音紇。挽音晚。盡去起吕反。慊苦牒反。李云：足也。本亦作「嗛」，音同。

「故西施病心而矉其里，其里之醜人見而美之，歸亦捧心而矉其里，其里之富人見之，堅閉門而不出；貧人見之，挈妻子而去之走。【疏】西施，越之美女也，貌極妍麗，既病心痛，嚬眉苦之。而端正之人，體多宜便，因其嚬蹙，更益其美，是以閭里見之，彌加愛重。鄰里醜人，見而學之，不病强嚬，倍增其陋，故富者惡之而不出，貧人棄之而遠走。捨己効物，其義例然。削迹、伐樹，皆學嚬之過也。【釋文】而矉徐扶真反，又扶人反。通俗文云：蹙額曰矉。其里絶句。○典案：御覽三百九十二、七百四十一引「矉」作「嚬」，並不重「其里」二字，唐寫本上「其里」亦不重，釋文以「其里」絶句，非是。捧心敷勇反。郭音奉。挈苦結反。

彼知矉美，而不知矉之所以美。【注】况夫禮義，當其時而用之，則西施也；時過而不棄，則醜人也。【疏】所以，猶所由也。嚬之所以美者，出乎西施之好也。彼之醜人，但美嚬之麗雅，而不知由西施之姝好也。○典案：御覽三百九十二引上「知」字作「爲」，「矉」作「嚬」。疏「嚬之所以美者」，是成本字亦作「嚬」。惜乎，而夫子其窮哉！」【疏】總會後文，結成其旨。窮之事迹，章中具載矣。

孔子行年五十有一而不聞道，乃南之沛，見老聃。【疏】仲尼雖領徒三千，號素王，而盛行五德，未聞大道。故從魯之沛，自北徂南，而見老君，以詢玄極故也。【釋文】之沛音貝。司馬云：老子，陳國相人。相今屬苦縣，與沛相近。老聃曰：「子來乎？吾聞子，北方之賢者也，子亦得道乎？」孔子曰：「未得也。」【疏】聞仲尼有當世賢能，未知頗得至道不？答言：未得。自楚望魯，故曰「北」也。老子曰：「子惡乎求之哉？」【疏】問：於何處尋求至道？【釋文】惡乎音烏。下同。曰：「吾求之於度數，五年而未得也。」【疏】數，算術也。三年一閏，天道小成；五年再閏，天道大成，故言「五年」

也。道非術數，故未得之也。老子曰：「子又惡乎求之哉？」【疏】再問求道用何方法。曰：「吾求之於陰陽，十有二年而未得也。」【注】此皆寄孔、老以明絶學之義也。【疏】十二年，陰陽之一周也。而未得者，明以陰陽取道，而道非陰陽，故下文云：「中國有人，非陰非陽。」○典案：「也」字舊敚，今據唐寫本補，「十有二年而未得也」與上「五年而未得也」句法一律。

老子曰：「然。使道而可獻，則人莫不獻之於其君；使道而可進，則人莫不進之於其親；使道而可以告人，則人莫不告其兄弟；使道而可以與人，則人莫不與其子孫。然而不可者，無佗也，【疏】夫至道深玄，妙絶言象，非無非有，不自不佗。是以不進獻於君親，豈得告於子弟？所以然者，無佗由也。故託孔、老二聖，以明玄中之玄也。中無主而不止，【注】心中無受道之質，則雖聞道而過去也。【疏】若使中心無受道之主，假令聞於聖說，亦不能止住於胸懷，故知無佗也。外無正而不行。【注】中無主，則外物亦無正己者也，故未嘗通也。【疏】中既無受道之心，故外亦無能正於己者，故不可行也。○俞樾曰：「正」乃「匹」字之誤。禮記緇衣篇「唯君子能好其正」，鄭注曰：「正」當爲「匹」，字之誤也。是其例矣。此云「中無主而不止，外無匹而不行」，與宣三年公羊傳「自內出者，無匹不行；自外至者，無主不止」文義相似。「自外至者，無主不止」，故此言「中無主而不止」也；「自內出者，無匹不行」，故此言「外無匹而不行」也。因「匹」誤爲「正」，郭注遂以「正己」爲說，殊非其義。則陽篇「自外入者，有主而不執；由中出者，有正而不距」，「正」亦當爲「匹」，誤與此同。○典案：淮南子原道篇「故從外入者，無主於中不止；從中出者，無應於外不行」，即本莊子此文。則陽篇「自外入者，有主而不執；由中出者，有正而不距」，文義竝同。下文「怨、恩、取、與、諫、教、生、殺，八者正之器也」，又「故曰正者正也」，亦皆言「正」不言「匹」。俞氏既改字以釋此文，又欲併改則陽篇文，其失也迂矣。由中出者，不受於外，聖人不出；【注】由中出者，聖人之道也。外有能受之者乃出耳。【疏】由，從也。從內出者，聖人垂迹顯教也。良由物能感聖，故聖人顯應。若使外物不能稟受，聖人亦終不出教。由外入者，無主於中，聖人不隱。【注】由外入者，假學以成性者也。雖性可學成，然要當內有其質。若無主於中，則無以藏聖道也。【疏】隱，藏也。由外入者，習學而成性也。由其外稟聖教，宜在心中。若使素無受教之心，則無藏於聖道。名，公器也，【注】夫名者，天下之所共用者也。【疏】名，鳴也。公，平也。器，用也。名有二種，一是命物，二是毀譽。今之所言，是毀譽名也。○典案：碧虛子校引張本「名」下有「者」字。【釋文】名公器也釋名云：名，鳴也。公，平也。器，用也。尹文子云：名有三科。一曰命物之名，方圓是也；二曰毀譽之名，善惡是也；三曰況謂之名，愛憎是也。今此是毀譽之名也。不可多取。【注】矯飾過實，多取者也。多取而天下亂也。【疏】夫令譽善名，天下共用，必其多取，則矯飾過實，而爭競斯起也。仁義，先王之蘧廬也，【注】猶傳舍也。○典案：御覽百九十四引「仁義」下有「者」字。【釋文】蘧音渠。司馬、郭云：蘧廬，猶傳舍也。止可以一宿，而不可久處，覯而多責。【注】夫仁義者，人之性也。人性有變，古今不同也。故游寄而過去則冥，若滯而係於一方則見。見則僞生，僞生而責多矣。【疏】蘧廬，逆旅傳舍也。覯，見也，亦久也。夫蘧廬客舍，不可久停；仁義禮智，用訖宜廢。客停久，疵釁生；聖迹留，過責起。○典案：御覽四百十九引「不可」下有「以」字。【釋文】覯古豆反。見也，遇也。

「古之至人，假道於仁，託宿於義，【注】隨時而變，無常迹也。以遊逍遥之虚，【疏】古之真人，和光降迹，逗機而行博愛，應物而用人羣，何異乎假借塗路，寄託宿止？暫時遊寓，蓋非真實，而動不傷寂，應不離真。故恒逍遥乎自得之場，彷徨乎無爲之境。【釋文】之虚音墟。本亦作「墟」。食於苟簡之田，立於不貸之圃。【疏】苟，且也。簡，略也。貸，施與也。知止知足，食於苟簡之田；不損己物，立於不貸之圃。而言田圃者，明是聖人養生之地。【釋文】苟簡王云：苟，且也。簡，略也。司馬本「簡」作「間」，云：分別也。不貸敕代反。司馬云：施與也。之圃音補。逍遥，無爲也；【注】有爲則非仁義。苟簡，易養也；【注】且從其簡，故易養也。【疏】只爲逍遥累盡，故能無爲恬淡。苟簡，苟且簡素，自足而已，故易養也。【釋文】易養以豉反。注同。不貸，無出也。【注】不貸者，不損己以爲物也。【疏】不損我以益彼，故無所出。此三句覆釋前義也。【釋文】以爲物于僞反。古者謂是采真之遊。【注】遊而任之，斯真采也。真采則色不僞矣。【疏】古者聖人行苟簡等法，謂是神采真實，而無假僞，逍遥任適，而隨化遨遊也。

「以富爲是者，不能讓禄；以顯爲是者，不能讓名；親權者，不能與人柄。

【注】天下未有以所非自累者，而各没命於所是。所是而以没其命者，非立乎不貸之圃者也。【疏】夫是富非貧，貪於貨賄者，豈能讓人財禄？是顯非隱，滯於榮位者，何能與人名譽？親愛權勢，矜夸於物者，何能與人之柄？柄，權也。唯厭穢風塵，羶臊榮利者，故能棄之如遺。操之則慄，舍之則悲，【注】舍之悲者，操之不能不慄也。【疏】操執權柄，恐失，所以戰慄；舍去威力，哀去，所以憂悲。【釋文】操之七刀反。舍之音捨。注同。而一無所鑒，以闚其所不休者，是天之戮民也。【注】言其知進而不知止，則性命喪矣，所以爲戮也。【疏】是富好權之人，心靈愚暗，唯滯名利，一無鑒識，豈能窺見玄理，而休心息智者乎？如是之人，雖復楚戮未加，而情性以困，故是自然刑戮之民。【釋文】喪息浪反。怨、恩、取、與、諫、教、生、殺，八者正之器也，【疏】夫怨敵必殺，恩惠須償，分内自取，分外與佗，臣子諫上，君父教下，應青春以生長，順素秋以殺罰。此八者，治正之器，不得不用之也。唯循大變無所湮者爲能用之。故曰：正者，正也。其心以爲不然者，天門弗開矣。」【注】守故不變，則失正矣。【疏】循，順也。湮，塞也。唯當順於人理，隨於變化，達於物情，而無滯塞者，故能用八事治之，正變合於天理，故曰「正者，正也」。其心之不能如是者，天機之門，擁而弗開。天門，心也。【釋文】湮者音因。李云：塞也，亦滯也。郭音煙，又烏節反。司馬本作「歅」，疑也。簡文作「甄」，云：隔也。天門一云：謂心也。一云：大道也。

孔子見老聃而語仁義。老聃曰：「夫播糠眯目，則天地四方易位矣；蚊虻噆膚，則通昔不寐矣。【注】外物加之，雖小，而傷性已大也。【疏】仲尼滯於聖迹，故發辭則語仁義。夫播糠眯目，目暗，故不能辯東西；蚊虻噆膚，膚痛，則徹宵不睡。是以外物雖微，為害必巨，況夫仁非天理，義不率性，捨己効佗，喪其本性，其為害也，豈眯目噆膚而已哉？噆，齧也。【釋文】播甫佐反，又彼我反。穅音康。字亦作「康」。蚊音文。字亦作「䖟」。虻音盲。字亦作「蝱」。噆子盍反。郭子合反。司馬云：齧也。通昔昔，夜也。○典案：御覽九百四十五引「昔」作「宵」。夫仁義憯然乃憤吾心，亂莫大焉。【注】尚之以加其性，故亂。【疏】仁義憯毒，甚於蚊虻，憤憤吾心，令人煩悶。擾亂物性，莫大於此。本亦作「憒」字者，不審。【釋文】憯然七感反。乃憤扶粉反。本又作「憒」，古內反。○郭慶藩曰：「憤」，釋文本又作「憒」，當從之。「賁」、「貴」形相近，故從「賁」從「貴」之字常相混。潛夫論浮侈篇「懷憂憒憒」，後漢書王符傳作「憤憤」，即其證也。○典案：郭校是也。御覽三百六十六引正作「憒」，是其證。葛洪神仙傳作「今仁義慘然而汩人心，亂莫大焉」。「慘」、「憯」同字。「汩」，亂也。義較長。吾子使天下無失其樸，【注】質全而仁義著矣。吾子亦放風而動，總德而立矣，【注】風自動而依之，德自立而秉之，斯易持易行之道也。【疏】放，縱任也。欲使蒼生喪其淳樸之性者，莫若絶仁棄義，則反冥我極也。仲尼亦宜放無為之風教，隨機務而應物，總虛妄之至德，立不測之神功。亦有作「放」，方往反。放，依也。【釋文】亦放方往反。風而動司馬云：放，依也，依無為之風而動也。易持易行並以豉反。又奚傑傑然若負建鼓而求亡子者邪？【注】言夫揭仁義以趨道德之鄉，其猶擊鼓而求逃者，無由得也。【疏】建，擊。傑然，用力貌。夫揭仁義以趨道德之鄉，何異乎打大鼓以求逃亡之子？故鼓聲大而亡子遠，仁義彰而道德廢也。○「傑」字舊不重。碧虛子校引張君房本「傑」字重。典案：張本是也。天道篇「又何偈偈乎揭仁義，若擊鼓而求亡子焉」，文義正與此同，郭注即引天道篇以釋此文之義。唐寫本亦重「傑」字，今據補。【釋文】傑然郭居竭反，又居謁反、巨竭反。夫揭其列、其謁二反。夫鵠不日浴而白，烏不日黔而黑。【注】自然各已足。【釋文】鵠本又作「鶴」，同，胡洛反。○典案：殘本修文御覽、類聚九十、御覽九百十六羽族部「鶴」條下、事類賦十八禽部引「鵠」並作「鶴」，唐寫本同，與釋文一本合。御覽三百九十五引作「鵠」，與今本同。日黔巨淹反。徐其金反。司馬云：黑也。黑白之樸，不足以爲辯；【注】俱自然耳，無所偏尚。【疏】浴，灑也。染緇曰黔。黔，黑也。辨者，別其勝負也。夫鵠白烏黑，稟之自然，豈須日日浴染，方得如是？以言物性，其義例然。黑白素樸，各足於分，所遇斯適。故不足於分，所以論勝負。亦言：辯，變也。黑白分定，不可變白爲黑也。名譽之觀，不足以爲廣。【注】夫至足者忘名譽，忘名譽乃廣耳。【疏】修名立譽，招物觀視，此挾劣何足自多！唯忘遺名譽，方可稱大耳。【釋文】之觀古亂反。司馬本作「讓」。泉涸，魚相與處於陸，相呴以濕，相濡以沫，【注】言仁義之譽，皆生於不足。【釋文】泉涸胡洛反。相呴況付反，又況于反。相濡如主反，又如瑜反。以沫音末。不若相忘於江湖。」【注】斯乃忘仁而仁者也。【疏】此總結前文，斥仁義之弊。夫泉源枯竭，魚傳沫以相濡；樸散淳離，行仁義以濟物。及其江湖浩蕩，各足所以相忘；道德深玄，得性所以虛淡。既江湖比於道德，濡沫方於仁義，以此格量，故不同日而語矣。〇典案：御覽九百三十五引作「不如相忘於江湖也」。【釋文】相忘並如字。

孔子見老聃歸，三日不談。【疏】老子方外大聖，變化無常，不可測量，故無所談說也。【釋文】不談本亦作「不言」。**弟子問曰：「夫子見老聃，亦將何規哉？」**【疏】不的名姓，直云「弟子」，當是升堂之類，共發此疑。既見老子，應有規誨，何所聞而三日不談說？〇典案：御覽九百二十九引「將」作「得」。**孔子曰：「吾乃今於是乎見龍。龍，合而成體，散而成章，**【注】謂老聃能變化。【疏】夫龍之德，變化不恒，以況至人隱顯無定。故本合而成妙體，妙體窈冥；迹散而起文章，文章煥爛。〇典案：「孔子曰」下，文選東方朔畫像贊注、御覽六百十七引有「吾與汝處於魯之時，人用意如飛鴻者，吾走狗而逐之；用意如井魚者，吾爲鉤繳以投之」三十四字，困學紀聞十同。論衡龍虛篇「孔子曰：『游者可爲網，飛者可爲矰。至於龍也，吾不知其乘風雲而上升』」，藝文類聚鱗介部引「孔子曰」下有「人用意如飛鴻者，爲弓弩射之；如遊鹿者，走狗而逐之；若游魚者，鉤繳以投之」，「鴻」條下引作「孔子見老子歸，三日不談，謂弟子曰：『人如飛鴻者，吾必矰繳而射之；吾今見龍矣』」，葛洪神仙傳「孔子曰：『吾見人之用意如飛鳥者，吾飾意以爲弓弩射之，未嘗不及而加之也；人之用意如麋鹿者，吾飾意以爲走狗而逐之，未嘗不銜而頓之也；人之用意如淵魚者，吾飾意以爲鉤緡而投之，未嘗不鉤而致之也』」，是莊子此文「孔子曰」下必有敚文。史記老子傳「孔子謂弟子曰：『鳥，吾知其能飛；魚，吾知其能游；獸，吾知其能走。走者可以爲罔，游者可以爲綸，飛者可以爲矰。至於龍，吾不知其乘風雲而上天』」，文雖多異，可爲傍證。**乘乎雲氣而養乎陰陽。**

【注】言其因御無方，自然已足。【疏】言至人乘雲氣而無心，順陰陽而養物也。予口張而不能嗋，舌舉而不能訒，予又何規老聃哉？」【疏】嗋，合也。心懼不定，口開不合，復何容暇聞規訓之言乎？○碧虛子校引江南古藏本有「舌舉而不能訒」六字。奚侗曰：今本奪去，當據補。秋水篇「公孫龍口呿而不合，舌舉而不下」，可證文例相耦。○典案：江南古藏本是也。藝文類聚引有「舌出不能言」五字，御覽六百十七引有「舌出不能縮」五字，葛洪神仙傳亦云「舌出而不能縮」，文雖小異，皆其證也，今據補。【釋文】嗋許劫反，合也。

子貢曰：「然則至人固有尸居而龍見，雷聲而淵默，發動如天地者乎？【疏】言至人其處也若死尸之安居，其出也似龍神之變見，其語也如雷霆之振響，其默也類玄理之無聲。是以奮發機動，同二儀之生物者也。既而或處或出，或語或默，豈有出處語默之異而異之哉？然則至人必有出處默語不言之能，故仲尼見之，口開而不能合。○「至」字舊敓。碧虛子校引江南古藏本「人」上有「至」字。典案：江南古藏本是也。疏「言至人其處也若死尸之安居」，是成所見本亦作「至人」。在宥篇「君子苟能無解其五藏，無擢其聰明，尸居而龍見，淵默而雷聲」，或言「至人」，或言「君子」，其義一也。今據江南古藏本補「至」字。【釋文】龍見賢遍反。賜亦可得而觀乎？」遂以孔子聲見老聃。【疏】賜，子貢名也。子貢欲(至)觀至人龍德之相，遂以孔子聲教而往見之。【釋文】賜亦本亦作「賜也」。

老聃方將倨堂而應，微曰：「予年運而往矣，子將何以戒我乎？」【疏】倨，踞也。運，時也。老子自得從容，故踞堂敖誕，物感斯應，微發其言：予年衰邁，何以教戒我乎？【釋文】倨堂居慮反，跂也。子貢曰：「夫三王、五帝之治天下不同，其係聲名一也。而先生獨以爲非聖人，如何哉？」【疏】澆淳漸異，步驟有殊，用力用兵，逆順斯異，故云不同，聲名令聞，相係一也。先生乃排三王爲非聖，有何意旨，可得聞乎？【釋文】夫三王本或作「三皇」。依注，作「王」是也。餘皆作「三皇」。老聃曰：「小子少進！子何以謂不同？」【疏】汝少進前，説不同所由。對曰：「堯授舜，舜授禹，禹用力而湯用兵，文王順紂而不敢逆，武王逆紂而不肯順，故曰不同。」【疏】堯、舜二人，既是五帝之數，自夏禹以降，便是三王。堯讓舜，舜讓禹，禹治水而用力，湯伐桀而用兵，文王拘羑里而順商辛，武王渡孟津而逆殷紂，不同之狀，可略言焉。

老聃曰：「小子少進！余語汝三皇、五帝之治天下也。【疏】三皇者，伏羲、神農、黄帝也。五帝，少昊、顓頊、高辛、唐、虞也。治天下之治〔一〕，列在下文。【釋文】余語魚據反。下同。○典案：碧虛子校引江南古藏本「天下」下有「也」字，今據補。昔黄帝之治天下，使民心一，民有其親死不哭而民不非也。【注】若非之，則强哭矣。【疏】三皇行道，人心淳一，不獨親其親，不獨子其子，故親死不

〔一〕之治　集釋中華本作「之狀」，是。

哭，而世俗不非。必也非之，則强哭者衆。○典案：碧虚子校引江南古藏本「黄帝」上有「昔」字，今據補。【釋文】則强其丈反。堯之治天下，使民心親，民有爲其親殺其服而民不非也。【注】殺，降也，言親疏者降殺。【疏】五帝行德，不及三皇，使父子兄弟，更相親愛，爲降殺之服，以别親疏。既順人心，亦不非毁。○典案：「服」，各本作「殺」，形近而誤。注「親疏者降殺」，疏「爲降殺之服，以别親疏」，是郭、成所見本字皆作「殺其服」。「爲其親殺其服」，與上文「其親死不哭」義正相對，天道篇「降殺之服」可爲傍證。唐寫本作「服」，今據正。【釋文】爲其于僞反。殺其殺並所戒反，降也。注同。舜之治天下，使民心競，民孕婦十月生子，子生五月而能言，【注】教之速也。【疏】舜是五帝之末，其俗漸澆，樸散淳離，民心浮競，遂使懷孕之婦，十月生子，五月能言。古者懷孕之婦，十四月而誕育，生子兩歲，方始能言。澆淳既革，故與古之乖異也。○典案：「十月」下當有「而」字。「十月而生子」，「子生五月而能言」，句法一律。御覽三百六十引正作「民孕婦十月而生子」，是其證。【釋文】孕以證反。不至乎孩而始誰，【注】誰者，别人之意也。未孩已擇人，言其競教速成也。【疏】未解孩笑，已識是非，分别之心，自此而始矣。【釋文】孩亥才反。説文云：笑也。别人彼列反。下同。則人始有夭矣。【注】不能同彼我，則心競於親疏，故不終其天年也。【疏】分别既甚，不終天年，夭折之始，起自虞舜。禹之治天下，使民心變，人有心而兵有順，【注】此言「兵有順」，則天下已有不順故也。【疏】去道既遠，澆僞日興，遂使蠢爾之民，好爲禍變，廢無爲之迹，興有爲之心，賞善罰惡，以此爲化。而禹懷慈愛，猶解泣辜，兵刃所加，必順天道也。

殺盜非殺，【注】盜自應死，殺之，順也，故非殺。【疏】盜賊有罪，理合其誅，順乎素秋，雖殺非殺。此則「兵有順」義也。

人自爲種而天下耳，【注】不能大齊萬物，而人人自別，斯「人自爲種」也。承百代之流，而會乎當今之變，其弊至於斯者，非禹也，故曰「天下耳」。言聖知之迹，非亂天下，而天下必有斯亂。【疏】夫澆浪既興，分別日甚，人人自爲種見，不能大齊萬物。此則解「人有心」也。聖智之迹，使其如是，非禹之過也，故曰「天下耳」矣。○孫詒讓曰：郭讀「非殺」句斷。荀子正名篇云「殺盜非殺人」，楊注云「殺盜非殺人，亦見莊子」，則楊倞讀「人」字句斷，亦通。○典案：孫讀是也。墨子小取篇「殺盜非殺人也」，亦以「殺盜非殺人」爲句。注、疏並以「人」字屬下爲句，失其讀矣。【釋文】爲種章勇反。注同。

是以天下大駭，儒、墨皆起。【注】此乃百代之弊。【疏】此總論三皇、五帝之迹，驚天下蒼生，致使儒崇堯、舜以飾非，墨尊禹道而自是。既而百家競起，九流争騖，後代之弊，實此之由也。【釋文】大駭胡楷反。

其作始有倫，而今乎婦女，【注】今之以女爲婦而上下悖逆者，非作始之無理，但至理之弊，遂至於此。【疏】倫，理也。當莊子之世，六國競興，淫風大行，以女爲婦，乖禮悖德，莫甚於兹。故知聖迹始興，故有倫理，及其末也，例同斯弊也。○奚侗曰：「乎」當爲「焉」。逸周書序「周道於是乎大備」，玉海三七及七八引「乎」作「焉」，可爲證。廣雅釋詁：焉，安也。「婦」爲「歸」字之誤。「女」屬下讀，謂子貢也。典案：奚以「女」字屬下讀，是也。

何言哉！【注】弊生於理，故無所復言。【疏】從理生教，遂至於此。世澆俗薄，何可稍言！論主發憤而傷歎也。【釋文】復言扶又反。余語汝，三皇、五帝之治天下，名曰治之，而亂莫甚焉。【注】必弊故也。【疏】夫三皇之治，實自無爲。無爲之迹，迹生於弊，故百代之後，亂莫甚焉。弊亂之狀，列在下文。○典案：「五帝」二字涉上文「三皇五帝」而衍。疏「夫三皇之治，實自無爲」，不及五帝。下文「三皇之知，上悖日月之明」，亦不言「五帝」。唐寫本無「五帝」二字。三皇之知，上悖日月之明，下睽山川之精，中墮四時之施。【疏】悖，逆也。睽，乖離也。墮，廢壞也。施，澤也。運無爲之智，以立治方，後世執迹，遂成其弊。致星辰悖彗，日月爲之不明；山川乖離，岳瀆爲之崩竭；廢壞四時，寒暑爲之僁叙。【釋文】之知音智。下同。上悖補對反。下睽苦圭反，又音圭。乖也。中墮許規反。之施式豉反。其知憯於蠇蠆之尾，鮮規之獸，莫得安其性命之情者，而猶自以爲聖人，不可耻乎，其無耻也？」【疏】憯，毒也。蠇蠆尾端有毒也。鮮規，小貌。言三皇之智，損害蒼生，其爲毒也，甚於蠇蠆。是故細小蟲獸，皆遭擾動，況乎黔首，如何得安？以斯爲聖，於理未可，毒害既多，深可羞媿也。【釋文】憯於七感反。蠇敕邁反，又音例。本亦作「厲」。郭音賴，又敕介反。蠆許謁反。或敕邁反。或云：依字上當作「蠆」，下當作「蠍」，通俗文云：長尾爲蠆，短尾爲蠍。○王引之曰：釋文云：「蠇，敕邁反，又音例。本亦作『厲』，郭音賴，又敕介反。蠆，許謁反。或敕邁反。或云：依字上當作『蠆』，下當作『蠍』。」案陸讀「蠇」爲「蠆」，讀「蠆」爲「蠍」，皆非也。「蠇」音賴，又音例。陸云：本亦作「厲」，即其證也。「蠆」音敕邁反，「蠍」音許謁反，「蠇」、「蠆」皆蠍之異名也。廣雅曰：蠆、蛪，蠍也。蛪音盧達反，蠆、蛪皆毒螫傷人之名。蠆之言蛆；蛆之言瘌也。廣雅釋詁云：毒、蛆、瘌，痛也。是其義矣。「蛆」與「蠆」古同聲，莊子作「蠆」，廣雅作「蛆」，其實一字也。鮮規之獸李云：鮮規，明貌。一云：小蟲也。一云：小獸也。子貢蹵蹵然立不安。【注】子貢本謂老子獨絕三王，故欲同三王於五帝耳。今又見老子通毀五帝，上及三皇，則失其所以爲談矣。【疏】蹵蹵，驚悚貌也。子貢欲救三王同五帝，今見老子詞調高邈，排擯五帝，指斥三皇，心形驚悚，失其所謂，故蹵然，形容雖立，心神不安。【釋文】蹵蹵子六反。

孔子謂老聃曰：「丘治詩、書、禮、樂、易、春秋六經，自以爲久矣，孰知其故矣；以奸者七十二君，論先王之道而明周、召之迹，一君無所鉤用。甚矣夫！人之難說也，道之難明邪？」

老子曰：「幸矣子之不遇治世之君也！夫六經，先王之陳迹也，豈其所以迹哉？【注】所以迹者，真性也。夫任物之真性者，其迹則六經也。【釋文】奸音干。三蒼云：犯也。鉤用鉤，取也。甚矣夫音符。篇末同。難說始鋭反。治世直吏反。今子之所言，猶迹也。夫迹，履之所出，而迹豈履哉？【注】況今之人事，則以自然爲履，六經爲迹。夫白鶂之相視，眸子不運而風化；蟲，雄鳴於上風，雌應之於下風而風化；【注】鶂以眸子相視，蟲以鳴聲相應，俱不待合而便生子，故曰「風化」。〇典案：碧虛子校引張君房本「風化」上並有「感」字。又案：上言「白鶂」，此不得泛言「蟲」。「蟲」當爲「螣蛇」二字之壞。淮南子泰族篇「螣蛇雄鳴於上風，雌鳴於下風，而化成形，精之至也」，劉氏新論類感篇「螣蛇雄鳴於上風，雌鳴於下風，而化成形」，是其碻證矣。「應」下「之」字舊敚，御覽八百八十八引「應」下有「之」字，唐寫本同，今據唐寫本補。【釋文】白鶂五歷反。三蒼云：鷁鶂也。司馬云：鳥子也。〇典案：御覽九百二十五引「鶂」作「鷁」，八百八十八引與今本同。之相視眸茂侯反。子不運而風化司馬云：相待風氣而化生也。又云：相視而成陰陽。蟲雄鳴於上風雌應於下風而化一本作「而風化」。司馬云：雄者，鼃類；雌者，鼈類。類自爲雌雄，故風化。【注】夫同類之雌雄，各自有以相感。相感之異，不可勝極，苟得其類，其化不難，故乃有遥感而風化也。〇典案：「類自爲雌雄，故風化」八字，疑是注語，羼入正文。【釋文】類自爲雌雄故風化或説云：方之物類，猶如草木，異種而同類也。山海經云：亶爰之山有獸焉，其狀如狸而有髮，其名曰師類；帶山有鳥，其狀如鳳，五采文，其名曰奇類，皆自牝牡也。可勝音升。性不可易，命不可變，時不可止，道不可壅。【注】故至人皆順而通之。【釋文】可壅於勇反。苟得於道，無自而不可；【注】雖化者無方而皆可也。失焉者，無自而可。【注】所在皆不可也。

孔子不出三月，復見曰：「丘得之矣。烏鵲孺，魚傅沫，細要者化，【注】言物之自然，各有性也。【疏】鶂居巢内，交尾而表陰陽；魚在水中，傅沫而爲牝牡；蜂取桑蟲，祝爲己子。是知物性不同，稟之大道，物之自然，各有性也。○典案：唐寫本、道藏注疏本「烏」並作「鳥」，世德堂本作「烏」。【釋文】復見扶又反。下賢遍反，又如字。烏鵲孺如喻反。李云：孚乳而生也。魚傅音附，又音付。本亦作「傳」，直專反。沫音末。司馬云：傳沫者，以沫相育也。一云：傳口中沫，相與而生子也。細要一遥反。者化蜂之屬也。司馬云：取桑蟲祝使似己也。案即詩所謂「螟蛉有子，果蠃負之」是。有弟而兄啼。【注】言人之性舍長而視幼，故啼也。【疏】有弟而兄失愛，舍長憐幼，故啼。是知陳迹不可執留，但當順之，物我無累。言人性舍長視幼，故啼也。【釋文】舍音捨。長張丈反。久矣夫丘不與化爲人！不與化爲人，安能化人？」【注】夫與化爲人者，任其自化者也。若播六經以説，則疏也。○典案：「人」、「仁」古通用，「與化爲仁」者，猶與造化爲偶也。大宗師篇「彼方且與造物者爲人」，應帝王篇「予方將與造物者爲人」，淮南子原道篇「精通於靈府，與造化者爲人」，俶真篇「若然者，陶冶萬物，與造化者爲人」，齊俗篇「上與神明爲友，下與造化爲人」，文子下德篇「與造化者爲人」，與此文義並同。郭以任其自化釋之，未得其誼。

老子曰：「可！丘得之矣。」

莊子補正卷六上

外篇　刻意第十五【釋文】以義名篇。

刻意尚行，離世異俗，高論怨誹，爲亢而已矣，此山谷之士，非世之人，枯槁赴淵者之所好也。【疏】刻，削也。意，志也。亢，窮也。言偏滯之人，未能會理，刻勵身心，高尚其行，離世異俗，卓爾不羣，清談五帝之風，高論三皇之教，怨有才而不遇，誹無道而荒淫，亢志林籟之中，削迹岩崖之下，斯乃隱處山谷之士，非毁時世之人。枯槁則鮑焦、介推之流，赴淵則申狄、卞隨之類，蓋是一曲之士，何足以語至道哉！已，止也，其術止於此矣。〇典案：「非」，御覽五百一引作「誹」，義較長。【釋文】刻意司馬云：刻，削也，峻其意也。案謂削意令峻也。廣雅云：意，志也。尚行下孟反。離世力智反。高論力困反。怨誹非謂反。徐音非。李云：非世無道，怨己不遇也。爲亢苦浪反。李云：窮高曰亢。枯槁苦老反。赴淵司馬云：枯槁，若鮑焦、介推；赴淵，若申徒狄。

語仁義忠信，恭儉推讓，爲修而已矣，此平世之士，教誨之人，遊居學者之

所好也。【疏】發辭吐氣，則語及仁義，用兹等法爲修身之本，此乃平時治世之士，施教誨物之人。斯乃子夏之在西河，宣尼之居洙、泗，或遊行而議論，或安居而講説，蓋是學人之所好，良非道士之所先。○典案：燉煌唐寫本無「矣」字。又「人」下有「也」字。【釋文】所好呼報反。下及注皆同。語大功，立大名，禮君臣，正上下，爲治而已矣，此朝廷之士，尊主强國之人，致功并兼者之所好也。【疏】建海内之功績，立今古之鴻名，致君臣之盛禮，主上下之大義，甯安社稷，緝熙常道，既而尊君主而服遐荒，强本邦而兼并敵國，豈非朝廷之士、廊廟之臣乎？即皋陶、伊尹、吕望之徒是也。○典案：燉煌唐寫本「人」下有「也」字。【釋文】爲治直吏反。下同。此朝直遥反。就藪澤，處閒曠，釣魚閒處，無爲而已矣，此江海之士，避世之人，閒暇者之所好也。【疏】栖隱山藪，放曠皋澤，閒居而事綸釣，避世而處無爲，天子不得臣，諸侯不得友，斯乃從容閒暇之人，即巢父、許由、公閲休之類。○典案：燉煌唐寫本「人」下有「也」字。文選沈休文學省愁卧詩注引亦有「也」字。【釋文】藪素口反。處閒音閑。下同。魡魚本亦作「釣」，同。彫叫反。吹呴呼吸，吐故納新，熊經鳥申，爲壽而已矣，此道引之士，養形之人，彭祖壽考者之所好也。【注】此數子者，所好不同。恣其所好，各之其方，亦所以爲逍遥也。然此僅各自得，焉能靡所不樹哉！若夫使萬物各得其分而不自失者，故當付之無所執爲也。【疏】吹冷呼而吐故，呴暖吸而納新，如熊攀樹而自經，類鳥飛空而伸脚。斯皆導引神氣，以養形魂，延年之道，駐形之術，故彭祖八百歲，白石三千年，壽考之人，即此之類。以前數子，志尚不同，各滯一方，未爲通美。自不刻意而下，方會玄玄之妙致也。○典案：燉煌唐寫本「人」下有「也」字。【釋文】吹呴況于反，字亦作「煦」。○典案：「呴」，燉煌唐寫本作「煦」，與藏本合。呼吸許及反。吐故納新李云：吐故氣，納新氣也。熊經如字。李古定反。司馬云：若熊之攀樹而引氣也。鳥申如字。郭音信。司馬云：若鳥之嚬呻也。道引音導。下同。李云：導氣令和，引體令柔。○典案：「道」，燉煌唐寫本作「導」，與藏本合。此數所主反。僅其靳反。焉能如虔反。

若夫不刻意而高，無仁義而修，無功名而治，無江海而閒，不道引而壽，【注】所謂自然也。無不忘也，無不有也，【注】忘，故能有。若有之，則不能救其忘矣。故有者，非有之而有也，忘而有之也。【疏】夫玄通合變之士，冥真契理之人，不刻意而其道彌高，無仁義而恒自修習，忘功名而天下大治，去江海而淡爾清閑，不導引而壽命無極者，故能唯物與我，無不盡忘，而萬物歸之，故無不有也。斯乃忘而有之，非有之而有也。○典案：「道」，燉煌唐寫本作「導」，與藏本合。澹然無極，而衆美從之，【注】若厲己以爲之，則不能無極而衆惡生。【疏】心不滯於一方，迹冥符於五行，是以澹然虛曠而其道無窮，萬德之美皆從於己也。○典案：燉煌唐寫本注「衆惡生」作「衆惡至矣」。【釋文】澹大暫反。徐音談。然一本作「澹而」。此天地之道、聖人之德也。【注】不爲萬物，而萬物自生者，天地也；不爲百行，而百行自成者，聖人也。【疏】天地無心於亭毒而萬物生，聖人無心於化育而百行成。是以天地以無生生而爲道，聖人以無爲爲而成德。故老經云「天地不仁」、「聖人不仁」。【釋文】百行下孟反。下及篇末「百行」同。

故曰：夫恬惔寂漠，虚無無爲，此天地之平，而道德之質也。【注】非夫寂漠無爲也，則危其平而喪其質也。【疏】恬惔寂漠，是凝湛之心；虚無無爲，是寂用之智。天地以此法爲平均之源，道德以此法爲質實之本也。○典案：唐寫本「漠」作「莫」，注同。【釋文】恬惔大暫反。徐音談。下皆同。○典案：「惔」，唐寫本作「淡」，下同。質也質，正也。而喪息浪反。下同。

故曰：聖人休焉，休則平易矣，【注】休乎恬惔寂漠，息乎虚無無爲，則雖歷乎阻險之變，常平夷而無難矣。【疏】休心於恬惔之鄉，息智於虚無之境，則履艱難而簡易，涉危險而平夷也。【釋文】人休虚求反，息也。下及注同。平易以豉反。下及注皆同。○俞樾曰：「休焉」二字，傳寫誤倒。此本作「故曰聖人休焉，休則平易矣」，天道篇「故帝王聖人休焉，休則虚」，與此文法相似，可據訂正。○典案：俞説是也。碧虚子校引張本正作「故曰聖人休焉，休則平易矣」。今依張本改。無難乃旦反。下同。

平易則恬惔矣。【注】患難生於有爲，有爲亦生於患難，故平易恬惔，交相成也。【疏】豈唯休心恬惔故平易，抑乃平易而恬淡矣。是知平易恬惔，交相成也。

平易恬惔，則憂患不能入也，邪氣不能襲也，【注】泯然與正理俱往也。【疏】心既恬惔，迹又平易，唯心與迹，一種無爲，故慇憂患累不能入其靈臺，邪氣妖氛不能襲其藏府。襲，猶入也，互其文也。○典案：二「也」字舊敓，據唐寫本增，注同。【釋文】邪氣似嗟反。下同。

故其德全而神不虧矣。【注】夫不平不惔者，豈唯傷其形哉？神德並喪於内也。【疏】夫恬惔無爲者，豈唯外形無毁，亦乃内德圓全。形德既安，則精神無損虧矣。○典案：「矣」字舊敓，據唐寫本補。

故曰：聖人之生也天行，【注】任自然而運動。其死也物化。【注】蜕然無所係也。【疏】聖人體勞息之不二，達去來之爲一，故其生也如天道之運行，其死也類萬物之變化，任鑪冶之陶鑄，無纖介於胷中也。【釋文】蜕然音帨，又始鋭反。靜而與陰同德，動而與陽同波，【注】動靜無心，而付之陰陽也。【疏】凝神靜慮，與大陰同其盛德；應感而動，與陽氣同其波瀾。動靜順時，無心者也。不爲福先，不爲禍始，感而後應，【注】無所唱也。【疏】夫善爲福先，惡爲禍始。既善惡雙遣，亦禍福兩忘，感而後應，豈爲先始者也！迫而後動，【注】會至乃動也。【疏】迫，至也，逼也。動，應也。和而不唱，赴機而應。不得已而後起，【注】任理而起，吾不得已也。【疏】已，止也。機感通至，事不得止而後起應，非預謀。○典案：注，唐寫本作：「任理而理已起，吾得已乎？」去知與故，循天之理。【注】天理自然，知、故無爲乎其間也。【疏】循，順也。内去心知，外忘事故，如混沌之無爲，順自然之妙理也。○馬叙倫曰：説文曰：故，使爲之也。引申爲詐僞之義。故吕氏春秋論人篇「去巧故」，注：巧故，僞詐也。淮南主術訓「上多故則下多詐」，注：故，巧也。典案：馬説是也。【釋文】去知起吕反。故無天災，【注】災生於違天也。【疏】合天，故無災也。○典案：「災」，唐寫本作「灾」，同字。無物累，【注】累生於逆物也。【疏】順物，故無累也。無人非，【注】與人同者，衆必是焉。【疏】同人，故無非也。無鬼責。【注】同於自得，故無責。其生若浮，其死若休。【注】汎然無所惜也。【疏】夫聖人動静無心，死生一貫。故其生也如浮漚之蹔起，變化俄然；其死也若疲勞休息，曾無繫戀也。不思慮，【注】付之天理也。【疏】心若死灰，絶於緣念。不豫謀，【注】理至而應耳。【疏】譬懸鏡高堂，物來斯照，終不預前謀度，而待機務者也。光矣而不燿，【注】用天下之自光，非吾燿也。【疏】智照之光，明逾日月，而韜光晦迹，故不炫燿於物也。○典案：唐寫本無「矣」字。信矣而不期。【注】用天下之自信，非吾期也。【疏】逗機赴感，如影隨形，信若四時，必無差忒。機來方應，不預期也。其寢不夢，其覺無憂。【疏】契真，故凝寂而不夢；累盡，故常適而無憂也。【釋文】其覺古孝反。其神純粹，【注】一無所欲也。【疏】純粹者，不雜也。既無夢無憂，契真合道，故其心神純粹，而無閒雜也。【釋文】粹雖遂反。其魂不罷。【注】有欲，乃疲耳。【疏】恬惔無爲，心神閑逸，故其精魂應用，終不疲勞。【釋文】不罷音皮。虚無恬惔，乃合天德。【注】乃與天地合其恬惔之德也。【疏】歎此虚無，與天地合其德。○典案：唐寫本「惔」作「淡」，注同。「德」下有「也」字。

故曰：悲樂者，德之邪也；【疏】違心則悲，順意則樂，不達違從，是德之邪妄。【釋文】悲樂音洛。下同。喜怒者，道之過也；【疏】稱心則喜，乖情則怒，喜怒不忘，是道之罪過。好惡者，德之失也。

【疏】無好爲好，無惡爲惡，此之忘心，是德之僁咎也。○馬叙倫曰：「道」疑當爲「德」。三句皆承上「天德」言。典案：上既言「德之邪」，此不當復言「德之失」。淮南子精神篇作「夫悲樂者，德之邪也；而喜怒者，道之過也；好憎者，心之暴也」。原道篇作「喜怒者，道之邪也；憂悲者，德之失也；好憎者，心之過也」。文子九守篇作「夫哀樂者，德之邪；好憎者，心之累；喜怒者，道之過」。文雖小異，皆以道、德、心三者竝言。莊子此文「好惡者，德之失」，「德」當爲「心」字之誤。馬說未審。又案：三「也」字舊敚。依唐寫本補。【釋文】好惡烏路反。故心不憂樂，德之至也；【注】至德常適，故情無所概也。【疏】不喜不怒，無憂無樂，恬惔虛夷，至德之人也。一而不變，靜之至也；【注】靜而一者，不可變也。【疏】抱真一之玄道，混囂塵而不變，自非至靜，孰能如斯？無所於忤，虛之至也；【注】其心豁然確盡，乃無纖介之違耳。【疏】忤，逆也。大順羣生，無所乖逆，自非虛豁之極，其孰能然也？【釋文】於忤五故反。確苦角反。○典案：唐寫本注「確」作「推」。纖介音界。不與物交，惔之至也；【注】物自來耳，至惔者無交物之情，一也。【疏】守分情高，不交於物，無所須待，恬惔之至也。○典案：「交」疑當爲「爻」，借爲「殽」字，謂不與物相雜亂也。說文曰：殽，相雜錯也。廣雅：殽，雜也，亂也。不與物相雜亂，故爲惔之至也。淮南子原道篇作「不與物散，粹之至也」，王引之校云：「散」當爲「殽」。文子道原篇作「不與物雜」，「雜」猶「殽」也。又案：「惔」，唐寫本作「淡」，注同。「一也」二字舊敚，今依唐寫本補。無所於逆，粹之至也。【注】若雜乎濁欲，則有所不順。【疏】智照精明，至純無雜，故能混同萬物，大順蒼生。至論忤之與逆，厥理不殊，顯虛粹兩義，故再言耳。

故曰：形勞而不休則弊，精用而不已則勞，勞則竭。【注】物皆有當，不可失也。【疏】夫形體精神，禀之有限，而役用無涯，必之死地。故分外勞形，不知休息，則困弊斯生；精神逐物，而不知止，必當勞損，損則精氣枯竭矣。

水之性，不雜則清，莫動則平；鬱閉而不流，亦不能清，天德之象也。【注】象天德者，無心而偕會者也。【疏】象者，法效也。言水性清平，善鑑於物。若混而雜之，擁鬱而閉塞之，則乖於常性，既不能漣漪流注，亦不能鑒照於物也。唯當不動不閉，則清而且平，洞照無私，爲物準的者，天德之象也。以況聖人心靈皎絜，鑑照無私，法象自然，與玄天合德，故老經云「上善若水」也。

故曰：純粹而不雜，【注】無非至當之事也。【疏】雖復和光同塵，而精神凝湛。此覆釋前「其神純粹」也。静一而不變，【注】常在當上住也。【疏】縱使千變萬化，而心恒静一。此重釋「一而不變」。惔而無爲，【注】與會俱而已矣。【疏】假令混俗揚波，而無妨虛惔；與物交接，亦不廢無爲。此釋前「恬惔之至」也。〇典案：「惔而無爲」，唐寫本作「淡而無爲也」。動而以天行，【注】若夫逐欲而動，人行也。【疏】感物而動，應而無心，同於天道之運行，無心而生萬物。此養神之道也。【疏】總結以前天行等法，是治身之術，養神之道也。

夫有干、越之劍者，柙而藏之，不敢用也，寶之至也。【注】況敢輕用其神乎？【疏】干，溪名也。越，山名也。干溪、越山，俱出良劍也。又云：干，吴也。言吴、越二國，並出名劍，因以爲名也。夫有此干、越之寶劍，柙中而藏之，自非敵國大事，不敢輕用。寶而重之，遂至於此，而況寶愛精神者乎？○典案：「不敢用也」，御覽三百四十四引作「不敢輕用」，書鈔百二十二引「用」上亦有「輕」字，疑今本敓。【釋文】干越之劍司馬云：干，吴也。吴、越出善劍也。李云：干溪、越山出名劍。案吴有溪名干溪，越有山名若耶，並出善鐵，鑄爲名劍也。柙而户甲反。○典案：書鈔百二十二、御覽三百四十四引「柙」竝作「匣」。

精神四達並流，無所不極，上際於天，下蟠於地，【注】夫體天地之極，應萬物之數，以爲精神者，故若是矣。若是而有落天地之功者，任天行耳，非輕用也。【疏】流，通也。夫愛養精神者，故能通達四方，並流無滯。既而下蟠薄於厚地，上際逮於玄天，四維上下，無所不極，動而常寂，非輕用之者也。【釋文】下蟠音盤。郭音煩。

化育萬物，不可爲象，【注】所育無方也。【疏】化導蒼生，含育萬物，隨機俯應，不守一方，故不可以形象而域之也。

其名爲同帝。【注】同天帝之不爲。【疏】帝，審也。總結以前，名爲審實之道也。亦言：同天帝之不爲也已。○典案：唐寫本無「同」字。

純素之道，唯神是守；守而勿失，與神爲一；【注】常以純素守乎至寂，而不蕩於外，則冥也。【疏】純精素質之道，唯在守神。守神而不喪，則精神凝静，既而形同枯木，心若死灰，物我兩忘，身神爲一也。

一之精通，合於天倫。【注】精者，物之真者也。【疏】倫，理也。既與神爲一，則精智無礙，故冥乎自然之理。

野語有之曰：「衆人重利，廉士重名，賢人尚志，聖人貴精。」【注】與神爲一，非守神也；不遠其精，非貴精也。然其迹則貴守之也。【疏】莊生欲格量人物志尚不同，故汎舉大綱，略爲四品，仍寄野逸之人，以明言無的當。且世俗衆多之人咸重財利，則盜跖之徒是也；貞廉純素之士皆重聲名，則伯夷、介推是也；賢人君子高尚志節，不屈於世，則許由、子州支伯是也。唯體道聖人無所偏滯，故能寶貴精神，不蕩於物，雖復應變隨時，而不喪其純素也。○典案：唐寫本無「曰」字。「賢人」作「賢士」。

故素也者，謂其無所與雜也；純也者，謂其不虧其神也。【注】苟以不虧爲純，則雖百行同舉，萬變參備，乃至純也；苟以不雜爲素，則雖龍章鳳姿，倩乎有非常之觀，乃至素也。若不能保其自然之質而雜乎外飾，則雖犬羊之鞹，庸得謂之純素哉！【疏】夫混迹世物之中，而與物無雜者，至素者也；參變囂塵之内，而其神不虧者，至純者也。豈復獨立於高山之頂，拱手於林籟之間而稱純素哉？蓋不然乎。此結釋前純素之道義也。【釋文】倩乎七練反。之觀古喚反。鞹苦郭反。

能體純素，謂之真人。【疏】體，悟解也。妙契純素之理，則所在皆真道也，故可謂之得真道之人也。

外篇　繕性第十六

【釋文】以義名篇。

繕性於俗學，以求復其初；【注】已治性於俗矣，而欲以俗學復性命之本，所以求者愈非其道也。【疏】繕，治也。性，生也。俗，習也。初，本也。言人禀性自然，各守生分，率而行之，自合於理。今乃習於僞法，治於真性，矜而矯之，已困弊矣。方更行仁義禮智儒俗之學，以求歸復本初之性，故俗彌得而性彌失，學愈近而道愈遠也。○蘇輿曰：舊作「繕性於俗俗學」，衍一「俗」字。○典案：下「俗」字衍。「繕性於俗學」，與下「滑欲於俗思」句法正一律。碧虚子南華真經章句餘事云張本作「繕性於俗□學，以求復其初」，下「俗」字作□，可證此文不重「俗」字。或寫者於「俗」字下加點句讀，傳寫遂誤重耳。注「已治性於俗矣，而欲以俗學復性命之本」，是其所見本已衍「俗」字。今删。【釋文】繕善戰反。崔云：治也。或云：善也。性性，本也。

滑欲於俗思，以求致其明，【注】已亂其心於欲，而方復役思以求明，思之愈精，失之愈遠。【疏】滑，亂也。致，得也。欲，謂名利聲色等可貪之物也。言人所以心靈暗亂者，爲貪欲於塵俗故也。今還役用分別之心，思量求學，望得獲其明照之道者，必不可也。唯當以無學學，可以歸其本矣；以無思思，可以得其明矣。本亦有作「滑欲於欲」者也。○典案：碧虚子校引張君房本改「俗」爲「欲」，疑非。【釋文】滑音骨，亂也。崔云：治也。○俞樾曰：釋文「滑音骨，亂也。崔云：治也」，此當從崔説爲長。上文「繕性於俗學，以求復其初」，崔注「繕」亦訓治，蓋二句一義，「繕」也「滑」也皆治也。故曰「求復其初」、「求致其明」。若訓「滑」爲亂，則與「求」字之義不貫矣。「滑」得訓治者，「滑」猶「汩」也。説文水部「汩，治水也」，是其義也。玉篇手部曰「抇，亦搰字」，然則「滑」之與「汩」，猶「搰」之與「抇」矣。○典案：此「滑」字訓亂，於義爲長，謂俗思適以亂欲而不可致明也。說文水部「汩，治水也。從水，曰聲」，與「滑」字義不相涉。俞說失之。思以李息吏反。注「役思」同。方復扶又反。下「無復」、「雖復」同。謂之蔽蒙之民。【注】若夫發蒙者，必離俗去欲而後幾焉。【疏】蔽，塞也。蒙，暗也。此則結前以俗學歸本，以思慮求明，如斯之類，可謂蔽塞蒙暗之人。【釋文】必離力智反。下文同。去欲起呂反。

古之治道者，以恬養知；【注】恬靜而後知不蕩，知不蕩而性不失也。【疏】恬，靜也。古者聖人以道治身治國者，必以恬靜之法養真實之知，使不蕩於外也。【釋文】治道如字，又直吏反。養知音智。下以意求之。知生而無以知爲也，謂之以知養恬。【注】夫無以知爲而任其自知，則雖知周萬物，而恬然自得也。【疏】率性而照，知生者也；無心而知，無以知爲也。任知而往，無用造爲，斯則無知而知，知而無知，非知之而知者也。故終日知而未嘗知，亦未嘗不知，終日爲而未嘗爲，亦未嘗不爲，仍以此真知養於恬靜。若不如是，何以恬乎？○典案：碧虛子校云：自「古之治道者」至「以知養恬」舊闕，見張君房本。今各本有此文者，後人依張本補之也。知與恬交相養，而和理出其性。【注】知而非爲，則無害於恬；恬而自爲，則無傷於知，斯可謂交相養矣。二者交相養，則和理之分，豈出佗哉！【疏】夫不能恬靜，則何以生彼真知？不有真知，何能致茲恬靜？是故恬由於知，所以能靜；知資於靜，所以獲真知。故知之與恬，交相養也。

斯則中和之道，存乎寸心；自然之理，出乎天性。在我而已，豈關他哉！夫德，和也；道，理也。【注】和，故無不得；道，故無不理。【疏】德被於人，故以中和爲義；理通於物，故以大道爲名也。德無不容，仁也；【注】無不容者，非爲仁也，而仁迹行焉。【疏】玄德深遠，無不包容；慈愛宏博，仁迹斯見。道無不理，義也；【注】無不理者，非爲義也，而義功著焉。【疏】夫道能通物，物各當理，理既宜矣，義功著焉。義明而物親，忠也；【注】若夫義明而不由忠，則物愈疏。【疏】義理明顯，情率於中，既不矜矯，故物來親附也。○碧虛子校引江南古藏本「忠」作「中」，典案：江南古藏本是也。下文「中純實而反乎情，樂也」，即承此而言。中純實而反乎情，樂也；【注】仁義發中，而還任本懷，則志得矣。志得矣，其迹則樂也。【疏】既仁義由中，故志性純實，雖復涉於物境，而恒歸于真情。所造和適，故謂之樂。【釋文】樂也音洛。注同。信行容體，而順乎文，禮也。【注】信行容體，而順乎自然之節文者，其迹則禮也。【疏】夫信行顯著，容儀軌物，而不乖於節文者，其迹則禮也。【釋文】信行下孟反。注同。下「以行」、「小行」，注「行者」、「行立」皆放此。禮樂偏行，則天下亂矣。【注】以一體之所履，一志之所樂，行之天下，則一方得而萬方失也。【疏】夫不能虛心以應物，而執迹以馭世者，則必滯於華藻之禮，而溺於荒淫之樂也。是以芻狗再陳，而天下亂矣。【釋文】偏音遍。○俞樾曰：郭注曰「以一體之所履，一志之所樂，行之天下，則一方得而萬方失也」，是「偏」爲一偏之「偏」，故郭以一體一志説之。釋文作「徧」而音遍，非是。○典案：碧虛子校引江南古藏本作

「偏」，正與郭注義合。彼正而蒙己德，德則不冒，冒則物必失其性也。【注】各正性命而自蒙己德，則不以此冒彼也。若以此冒彼，安得不失其性哉！【疏】蒙，暗也。冒，亂也。彼，謂履正道之聖人也。言人必己冒亂，則物我失其性矣。【釋文】不冒莫報反。崔云：覆也。

古之人在混芒之中，與一世而得澹漠焉。【疏】謂三皇之前，玄古無名號之君也。其時淳風未散，故處在混沌芒昧之中，而與時世爲一，冥然無迹，君臣上下，不相往來，俱得恬澹寂漠無爲之道也。【釋文】在混胡本反。芒莫剛反。崔云：混混芒芒，未分時也。澹徒暫反。當是時也，陰陽和靜，鬼神不擾，四時得節，萬物不傷，羣生不夭，人雖有知，無所用之，【注】任其自然而已。【疏】當是混沌之時，淳樸之世，舉世恬惔，體合無爲。遂使陰昇陽降，二氣和而靜泰；鬼幽人顯，各守分而不擾。炎凉順序，四時得節，既無災眚，萬物不傷，羣生各盡天年，終無夭折。人雖有心知之術，無爲，故無用之也。〇典案：碧虛子校引張君房本「得」作「應」。【釋文】不擾而小反。此之謂至一。當是時也，莫之爲而常自然。【注】物皆自然，故至一也。【疏】均彼此於無爲，混是非於恬惔，物我不二，故謂之至一也。莫，無也。莫之爲而自爲，無爲也。不知所以然而然，自然也。故當是時也，人懷無爲之德，物含自然之道焉。

逮德下衰，【注】夫德之所以下衰者，由聖人不繼世，則在上者不能無爲，而羨無爲之迹，故致斯弊也。及燧人、伏羲，始爲天下，是故順而不一。【注】世已失一，惑不可解，故釋而不推，順之而已。【疏】逮，及也。古者茹毛飲血，與麋鹿同羣。及至燧人，始變生爲熟，伏羲則服牛乘馬，創立庖厨，畫八卦以製文字，放蜘蛛而造密網。既而智詐萌矣，嗜欲漸焉，澆淳樸之心，散無爲之道。德衰而始爲天下，此之謂乎？是順黎庶之心，而不能混同至一也。【釋文】燧人音遂。德又下衰，及神農、黄帝，始爲天下，是故安而不順。【注】安之於其所安而已。【疏】夫德化更衰，爲弊增甚。故神農有共工之伐，黄帝致蚩尤之戰，祆氣不息，兵革屢興。是以誅暴去殘，弔民問罪，苟且欲安於天下，未能大順於羣生者也。德又下衰，及唐、虞，始爲天下，興治化之流，⿰氵梟淳散樸，【注】聖人無心，任世之自成。成之淳薄，皆非聖也。聖能任世之自得耳，豈能使世得聖哉！故皇王之迹與世俱遷，而聖人之道未始不全也。【疏】夫唐堯、虞舜，居五帝之末，而興治行化，冠三王之始。是以設五典而綱紀五行，置百官而平章百姓，百姓因此而澆訛，五行自斯而荒殆。枝流分派，迄至於兹，豈非毀淳素以作澆訛，散樸質以爲華僞？【釋文】興治直吏反。⿰氵梟古堯反。本亦作「澆」。醇本亦作「淳」，音純。離道以善，【注】善者，過於適之稱。故有善而道不全。【疏】夫虚通之道，善惡兩忘。今乃捨己效人，矜名企善，善既乖於理，所以稱離也。【釋文】之稱尺證反。險德以行，【注】行者，違性而行之。故行立而德不夷。【疏】險，危阻也。不能率性任真，晦其蹤迹，乃矯情立行，以取聲名，實由外行，聲名浮僞，故令内德危險，何清夷之有哉！○郭慶藩曰：「離道以善，險德以行」，郭注訓爲「有善而道不全，行立而德不夷」，望文生義，於理未順。「善」字疑是「爲」字之誤，言所爲非大道，所行非大德也。淮南子俶真篇「雜道以僞（「雜」當爲「離」字之誤，「僞」，古「爲」字，爲亦行也），儉德以行（「儉」「險」古字通。曾子本孝篇「不興儉行以徼幸」，漢慎令劉脩碑「動乎儉中」，「儉」並當作「險」。荀子富國篇「俗儉而百姓不一」，楊倞注：儉，當爲險）」，即本於此。○典案：郭説是也。文子上禮篇「離道以爲僞，險德以爲行」，文雖小異，可爲傍證。**然後去性而從於心。**【注】以心自役，則性去也。【疏】離虛通之道，捨淳和之德，然後去自然之性，從分別之心。**心與心識，**【注】彼我之心，競爲先識，無復任性也。【疏】彼我之心，更相謀慮，是非臧否，競爲前識者也。【釋文】心與心識如字。衆本悉同。向本作「職」，云：彼我之心競爲先職矣。郭注既與向同，則亦當作「職」也。**知而不足以定天下，**【注】忘知任性，斯乃定也。【疏】夫心攀緣於有境，知分別於無崖，六合爲之煙塵，八荒爲之騰沸，四時所以愆序，三光所以彗悖。斯乃禍亂之源，何足以定天下也！○俞樾曰：「識知」二字連文。詩曰「不識不知」，是「識」、「知」同義，故連言之曰「識知」也。「心與心識知，而不足以定天下」，明必不識不知而後可言定也。諸家皆斷「識」字爲句，非是。向本作「職」，尤非。**然後附之以文，益之以博。文滅質，博溺心，**【注】文博者，心質之飾也。【疏】前後使心運知〔一〕，不足以定天下，故後依附文書以匡時，代增博學而濟世。不知質是文之本，文華則隱滅於素質；博是心之末，博學則沒溺於心靈。唯當絶學而去文，方會無爲之美也。

〔一〕後　集釋中華本作「既」，是。

【釋文】博溺乃瀝反。郭奴學反。然後民始惑亂，無以反其性情而復其初。【注】初，謂性命之本。【疏】文華既隱滅於素質〔一〕，博學又没溺於心靈，於是民始成蠢亂矣。欲反其恬惔之情性，復其自然之初本，其可得乎？噫，心知文博之過！

由是觀之，世喪道矣，道喪世矣。世與道交相喪也，【注】夫道以不貴，故能存世。然世存則貴之，貴之，道斯喪矣。道不能使世不貴，而世亦不能不貴於道，故交相喪也。【疏】喪，廢也。由是事迹而觀察之，故知時世澆浮，廢棄無爲之道，亦由無爲之道，廢變淳和之世。是知世之與道，交相喪之也。【釋文】世喪息浪反。下及注皆同。○郭慶藩曰：文選江文通雜體詩注引司馬云：世皆異端喪道，道不好世，故曰喪耳。釋文闕。道之人何由興乎世，世亦何由興乎道哉！【注】若不貴，乃交相興也。【疏】故懷道聖人，高蹈塵俗，未肯興弘以馭世，而澆僞之世，亦何能興感於聖道也！道無以興乎世，世無以興乎道，雖聖人不在山林之中，其德隱矣。【注】今所以不隱，由其有情以興也。何由而興？由無貴也。【疏】澆季之時，不能用道，無爲之道，不復行世。假使體道聖人，降迹塵俗，混同羣小，無人知者，韜藏聖德，莫能見用，雖居朝市，何異山林矣！隱，故不自隱。【注】若夫自隱而

〔一〕隱　原無，據上句疏文補。

用物，則道世交相興矣，何隱之有哉！【疏】時逢昏亂，故聖道不行，豈是韜光，自隱其德邪？古之所謂隱士者，非伏其身而弗見也，非閉其言而不出也，非藏其知而不發也，時命大謬也。【注】莫知反一以息迹，而逐迹以求一，愈得迹，愈失一，斯大謬矣。雖復起身以明之，開言以出之，顯知以發之，何由而交興哉！祇所以交喪也。【疏】謬，僞妄也。非伏匿其身而不見，雖見而不亂羣；非閉其言而不出，雖出而不忤物；非藏其知而不發，雖發而不眩曜。但時逢謬妄，命遇迍邅，故隨世污隆，全身遠害也。○典案：御覽五百一引「發」作「廢」。【釋文】弗見賢遍反。祇所音支。當時命而大行乎天下，【注】此澹漠之時也。則反一無迹；【注】反任物性而物性自一，故無迹。【疏】時逢有道，命屬清夷，則播德弘化，大行天下。既而人人反一，物物歸根，彼我冥符，故無朕迹。不當時命而大窮乎天下，【注】此不能澹漠之時也。則深根寧極而待，【注】雖有事之世，而聖人未始不澹漠也。故深根寧極而待其自爲耳，斯道之所以不喪也。【疏】時遭無道，命值荒淫，德化不行，則大窮天下。既而深固自然之本，保寧至極之性，安排而隨變化，處常而待終年，豈有窮通休戚於其間哉！此存身之道也。【注】未有身存而世不興者也。【疏】在窮塞而常樂，處危險而安寧，任時世之行藏，可謂存身之道也。

古之行身者，不以辯飾知，【注】任其真知而已。【疏】古人輕辯重訥，賤言貴行。是以古人之行任其身者，必不用浮華之言辯，飾分别之小智也。不以知窮天下，【注】此淡泊之情也。【疏】窮者，困累之謂也。不縱知毒害以困苦蒼生也。【釋文】淡大暫反。泊音薄。不以知窮德，【注】守其自得而已。【疏】知止其分，不以無涯而累其自得也。危然處其所而反其性已，又何爲哉！【注】危然，獨正之貌。【疏】危，猶獨也。言獨居亂世之中，處危而所在安樂，動不傷寂，恒反自然之性，率性而動，復何爲之哉？言其無爲也。○典案：碧虚子校引張本「爲」下有「乎」字。【釋文】危然如字。郭云：獨正貌。司馬本作「恑」，云：獨立貌。崔本作「垝」，音如累垝之垝。「垝然」，自持安固貌。道固不小行，【注】遊於坦途。【疏】大道廣蕩，無不範圍，小成隱道固不小行矣。【釋文】於坦敕但反。德固不小識，【注】塊然大通。【疏】上德之人，智周萬物，豈留意是非而爲識鑒也！【釋文】塊然苦對反。小識傷德，小行傷道。【疏】小識小知，虧損深玄之盛德；小學小行，傷毁虚通之大道也。故曰：正己而已矣，樂全之謂得志。【注】自得其志，獨夷其心，而無哀樂之情，斯樂之全者也。【疏】夫己身履於正道，則所作皆虚通也。既而無順無逆，忘哀忘樂，所造皆適，斯樂全之者也。至樂全矣，然後志性得焉。【釋文】樂全音洛。注、下皆同。

古之所謂得志者，非軒冕之謂也，謂其無以益其樂而已矣。【注】全其内而足。【疏】益，加也。軒，車也。冕，冠也。古人淳樸，體道無爲，得志在乎恬夷，取樂非關軒冕。樂已足矣，豈待加之也！今之所謂得志者，軒冕之謂也。【疏】今世之人，澆浮者衆，貪美榮位，待此適心。是以戴冕乘軒，用爲得志也。軒冕在身，非性命也，物之儻來，寄者也。【疏】儻者，意外忽來者耳。軒冕榮華，身外之物，物之儻來，非我性命，暫寄而已，豈可久長也。【釋文】儻來吐黨反。崔本作「黨」，云：衆也。○郭慶藩曰：崔本「儻」作「黨」，「黨」，古「儻」字。「黨」者，或然之詞也。史記淮陰侯傳「恐其黨不敵〔一〕」，漢書伍被傳「黨可以徼幸」，並與「儻」同。淮南臣道篇「怪星之黨見」，楊注訓「黨」爲頻，王念孫謂於古無據。惠定宇九經古義曰：「黨見」，猶所見也。又訓「黨」爲所，則據公羊注義也，亦似未協。崔云：黨，衆也。尤非。○典案：「非性命也」，語意未晰。碧虛子校引張本作「非性命之有也」。疑今本敓「之有」二字。又案：「黨」、「儻」古通用，此「儻」字當爲或然之詞。惟「怪星之黨見」，語出荀子天論篇，非淮南子，淮南亦無臣道篇，郭偶失檢。寄之，其來不可圉，其去不可止。【注】在外物耳，得失之非我也。【疏】時屬儻來，泛然而取軒冕；命遭寄去，澹爾而捨榮華。既無心於扞禦，豈有情於留恡也！【釋文】可圉魚呂反。本又作「禦」。故不爲軒冕肆志，【注】澹然自若，不覺寄之在身。【釋文】不爲于僞反。下同。不爲窮約趨俗，【注】曠然自得，不覺窮之在身。【疏】肆，申也。趨，競

〔一〕不敵　史記淮陰侯列傳作「不就」。

也。古人體窮通之有命，達榮枯之非己，假使軒冕當塗，亦未足申其志氣。甘儉約以窮窘，豈趨競於囂俗！**其樂彼與此同，**【注】彼此，謂軒冕與窮約。【疏】彼，軒冕也。此，窮約也。夫軒冕、窮約，俱是儻來，既樂彼軒冕，亦須喜茲窮約。二俱是寄，所以相同也。**故無憂而已矣。**【注】亦無欣歡之喜也。【疏】軒冕不樂，窮約不苦，安排去化，所以無憂者也。**今寄去則不樂，由之觀之〔一〕，雖樂，未嘗不荒也。**【注】夫寄去則不樂者，寄來則荒矣。斯以外易内也。【疏】今世之人，識見浮淺。是以物之寄也，欣然而喜；及去也，悒然不樂。豈知彼此事出儻來，而寄去寄來，常憂常喜，故知雖樂而心未始不荒亂也。**故曰：喪己於物，失性於俗者，謂之倒置之民。**【注】營外虧内，甚倒置也〔二〕。【疏】夫寄去寄來，且憂且喜，以己徇物，非喪如何？軒冕窮約，事歸塵俗，若習俗之常，失于本性，違真背道，實此之由，其所安置，足爲顛倒也。【釋文】倒置之民崔云：逆其性命而不順也。向云：以外易内，可謂倒置。

〔一〕由之　世德堂本作「由是」。

〔二〕甚倒置　世德堂本作「其置倒」。